Outlook 2013

Die Anleitung in Bildern

von
Otmar Witzgall

Sie haben Fragen, Wünsche oder Anregungen zum Buch?
Gerne sind wir für Sie da:

Anmerkungen zum Inhalt des Buches: jan.waterman@vierfarben.de
Bestellungen und Reklamationen: service@vierfarben.de
Rezensions- und Schulungsexemplare: sophie.herzberg@vierfarben.de

An diesem Buch haben viele mitgewirkt, insbesondere:

Lektorat Vaclav Demling
Korrektorat Angelika Glock, Ennepetal
Herstellung Maxi Beithe
Einbandgestaltung Daniel Kratzke
Coverentwurf Eva Schmücker
Typografie und Layout Vera Brauner
Satz Tilly Mersin, Großerlach
Druck Offizin Andersen Nexö Leipzig

Gesetzt wurde dieses Buch aus der Linotype Syntax (10,25 pt/14,25 pt) in Adobe InDesign CS6. Und gedruckt wurde es auf mattgestrichenem Bilderdruckpapier (115 g/m²).
Hergestellt in Deutschland.

Bibliografische Information der Deutschen Nationalbibliothek
Die Deutsche Nationalbibliothek verzeichnet diese Publikation in der Deutschen National-bibliografie; detaillierte bibliografische Daten sind im Internet über http://dnb.d-nb.de abrufbar.

ISBN 978-3-8421-0126-5

© Vierfarben, Bonn 2014
1. Auflage 2014
Vierfarben ist ein Verlag der Galileo Press GmbH
Rheinwerkallee 4, D–53227 Bonn
www.vierfarben.de

Der Verlagsname Vierfarben spielt an auf den Vierfarbdruck, eine Technik zur Erstellung farbiger Bücher. Der Name steht für die Kunst, die Dinge einfach zu machen, um aus dem Einfachen das Ganze lebendig zur Anschauung zu bringen.

Liebe Leserin, lieber Leser,

viele Menschen nutzen Microsoft Outlook, um E-Mails zu schreiben, weiterzuleiten, zu beantworten und abzulegen, kurz: für das Verwalten des gesamten E-Mail-Verkehrs. Schon weniger bekannt ist, dass Outlook ebenfalls sehr gut geeignet ist, um Termine anzulegen und Besprechungen zu planen, um Aufgaben zu erstellen und im Blick zu behalten und um das eigene Adressbuch zu pflegen. Mit seinen vielfältigen Funktionen ist das Programm ideal, um den Arbeitsalltag zu organisieren.

Wie Sie dabei vorgehen, zeigt Ihnen Schritt für Schritt unser Autor Otmar Witzgall. Er hilft Ihnen, sich auf der Outlook-Oberfläche zurechtzufinden und das Programm mit den optimalen Einstellungen einzurichten. Er erklärt Ihnen, wie Sie E-Mails zeitsparend schreiben und lesen, und wie Sie Ihre E-Mails ordnen und archivieren. Sie lernen, wie Sie ein Adressbuch einrichten und pflegen, Sie erfahren, wie Sie Termine und Besprechungen planen und wie Sie Aufgaben anlegen und an Ihre To-dos erinnert werden. Legen Sie dieses Buch auf Ihren Schreibtisch und sehen Sie bei Bedarf nach, wie's geht.

Dieses Buch wurde mit größter Sorgfalt geschrieben und hergestellt. Leider sind vereinzelte Fehler dennoch nie ganz auszuschließen. Sollten Sie einen Fehler bemerken oder aber eine wichtige Information vermissen, können Sie mir gerne schreiben. Über Lob freue ich mich genauso wie über konstruktive Kritik. Doch nun wünsche ich Ihnen viel Freude beim Lesen!

Ihr Vaclav Demling
Lektorat Vierfarben

vaclav.demling@vierfarben.de
www.facebook.com/vierfarben

Inhalt

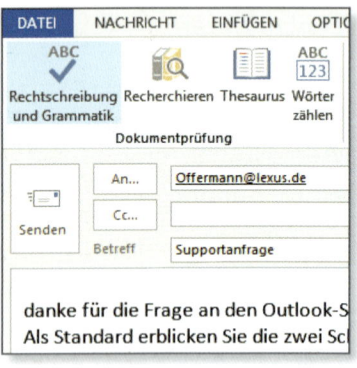

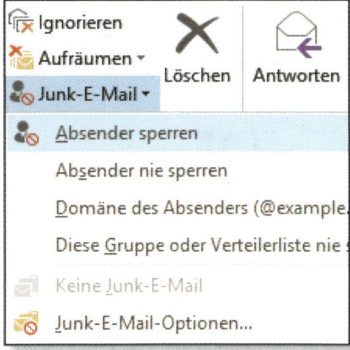

Inhalt

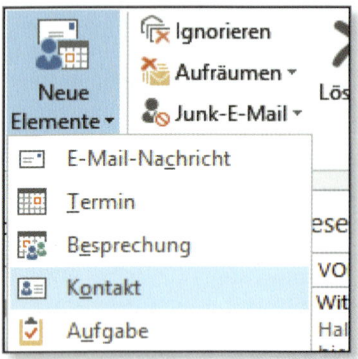

Inhalt

Kapitel 1
Outlook kennenlernen und einrichten

Damit Sie Outlook für Ihre E-Mails nutzen können, müssen Sie einen E-Mail-Provider auswählen und dort ein E-Mail-Konto anlegen. In diesem Kapitel erfahren Sie, wie Sie ein E-Mail-Konto bei Outlook.com anlegen. Anschließend verknüpfen Sie dieses E-Mail-Konto mit Outlook. Außerdem lernen Sie die Benutzeroberfläche von Outlook kennen.

E-Mail-Konto bei Outlook.com
Ich zeige Ihnen, wie Sie einen E-Mail-Account bei Outlook.com anlegen. Schritt für Schritt führe ich Sie durch den Anmeldeprozess **❶**.

Outlook mit dem E-Mail-Konto verbinden
Haben Sie erst mal einen E-Mail-Account angelegt, verknüpfen Sie diesen mit Outlook. Outlook bietet Ihnen an, die Einrichtung automatisch oder manuell **❷** vorzunehmen.

Die Benutzeroberfläche kennenlernen
Gewinnen Sie einen schnellen Überblick: Menüband, Ordnerbereich, Aufgabenleiste, Zoombereich, Symbolleiste für den Schnellzugriff und der Personenbereich mit Verbindung zu den sozialen Netzwerken. Darüber hinaus finden Sie auf der Registerkarte **Ansicht** in der Gruppe **Layout ❸** Einstellungen für die Benutzeroberfläche.

1 Dies ist die Anmelde- bzw. Registrierseite von Outlook.com. Hier melden Sie sich für einen E-Mail-Account an.

2 Hier binden Sie Ihr angelegtes E-Mail-Konto manuell in Outlook ein.

3 Auf der Registerkarte **Ansicht** finden Sie die wichtigsten Einstellungen in der Gruppe **Layout**.

Ein E-Mail-Konto anlegen

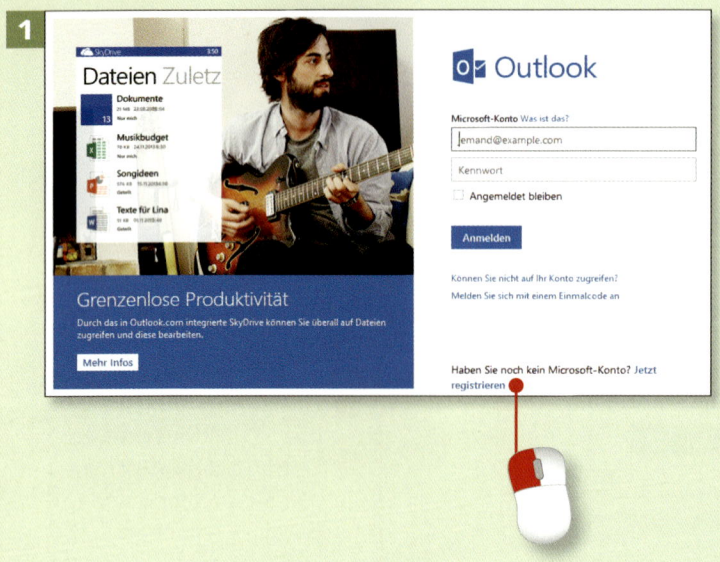

Sie können prinzipiell jeden E-Mail-Account eines Internetproviders in Outlook einbinden. Wir legen hier ein E-Mail-Konto beim Microsoft-Dienst Outlook.com an.

Schritt 1

Öffnen Sie die Internetseite *www.outlook.com*. Im unteren Bereich klicken Sie auf den Text **Jetzt registrieren**.

Schritt 2

Wenn Sie bereits ein Microsoft-Konto haben sollten, klicken Sie auf **Anmeldung** und erstellen nach Anleitung ein neues E-Mail-Konto für *Outlook.com*. Fahren Sie dann mit dem Abschnitt »Outlook automatisch mit einem Konto verbinden« ab Seite 14 fort.

Schritt 3

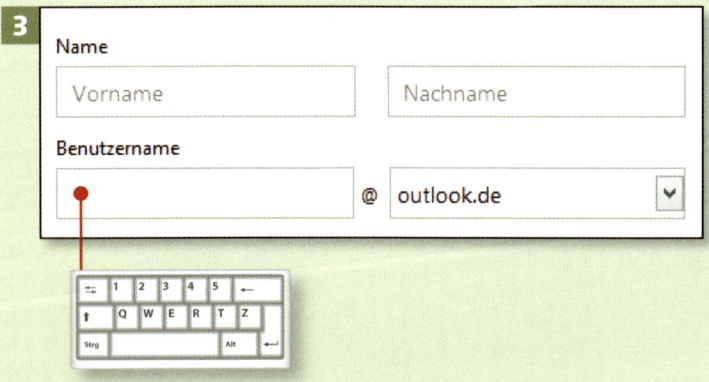

Ansonsten füllen Sie das folgende Formular aus. Geben Sie Ihren Namen ein, und darunter den ersten Teil der *E-Mail-Adresse*. Wählen Sie dann den zweiten Teil nach dem *@-Zeichen* über die nach unten zeigende Pfeilspitze. Die von Ihnen gewählte E-Mail-Adresse ist gleichzeitig der Name Ihres *Microsoft-Kontos*.

Schritt 4

Als Nächstes erstellen Sie nach den entsprechenden Vorgaben Ihr **Kennwort** und bestätigen es im Feld darunter.

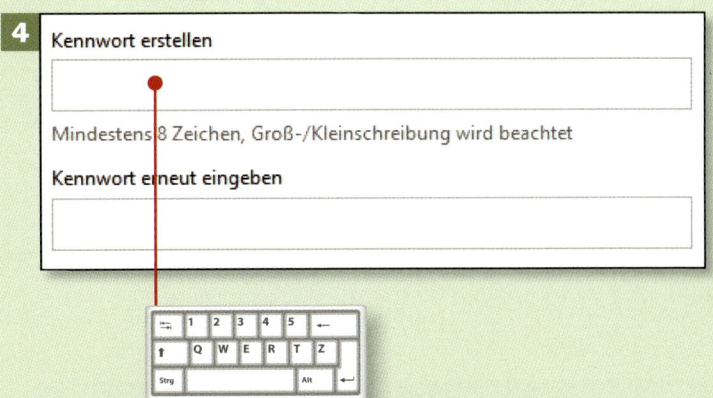

Schritt 5

Wählen Sie hier über die nach unten zeigende Pfeilspitze Ihr Land aus – Deutschland ist voreingestellt –, und tippen Sie Ihre Postleitzahl ein. Darunter geben Sie über die nach unten zeigenden Pfeilspitzen Ihr Geburtsdatum ein und wählen Ihr Geschlecht aus.

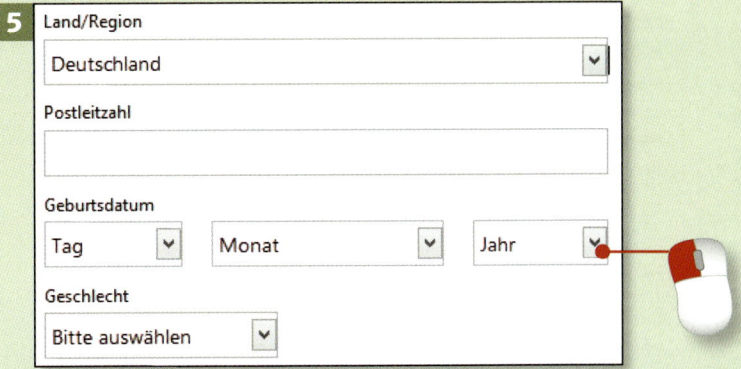

Schritt 6

Tragen Sie eine Telefonnummer und eine alternative E-Mail-Adresse ein. Über eine dieser beiden Optionen erhalten Sie einen Code, den Sie eingeben, wenn Sie vertrauliche Daten ändern möchten.

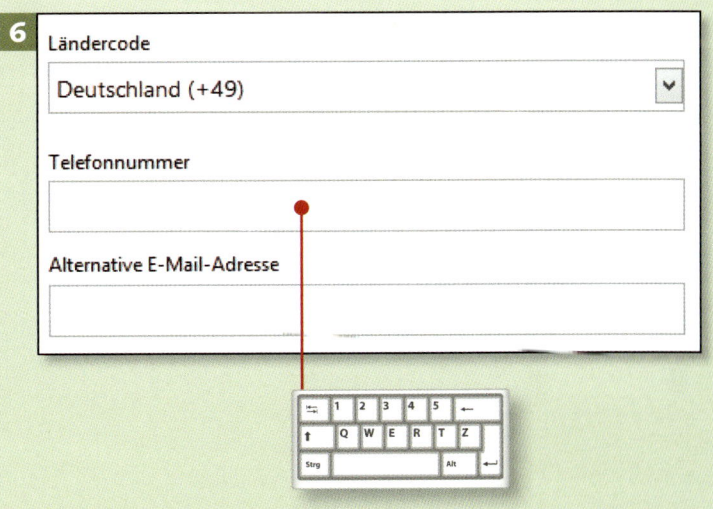

E-Mail-Adresse wird überprüft!

Falls es Ihren Vorschlag für die E-Mail-Adresse schon gibt, werden Sie bei der späteren Überprüfung darauf hingewiesen und nach einer neuen Wunschadresse gefragt.

Ein E-Mail-Konto anlegen (Forts.)

Schritt 7

Wenn Sie alles ausgefüllt haben, klicken Sie auf den Button **Konto erstellen**. Es dauert einige Zeit, bis Microsoft die Eintragungen überprüft hat. Sollten Korrekturen nötig sein, werden Sie dazu im Formular aufgefordert.

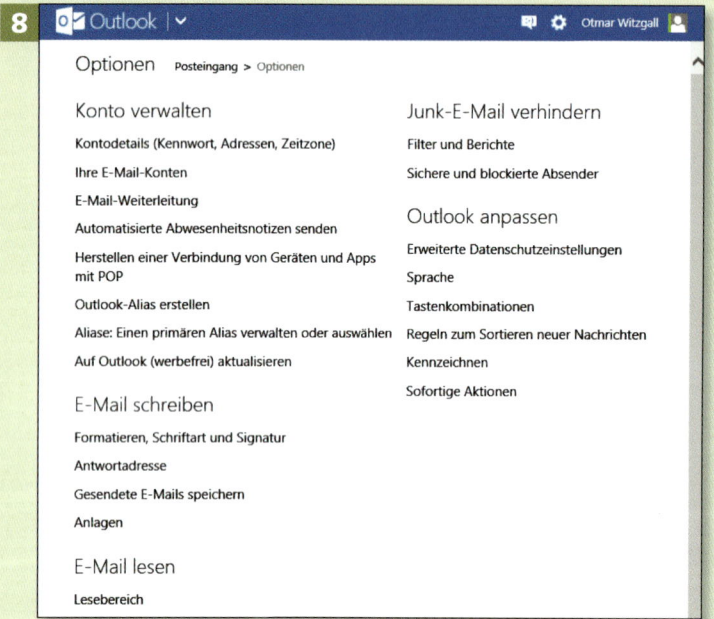

Schritt 8

Wenn alles okay ist, öffnet sich die Outlook.com-Oberfläche mit den **Optionen**. Hier können Sie jetzt oder später weitere Einstellungen zum E-Mail-Schreiben oder zum E-Mail-Lesen vornehmen.

Schritt 9

Klicken Sie in der Kopfzeile auf Ihren Namen. Danach gehen Sie auf **Profil bearbeiten** ❶.

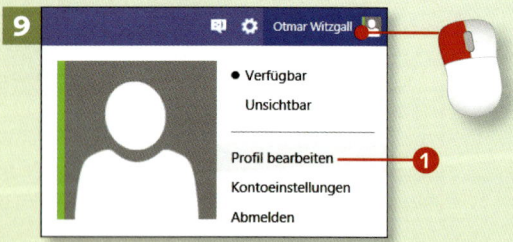

Weitere Einstellungen

Zu den Einstellungsmöglichkeiten in Schritt 8 gelangen Sie über das Rädchen-Symbol oben rechts. Klicken Sie darauf, und wählen Sie **Weitere E-Mail-Einstellungen**.

Schritt 10

Im Fenster **Profil** können Sie Ihr Bild ändern, Ihr Skype- und Ihr Messenger-Profil einrichten. Klicken Sie auf die nach unten zeigende Pfeilspitze.

Schritt 11

Es öffnet sich ein Menü mit den Schaltflächen zum Starten von folgenden Anwendungen: **Kontakte**, **Kalender**, **SkyDrive**. Starten Sie die Mail-App mit einem Klick auf den Button **Outlook.com**.

Schritt 12

Die geöffnete Mail-App zeigt eine Begrüßungsmail ❷ des Outlook-Teams an. Damit ist Outlook.com mit Ihrer E-Mail-Adresse und den Standardordnern eingerichtet.

Outlook.com und Outlook

Wenn Sie die Absicht haben, Ihr Outlook.com-E-Mail-Konto ausschließlich mit Outlook zu nutzen, sollten Sie sich überlegen, ob Sie Ihre Kontakte und Termine aus Gründen der Übersichtlichkeit nicht ausschließlich in Outlook pflegen.

Outlook automatisch mit einem Konto verbinden

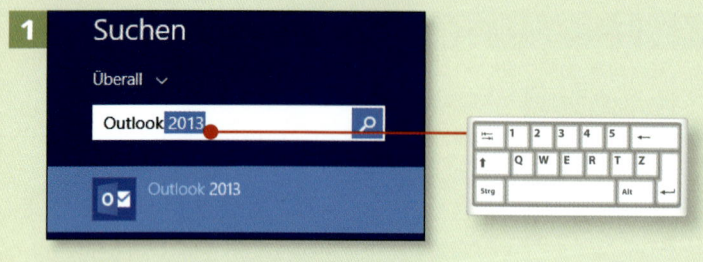

Nachdem Sie ein E-Mail-Konto bei Outlook.com eingerichtet haben, verknüpfen Sie nun dieses Konto automatisch mit Outlook.

Schritt 1

Starten Sie Outlook, indem Sie auf dem Startbildschirm »Outlook« eintippen. Im rechten Teil des Bildschirms erscheint die *Charms-Leiste* mit dem Suchergebnis. Drücken Sie die ↵-Taste.

Schritt 2

Beim ersten Start von Outlook sehen Sie einen Willkommensgruß. Zum Verknüpfen Ihres E-Mail-Kontos klicken Sie auf **Weiter**.

Schritt 3

Im Fenster **Konfiguration des Microsoft Outlook-Kontos** werden Sie gefragt, ob Sie eine Verbindung mit einem E-Mail-Konto herstellen möchten. Übernehmen Sie die Einstellung **Ja**, und klicken Sie auf **Weiter**.

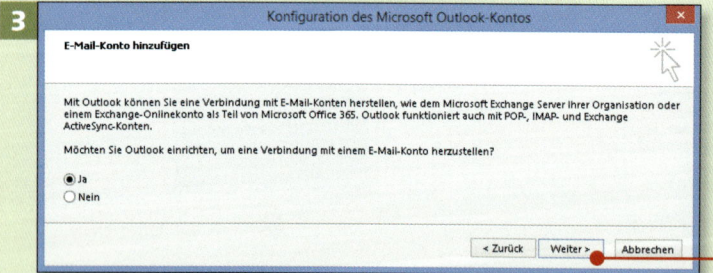

Schritt 4

Im nächsten Fenster **Konto hinzu-fügen** ist bereits **E-Mail-Konto** aktiviert. Tippen Sie Ihren Namen, die angelegte E-Mail-Adresse und das Kennwort mit Wiederholung in die vorgegebenen Felder. Dann klicken Sie auf **Weiter**.

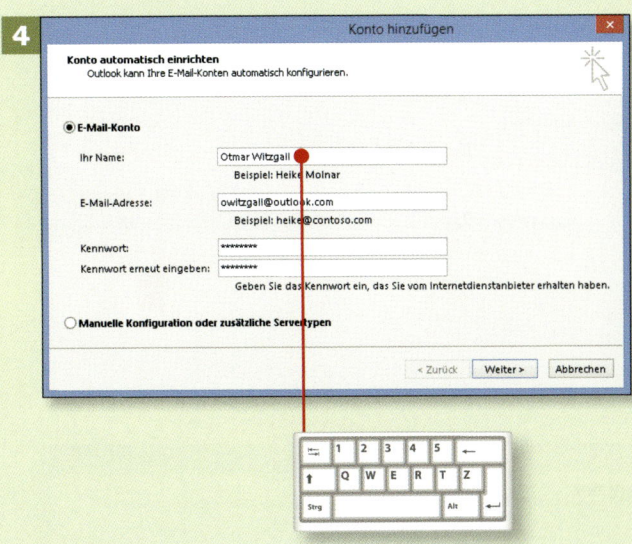

Schritt 5

Outlook sucht nun automatisch nach den E-Mail-Servereinstellungen ❶ und schließt die Konfiguration ab. Sie können die einzelnen Schritte am Bildschirm verfolgen. Warten Sie, bis die Konfiguration beendet ist.

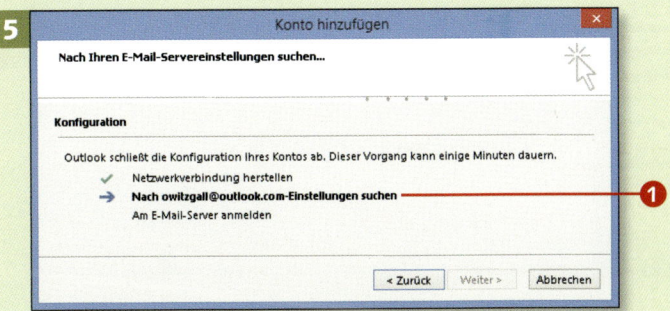

Schritt 6

Herzlichen Glückwunsch! Sie haben es geschafft! Ihr E-Mail-Konto wurde automatisch mit Outlook verknüpft ❷.

✚ Verknüpfung misslungen?

Wenn aus irgendeinem Grund die automatische Verknüpfung nicht funktioniert, dann verknüpfen Sie Ihr E-Mail-Konto von Hand, wie es im Abschnitt »Outlook manuell mit einem Konto verbinden«, ab Seite 18 beschrieben ist.

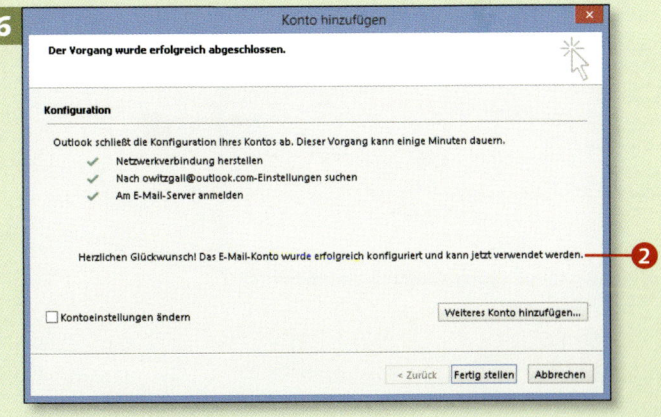

Outlook automatisch mit einem Konto verbinden (Forts.)

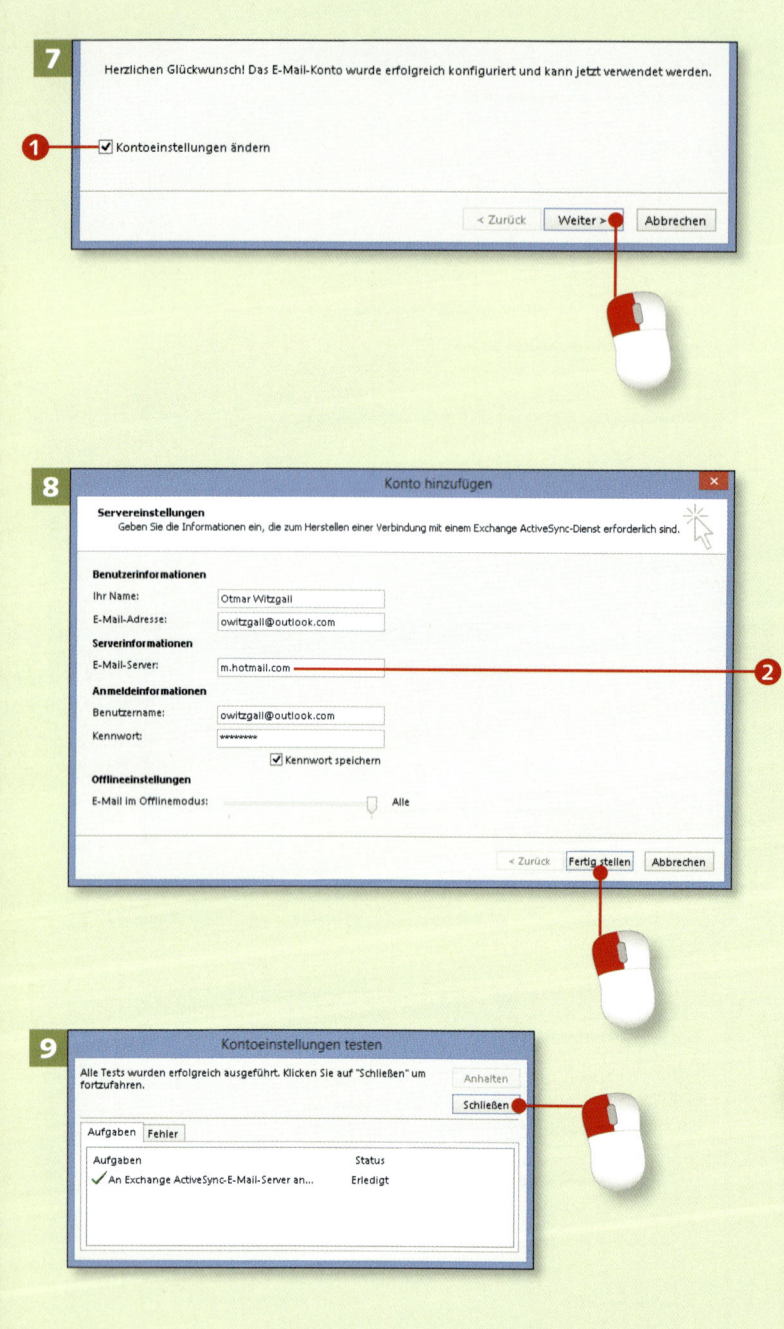

Schritt 7

Nun setzen Sie unten links bei **Kontoeinstellungen ändern** ❶ ein Häkchen. Wir wollen uns nun die Konfiguration näher ansehen. Klicken Sie deshalb jetzt auf **Weiter**.

Schritt 8

Sie sehen, bei den Serverinformationen hat Outlook automatisch als E-Mail-Server **m.hotmail.com** ❷ eingetragen. Das ist der Servername für den *Exchange ActiveSync-Dienst*, mit dem Ihr Konto verknüpft wurde. Gehen Sie jetzt auf **Fertig stellen**.

Schritt 9

Im Folgenden öffnet sich das Fenster **Kontoeinstellungen testen**. Das grüne Häkchen zeigt, dass das Konto am *Exchange ActiveSync-E-Mail-Server* angemeldet ist. Klicken Sie auf **Schließen**, um fortzufahren.

i

Exchange ActiveSync
Über das Internet ist Ihr E-Mail-Konto mit einem Austauschdienst (entspricht: *Exchange-Server*) verbunden. Über diesen werden Ihre E-Mails aktiv synchronisiert, also zwischen Outlook.com im Netz und Outlook auf Ihrem Computer aktuell abgeglichen (entspricht: *ActiveSync*).

Schritt 10

Jetzt öffnet sich der Startbildschirm von Outlook. Sie sehen links im Ordnerbereich neben der normalen **Outlook-Datendatei** eine zusätzliche, die den Namen Ihrer E-Mail-Adresse ❸ trägt. Sie ist perfekt für Outlook.com ausgestattet.

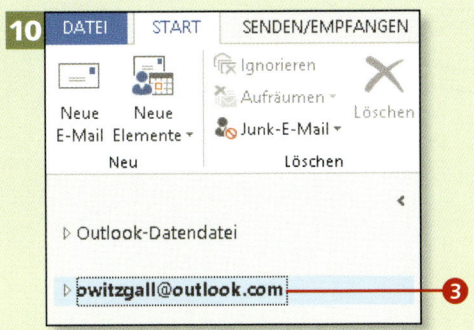

Schritt 11

Klicken Sie auf die Pfeilspitze vor Ihrer E-Mail-Adresse.

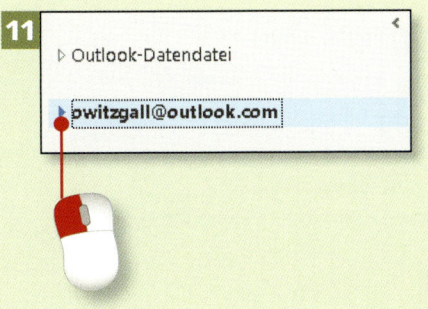

Schritt 12

Sofort klappt eine ganze Liste von automatisch generierten Standardordnern auf. Diese Ordner sind außer dem Suchordner ausschließlich für das Senden und Empfangen, Löschen und Archivieren von E-Mails eingerichtet.

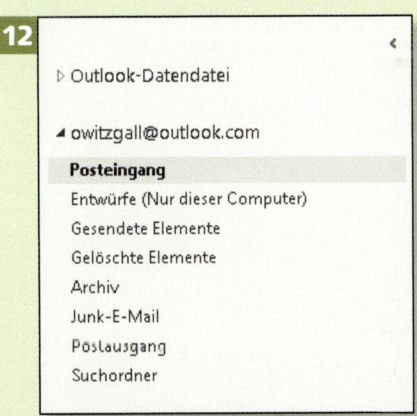

Datendateien

In der normalen Outlook-Datendatei werden alle Informationen wie E-Mails, Termine, Kontakte, Aufgaben und Notizen verwaltet. Deshalb kann diese auch nicht gelöscht werden. Die *Exchange-Konto-Datendatei* owitzgall@outlook.com ist nur ein 1:1-Abbild Ihres E-Mail-Kontos auf dem Server von Outlook.com.

Outlook manuell mit einem Konto verbinden

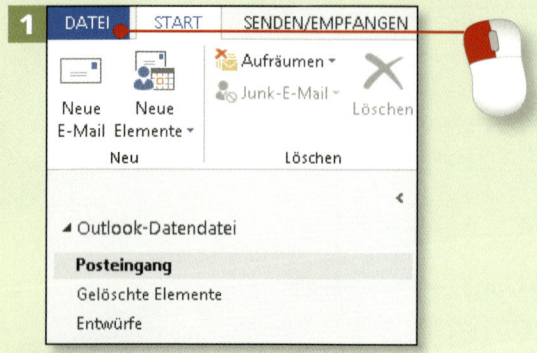

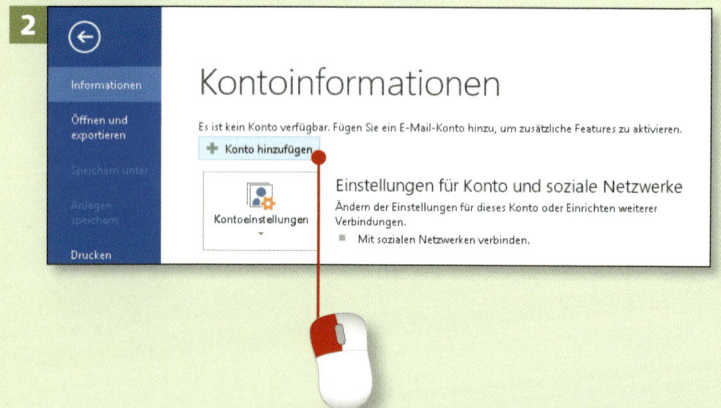

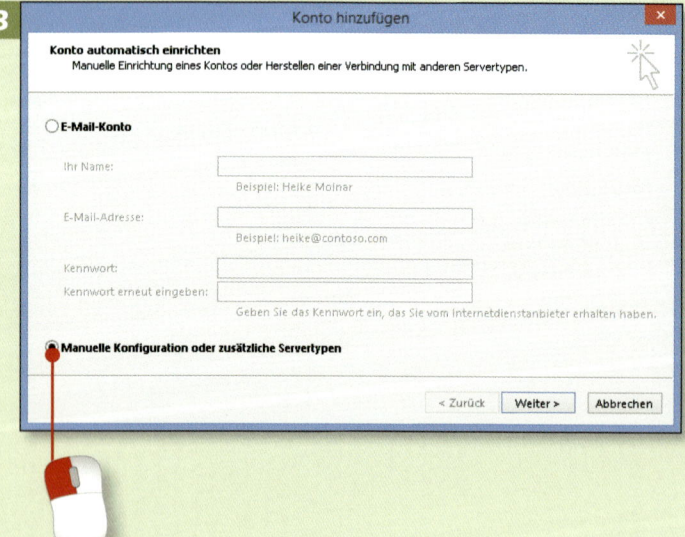

Wenn es zu Fehlern kommt oder Sie Ihr E-Mail-Konto anders einbinden möchten, müssen Sie selbst »Hand anlegen«. Zunächst verknüpfen Sie Ihr E-Mail-Konto als Exchange-Konto und dann als normales E-Mail-Konto.

Schritt 1

Sie haben Outlook gestartet und befinden sich im *Posteingang*. Klicken Sie auf die Registerkarte **Datei**.

Schritt 2

Sie landen in der sogenannten *Backstage-Ansicht*, in der Sie zahlreiche Einstellungen vornehmen können. Unter **Informationen** finden Sie den Bereich **Kontoinformationen**. Klicken Sie auf **Konto hinzufügen**, um manuell ein Konto einzurichten.

Schritt 3

Aktivieren Sie im Fenster **Konto hinzufügen** die Option **Manuelle Konfiguration oder zusätzliche Servertypen**, und klicken Sie auf **Weiter**.

Schritt 4

Im Fenster **Konto hinzufügen** wählen Sie den entsprechenden Dienst aus. Aktivieren Sie die Option **Mit Outlook.com oder Exchange ActiveSync kompatibler Dienst**, und bestätigen Sie mit **Weiter**.

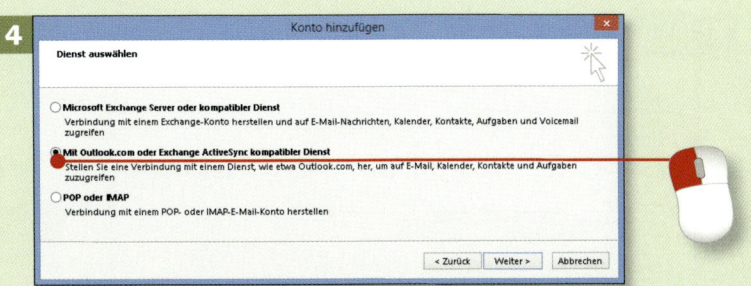

Schritt 5

In diesem Fenster tragen Sie die Servereinstellungen ein. Sie fügen in die entsprechenden Felder Ihre Informationen ein. Bei den **Serverinformationen** tragen Sie bei **E-Mail-Server** »m.hotmail.com« ein. Setzen Sie bei **Kennwort speichern** ein Häkchen ❶, wenn Sie vermeiden möchten, dass Sie bei jedem E-Mail-Abruf das Kennwort eintragen müssen. Bestätigen Sie mit **Weiter**.

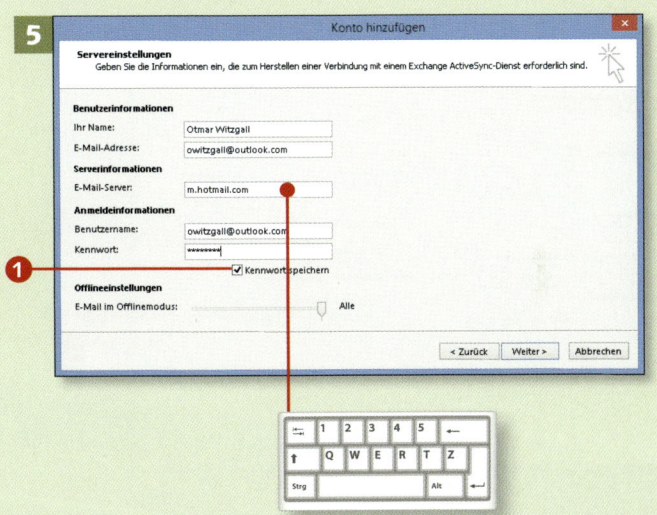

Schritt 6

Nun wird im Hintergrund die Netzwerkverbindung hergestellt und Ihr Konto beim Exchange-Server angemeldet. Hat alles geklappt, werden Sie beglückwünscht. Bestätigen Sie mit **Weiter**.

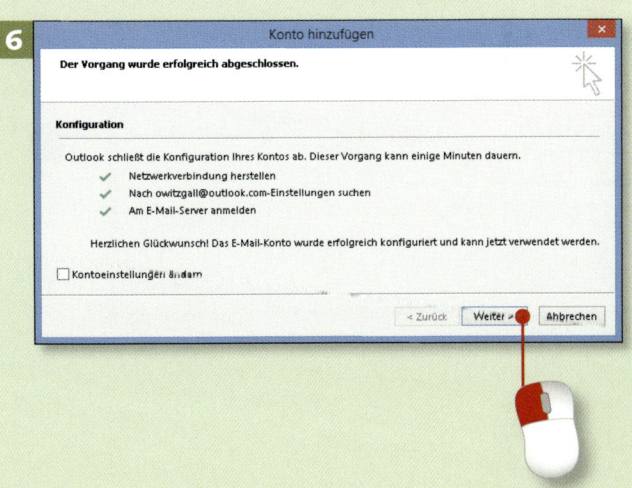

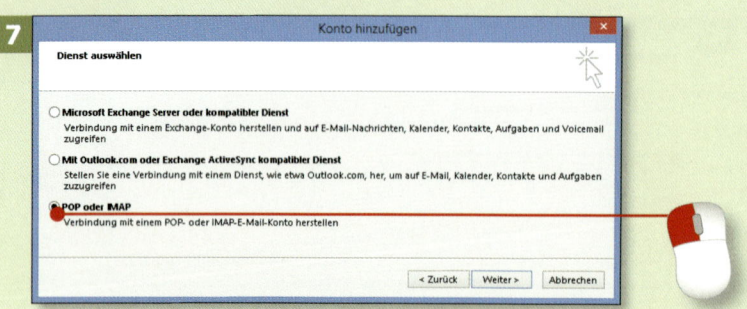

Schritt 7

Jetzt fügen wir unser E-Mail-Konto manuell als häufig genutztes POP3-Konto hinzu. Wiederholen Sie die Schritte 1 bis 3, und aktivieren Sie dann den Dienst **POP oder IMAP** und bestätigen mit **Weiter**.

Schritt 8

Tragen Sie bei **Posteingangsserver** »pop3.live.com« und bei **Postausgangsserver** »smtp.live.com« ein. Bei **Neue Nachrichten übermitteln in** aktivieren Sie **Vorhandene Outlook-Datendatei ❶** und klicken auf **Durchsuchen**.

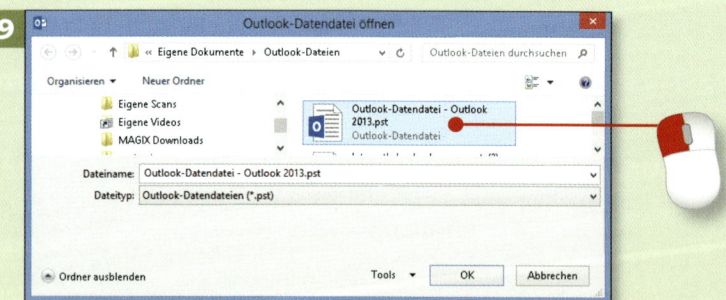

Schritt 9

Nun öffnet sich das Fenster **Outlook-Datendatei öffnen**. Klicken Sie auf die automatisch angelegte Datei *Outlook-Datendatei - Outlook 2013.pst*, und bestätigen Sie mit **OK**.

POP3- oder IMAP-Konto

Beim *POP3-E-Mail-Konto* holen Sie in Outlook eine Kopie einer E-Mail vom Server und verwalten diese in Outlook unabhängig vom Server. Bei einem *IMAP-Konto* bearbeiten Sie in Outlook Ihre E-Mails so, dass die bearbeiteten E-Mails beim nächsten Synchronisieren auch auf dem Server bearbeitet sind.

Schritt 10

Um die Konfiguration zu vervollständigen, klicken Sie auf **Weitere
Einstellungen**.

Schritt 11

Im Fenster **Internet-E-Mail-Einstellungen** gehen Sie auf das Register **Postausgangsserver ❷** und
setzen bei **Der Postausgangsserver
(SMTP) erfordert Authentifizierung**
ein Häkchen.

Schritt 12

Gehen Sie weiter auf **Erweitert ❸**.
Setzen Sie bei **Server erfordert eine
verschlüsselte Verbindung (SSL)** ein
Häkchen, und es wird automatisch
die Zahl **995** in das Feld des **Post-
eingangsservers** eingetragen. Geben
Sie beim **Postausgangsserver** die
Zahl »587« ein. Nun wählen Sie über
die nach unten zeigende Pfeilspitze
den Verbindungstyp **TLS** aus. Die
weiteren Einstellungen können Sie
so lassen. Schließen Sie mit **OK**. Vervollständigen Sie die Konfiguration
in den beiden nächsten Fenstern mit
Weiter und **Fertig stellen**.

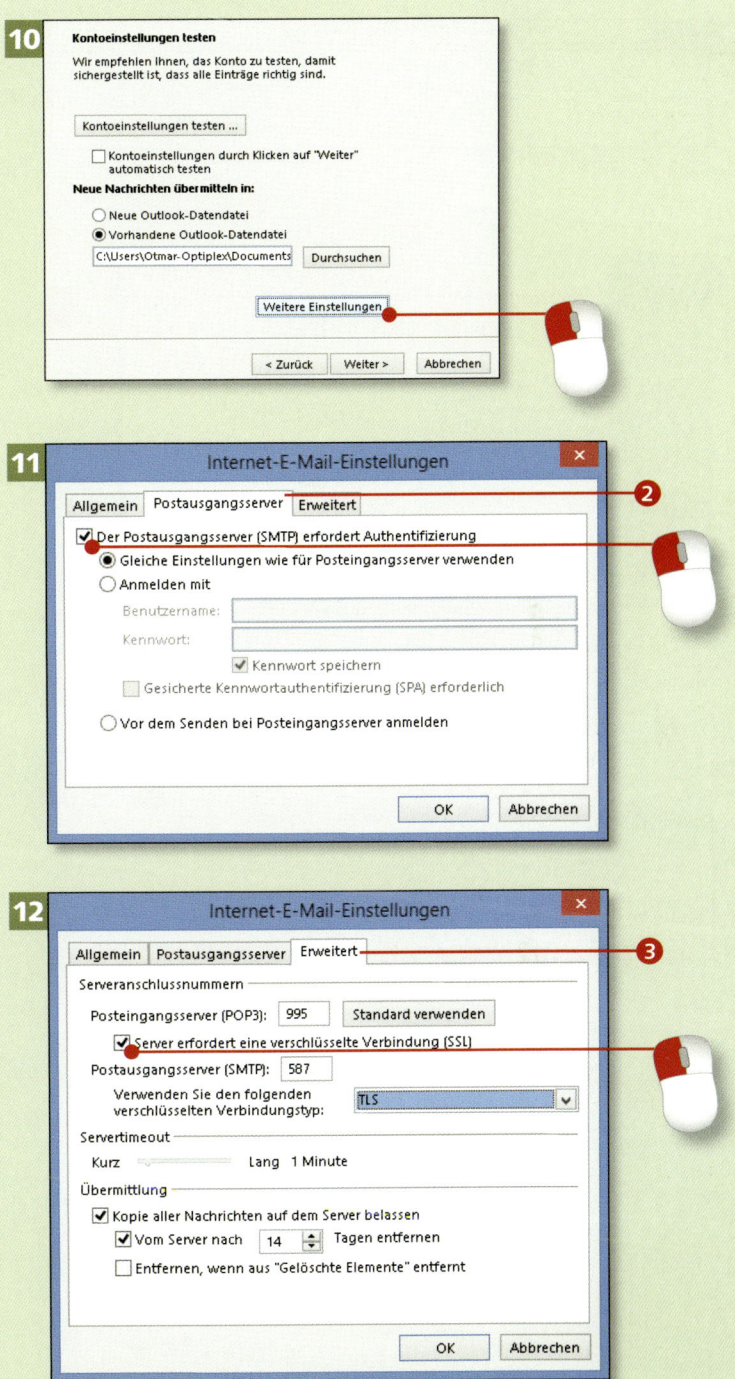

Die Benutzeroberfläche kennenlernen

Wir geben Ihnen einen kurzen Überblick über die Outlook-Benutzeroberfläche.

Schritt 1

Zunächst sticht das *Menüband* ins Auge. Es gliedert sich in verschiedenen *Registerkarten* ❶ (häufig auch Reiter genannt), die sich aus aufgabenspezifischen *Befehlsgruppen* ❷ zusammensetzen.

Schritt 2

Etwas Spezielles – und deshalb auch farblich hervorgehoben – ist die Registerkarte **Datei** ❸ (in Schritt 3). Mit einem Klick auf diese Registerkarte gelangen Sie in die Backstage-Ansicht, in der Sie zahlreiche Einstellungen vornehmen können. Über den Pfeil oben links kommen Sie wieder in das Menüband.

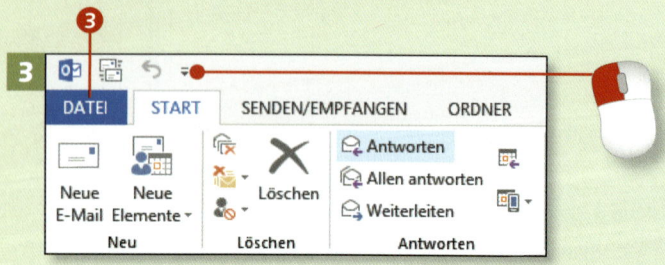

Schritt 3

Ganz oben links oberhalb der Registerkarten befindet sich die *Symbolleiste für den Schnellzugriff*. Hier platzieren Sie Ihre Lieblingsbefehle, mit denen Sie gerne arbeiten. Klicken Sie dazu auf die kleine Pfeilspitze.

Schritt 4

Im Aufklappmenü stehen Befehle zur Auswahl. Sie wählen diese mit einem Häkchen zur Anzeige als Symbol aus oder ab. Über den Befehl **Weitere Befehle** passen Sie die Symbolleiste nach Ihren Wünschen an. Hilfe dazu finden Sie im Abschnitt »Schnell auf Befehle zugreifen« ab Seite 254.

Schritt 5

Grundlegende Änderungen an der Benutzeroberfläche nehmen Sie auf dem Register **Ansicht** in der Gruppe **Layout 4** vor. Dort finden Sie Einstellungsmöglichkeiten für den **Ordnerbereich**, den **Lesebereich** und die **Aufgabenleiste**. Außerdem können Sie das Aussehen des **Personenbereichs 5** anpassen.

Schritt 6

Den *Ordnerbereich* sehen Sie links auf der Benutzeroberfläche. Im unteren Teil des Outlook-Fensters sehen Sie die einzelnen *Outlook-Bereiche* **6**. Je nach Bereich (hier **E-Mail**) sehen Sie die dazugehörigen Ordner.

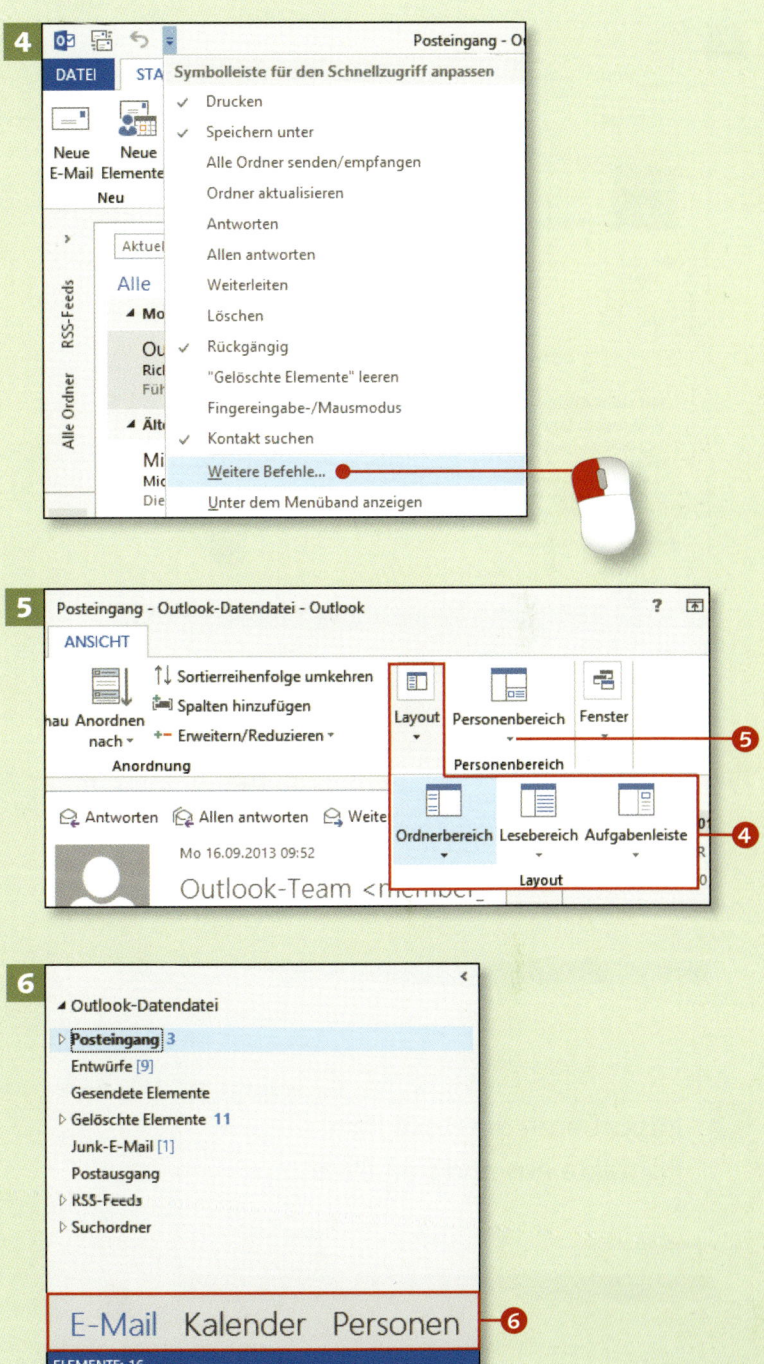

Die Benutzeroberfläche kennenlernen (Forts.)

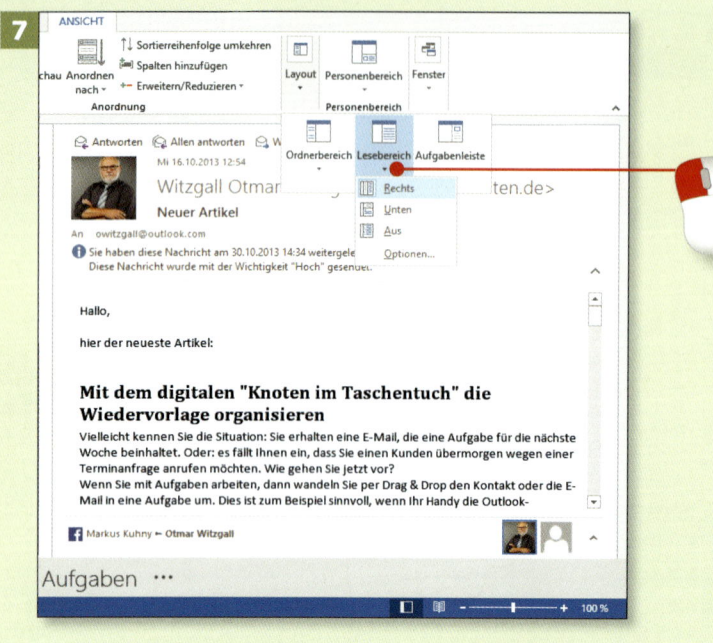

Schritt 7

Klicken Sie im Register **Ansicht** auf die Schaltfläche **Layout** und aktivieren Sie den **Lesebereich** (siehe Schritt 5). Lassen Sie die Vorgabe **Rechts** stehen. Dadurch lesen Sie Ihre E-Mails im rechten Bereich des Outlook-Fensters. Markieren Sie links in der Nachrichtenliste eine E-Mail, um im Lesebereich den kompletten Inhalt zu sehen.

Schritt 8

Erweitern Sie den **Personenbereich** mit Klick auf die nach unten zeigende Pfeilspitze ❶. Scrollen Sie durch die Aktivitäten. Es werden Ihnen alle Aktivitäten angezeigt, die Outlook von der betreffenden Person gesammelt hat.

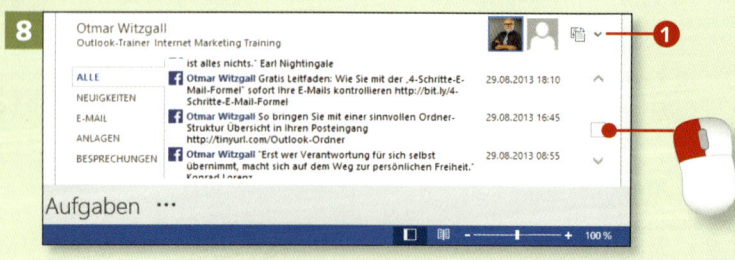

Schritt 9

Unten am rechten Ende der *Statusleiste* befindet sich der *Zoombereich*. Schieben Sie mit der Maus den Schieberegler nach rechts oder links. Es verkleinert oder vergrößert sich der Inhalt des Lesebereichs. Klicken Sie alternativ auf das Minus- bzw. Plus-Zeichen.

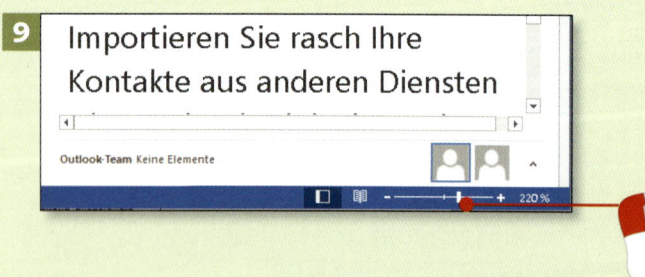

Schritt 10

Klicken Sie im Register **Ansicht** auf
die Schaltfläche **Layout** und anschließend auf **Aufgabenliste**. Sie
können dort bis zu drei Bereiche
anzeigen: **Kalender**, **Personen** und
Aufgaben.

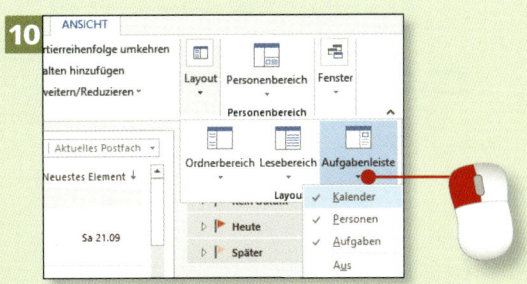

Schritt 11

Zurück zu den Bereichen. Klicken Sie
auf **E-Mail**, um den gleichnamigen
Bereich zu öffnen (siehe Schritt 6).
Es werden die E-Mails im Posteingang angezeigt. Rechts neben dem
Ordnerbereich sehen Sie die Nachrichtenliste, die alle E-Mails enthält,
die sich im gewählten Ordner befinden. Im Lesebereich rechts sehen Sie
den Inhalt der angewählten E-Mail.

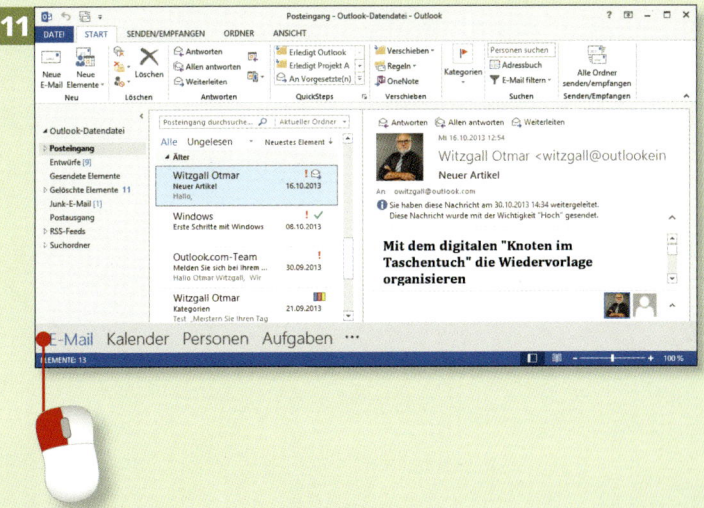

Schritt 12

Mit einem Klick auf **Kalender** gelangen Sie in den Bereich **Kalender**.
Es werden standardmäßig die Termine der Arbeitswoche angezeigt.

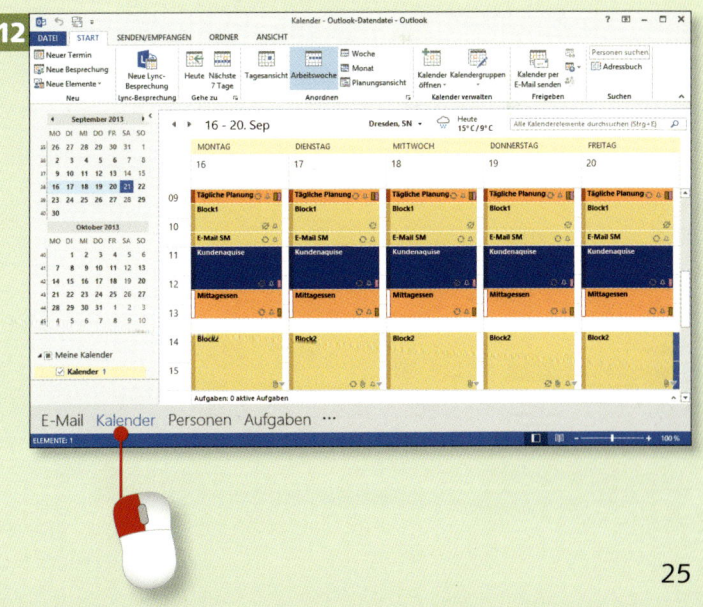

Die Benutzeroberfläche kennenlernen (Forts.)

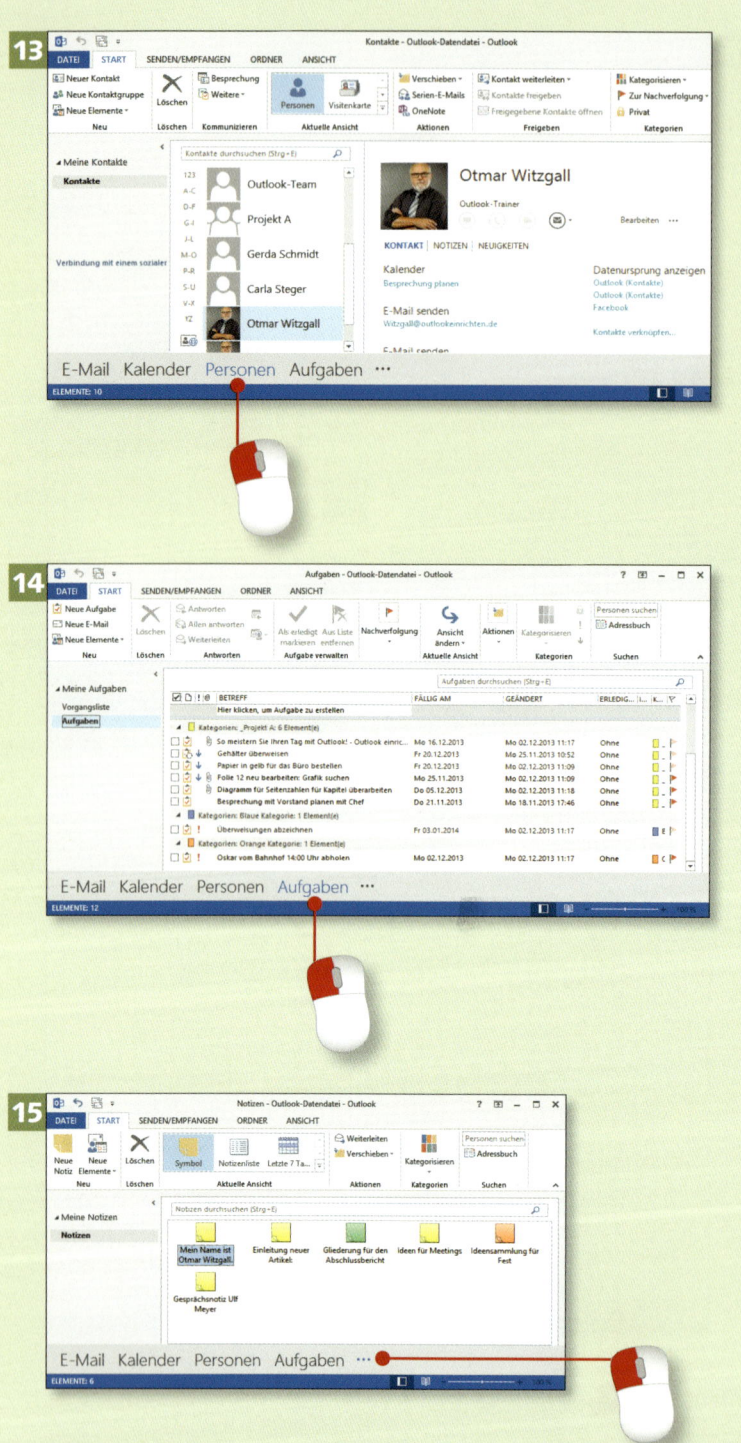

Schritt 13

Wenn Sie auf **Personen** klicken, wird der **Kontakte**-Ordner in der **Personen**-Ansicht mit dem Lesebereich angezeigt, in dem Sie weitere Informationen zum ausgewählten Kontakt sehen können.

Schritt 14

Klicken Sie nun auf **Aufgaben**, um in den gleichnamigen Bereich zu gelangen. Es werden die Aufgaben mit Wichtigkeit und Kategorien angezeigt.

Schritt 15

Um in den Bereich **Notizen** zu gelangen, klicken Sie zunächst auf das Icon mit den drei Punkten und wählen anschließend **Notizen**. Es werden die Notizen in der **Symbol**-Ansicht angezeigt. Einige Notizen sind entsprechend ihren Kategorien farbig hinterlegt. Falls Sie noch keine Notizen angelegt haben, ist dieser Bereich selbstverständlich noch leer.

i

Bereiche

Standardmäßig sehen Sie die Bereiche **E-Mail**, **Kalender**, **Personen** und **Aufgaben**. Wie Sie das ändern können, lesen Sie im Abschnitt »Zwischen Outlook-Bereichen navigieren« ab Seite 32.

Schritt 16

Nun klicken Sie erneut auf das Icon mit den drei Punkten und danach auf **Ordner**. Auf diese Weise öffnen Sie den gleichnamigen Bereich. Hier haben Sie eine Übersicht über alle Ordner, die in allen Bereichen existieren.

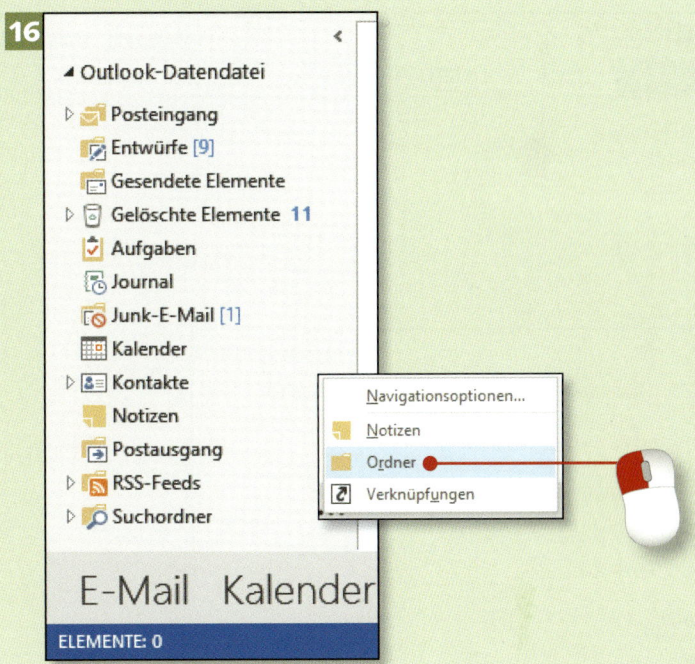

Schritt 17

Ganz oben rechts in der Outlook-Oberfläche finden Sie ein kleines **Symbol** zur Anzeige des Menübands. Mit den verschiedenen Optionen verschaffen Sie sich bei großer Bildschirmauflösung mehr Übersicht. Alternativ minimieren und vergrößern Sie das Menüband mit der Tastaturkombination ⌜Strg⌝ + ⌜F1⌝.

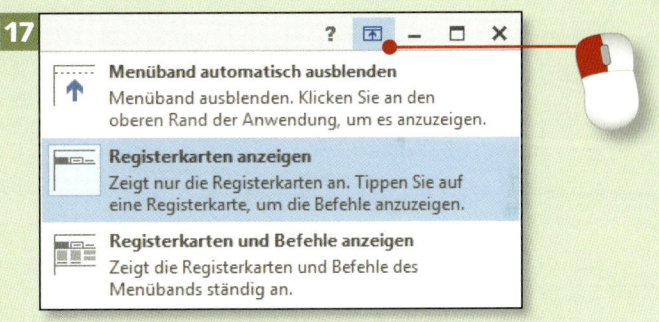

Schritt 18

Unten links neben dem Zoombereich befindet sich ein aufgeschlagenes Buch als Symbol für das *Leselayout*. Mit seiner Aktivierung verschaffen Sie sich beim Lesen mehr Platz: Der Ordnerbereich ist minimiert, die Aufgabenleiste ist ausgeblendet. So können Sie sich ganz auf den Inhalt einer E-Mail konzentrieren.

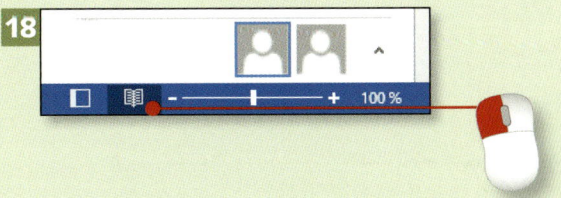

Outlook per Touchscreen bedienen

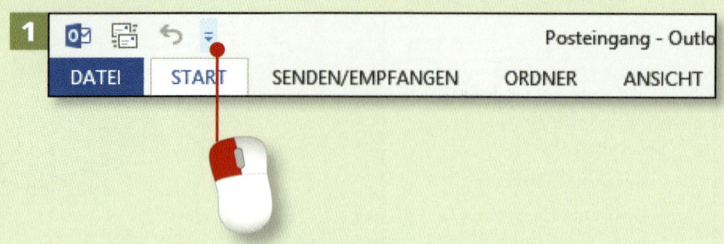

Outlook 2013 ist für die Touch-screen-Bedienung mit Windows 8 bzw. 8.1 optimiert. Dafür gibt es spezielle Einstellungen.

Schritt 1

Klicken Sie auf die Pfeilspitze am Ende der Symbolleiste für den Schnellzugriff.

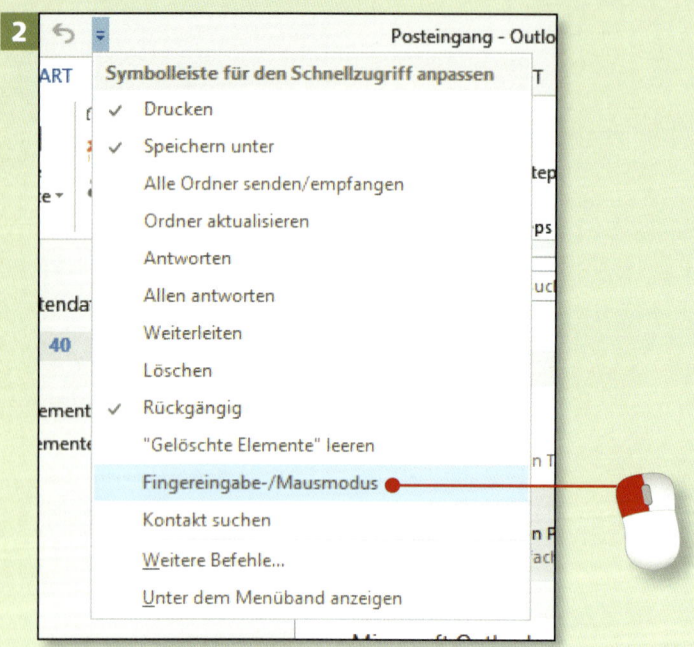

Schritt 2

Es öffnet sich ein Aufklappmenü mit aktivierten und deaktivierten Befehlen. Klicken Sie auf **Fingereingabe-/Mausmodus**.

Schritt 3

Es erscheint das dazugehörige Symbol in der Leiste. Klicken Sie darauf. Nun können Sie den **Abstand zwischen Befehlen optimieren**. Das farblich unterlegte Symbol ❶ zeigt die aktuelle Auswahl. Klicken Sie jetzt auf den Befehl **Fingereingabe** ❷.

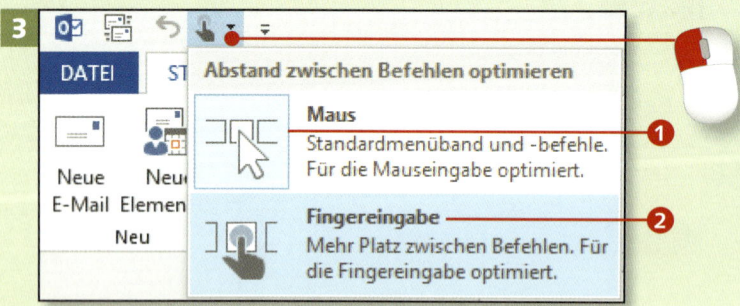

Schritt 4

Nun sehen Sie die meisten Elemente der Benutzeroberfläche, insbesondere im Menüband ❸, in die Breite gezogen. Die Schaltflächen und Befehle stehen nun wesentlich weiter auseinander. Sie sind jetzt für die Eingabe mit dem Finger optimiert.

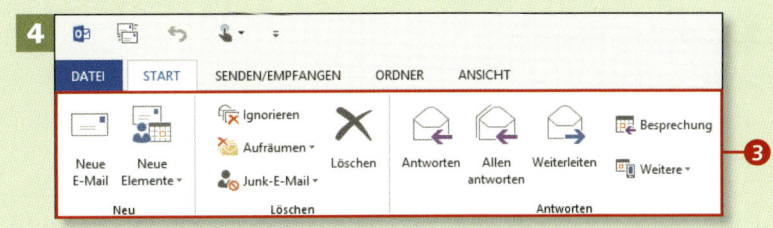

Schritt 5

Im Bereich **E-Mail** befinden sich zusätzlich die wichtigsten Bediensymbole zum Bearbeiten von E-Mails ❹ am äußersten rechten Rand der Outlook-Benutzeroberfläche. Von oben nach unten handelt es sich um die Befehle **Antworten**, **Löschen**, **In Ordner verschieben**, **Kennzeichnen** und **Als gelesen markieren** bzw. **Als ungelesen markieren**.

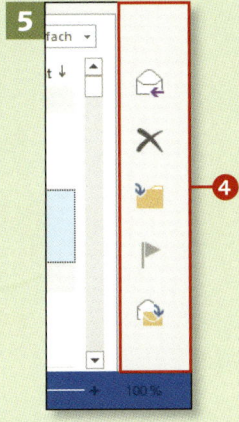

Schritt 6

Hier sehen Sie im direkten Vergleich die Abstände der Symbole im Fingermodus ❺ und im Mausmodus ❻.

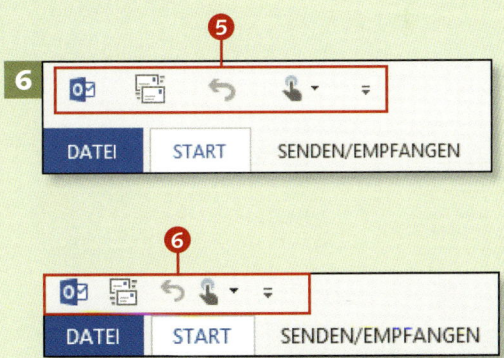

Mit Ordnern arbeiten

Ordner enthalten die verschiedenen Outlook-Elemente, seien es E-Mails, Termine, Kontakte, Aufgaben oder Notizen. Ich zeige Ihnen hier, wie Sie die Übersicht behalten und was Sie mit Ordnern alles machen können.

Schritt 1

Eine Übersicht über die Standardordner in Outlook sehen Sie im Bereich **Ordner**. Sie finden hier alle Ordner für E-Mails, Kalender, Kontakte, Aufgaben und Notizen.

Schritt 2

Klicken Sie in der Bereichsübersicht auf **E-Mail**, um nur die StandardE-Mail-Ordner zu sehen.

Schritt 3

Abhängig vom markierten Ordner finden Sie im Register **Ordner** alle Informationen und Bearbeitungsmöglichkeiten z. B. für den **Posteingang ❶**.

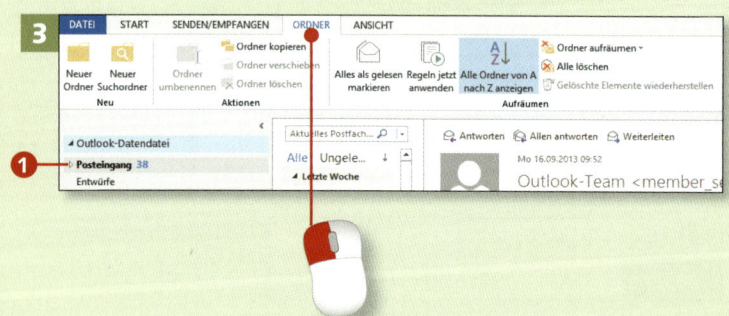

Alternative zu Register »Ordner«
Markieren Sie den gewünschten Ordner, und öffnen Sie mit gedrückter rechter Maustaste das *Kontextmenü*. Darin finden Sie alle Befehle, die Sie auch im Register **Ordner** finden.

Schritt 4

Wir legen einen neuen E-Mail-Ordner an. Klicken Sie in der Gruppe **Neu** auf **Neuer Ordner**. Alternativ rufen Sie den Assistenten für neue Ordner mit der Tastaturkombination Strg + ⇧ + E auf.

Schritt 5

Es öffnet sich das Fenster **Neuen Ordner erstellen**. Tippen Sie bei **Name** einen aussagefähigen Begriff – hier: »Projekt A« – in das Eingabefeld. Wählen Sie über das Auswahlmenü den Typ des Ordners aus. In unserem Fall **E-Mail und bereitgestellte Elemente** ❷. Markieren Sie z. B. den Ordner **Posteingang**, und schließen Sie mit **OK**.

Schritt 6

Der neue Ordner hat sich als Unterordner im Posteingang eingeordnet. Somit bekommt der Posteingang eine Pfeilspitze zum Auf- und Zuklappen. Klicken Sie auf die Pfeilspitze, um den von Ihnen erstellten Ordner zu sehen.

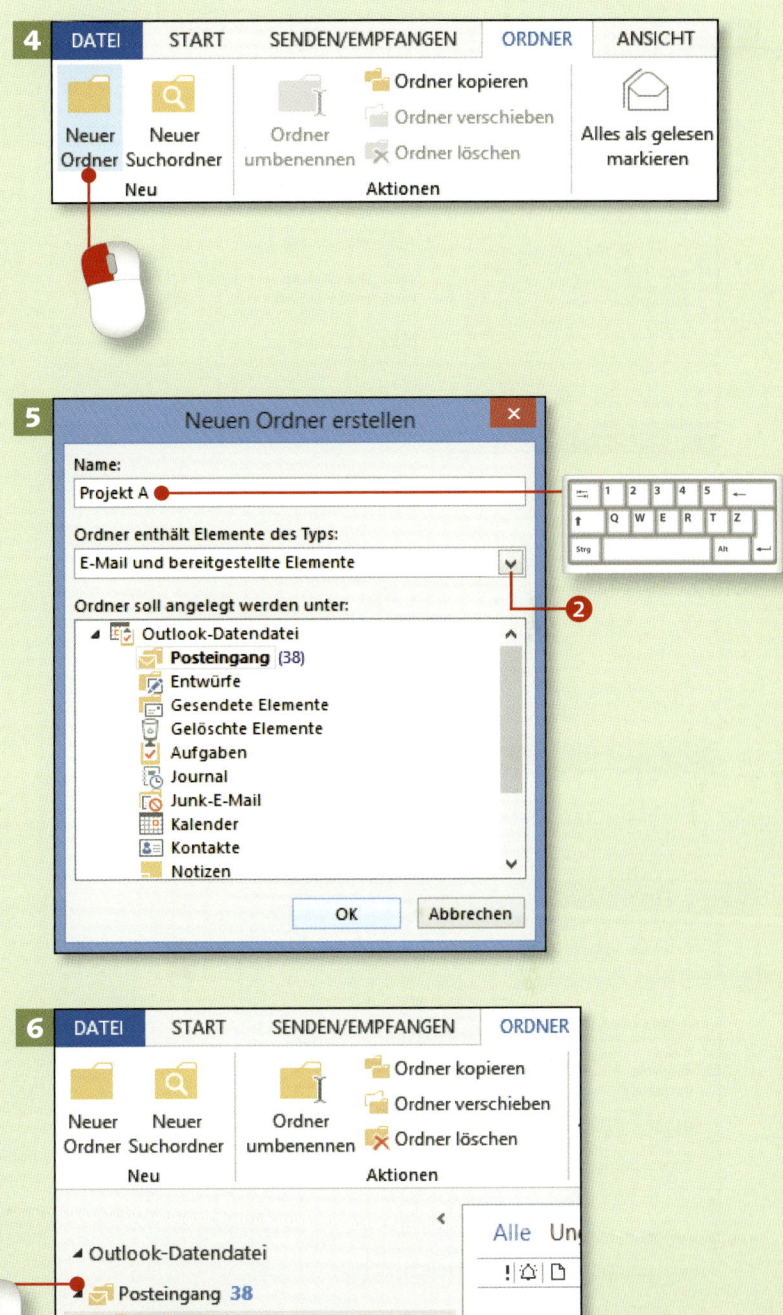

Zwischen Outlook-Bereichen navigieren

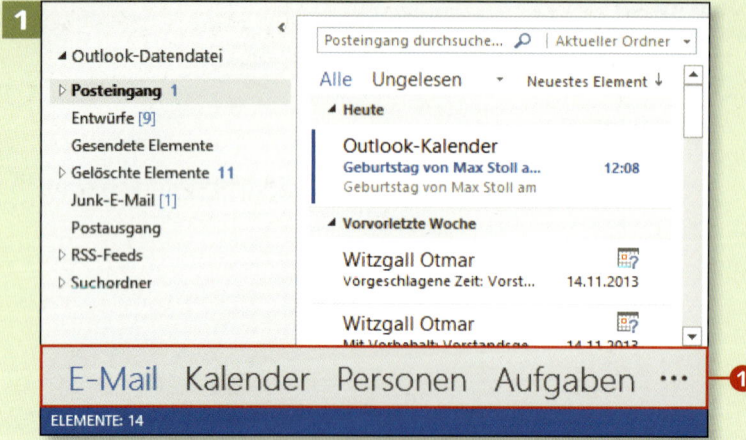

Zum Navigieren zwischen Bereichen gibt Ihnen Outlook einige sehr hilfreiche Funktionen an die Hand.

Schritt 1

Im unteren Teil des Outlook-Fensters befinden sich die Begriffe zum Starten der Outlook-Bereiche ❶. Klicken Sie auf einen der Begriffe, um einen Bereich zu öffnen.

Schritt 2

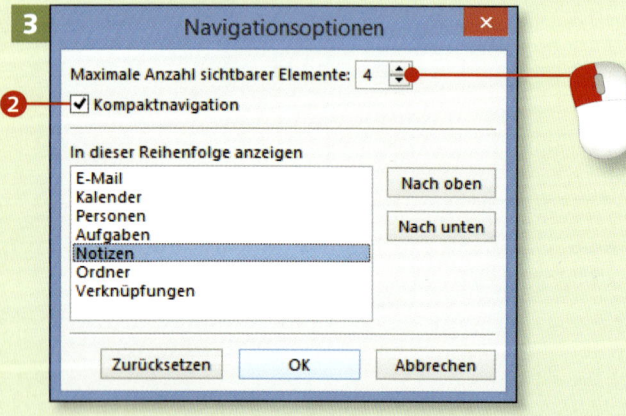

Sind Ihnen die Begriffe zu unübersichtlich, dann lassen Sie sich den Text als Symbole anzeigen. Klicken Sie auf das Icon mit den drei Punkten und dann auf **Navigationsoptionen**.

Schritt 3

Setzen Sie im Fenster **Navigationsoptionen** ein Häkchen bei **Kompaktnavigation** ❷, und wählen Sie bei **Maximale Anzahl sichtbarer Elemente** über die Pfeilspitzen die Option **4** aus. Schließen Sie mit **OK**.

Navigationsoptionen variieren
Ändern Sie die Reihenfolge der Bereiche über die Schaltflächen **Nach oben** bzw. **Nach unten**.

Schritt 4

Jetzt sind die Begriffe den Symbolen ❸ gewichen. Sie haben nun mehr Übersicht und öffnen die Outlook-Bereiche schneller.

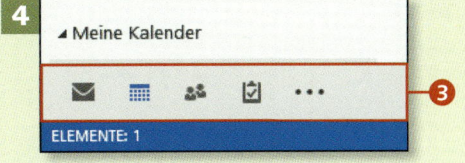

Schritt 5

Sie wollen mit mehreren Bereichen gleichzeitig arbeiten? Kein Problem! Klicken Sie im Register **Ansicht** und in der Gruppe **Fenster** auf **In neuem Fenster öffnen**.

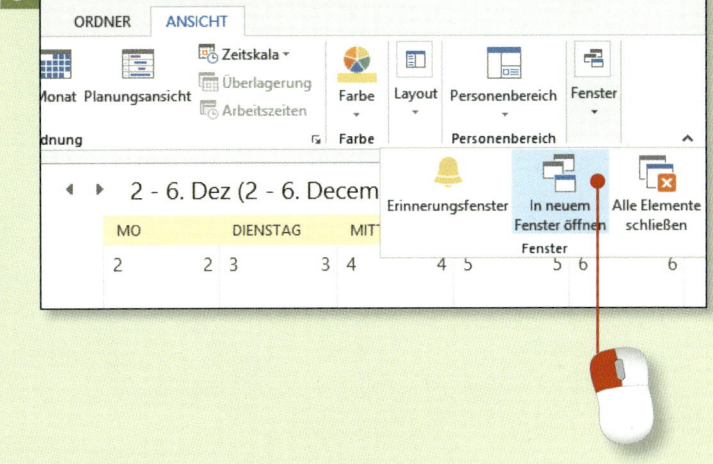

Schritt 6

Schon öffnet sich z. B. ein zweiter Kalender. Klicken Sie auf **E-Mail**. Nun haben Sie ein Fenster mit einem **Kalender** ❹ und ein weiteres Fenster mit dem Bereich **E-Mail** ❺ geöffnet. Es lassen sich beliebig viele Bereiche gleichzeitig in einem neuen Fenster öffnen und auf dem Bildschirm verteilen.

Navigieren mit Tastaturbefehlen

Wesentlich schneller geht der Aufruf der Bereiche mit Tastaturkombinationen. Die Bereiche sind von **E-Mail** (1) bis **Ordner** (6) durchnummeriert. Starten Sie z. B. den Bereich **Personen** bei gedrückter Strg-Taste mit der Zahl 3, also Strg + 3.

Die Outlook-Hilfe nutzen

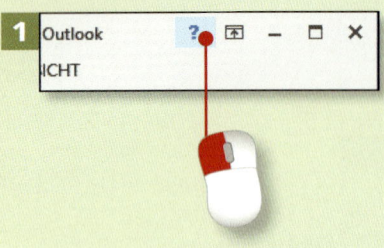

Outlook bietet Ihnen sowohl über das Internet als auch auf Ihrem Computer eine wertvolle Hilfe für Ihre Fragen.

Schritt 1

Klicken Sie im Outlook-Fenster oben rechts auf das **Fragezeichen**. Alternativ starten Sie die Hilfe auf der Tastatur mit der Funktionstaste F1.

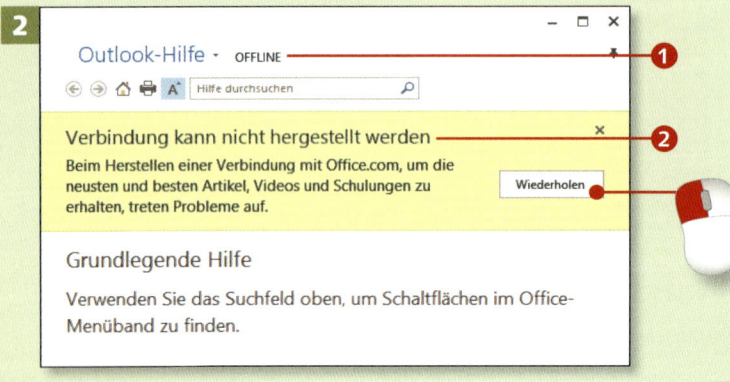

Schritt 2

Sind Sie nicht mit dem Internet verbunden, sehen Sie den Status **Offline** ❶ und die Meldung: **Verbindung kann nicht hergestellt werden** ❷. Ermöglichen Sie die Verbindung mit dem Internet, und klicken Sie auf **Wiederholen** – bekommen Sie keine Verbindung, arbeiten Sie weiter mit Schritt 6, sonst mit Schritt 3.

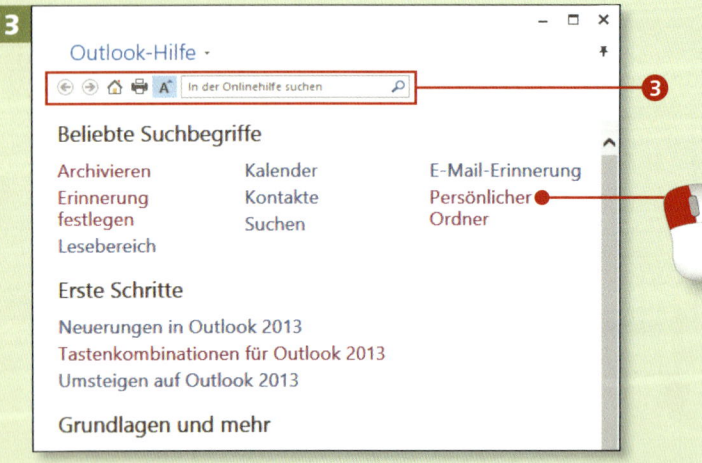

Schritt 3

Besteht eine Verbindung zum Internet, öffnet sich die Startansicht. Oben erkennen Sie die Symbole: Zurück, Vor, Start, Drucken, Zeichengröße und das Suchfeld ❸. Der Inhalt des Hilfe-Fensters ist unterteilt in beliebte Suchbegriffe, erste Schritte und Grundlagenartikel. Klicken Sie auf den Suchbegriff **Persönlicher Ordner**.

Schritt 4

Es erscheint eine Auflistung von Internetartikeln, in denen der Suchbegriff vorkommt. Standardmäßig sehen Sie Artikel aus verschiedenen Quellen, also **Allen Sites**. Bei **Vertrauenswürdigen Sites** stammen die Artikel vom Microsoft-Support.

Schritt 5

Klicken Sie nun auf die Pfeilspitze und anschließend auf **Outlook-Hilfe von Ihrem Computer**. Sie erhalten jetzt zum selben Stichwort nur Suchergebnisse, die sich auf Ihrem Computer befinden. Klicken Sie auf die verlinkten Ergebnisse, und die Erklärungen werden angezeigt.

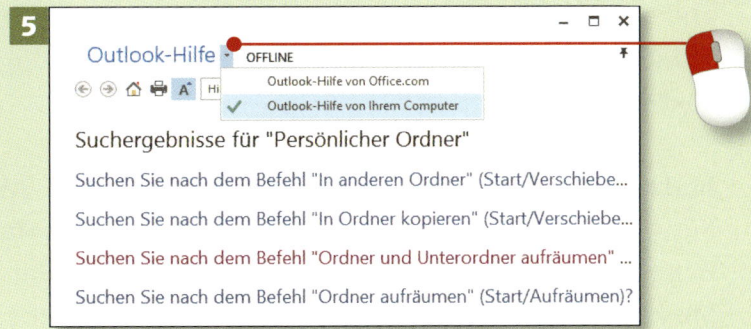

Schritt 6

Zusätzlich haben Sie die Möglichkeit, über das Suchfeld nach Begriffen zu suchen. Starten Sie die Suche mit Klick auf die Lupe oder alternativ mit der ⏎-Taste.

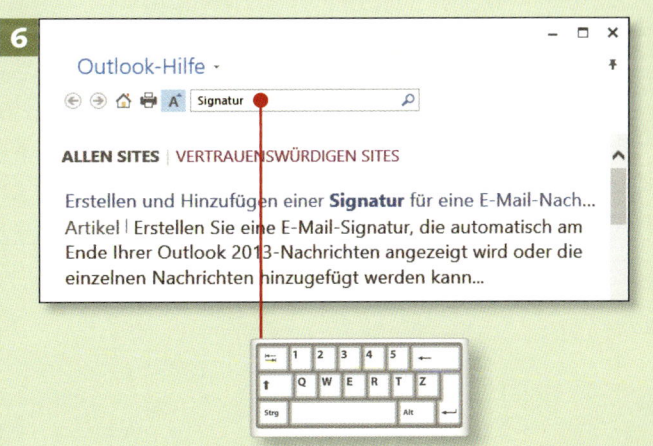

Suchergebnisse und Internet

Mit einer Internetverbindung können Sie davon ausgehen, dass Sie ausführliche Hilfestellung bekommen. Offline bekommen Sie vom Computer nur sehr eingeschränkt Antworten auf Ihre Fragen.

Kapitel 2
E-Mails verfassen und versenden

Hier erfahren Sie, wie Sie eine E-Mail vom E-Mail-Kopf bis zum Nachrichtenteil schreiben und gestalten. Outlook bietet Ihnen zum Speichern und Entwerfen einige Optionen an. Aber Sie wollen die E-Mail auch versenden. Hier erfahren Sie, wie.

Optimieren Sie Ihren Text

Einen Text zu verfassen ist das eine. Die bestmöglichen Ausdrücke dafür zu finden ist das andere. Den Text dann auch noch korrekt zu schreiben ist die Krönung. Dafür stellt Ihnen Outlook eine Reihe von Werkzeugen ❶ zur Verfügung, mit denen Sie einen optimalen Text verfassen.

Nutzen Sie die vielfältigen Möglichkeiten, eine E-Mail zu gestalten

Sie gestalten gerne Texte, geben ihnen eine eigene Handschrift? Oder sind Sie eher dankbar, wenn Sie fertige Vorlagen einfach auswählen können? In Outlook können Sie komplette Designs auswählen ❷. Vielleicht würden Sie gerne ein Lieblingsfoto als Hintergrund für Ihre E-Mail nutzen? Lesen Sie hier, wie es geht!

Senden Sie die E-Mail an einen oder mehreren Empfänger

Sie schreiben eine E-Mail an einen Kunden. Ach ja – der bearbeitende Mitarbeiter sollte gleich eine Kopie ❸ davon bekommen. Diverse Abteilungsleiter erhalten die E-Mail ebenfalls, um weitere Planungen für die Fertigung vornehmen zu können. Der Kunde braucht dies aber nicht zu wissen. Outlook macht es möglich!

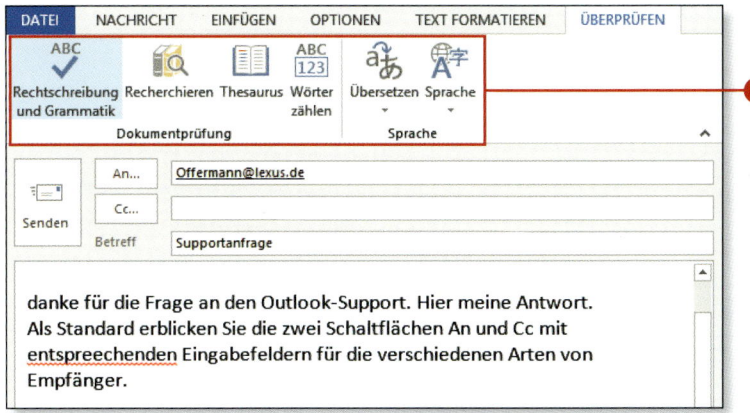

Optimieren Sie Ihren Text, und korrigieren Sie Fehler mit dem Befehl **Rechtschreibung und Grammatik**.

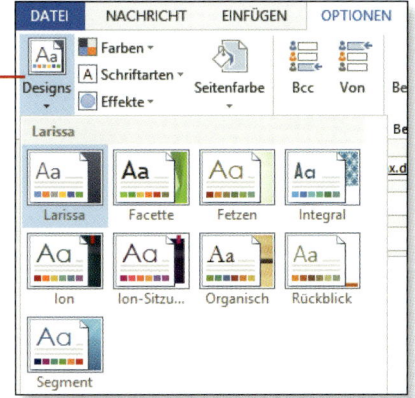

Outlook stellt Ihnen verschiedene vorgefertigte Designs zur Verfügung.

Mit der aktivierten Blindkopie (**Bcc**) versenden Sie die E-Mail an weitere Personen, die für den Empfänger nicht sichtbar sind.

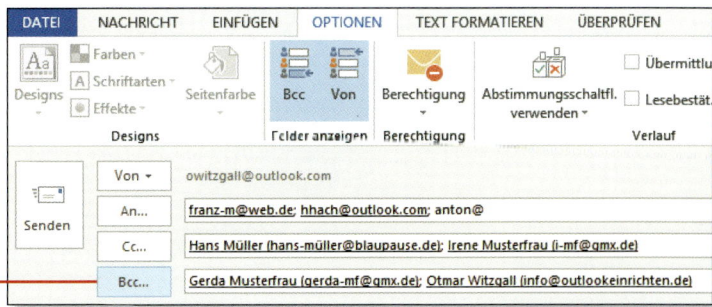

Empfänger, Betreff und Co. eingeben

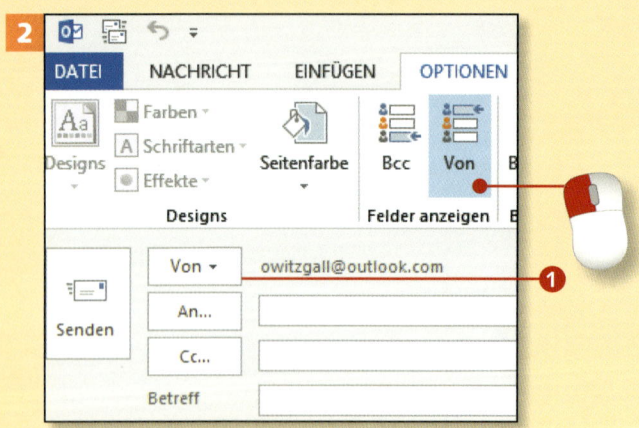

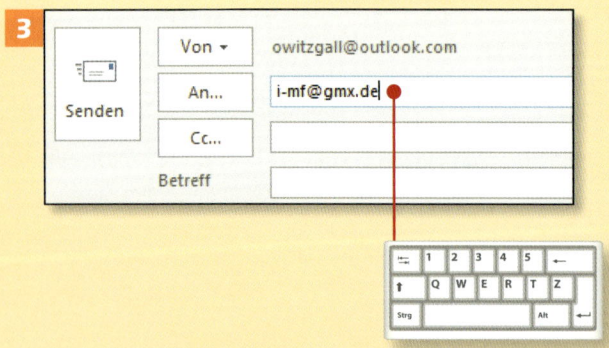

Eine E-Mail ist ein elektronischer Brief. In diesem Abschnitt zeige ich Ihnen wesentliche Inhalte eines E-Mail-Kopfes.

Schritt 1

Klicken Sie im Bereich **E-Mail** auf dem Register **Start** in der Gruppe **Neu** auf **Neue E-Mail**. Alternativ starten Sie eine neue E-Mail aus jedem beliebigen Outlook-Bereich mit der Tastenkombination Strg + ⇧ + M.

Schritt 2

Es öffnet sich eine neue E-Mail. Wenn Sie mehrere E-Mail-Konten verknüpft haben, klicken Sie auf dem Register **Optionen** in der Gruppe **Felder anzeigen** auf **Von**. Es erscheint die Schaltfläche **Von** ❶ mit Auswahlmöglichkeiten. Mehr dazu lesen Sie im Abschnitt »Kontoeinstellungen ändern« ab Seite 256.

Schritt 3

Die nächstliegende Möglichkeit, eine E-Mail-Adresse einzufügen, ist, sie einfach einzutippen. Geben Sie also in das Eingabefeld neben **An** die E-Mail-Adresse des Empfängers ein.

Schritt 4

Sollten Sie sich nur an einen Teil des Namens erinnern, schreiben Sie diesen in das Empfängerfeld **An** ❷. Klicken Sie auf dem Register **Nachricht** in der Gruppe **Namen** auf **Namen überprüfen**. Alternativ überprüfen Sie den eingetippten Namen mit der Tastenkombination `Strg` + `K`.

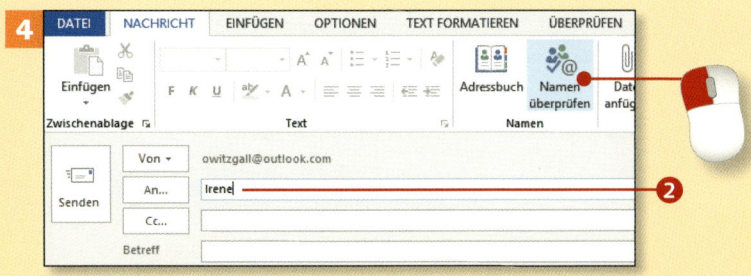

Schritt 5

Findet Outlook bei der Überprüfung der Kontakte die eingegebene Zeichenfolge, so ergänzt das Programm automatisch die E-Mail-Adresse ❸.

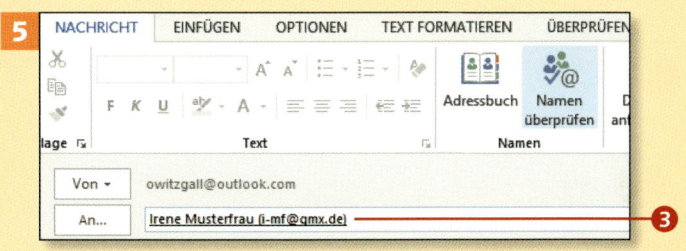

Schritt 6

Eine weitere Möglichkeit, E-Mail-Adressen einzugeben, ist das *Adressbuch*. Bei dieser Variante müssen Sie nichts eintippen, sondern benutzen ausschließlich Ihre Maus. Klicken Sie auf die Schaltfläche **An**.

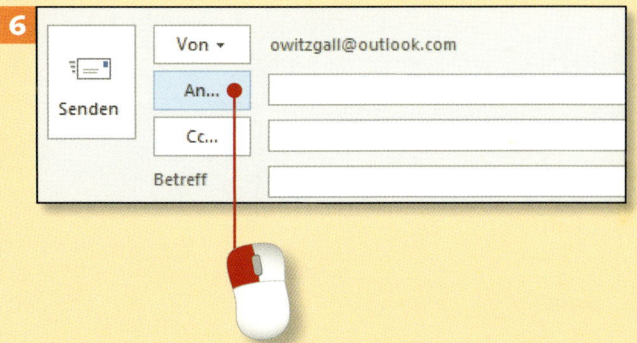

Mehr über das Adressbuch …

… erfahren Sie in den Kapiteln »Ein Adressbuch anlegen« ab Seite 154 und »Das Adressbuch für E-Mails verwenden« ab Seite 184.

Empfänger, Betreff und Co. eingeben (Forts.)

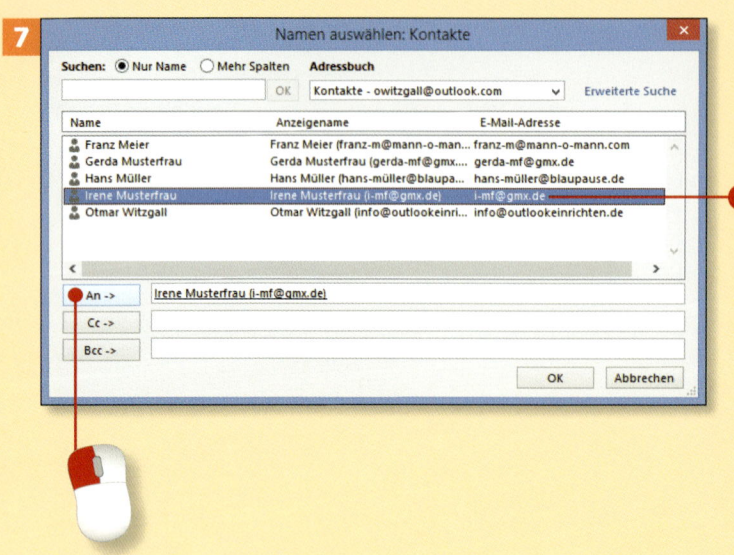

Schritt 7

Es öffnet sich das Fenster **Namen auswählen: Kontakte**. Markieren Sie den gewünschten Namen ❶, und übernehmen Sie die Auswahl mit einem Klick auf **An**. Schließen Sie das Fenster mit **OK**.

Schritt 8

Tippen Sie in das Eingabefeld **Betreff** eine Art Zusammenfassung, die das Anliegen der E-Mail erkennen lässt. Wichtig: Sie müssen nicht zwingend einen Betreff eingeben. Ohne Betreff machen Sie es dem Empfänger aber unnötig schwer – und nicht zuletzt ist es auch eine Frage der Höflichkeit.

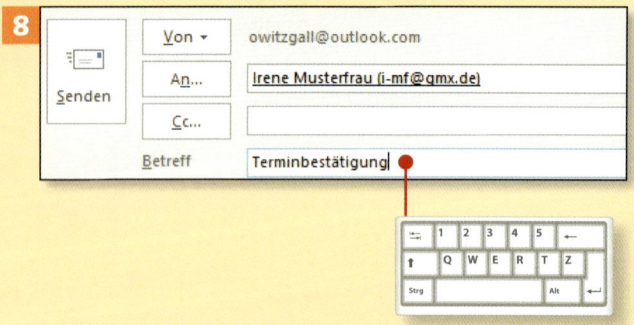

Schritt 9

Geben Sie an, wie wichtig Sie den Inhalt für den Empfänger einschätzen. Sie wählen zwischen hoch und niedrig aus. Keine Auswahl bedeutet automatisch: normal. Klicken Sie auf dem Register **Nachricht** in der Gruppe **Kategorien** auf **Wichtigkeit: hoch**. Die E-Mail erhält damit ein rotes Ausrufezeichen. Setzen Sie diese Möglichkeit aber mit Bedacht ein.

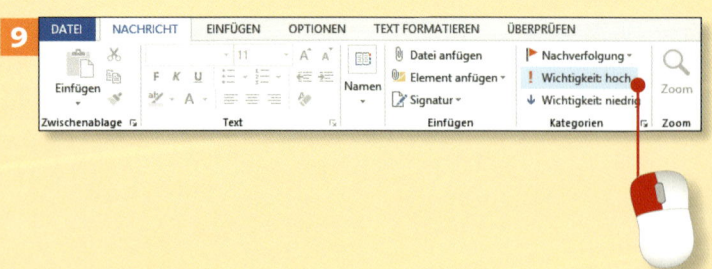

Schritt 10

Geben Sie der E-Mail noch einen digitalen »Knoten im Taschentuch« mit, die sogenannte Nachverfolgung oder Wiedervorlage. Klicken Sie dazu in der Gruppe **Kategorien** auf **Nachverfolgung** und dann auf **Diese Woche**.

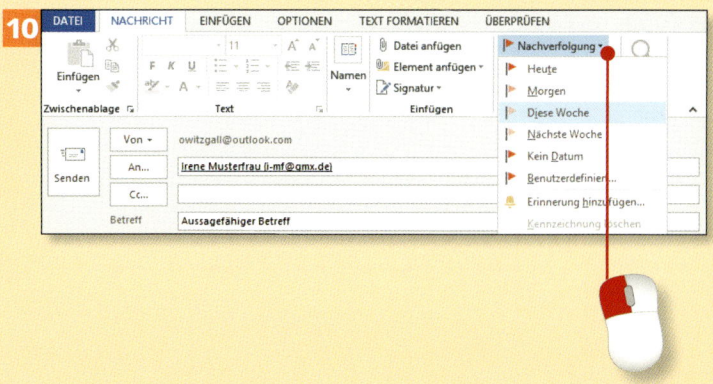

Schritt 11

Im E-Mail-Kopf werden Sie darüber informiert, dass in diesem Beispiel am Freitag, den 27. September 2013, die Nachverfolgung beginnt und auch fällig ist ❷.

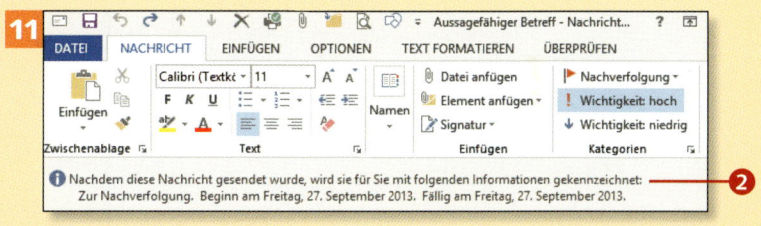

Schritt 12

In der gesendeten E-Mail sehen Sie das rote Ausrufezeichen, das für »Wichtigkeit: hoch« steht und das rot eingefärbte Fähnchen für die Nachverfolgung ❸.

Mehr zur Nachverfolgung …

… oder zum »digitalen Knoten im Taschentuch« zeige ich Ihnen im Abschnitt »Nachrichten zur Nachverfolgung kennzeichnen« ab Seite 112.

Eine E-Mail an mehrere Empfänger versenden

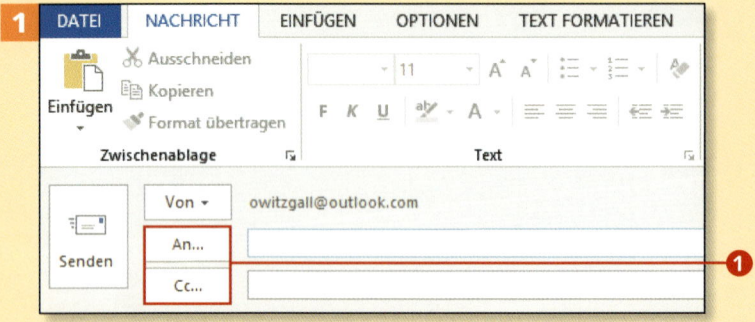

Beim Schreiben einer E-Mail haben Sie neben der Zustellung an den eigentlichen Empfänger noch die Möglichkeit, diese E-Mail mit den Befehlen »Cc« und »Bcc« an weitere Empfänger zu senden.

Schritt 1

Öffnen Sie eine neue E-Mail mit Strg + ⇧ + M. Als Standard sehen Sie die zwei Schaltflächen **An** und **Cc** ❶ mit entsprechenden Eingabefeldern für die verschiedenen Empfängergruppen.

Schritt 2

Aktivieren Sie die zusätzliche Schaltfläche **Bcc** über das Register **Optionen** und die Gruppe **Felder anzeigen**. Bcc bedeutet übersetzt Blindkopie.

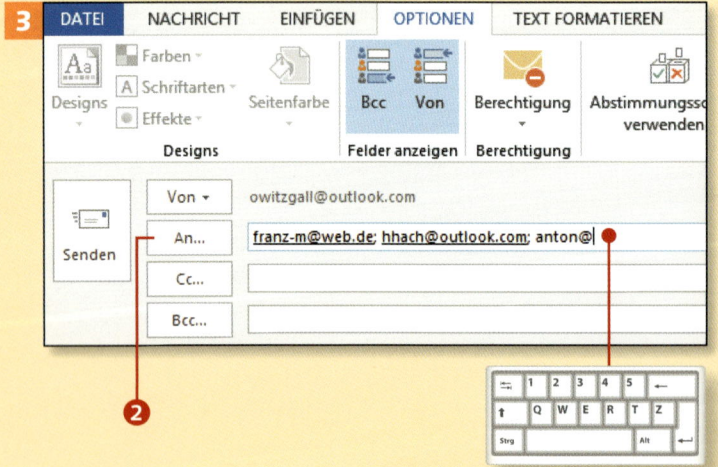

Schritt 3

Tippen Sie im Feld **An** einen oder mehrere Hauptempfänger Ihrer Nachricht ein. Achten Sie darauf, nach jeder Adresse ein Semikolon einzufügen. Alternativ fügen Sie die E-Mail-Adressen über **An** ❷ und das *Outlook-Adressbuch* ein, wie im vorigen Abschnitt beschrieben.

Schritt 4

Fügen Sie im Feld **Cc** weitere Empfänger hinzu. Cc steht für Kopie.
Die unter Cc stehenden Empfänger erhalten die Nachricht demnach als Kopie zur Kenntnis.

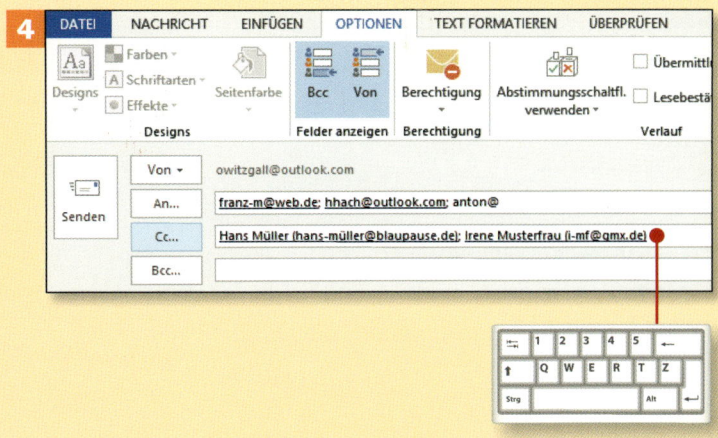

Schritt 5

Die im Feld **Bcc** ❸ stehenden Empfänger sind für diejenigen Empfänger, die in den Feldern **An** und **Cc** stehen, nicht sichtbar. Sie erhalten eine sogenannte Blindkopie.

Schritt 6

Die Eingabe des Betreffs vervollständigt die notwendigen Informationen für den E-Mail-Kopf.

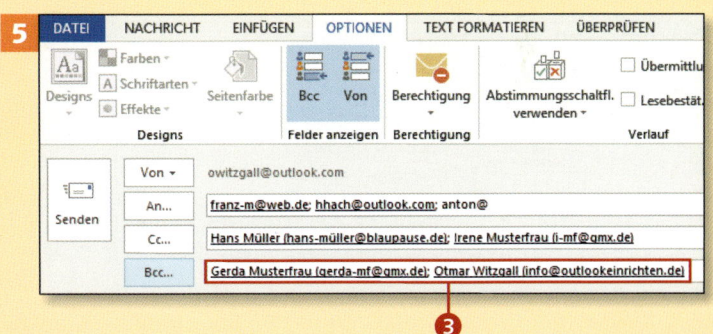

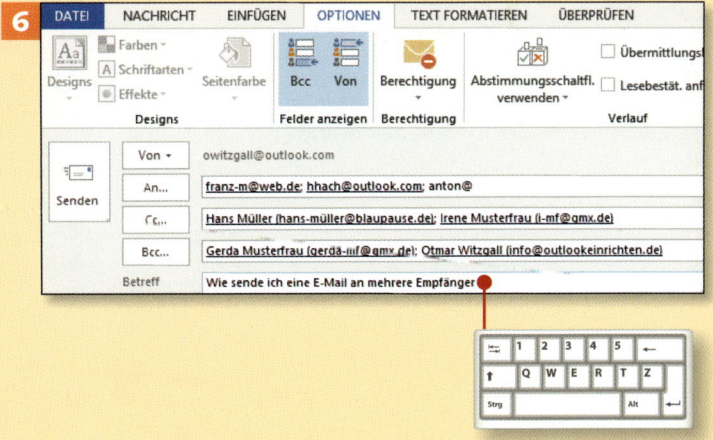

Wann ist »Bcc« sinnvoll?

Blindkopien sollten dann eingesetzt werden, wenn die Bcc-Empfänger untereinander nicht erkennbar kommunizieren und man davon ausgehen kann, dass sie ihre E-Mail-Adressen nicht ausgetauscht haben.

Text eingeben

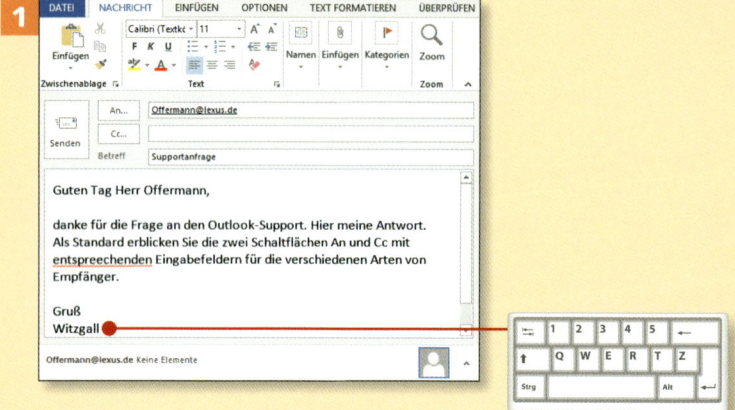

In diesem Abschnitt zeige ich Ihnen, wie Sie einen eingegebenen Text korrigieren, optimieren und in eine gewünschte Sprache übersetzen lassen.

Schritt 1

Öffnen Sie eine neue Nachricht mit ⎡Strg⎤ + ⎡⇧⎤ + ⎡M⎤. Füllen Sie Empfänger und Betreff aus, und schreiben Sie einen kurzen Text.

Schritt 2

Ihnen fällt sofort das rot unterstrichene Wort auf – es ist falsch geschrieben ❶. Klicken Sie auf dem Register **Überprüfen** in der Gruppe **Dokumentprüfung** auf **Rechtschreibung und Grammatik**. Alternativ starten Sie die Rechtschreibprüfung mit der Taste ⎡F7⎤.

Schritt 3

Es öffnet sich das Fenster **Rechtschreibung und Grammatik**. Das falsche Wort erscheint im oberen Feld rot ❷. Im unteren Bereich sehen Sie **Vorschläge**. Klicken Sie zur Korrektur des Wortes auf **Ändern**. Sollten Sie ein Wort gebraucht haben, das korrekt geschrieben ist, klicken Sie alternativ auf **Alle ignorieren** ❸.

Schritt 4

Findet Outlook keinen weiteren Fehler, sehen Sie die Meldung: **Die Rechtschreibprüfung ist abgeschlossen**. Schließen Sie das Fenster mit **OK**.

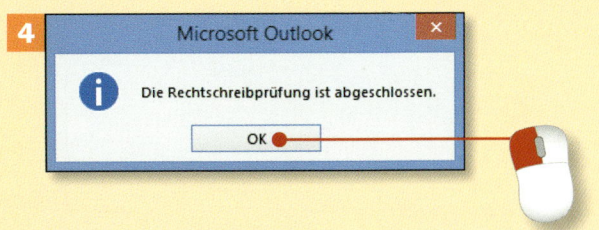

Schritt 5

Sie möchten den ungewohnt klingenden Ausdruck »erblicken« optimieren? Markieren Sie den Ausdruck ❹ mit einem Doppelklick, und klicken Sie auf **Thesaurus**.

Schritt 6

Es öffnet sich das Fenster **Thesaurus**. Hier finden Sie sinnverwandte Verben zu dem eingegebenen Begriff »erblicken«. Wählen Sie den gewünschten Begriff aus, und bestätigen Sie mit **Einfügen**.

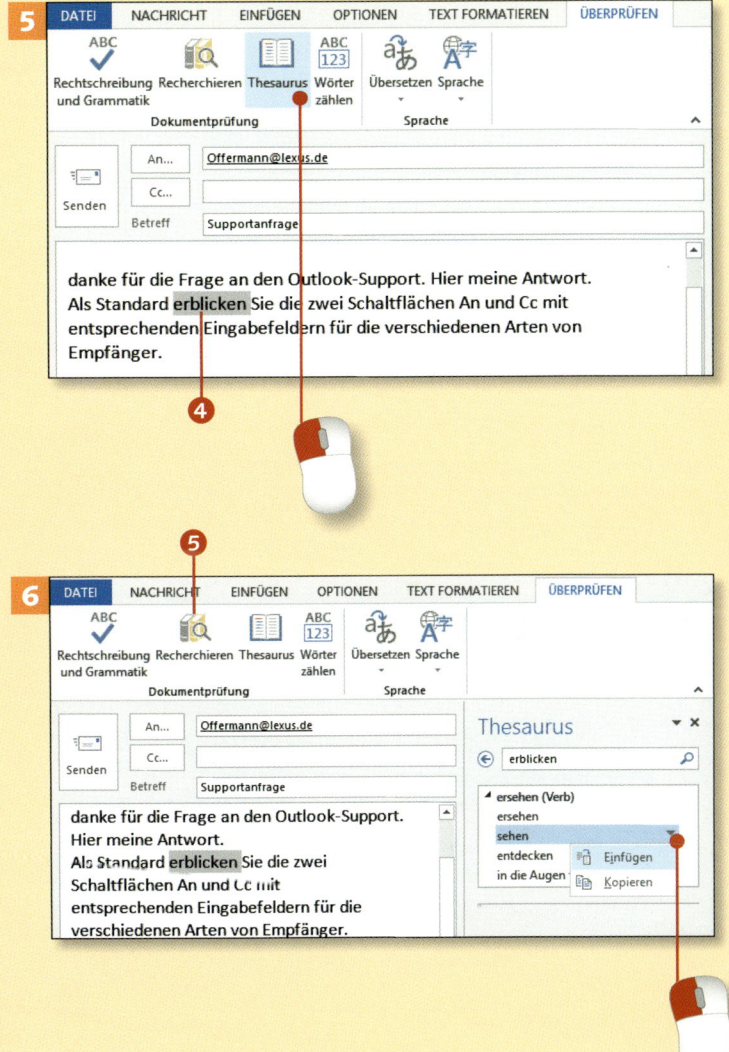

+ + Recherchieren

Mit der Schaltfläche **Recherchieren** ❺ (in der Abbildung zu Schritt 6) rufen Sie sowohl die Funktion **Übersetzen** als auch die Suche nach Synonymen auf.

Text eingeben (Forts.)

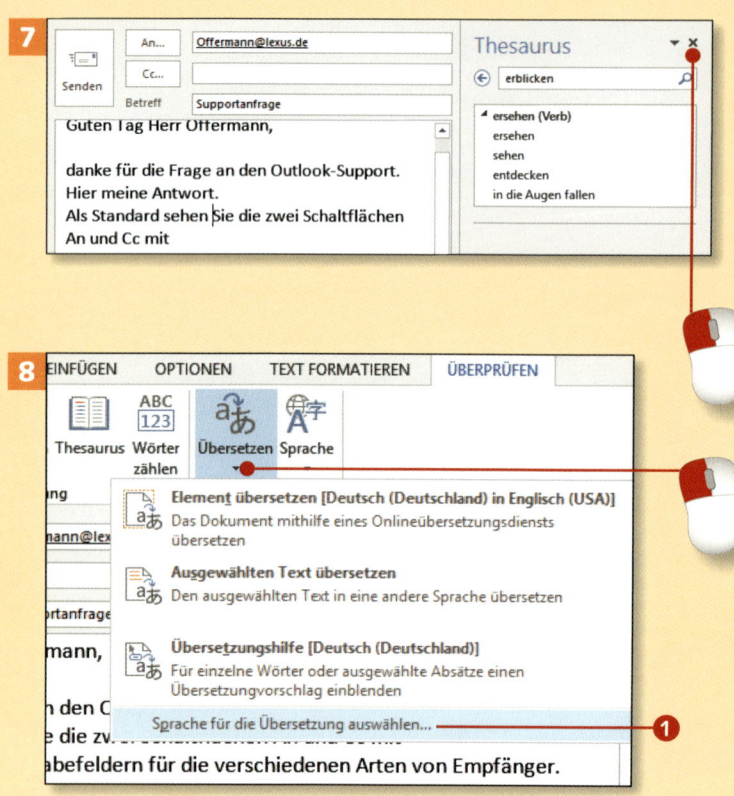

Schritt 7

Der Begriff ist durch »sehen« ersetzt worden. Beenden Sie Thesaurus durch einen Klick auf das Schließkreuz.

Schritt 8

Sie wollten den Text eigentlich auf Englisch schreiben? Kein Problem! Klicken Sie auf dem Register **Überprüfen** in der Gruppe **Sprache** auf **Übersetzen** und unten auf **Sprache für die Übersetzung auswählen ❶**.

Schritt 9

Es öffnet sich ein neues Fenster mit den **Optionen für die Übersetzungssprache**. Im unteren Bereich wählen Sie **Englisch (USA)** aus und schließen mit **OK**.

Für alle, die mit Texten arbeiten
Wenn Sie mit Vorgaben für die Länge von Texten arbeiten, können Sie mit **Überprüfen ▸ Dokumentprüfung ▸ Wörter zählen** kontrollieren, ob Sie auf Kurs sind.

Schritt 10

Starten Sie die Übersetzung mit einem Klick auf **Übersetzen** und anschließend auf **Element überset-zen**. Dahinter sehen Sie die Information über die Ausgangs- und die Zielsprache.

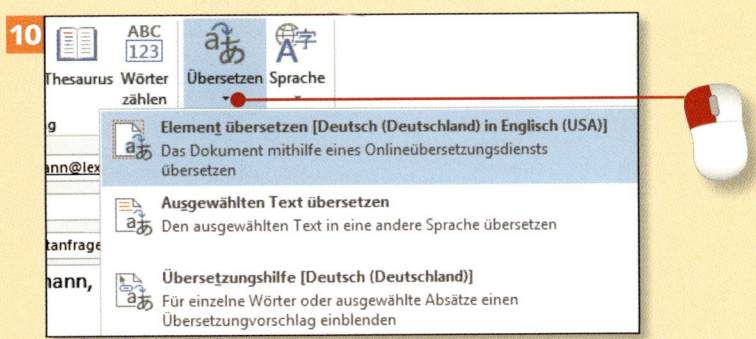

Schritt 11

Es öffnet sich ein Fenster mit der Meldung, dass das Dokument un-gesichert über das Internet an den Microsoft-Translator-Dienst gesendet wird. Sie werden gefragt, ob Sie mit dem Senden fortfahren möchten. Klicken Sie auf **Senden**.

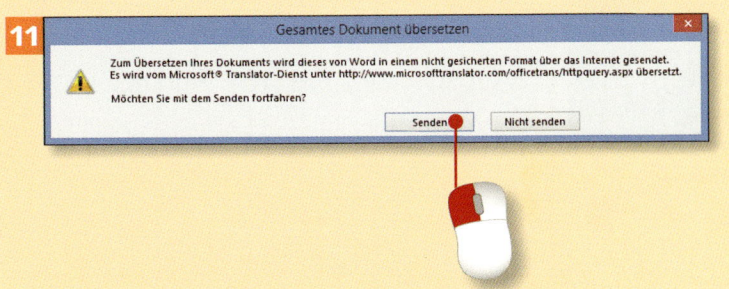

Schritt 12

Auf der Internetseite des *Microsoft Translators* ist Ihr Text bereits ins Englische übersetzt – recht passabel. Streichen Sie mit der Maus über den Text. Es öffnet sich ein kleines Fenster mit dem Originaltext ❷. Ändern Sie den Text gegebenenfalls ab. Markieren und kopieren Sie ihn und fügen Sie ihn in Outlook wieder ein.

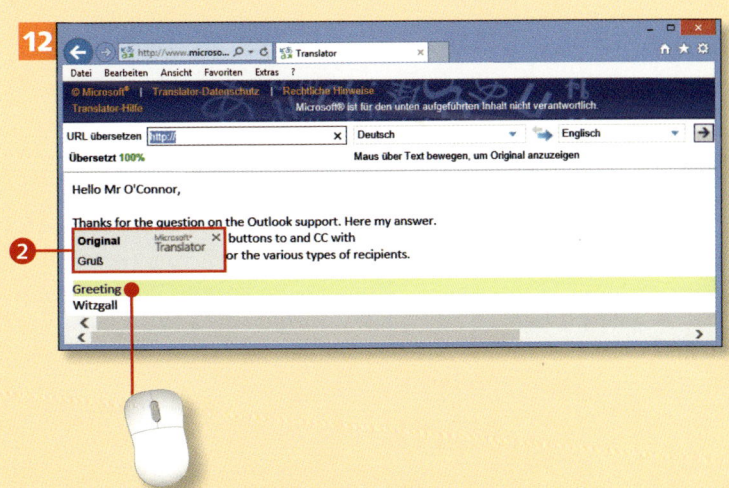

Die E-Mail als Entwurf speichern

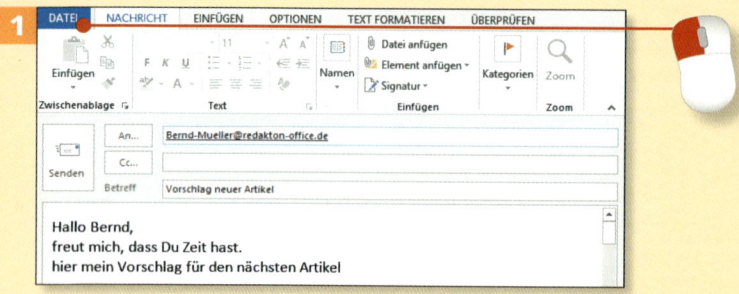

Wenn Sie beim Schreiben einer neuen E-Mail, beim Beantworten oder Weiterleiten gestört werden, legen Sie Ihre Nachricht einfach als Entwurf ab.

Schritt 1

Starten Sie ein neues Nachrichtenformular mit der Tastenkombination `Strg` + `⇧` + `M`. Schreiben Sie den Nachrichtentext. Sie werden unterbrochen und können die E-Mail nicht beenden. Deshalb soll Sie unter **Entwurf** abgelegt werden. Klicken Sie dazu auf das Register **Datei**.

Schritt 2

In der Backstage-Ansicht klicken Sie auf **Speichern**. Outlook springt sofort in den Ordner **Entwürfe** und zeigt die E-Mail an. Wir schauen uns aber zuerst die zweite Möglichkeit an, eine E-Mail als Entwurf zu speichern.

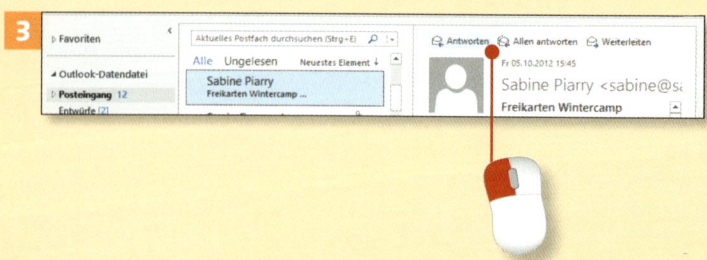

Schritt 3

Gehen Sie im **Posteingang** auf eine Nachricht. Klicken Sie im Lesebereich oben auf den Befehl **Antworten**.

»Posteingang« oder »Entwürfe«?

Wenn Sie in einer absehbaren Zeitspanne die E-Mail im Posteingang weiterverarbeiten, lassen Sie sie im Ordner **Posteingang**. Sonst empfehle ich, sie im Ordner **Entwürfe** weiterzubearbeiten. Der Posteingang als Briefkasten sollte ja leer sein.

Schritt 4

Die E-Mail bekommt im Posteingang die rote Kennzeichnung
[Entwurf] ❶. Die neu geöffnete
Registerkarte **Verfassentools/Nach-**
richt ❷ zeigt, dass im Posteingang
eine E-Mail bearbeitet wird. Sie
schreiben einen Text, schicken die
E-Mail aber erst später ab.

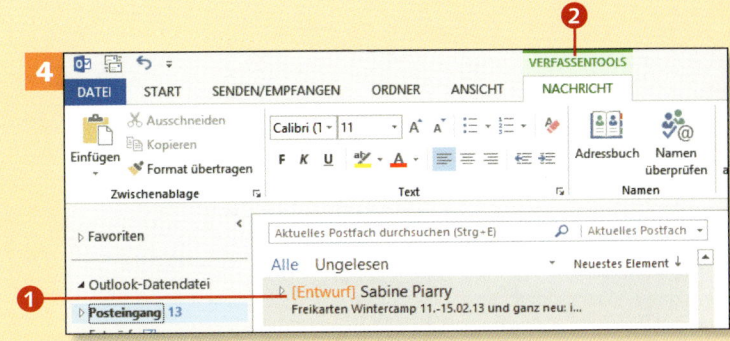

Schritt 5

Auch im Ordner **Entwürfe** sehen
Sie dieselbe E-Mail in ihrem bear-
beiteten Zustand ❸. Hier fehlt die
Kennzeichnung wie im Posteingang,
weil die E-Mail sich ja im Ordner für
Entwürfe befindet.

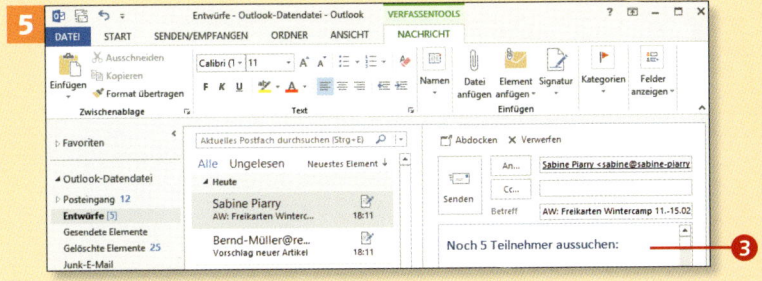

Schritt 6

Sie sehen eine Gegenüberstel-
lung der Ordner **Posteingang** und
Entwürfe: Bearbeiten Sie in einem
Ordner die E-Mail ❹, übernimmt
die E-Mail im anderen Ordner die
Veränderung ❺. Falls Sie die E-Mail
im Posteingang löschen, bleibt sie
im Ordner **Entwürfe** zur Bearbeitung
erhalten.

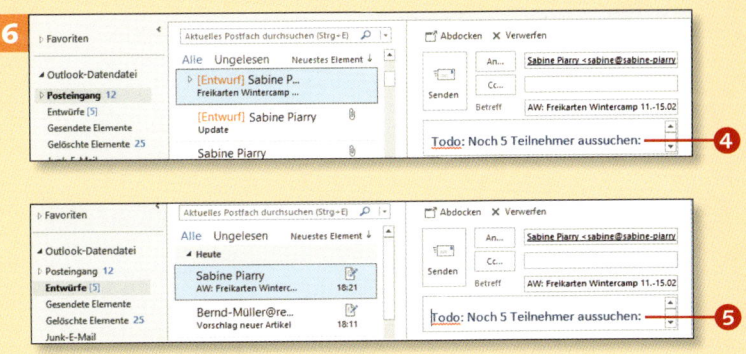

Die E-Mail versenden

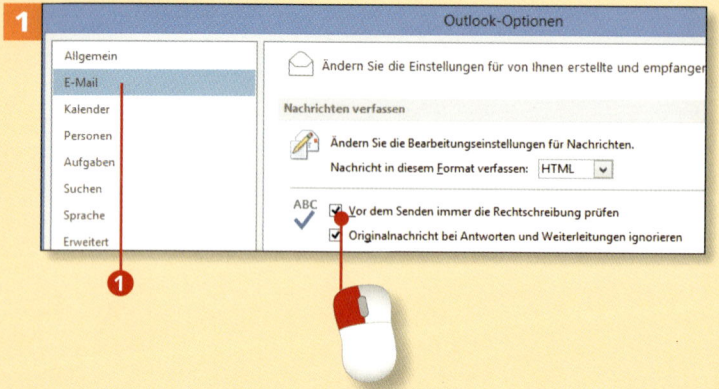

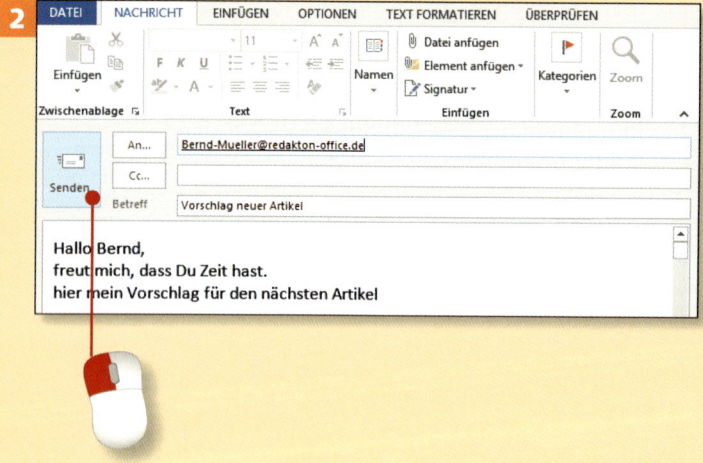

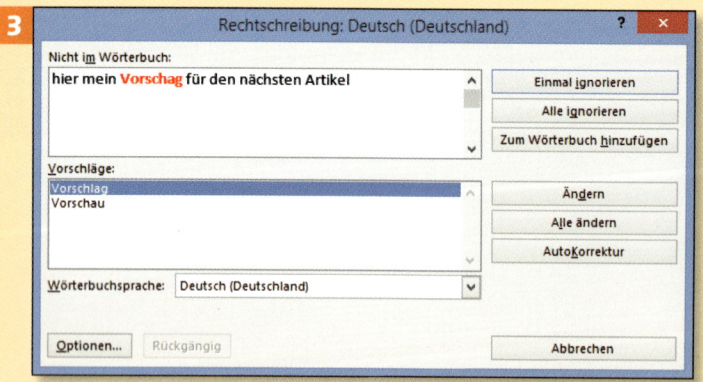

Jetzt bringen Sie die Nachricht auf den Weg. Zuvor prüfen Sie aber noch, ob Sie auch wirklich alles richtig geschrieben haben.

Schritt 1

Klicken Sie auf das Register **Datei** und in der Backstage-Ansicht auf **Optionen**. In den **Outlook-Optionen** wählen Sie links den Bereich **E-Mail** ❶. Setzen Sie bei **Vor dem Senden immer die Rechtschreibung prüfen** ein Häkchen, und schließen Sie das Fenster mit **OK** (in der Abbildung nicht zu sehen).

Schritt 2

Öffnen Sie ein neues Nachrichtenformular mit [Strg] + [⇧] + [M]. Tragen Sie den Empfänger und Betreff ein. Wenn Sie den Text eingegeben haben, klicken Sie auf **Senden**. Alternativ schicken Sie die E-Mail mit der Tastenkombination [Strg] + [↵] ab.

Schritt 3

Falls im Betreff und Text noch Fehler sind, startet die Rechtschreibprüfung wie im Abschnitt »Text eingeben« ab Seite 44 beschrieben. Ist die Prüfung beendet, wird die Nachricht automatisch versendet.

Schritt 4

Zur Kontrolle der E-Mail im Postausgang gehen Sie auf **Datei ▸ Optionen ▸ Erweitert**. Scrollen Sie bis
zum Abschnitt **Senden und Empfangen**. Stellen Sie sicher, dass **Bei
bestehender Verbindung sofort
senden** ❷ kein Häkchen steht.
Schließen Sie das Fenster mit einem
Klick auf **OK** (in der Abbildung nicht
zu sehen).

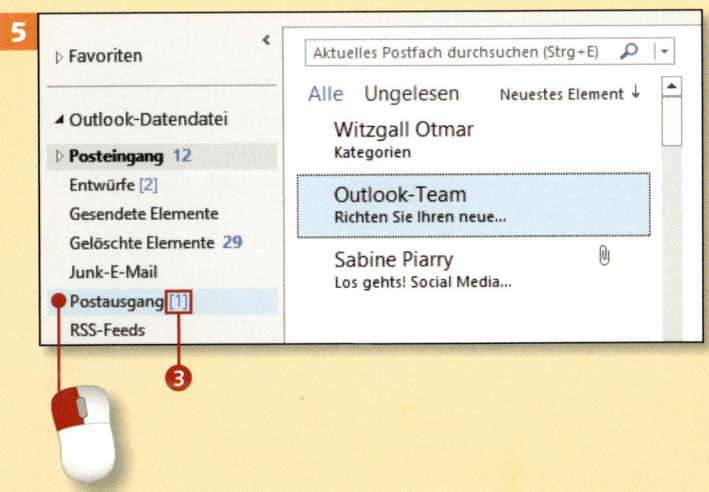

Schritt 5

Mit dieser Einstellung befindet sich
die E-Mail zum Versenden im Postausgang. Sie erkennen dies an der
Ziffer zwischen den Klammern ❸.
Gehen Sie auf den **Postausgang**.

Schritt 6

Möchten Sie die E-Mail versenden,
gehen Sie auf **Alle senden** auf
dem Register **Senden/Empfangen** –
alternativ können Sie auch die Funktionstaste [F9] verwenden.

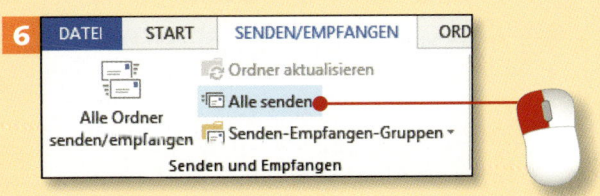

E-Mails sofort versenden

Bei mir hat sich bewährt, die
E-Mails ohne Zwischenaufenthalt
sofort zu senden. Deshalb ist **bei
bestehender Verbindung sofort
senden** in Schritt 4 der Haken
gesetzt. Als Sicherheit habe ich –
wie in Schritt 1 beschrieben – die
Rechtschreibprüfung aktiviert.

Weitere Sendeoptionen festlegen

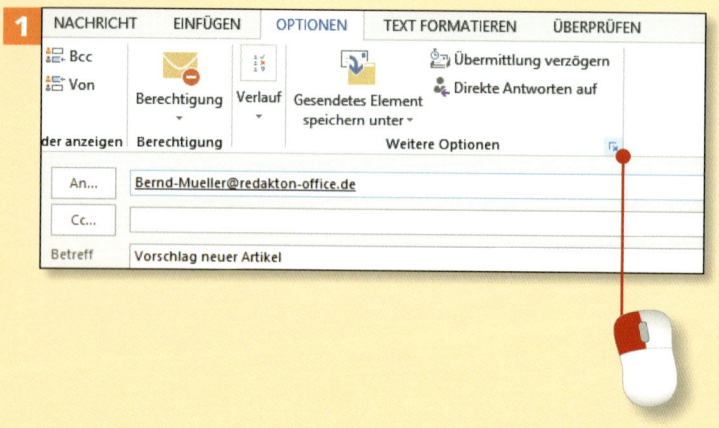

Vielleicht wollen Sie die E-Mail zeit-versetzt senden oder die Antwort soll an einen zusätzlichen oder anderen Empfänger gehen.

Schritt 1

Gehen Sie im Nachrichtenformular auf das Register **Optionen**. In der Gruppe **Weitere Optionen** sehen Sie drei Befehle, die mit dem E-Mail-Versand zu tun haben. Klicken Sie auf den Dialogfeldstarter.

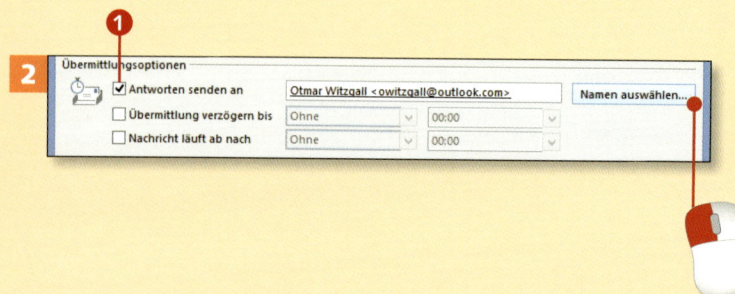

Schritt 2

Setzen Sie im Abschnitt **Über-mittlungsoptionen** ein Häkchen bei **Antworten senden an ❶**. Ihre Absenderadresse wird eingetra-gen. Wollen Sie einen zusätzlichen Empfänger für die Antwort angeben, klicken Sie auf **Namen auswählen**.

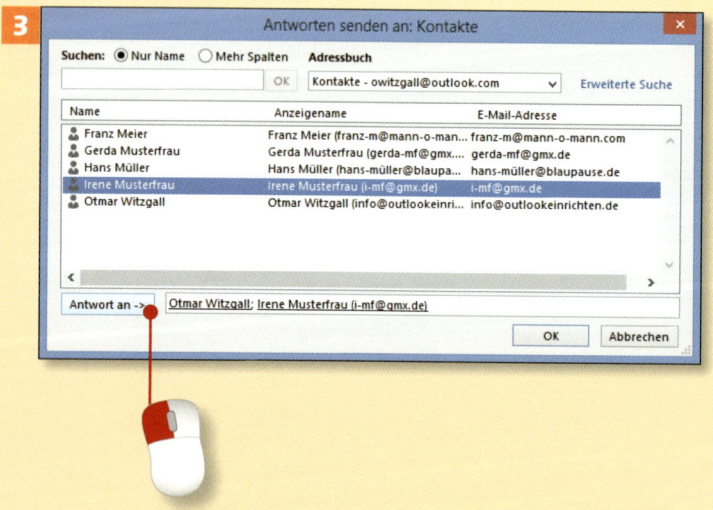

Schritt 3

Wählen Sie einen oder mehrere Kontakte aus, klicken Sie auf **Ant-wort an**, und schließen Sie mit **OK**.

Automatische Adressübernahme
Klickt der Empfänger in der emp-fangenen E-Mail auf **Antworten**, dann werden die in Schritt 2 und 3 eingetragenen Adressen automa-tisch in sein **An**-Feld übernommen.

Schritt 4

Eine weitere Option besteht darin, das Versenden zu verzögern. Setzen Sie dazu ein Häkchen bei **Übermittlung verzögern bis**. Wählen Sie einen Termin und eine Uhrzeit aus.

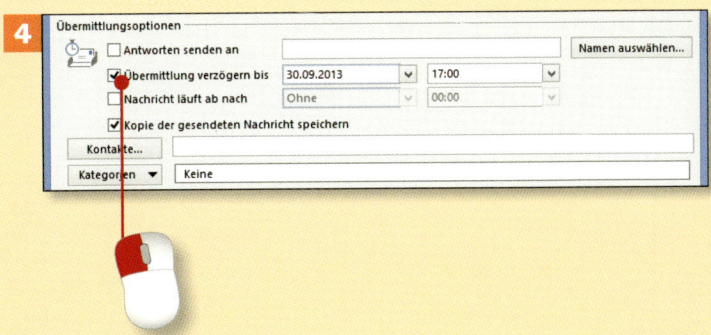

Schritt 5

Sie versenden eine Einladung zu einer Sitzung. Setzen Sie deshalb bei **Nachricht läuft ab nach** ein Häkchen. Wählen Sie dazu den Termin und die Uhrzeit. Nach Ablauf des Termins ist die E-Mail-Adresse im Ordner **Gesendete Elemente** durchgestrichen.

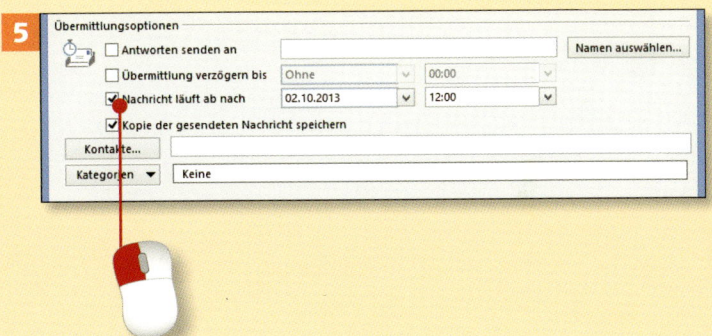

Schritt 6

Jetzt sehen Sie die beiden Befehle **Übermittlung verzögern** und **Direkte Antworten auf** farblich hinterlegt ❷. Dies ist ein Zeichen dafür, dass Optionen eingetragen sind. Klicken Sie auf **Gesendetes Element speichern unter**. Wählen Sie einen Ort aus, an dem die versendete Nachricht gespeichert werden soll.

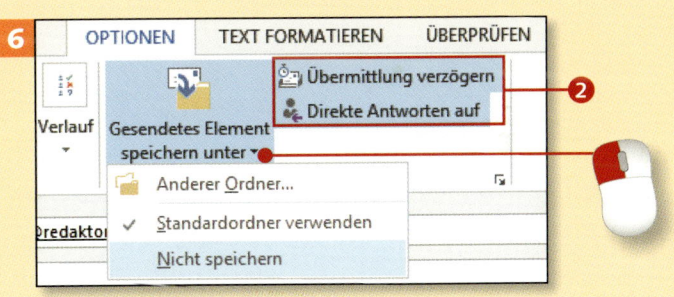

»Übermittlung verzögern«
Damit Ihre E-Mail zur eingestellten Zeit in Schritt 4 bei **Übermittlung verzögern** versendet werden kann, muss Outlook gestartet und online sein.

Den Versand überprüfen

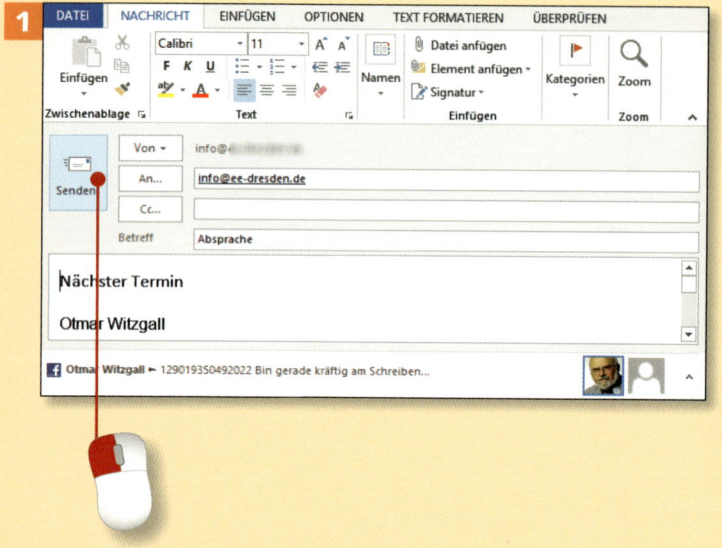

Versendete Nachrichten landen standardmäßig im Ordner »Gesendete Elemente«. Falls die Nachricht den Empfänger nicht erreicht hat, erhalten Sie im Posteingang eine Fehlermeldung.

Schritt 1

Öffnen Sie ein neues E-Mail-Formular mit `Strg` + `⇧` + `M`, und tragen Sie den Empfänger und den Betreff ein. Im Nachrichtenfeld schreiben Sie einen Text. Klicken Sie dann auf **Senden**.

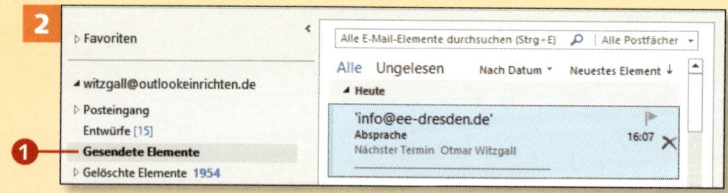

Schritt 2

Hat alles funktioniert, erscheint die verschickte E-Mail im Ordner **Gesendete Elemente** ❶.

Schritt 3

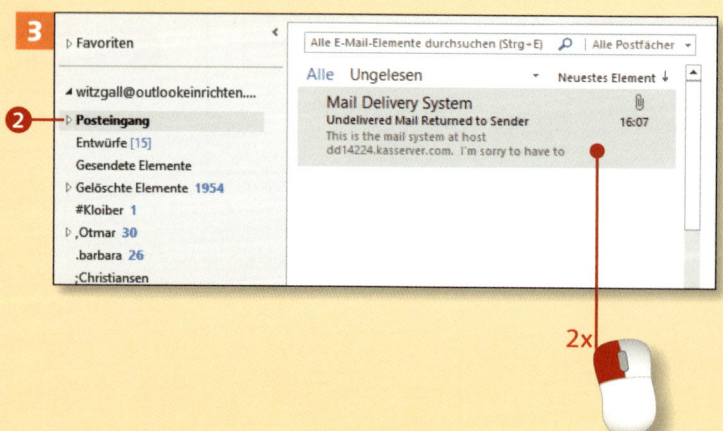

Sicherheitshalber schauen Sie noch einmal im Posteingang ❷ nach, ob dort eine Fehlermeldung eingetroffen ist. Wenn Sie im Posteingang eine Meldung mit den Sendedaten der versendeten E-Mail vom *Mail Delivery System* finden, dann wissen Sie, dass etwas schiefgelaufen ist. Öffnen Sie die Nachricht per Doppelklick.

Schritt 4

Der Absender ist das E-Mail-Auslie-
ferungssystem (Mail Delivery System) Ihres Providers mit E-Mail-Adresse. Der Betreff lautet übersetzt:
»Nicht ausgelieferte E-Mail wird
dem Absender zurückgegeben« ❸.

Schritt 5

Im unteren Teil sehen Sie eine Datei
mit **Details**. Diese Datei beantwortet die Frage, warum die E-Mail
zurückgesendet wurde. Klicken Sie
doppelt auf den Anhang **details.txt**.

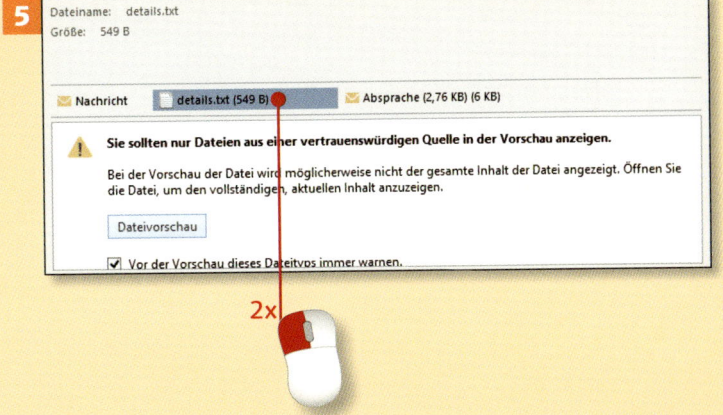

Schritt 6

Es folgt ein Text auf Englisch mit
vielen technischen Details. Die Frage
nach dem Grund der Rücksendung
wird im letzten Absatz beantwortet.
Unter dem *Diagnosecode* steht ver-
kürzt ❹: »Der Teil nach dem @ ist
nicht bekannt. Prüfen Sie, ob Sie die
E-Mail-Adresse richtig geschrieben
haben.«

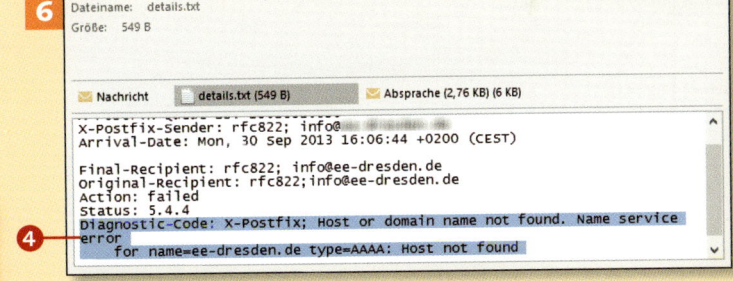

---

i

Datei als Anhang öffnen

In Schritt 5 können Sie den Datei-
anhang auch mit Dateivorschau im
Nachrichtenteil direkt anschauen.
Diese Funktion erkläre ich Ihnen
im Abschnitt »Einen Anhang öffnen und speichern« ab Seite 78.

Dateien und Fotos anhängen

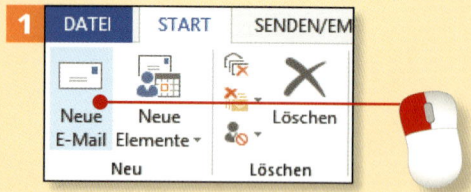

Zusätzlich zu Ihrer geschriebenen E-Mail können Sie auch Dateien, die Sie in anderen Programmen erstellt haben, im Anhang versenden.

Schritt 1

Sie befinden sich im Bereich **E-Mail**. Starten Sie eine **Neue E-Mail** auf dem Register **Start**.

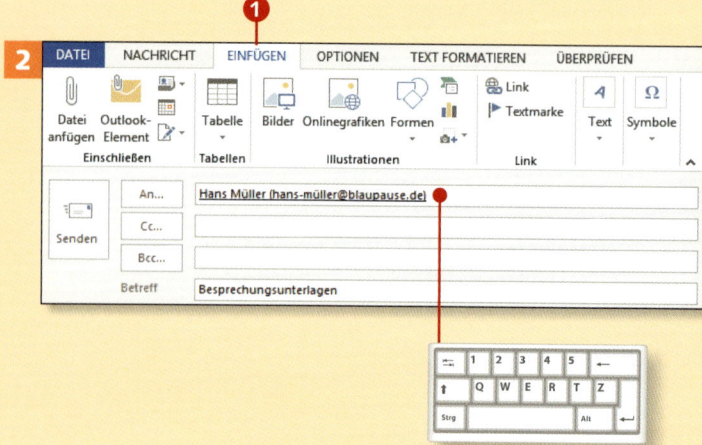

Schritt 2

Tragen Sie den Empfänger und den Betreff ein. Dann tippen Sie den Nachrichtentext. Wechseln Sie auf das Register **Einfügen** ❶.

Schritt 3

Sie wollen an Ihre Nachricht eine Datei anhängen. Klicken Sie in der Gruppe **Einschließen** auf **Datei anfügen**.

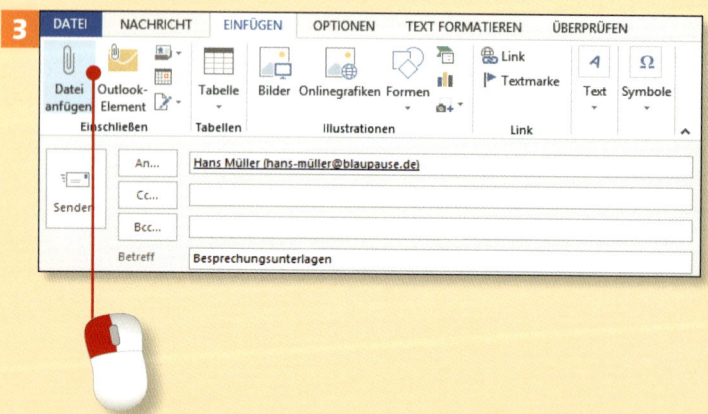

> **Dokumentendatei als Anhang**
> Grundsätzlich ist es in Outlook möglich, alle Dateien anzuhängen. Dateien, die beim Klicken starten – wie eine EXE-Datei –, werden von Outlook aus Sicherheitsgründen beim Empfänger nicht angezeigt; Dokumente, die Sie erstellen, wie DOC-, XLS-, PPT- und JPEG-Dateien, hingegen schon.

Schritt 4

Es öffnet sich das Fenster **Datei einfügen**. Navigieren Sie zum Ordner mit dem Dokument. Markieren Sie die Datei ❷, und klicken Sie auf **Einfügen**.

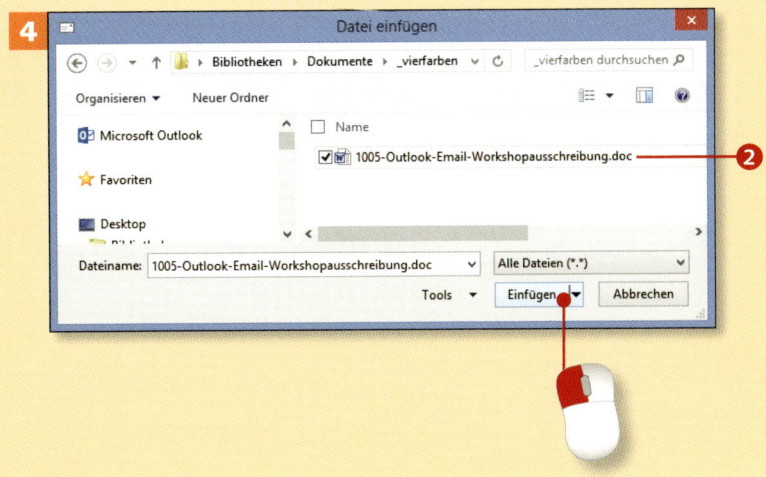

Schritt 5

Unter dem Betreff entsteht das Feld **Angefügt** ❸ mit der Word-Datei im Anhang. Im Text soll nun auch noch an einer bestimmten Stelle ein Foto eingefügt werden.

Schritt 6

Auf dem Register **Einfügen** klicken Sie in der Gruppe **Illustrationen** auf **Bilder**.

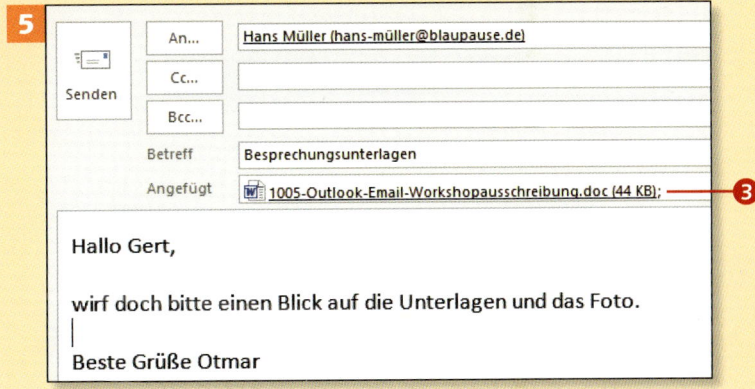

Dateien einfügen und anhängen

Fotos und Dokumente können Sie mit dem Befehl **Datei anfügen** als Anhang versenden. Dokumente fügen Sie beim Bestätigen mit **Einfügen** durch die Auswahl **Als Text einfügen** ein; Fotos fügen Sie direkt in die E-Mail ein, wie in Schritt 6 beschrieben.

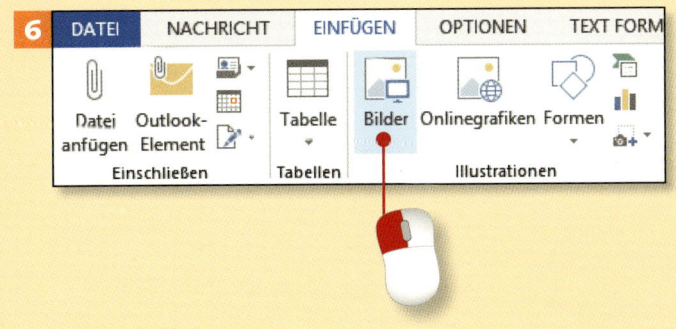

Dateien und Fotos anhängen (Forts.)

Schritt 7

Im Fenster **Grafik einfügen** suchen Sie unter den **Bibliotheken** im Ordner **Bilder** ein Foto. Markieren Sie es, und klicken Sie auf **Einfügen**. Alternativ klicken Sie ein Bild doppelt an, um es einzufügen.

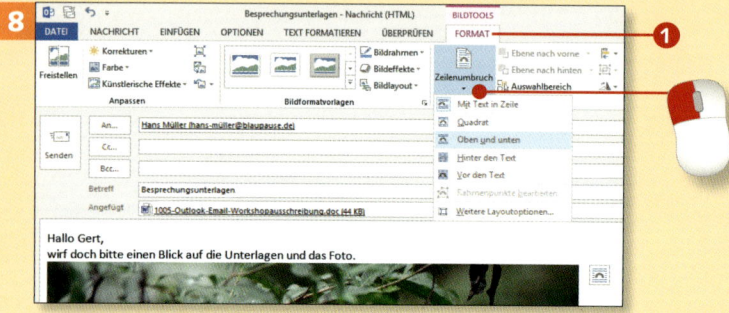

Schritt 8

Das Foto wird an der gekennzeichneten Stelle eingefügt. Durch das markierte Bild wird das Register **Bildtools/Format** ❶ eingeblendet. Klicken Sie in der Gruppe **Anordnen** auf **Zeilenumbruch** und bestimmen Sie z. B. mit Klick auf **Oben und unten**, dass der Text oberhalb und unterhalb des Fotos verläuft.

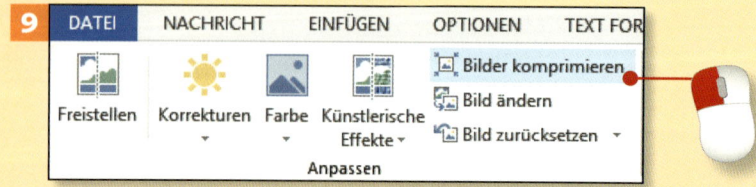

Schritt 9

Wenn die Auflösung Ihres Fotos zu groß ist, verkleinern Sie es. Klicken Sie in der Gruppe **Anpassen** auf **Bilder komprimieren**.

Bildbearbeitung

In der Gruppe **Anpassen** steckt sozusagen ein kleines Bildbearbeitungsprogramm. Sie können **Korrekturen** vornehmen, die **Farbe** anpassen oder **Künstlerische Effekte** verwenden.

Schritt 10

Es öffnet sich das Fenster **Bilder komprimieren**. Wählen Sie im Abschnitt **Zielausgabe** die Option **E-Mail (96 ppi): Minimieren der Dokumentgröße für die Freigabe**. Schließen Sie das Fenster mit **OK**.

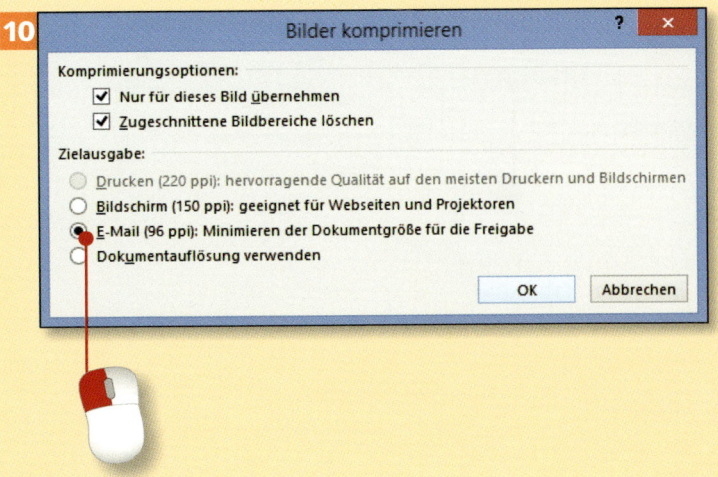

Schritt 11

Verpassen Sie dem Bild noch einen Rahmen. Klicken Sie in der Gruppe **Bildformatvorlagen** auf **Schnellformatvorlagen**, und wählen Sie den ovalen Rahmen (**Oval mit weichen Kanten**).

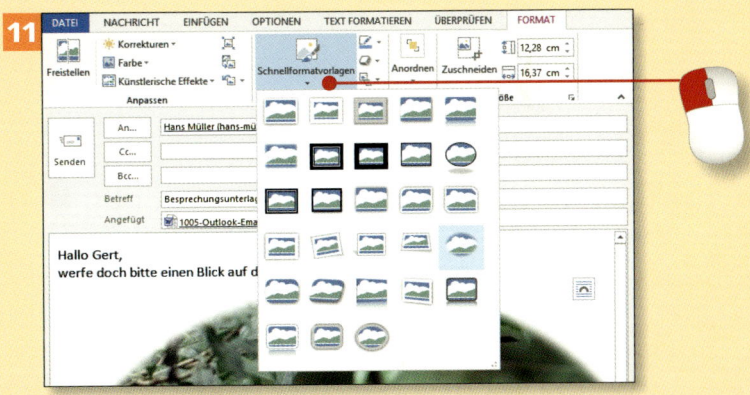

Schritt 12

Wenn Sie mit dem Foto zufrieden sind, klicken Sie auf **Senden**.

Bildauflösung und Größe

Je größer die Punktdichte eines Bildes, desto größer wird die E-Mail. Dies können auch schon mal mehrere Megabyte sein. Manche E-Mail-Provider haben eine Begrenzung bei der E-Mail-Größe. Darüber werden die E-Mails nicht versendet. Deshalb komprimiert man die Bilder in der E-Mail auf 96 ppi (Abkürzung für »pixels per inch«, englisch für »Pixel pro Zoll«).

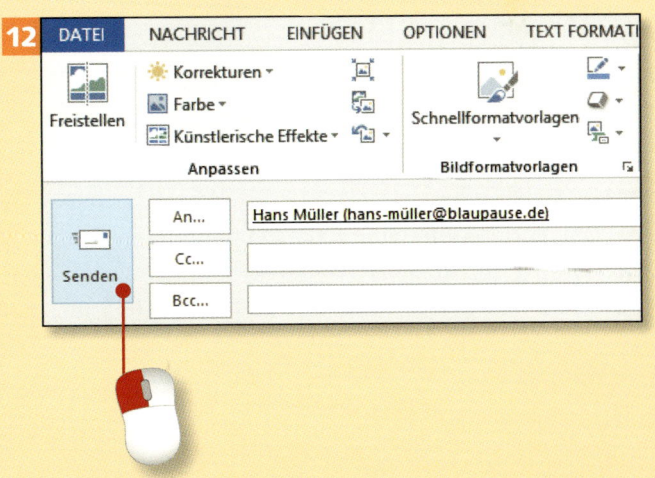

Text gestalten

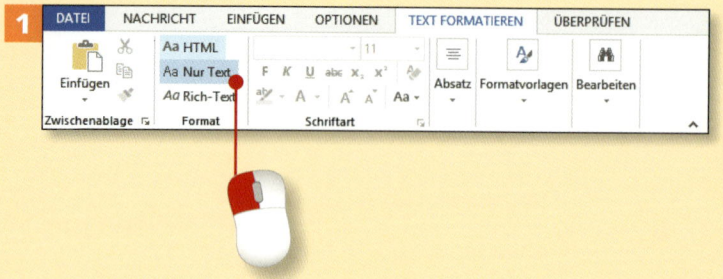

Mit einfachen Mitteln peppen Sie Ihren Nachrichtentext auf: Schrift, Größe, Farbe etc. Wer kann da Ihrem Text noch wiederstehen?

Schritt 1

Öffnen Sie eine neue E-Mail mit der Tastenkombination Strg + ⇧ + M, und gehen Sie über das Register **Text formatieren** in die Gruppe **Format**. Klicken Sie auf **Nur Text**. Alle Befehle sind ausgegraut. In diesem Format können Sie keinen Text gestalten.

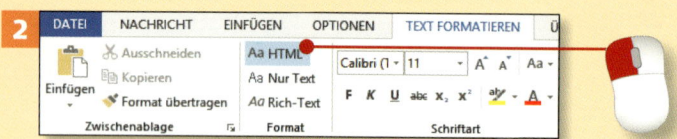

Schritt 2

Klicken Sie in der Gruppe **Format** auf **HTML**. Sie benötigen dieses Format, um Texte zu gestalten.

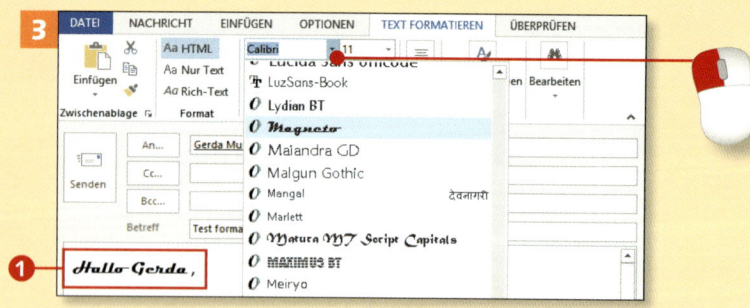

Schritt 3

Markieren Sie die Anrede »Hallo Gerda« ❶. In der Gruppe **Schriftart** klicken Sie bei **Schriftart** auf die Pfeilspitze. Klicken Sie auf die gewünschte Schriftart, in diesem Beispiel **Magneto**.

Formate

Das HTML-Format übernimmt alle Elemente der Textgestaltung. Im Nur-Text-Format sehen Sie nur den geschriebenen Text. Das Rich-Text-Format übernimmt den gestalteten Text. Dieses Format kann nur von Empfängern gelesen werden, die ebenfalls Outlook einsetzen.

Schritt 4

Wenn Sie die Schrift etwas hervorheben möchten, klicken Sie in der Gruppe **Schriftart** auf die Pfeilspitze bei **Schriftgrad**, und wählen Sie die Schriftgröße **14**.

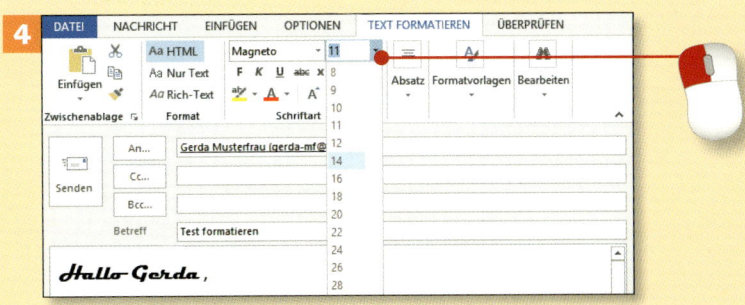

Schritt 5

Heben Sie das Wort **Outlook** hervor. Markieren Sie es, und klicken Sie in der Gruppe **Schriftart** auf die Symbole **F** und **K** ❷. Dadurch wird das markierte Wort fett und kursiv dargestellt.

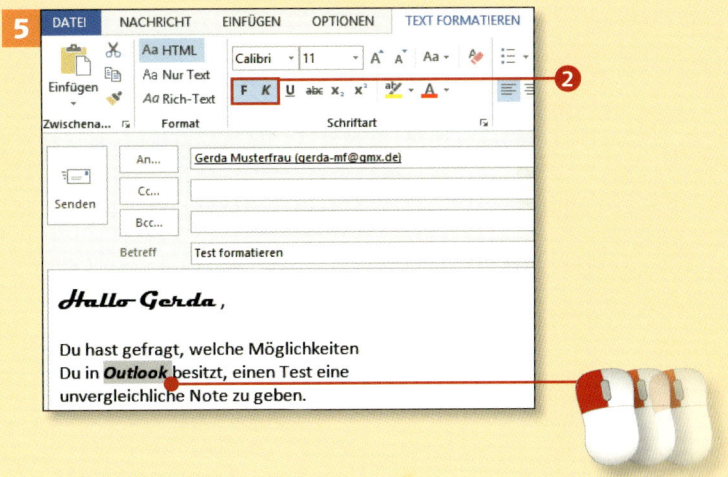

Schritt 6

Sie entscheiden sich, zusätzlich die Farbe der Anrede zu ändern. Gehen Sie in der Gruppe **Schriftart** auf die Pfeilspitze bei **Schriftfarbe**. Wählen Sie per Klick aus dem reichhaltigen Angebot z. B. die Designfarbe **Grün, Akzent 6, dunkler 25 %** aus.

! Was wird jeweils formatiert?
Achten Sie bitte darauf: Es werden nur markierte Objekte formatiert. Deshalb markieren Sie ein Zeichen, ein Wort, einen Absatz oder eine Grafik, wenn ein Zeichen, ein Wort, ein Absatz oder eine Grafik formatiert werden soll.

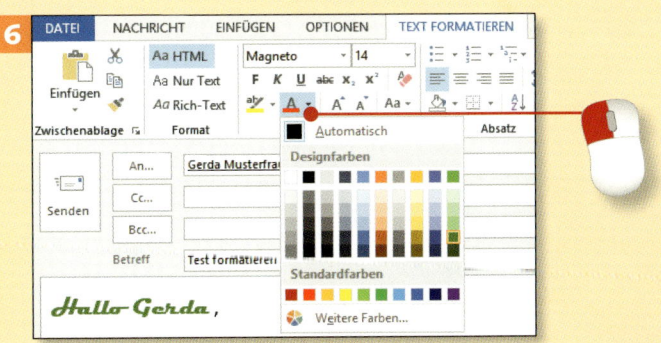

Text gestalten (Forts.)

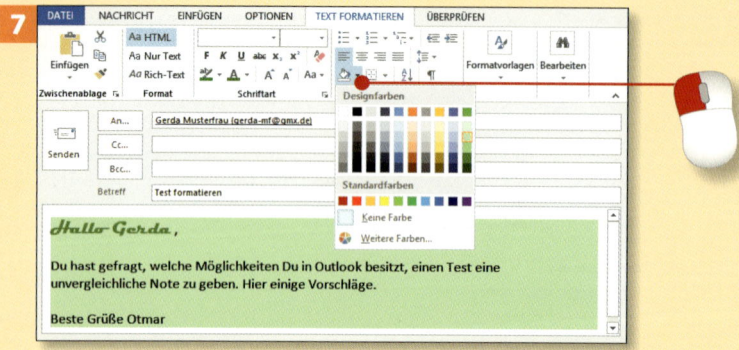

Schritt 7

Fein abgestimmt, wäre noch ein dezenter farblicher Hintergrund ganz nett. Markieren Sie den kompletten Text mit den Tasten ⌈Strg⌉ + ⌈A⌉. Klicken Sie in der Gruppe **Absatz** auf die Pfeilspitze neben der Schaltfläche **Schattierung**. Wählen Sie eine Designfarbe aus.

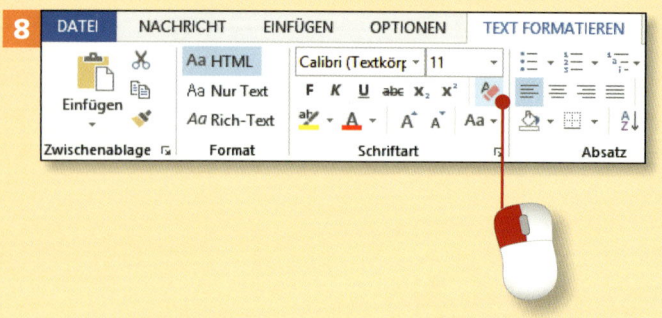

Schritt 8

Sollten Sie auf die Idee kommen, den Text doch unformatiert versenden zu wollen, klicken Sie bei markiertem Text in der Gruppe **Schriftart** auf **Alle Formatierungen löschen**.

Schritt 9

Dem Text können Sie mit einem Bild einen Hintergrund verpassen. Fügen Sie ein Bild ein ❶, wie es im Abschnitt »Dateien und Fotos anhängen« ab Schritt 6 auf Seite 57 beschrieben wird.

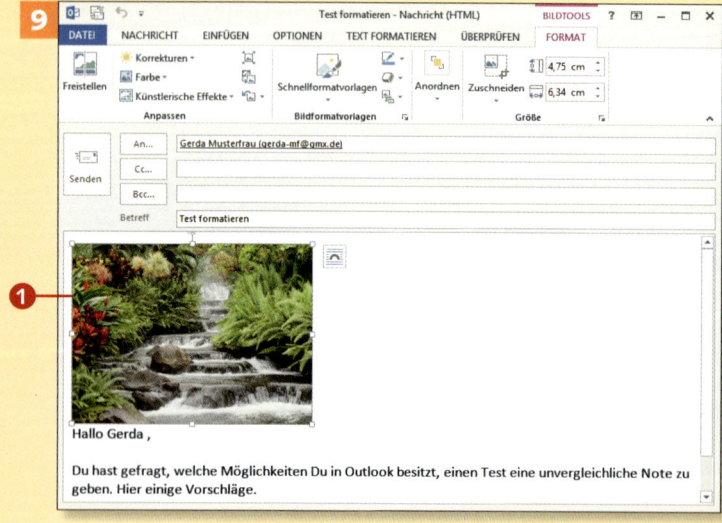

> **Dezent versus GRELL!**
>
> Die Möglichkeiten, einen Text zu formatieren, sind umfangreich. Die eigene Kreativität kommt hier zum Tragen. Im Business-Bereich ist das eher ungeeignet – seien Sie in der Auswahl der Mittel zurückhaltend, und formatieren Sie eher dezent.

Schritt 10

Damit Sie den Text lesen können, gehört das Bild hinter den Text. Stellen Sie sicher, dass das Bild markiert und das Register **Bildtools/ Format ❷** aktiviert ist. Klicken Sie in der Gruppe **Anordnen** auf die Schaltfläche **Zeilenumbruch**, und wählen Sie die Option **Hinter den Text** aus.

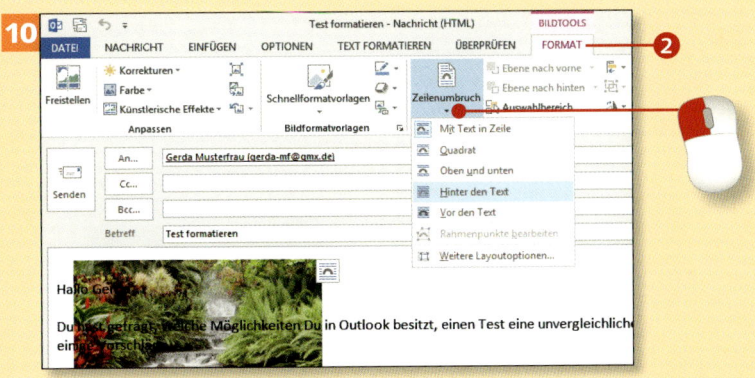

Schritt 11

So ist der Text aber schlecht zu lesen. Passen Sie jetzt Farbe und Helligkeit des Bildes an. Klicken Sie in der Gruppe **Anpassen** auf **Farbe** und im Abschnitt **Neu einfärben** auf **Ausgeblichen**. Jetzt ist der Text gut lesbar.

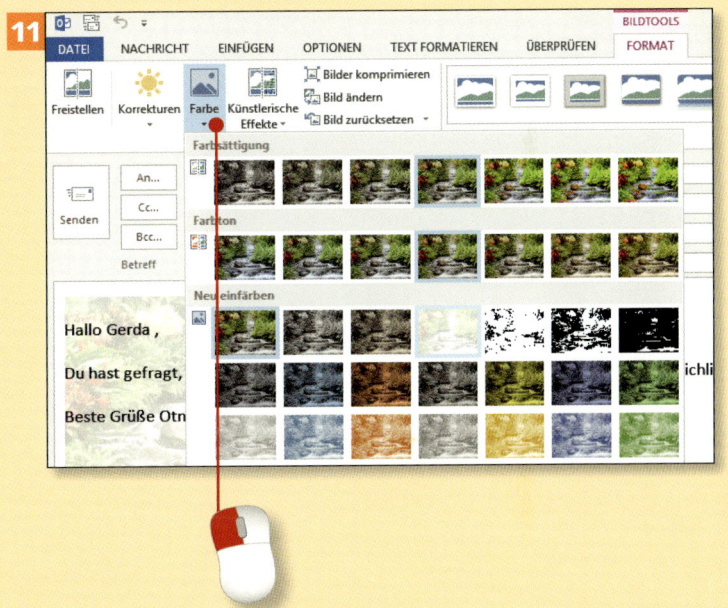

Schritt 12

Gefällt Ihnen das bearbeitete Bild nicht mehr, machen Sie die Veränderungen rückgängig. Klicken Sie auf dem Register **Bildtools/Format** in der Gruppe **Anpassen** auf **Bild zurücksetzen**. Nehmen Sie einen zweiten Anlauf.

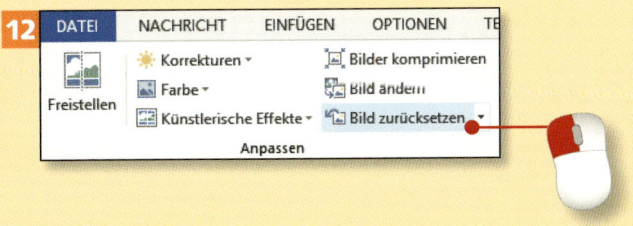

Mit Formatvorlagen und Designs arbeiten

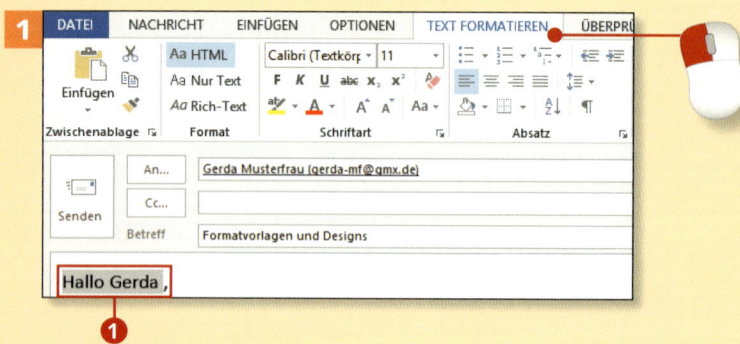

Warum nicht die Kreativität von Profis nutzen? Gestalten Sie Ihre Texte mit perfekt aufeinander abgestimmten Formatvorlagen und Designs.

Schritt 1

Starten Sie eine neue E-Mail mit der Tastenkombination `Strg` + `⇧` + `M`. Schreiben Sie einen Text, und markieren Sie die Anrede ❶. Gehen Sie zum Register **Text formatieren**.

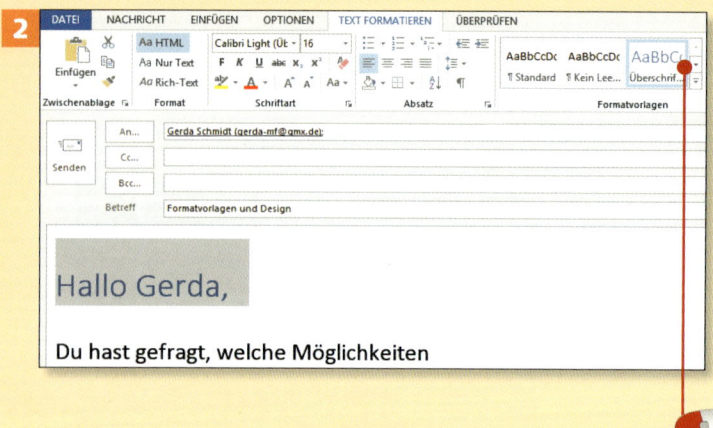

Schritt 2

Fahren Sie in der Gruppe **Formatvorlagen** mit der Maus über die verschiedenen Vorlagen, und sehen Sie in der Livevorschau, wie sich Ihr Text verändert. Aktivieren Sie die Formatvorlage **Überschrift 1**.

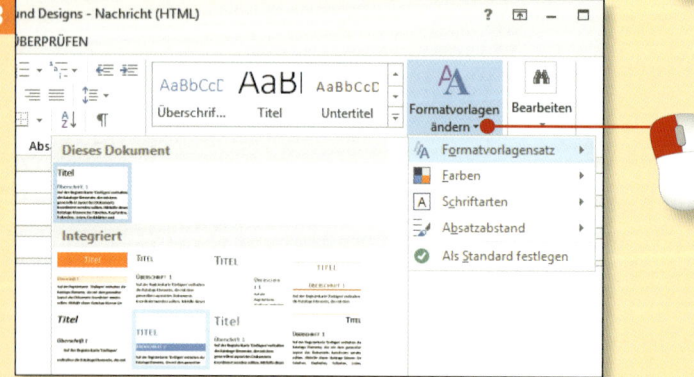

Schritt 3

Gehen Sie in der Gruppe **Formatvorlagensatz** auf die Schaltfläche **Formatvorlagen ändern** und weiter auf **Formatvorlagensatz**. Es öffnet sich ein Ausklappmenü mit einer Ansicht verschiedener Vorlagensätze. Klicken Sie z. B. auf den Formatvorlagensatz **Modern**.

Schritt 4

Klicken Sie auf den Dialogfeldstarter in der Gruppe **Formatvorlagen**.

Schritt 5

Es öffnet sich das Fenster **Format-vorlagen ❷**. Es wird beim Schreiben das jeweilige Textformat angezeigt. Wollen Sie das aktuelle Format ändern, klicken Sie auf die Pfeilspitze, und gehen Sie auf **Ändern**.

Schritt 6

Im Fenster **Formatvorlage ändern** können Sie verschiedene Vorgaben verändern. Klicken Sie auf die Pfeilspitze bei **Schriftgröße**, und wählen Sie **14** aus. Alternativ schreiben Sie die Zahl »14« in das Eingabefeld.

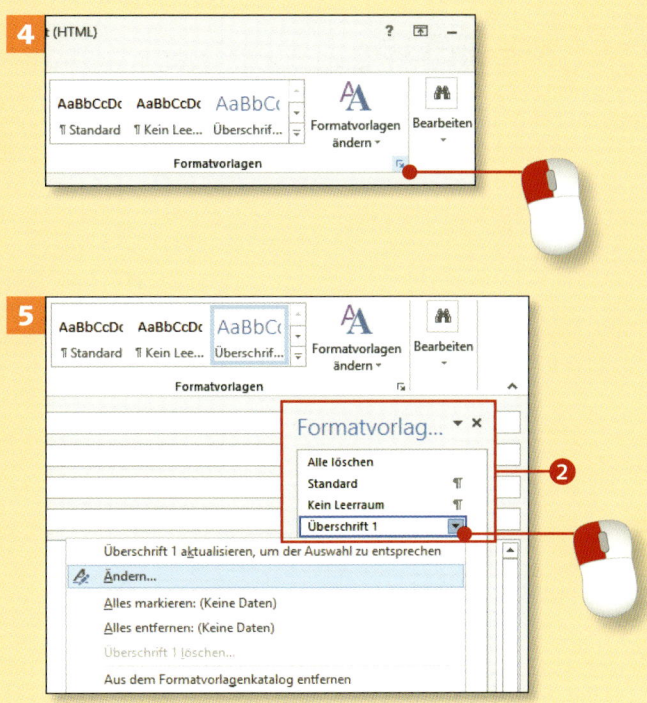

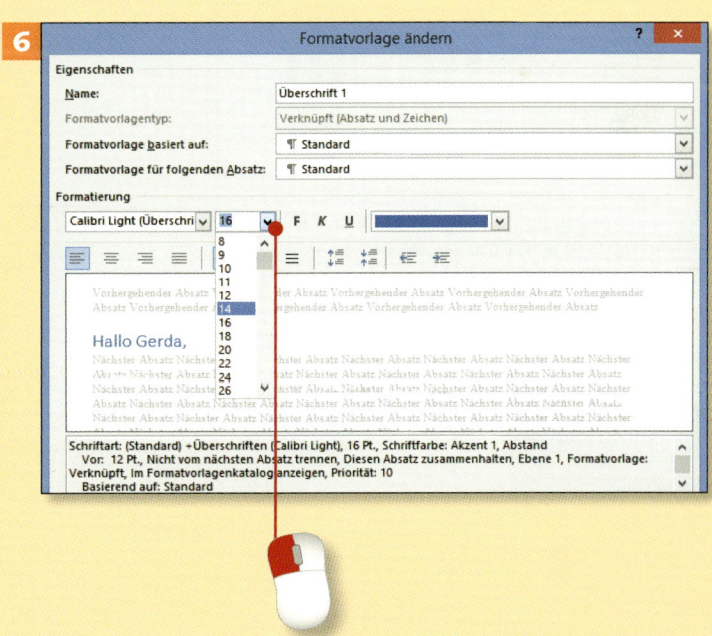

Klappt nur bei HTML-Format

Dieser Abschnitt ist wichtig, wenn Sie Ihre E-Mails im HTML-Format versenden (**Text formatieren ▸ Format ▸ HTML**). Bei Nachrichten im Format **Nur Text** funktionieren die Formatvorlagen nicht. Mehr Details dazu lesen Sie im Abschnitt »Text gestalten« ab Seite 60.

Mit Formatvorlagen und Designs arbeiten (Forts.)

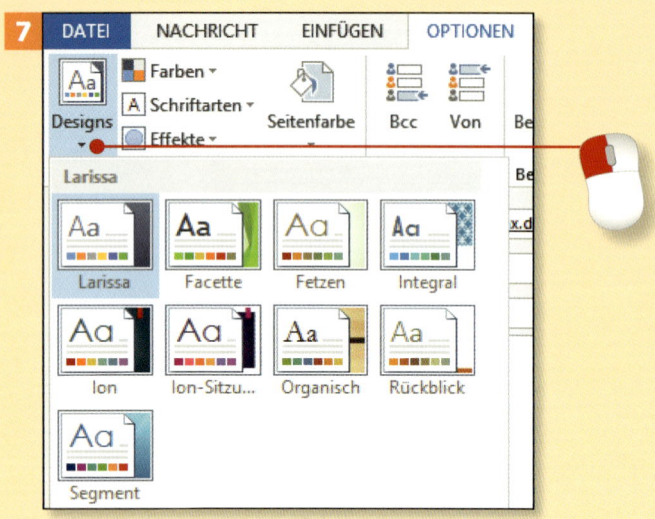

Schritt 7

Neben den Formatvorlagen gibt es Designs, die verschiedene aufeinander abgestimmte Farbkombinationen beinhalten. Gehen Sie auf dem Register **Optionen** in die Gruppe **Designs** und dort auf die gleichnamige Schaltfläche. Im Menü sehen Sie die verschiedenen Farbkombinationen. Das Standarddesign ist **Larissa**.

Schritt 8

Vielleicht wollen Sie den Hintergrund der Nachricht einfärben. Gehen Sie dafür in der Gruppe **Designs** auf **Seitenfarbe**, und wandern Sie mit der Maus über die Designfarben. Sie sehen sofort in der Livevorschau die Auswirkungen. Wählen Sie die Designfarbe, z. B. **Blau, Akzent 1, Heller 80 %**.

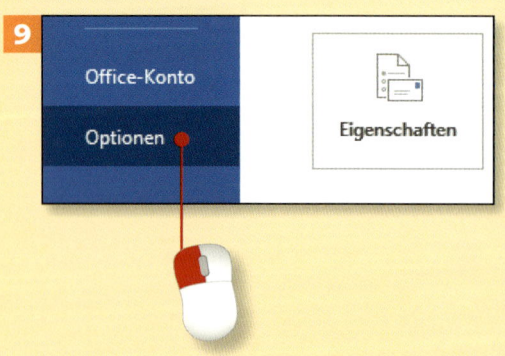

Schritt 9

Sie haben eine weitere Möglichkeit, Ihre E-Mail-Nachricht an Ihr persönliches Corporate Design anzupassen. Gehen Sie über das Register **Datei** in die Backstage-Ansicht und dort auf **Optionen**.

Schritt 10

Unter der Option **E-Mail** ❶ finden Sie den Abschnitt, in dem Sie Briefpapier, Standardschriften, Formatvorlagen, Farben und Hintergründe einstellen können. Klicken Sie auf **Briefpapier und Schriftarten**.

Schritt 11

Im Fenster **Signaturen und Briefpapier** ist der Reiter **Persönliches Briefpapier** angewählt. Hier können Sie verschiedene Designs und Schriftarten ändern. Klicken Sie auf die Schaltfläche **Schriftart**.

Schritt 12

Wählen Sie unter **Schriftart** z.B. **Century Gothic**, im **Schriftschnitt** entscheiden Sie sich für **Standard** und bei **Größe** für **11**. Bestätigen Sie die Auswahl mit **OK**. Passen Sie weitere Einstellungen an. Die Änderungen gelten für alle weiteren Nachrichten.

! Briefpapier und Design

Alles, was Sie über **Briefpapier und Schriftarten** ab Schritt 9 einstellen, wird grundlegend auf alle E-Mails angewendet. Alle anderen Einstellungen wie **Designs** in Schritt 8 beziehen sich immer nur auf die aktuelle E-Mail.

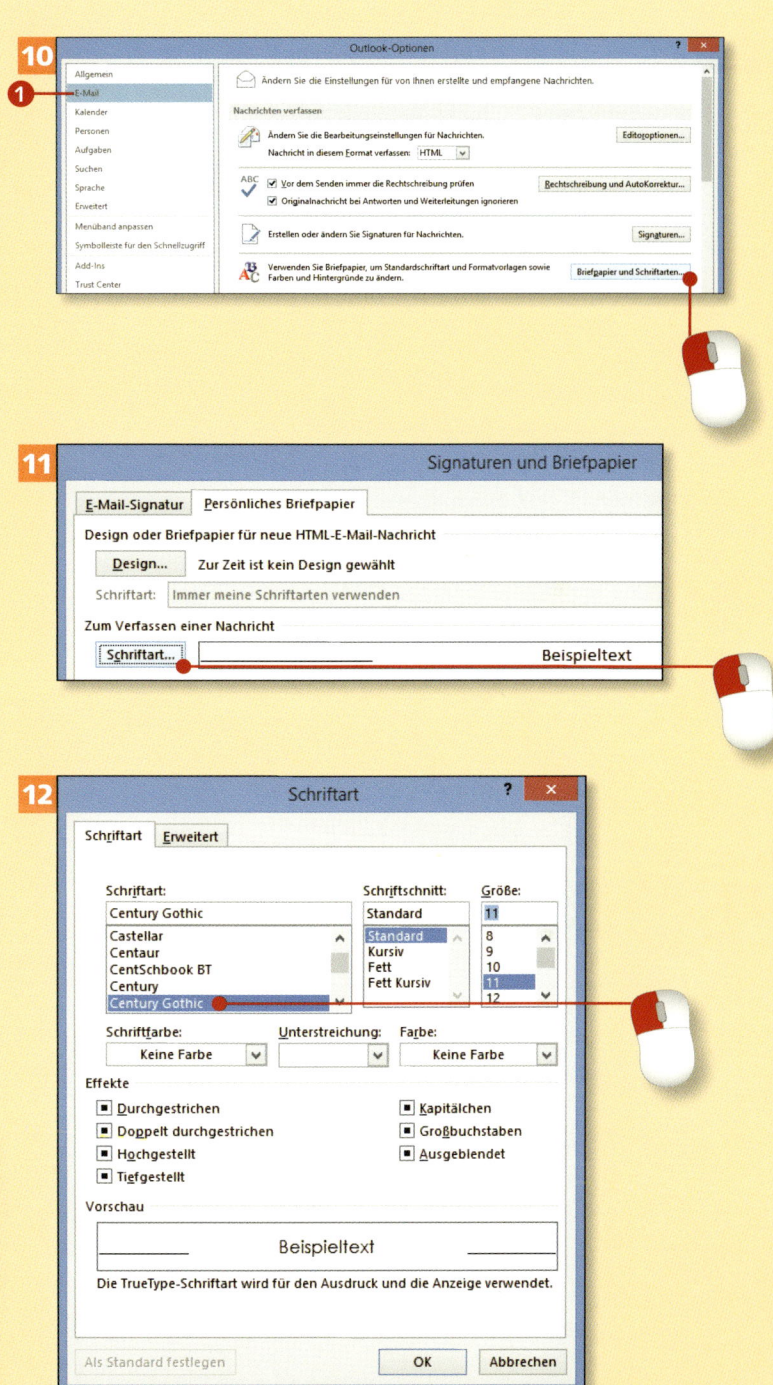

Eine Signatur anfügen

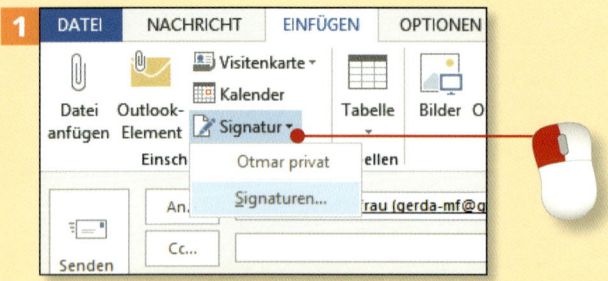

In der geschäftlichen Kommunikation mit Kunden ist die Signatur in der E-Mail (also ein Impressum) gesetzlich vorgeschrieben.

Schritt 1

Legen Sie eine Signatur an. Klicken Sie im ausgefüllten E-Mail-Formular auf das Register **Einfügen**. In der Gruppe **Einschließen** gehen Sie auf **Signatur**, und dann klicken Sie auf **Signaturen**.

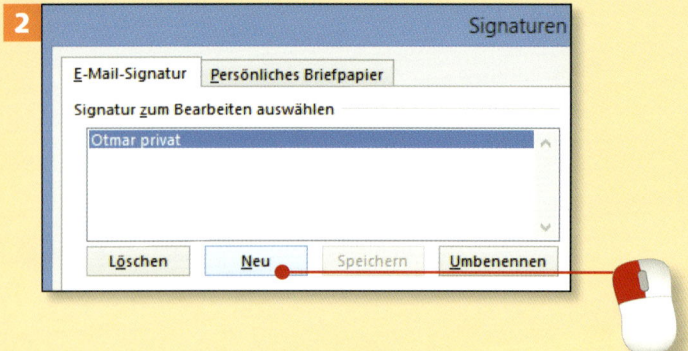

Schritt 2

Es öffnet sich das Fenster **Signaturen und Briefpapier**. Im Reiter **E-Mail-Signatur** klicken Sie auf **Neu**.

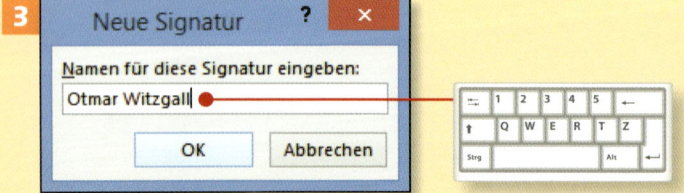

Schritt 3

Tragen Sie im Eingabefeld einen eindeutigen Namen für die Signatur ein, und schließen Sie mit einem Klick auf **OK**.

Signatur und Impressum

In der Kommunikation unter Freunden können Sie als Signatur einfach die Kontaktdaten eintragen. Schreiben Sie geschäftliche E-Mails, ist das Impressum Pflicht.

Schritt 4

Im unteren Feld **Signatur bearbeiten** ❶ tragen Sie den Inhalt der Signatur ein. Wenn Sie möchten, gestalten Sie den Text individuell. Oben rechts wählen Sie bei **Standardsignatur auswählen** ❷ ein **E-Mail-Konto** aus. Ordnen Sie eine Signatur für **Neue Nachrichten** zu und eventuell noch bei **Antworten/ Weiterleitungen**.

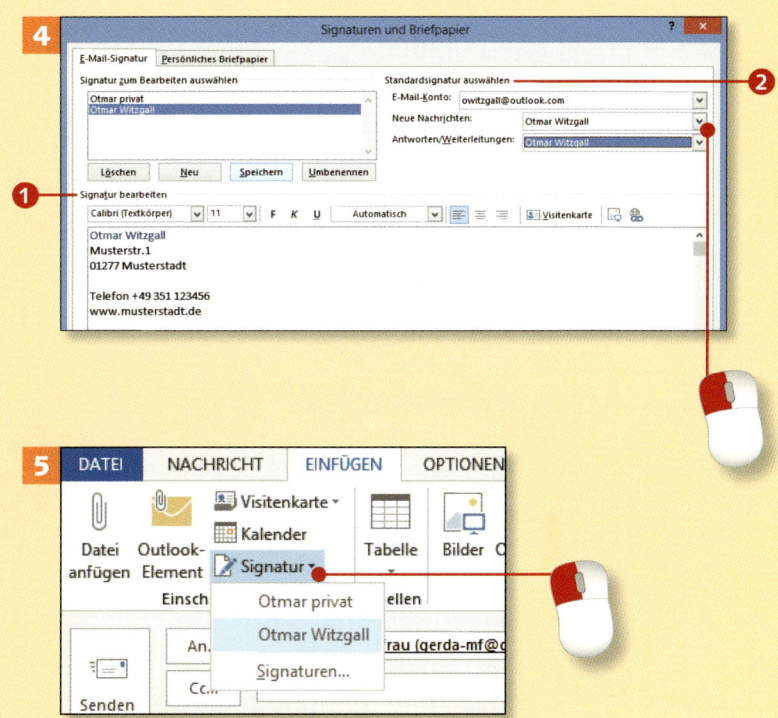

Schritt 5

Setzen Sie in Ihrer E-Mail den Cursor an die Stelle, an der Sie die Signatur einfügen möchten. Klicken Sie jetzt auf **Einfügen ▸ Einschließen ▸ Signatur**. Wählen Sie die Signatur aus, die eingefügt werden soll.

Schritt 6

Öffnen Sie mit der Tastenkombination [Strg] + [⇧] + [M] eine neue E-Mail. Automatisch wird nun – wie in Schritt 4 eingerichtet – für das E-Mail-Konto owitzgall@outlook. com die zugeordnete Signatur im Textfeld eingefügt.

Kapitel 3
Den Posteingang verwalten

Sie möchten in Outlook mit Ihren Geschäftspartnern oder Freunden kommunizieren und mit ihnen Fotos und Dokumente austauschen? Dazu benötigen Sie eine optimale Einstellung und die richtigen Ansichten. Lernen Sie hier, wie Sie aus dem Lesebereich heraus sofort deren E-Mails beantworten.

Schaffen Sie sich Ihren optimalen Lesebereich

Sie wollen schnell und übersichtlich Ihre Nachrichten lesen? Dazu finden Sie voreingestellte (veränderbare) Ansichten mit dem Ziel, auf einen Blick das Wesentliche zu erfassen. Aktivieren Sie beim Lesen einfach das Leselayout ❶.

Beantworten Sie Ihre E-Mails sofort aus dem Lesebereich heraus

Haben Sie den Lesebereich aktiviert, sehen Sie sofort ganz oben die Befehle für **Antworten**, **Allen antworten** und **Weiterleiten** ❷. Sie müssen die E-Mail nicht öffnen, sondern legen sofort los.

Betrachten Sie Ihre Anlagen in der Dateivorschau

Sie haben Urlaubsfotos erhalten und möchten sie anschauen? Kein Problem! Mithilfe der Dateivorschau sehen Sie die Bilder mit einem Klick im Lesebereich. Gefällt Ihnen das Bild und möchten Sie es auf Ihrer Festplatte sichern, klicken Sie im Register **Anlagen** auf **Speichern unter** ❸.

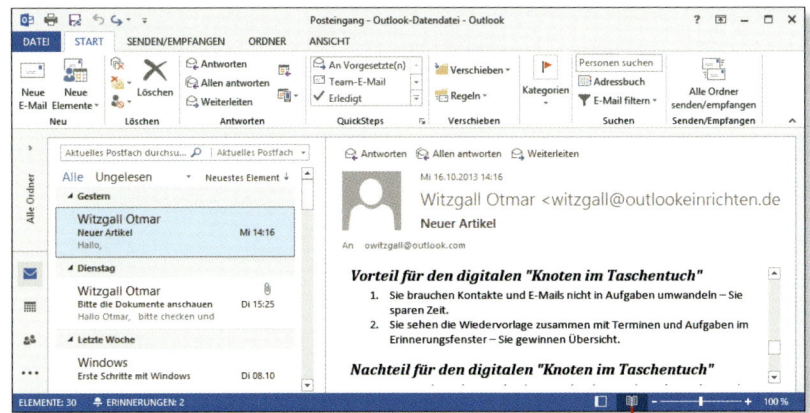

1 Mit Klick auf das **Leselayout**-Symbol weitet sich Ihr Blick: Der Ordnerbereich links minimiert sich, und die Aufgabenleiste verschwindet.

Im Lesebereich sehen Sie die Befehle **Antworten**, **Allen antworten** und **Weiterleiten**.

2

In der Dateivorschau sehen Sie sofort den Inhalt der Anlage. Mit Klick auf **Speichern unter** landet das Bild auf der Festplatte.

3

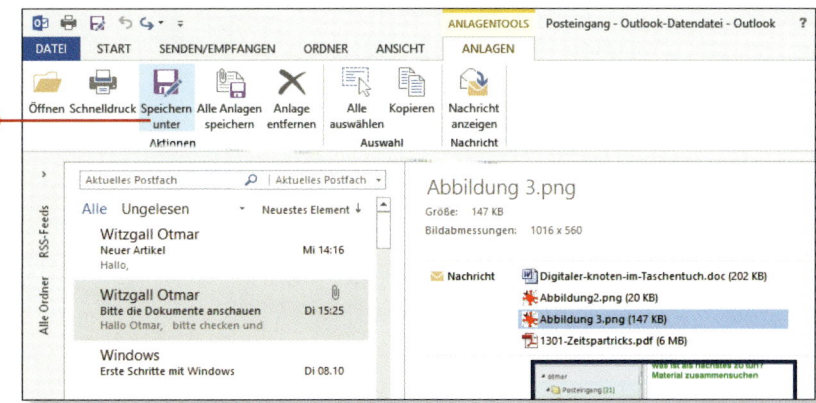

E-Mails empfangen und lesen

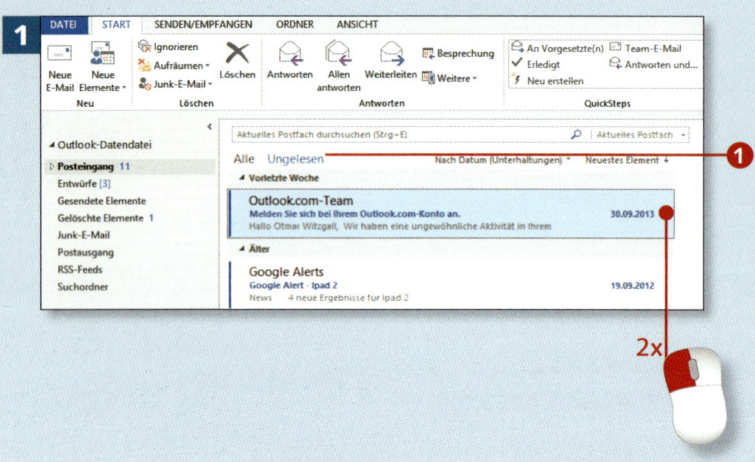

Wie erfahren Sie, dass Sie E-Mails bekommen haben? Ich zeige Ihnen die Standardeinstellungen. Diese passen Sie nach Ihren Wünschen an.

Schritt 1

Nach dem Start von Outlook öffnet sich der Bereich **E-Mail**, und es wird der **Posteingang** angezeigt. Klicken Sie auf **Ungelesen** ❶, ist direkt die neueste ungelesene E-Mail markiert und hat einen blauen Streifen am linken Rand. Öffnen Sie die E-Mail mit einem Doppelklick.

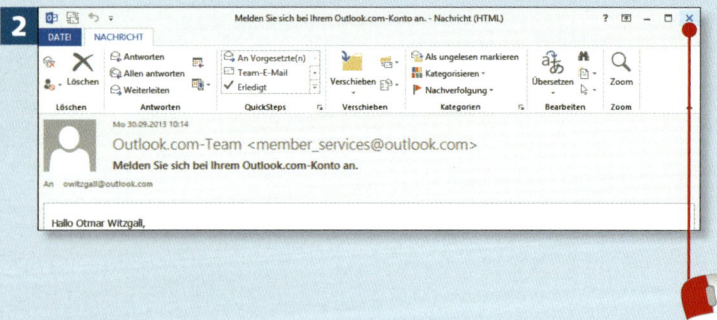

Schritt 2

Die Nachricht öffnet sich in einem neuen Fenster. Sie sehen hier den Kopf und den Inhalt der E-Mail. Schließen Sie die E-Mail mit einem Klick auf das Schließkreuz.

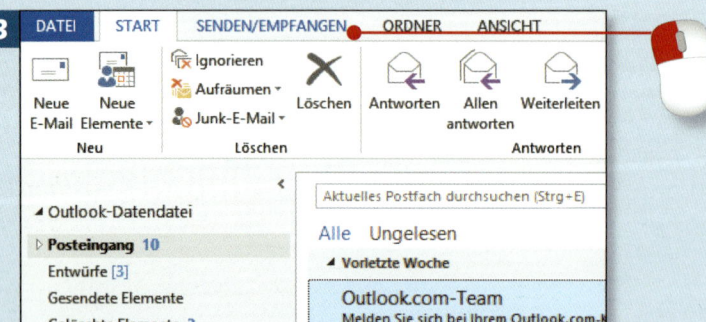

Schritt 3

Klicken Sie zum Einstellen der Empfangsoptionen auf das Register **Senden/Empfangen**.

> **E-Mails lesen**
> Weitere Möglichkeiten zum Lesen einer E-Mail finden Sie im Abschnitt »Lesebereich und Ansichten einstellen« ab Seite 84.

Schritt 4

Klicken Sie in der Gruppe **Senden und Empfangen** auf **Senden-Empfangen-Gruppen** und den Befehl **Senden-Empfangen-Gruppen definieren**.

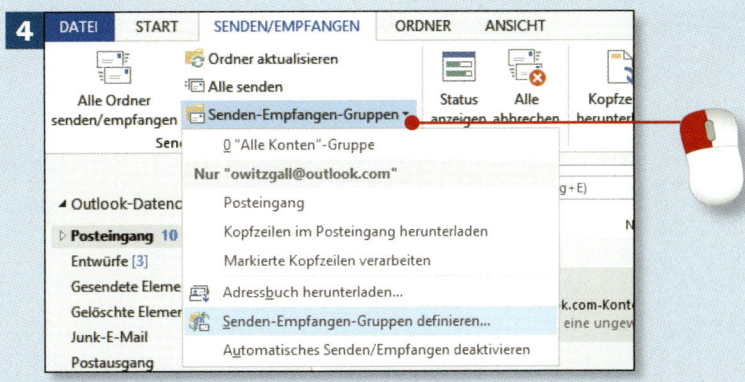

Schritt 5

Im Fenster **Senden-Empfangen-Gruppen** sind 30 Minuten eingestellt, nach denen Outlook automatisch die E-Mails übermittelt ❷. Wenn Sie keine Änderungen vornehmen möchten, bestätigen Sie die Einstellungen mit **Schließen**.

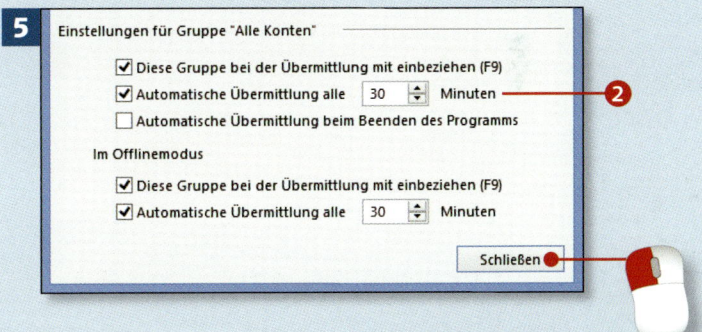

Schritt 6

Schauen Sie zur Sicherheit noch in den Ordner **Junk-E-Mail**, ob eventuell fälschlicherweise Nachrichten dort gelandet sind. In diesem Fall befinden sich keine E-Mails dort.

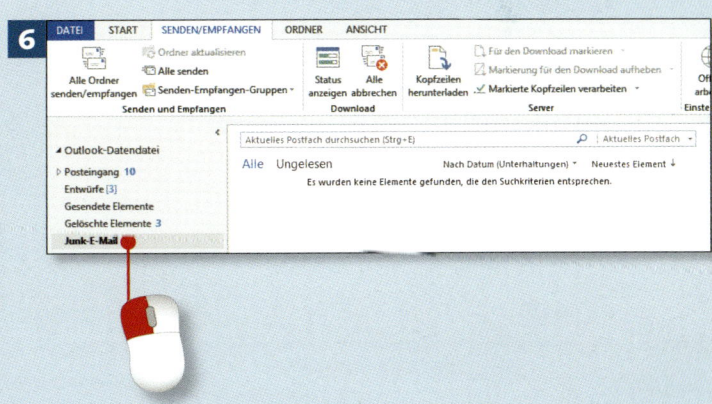

Automatische Übermittlung

Ich empfehle Ihnen, bei der automatischen Übermittlung (❷ in Schritt 5) das Häkchen herauszunehmen. Damit werden Sie nicht bei der Arbeit von ankommenden E-Mails abgelenkt. Rufen Sie die Nachrichten mit der Funktionstaste F9 ab – wann immer *Sie* möchten.

E-Mails beantworten oder weiterleiten

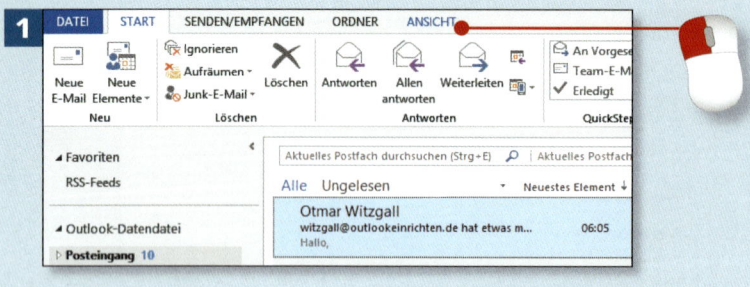

In Outlook 2013 können Sie Ihre E-Mails direkt im Lesebereich beantworten oder weiterleiten.

Schritt 1

Starten Sie Outlook im Bereich **E-Mail**. Sie möchten eine erhaltene Nachricht beantworten. Um die optimale Bearbeitungsoberfläche zu bekommen, gehen Sie auf das Register **Ansicht**.

Schritt 2

Klicken Sie in der Gruppe **Aktuelle Ansicht** auf die Schaltfläche **Ansicht ändern** und dann auf **Kompakt**. Bei dieser Ansicht ist der Lesebereich aktiviert, und Sie können dort die E-Mail sofort bearbeiten.

Schritt 3

Im Lesebereich sehen Sie nun drei Befehle, mit denen Sie die E-Mail sofort bearbeiten können: **Antworten**, **Allen antworten** und **Weiterleiten**. Klicken Sie auf **Antworten**.

Mit Ansichten arbeiten

Eine vertiefte Anleitung, wie Sie mit Ansichten arbeiten, erhalten Sie im Abschnitt »Lesebereich und Ansichten einstellen« ab Seite 84.

Schritt 4

Im neuen Fenster fallen sofort drei Dinge auf. Es öffnet sich der neue Reiter **Verfassentools/Nachricht** ❶, und die E-Mail erhält den farbigen Zusatz **[Entwurf]** ❷. Im Lesebereich wird automatisch die Empfängeradresse eingefügt, und im Betreff steht »AW:« für Antwort ❸. Schreiben Sie Ihre Antwort, und klicken Sie auf **Senden**.

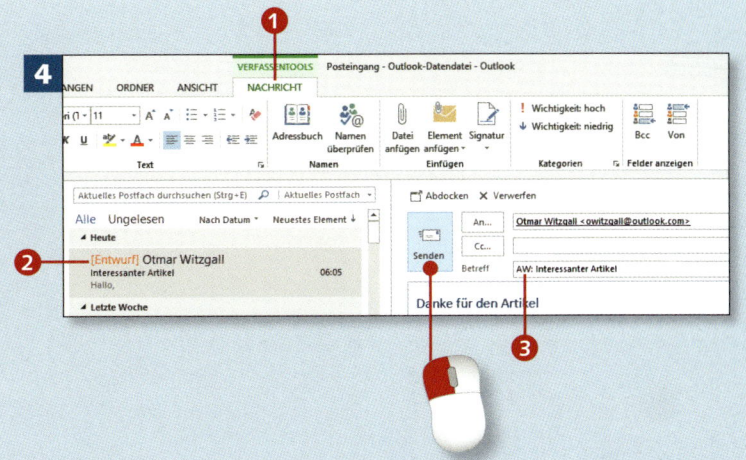

Schritt 5

Entscheiden Sie sich beim Schreiben, die E-Mail nicht zu senden, klicken Sie auf **Verwerfen**. Der komplette Bearbeitungsvorgang wird zurückgesetzt.

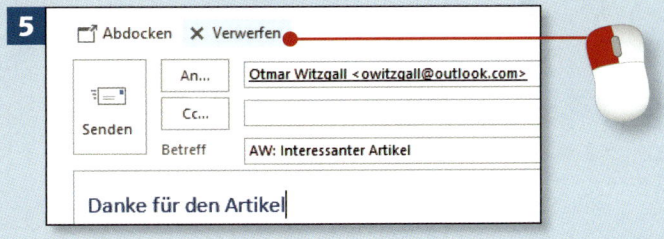

Schritt 6

Benötigen Sie mehr Überblick bei der Bearbeitung Ihrer Nachricht, klicken Sie auf **Abdocken**.

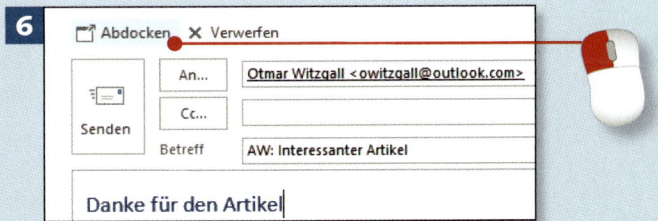

Mit Entwürfen arbeiten

Weitere Informationen zum Thema »Entwürfe« finden Sie im Abschnitt »Die E-Mail als Entwurf speichern« ab Seite 48.

E-Mails beantworten oder weiterleiten (Forts.)

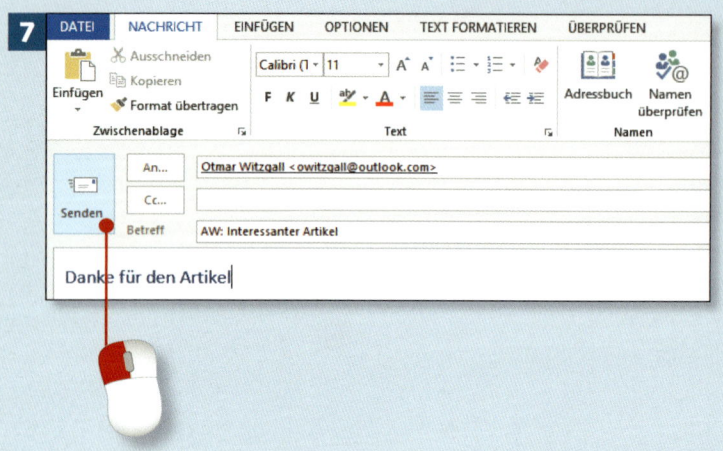

Schritt 7

Es öffnet sich ein neues Fenster mit dem aktuellen Bearbeitungszustand der Nachricht. Klicken Sie auf **Senden**, sobald Sie die E-Mail vervollständigt haben.

Schritt 8

Kehren wir zum Ausgangspunkt in Schritt 3 zurück: Sie wollen *allen* Empfängern antworten. Klicken Sie dazu auf **Allen antworten**.

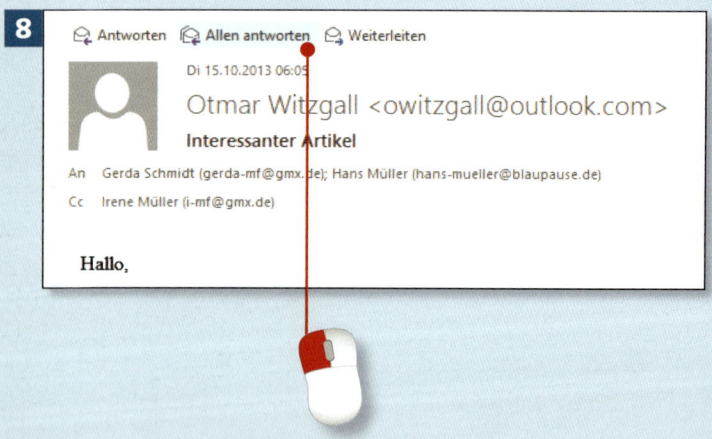

Schritt 9

Es öffnet sich wieder die Ansicht wie in Schritt 4 – mit der Ausnahme, dass jetzt im Feld **An** bereits alle Empfänger der E-Mail aufgeführt sind. Auch im Feld **Cc** ist der Empfänger der ursprünglichen Nachricht eingetragen. Vervollständigen Sie die Antwort, und klicken Sie dann auf **Senden**.

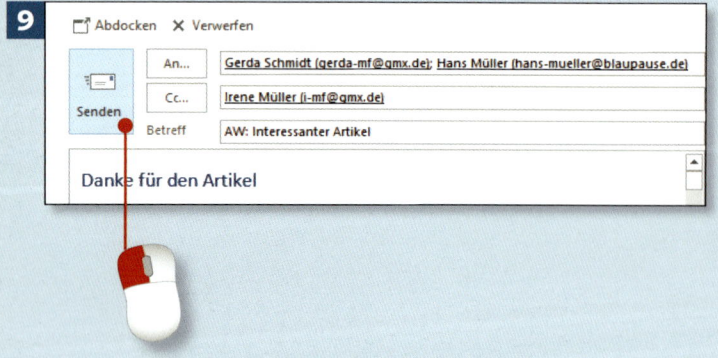

Schritt 10

Sie möchten eine interessante Nachricht weitergeben. Ausgehend von Schritt 3 klicken Sie jetzt auf **Weiterleiten**.

Schritt 11

Wieder sehen Sie die Ansicht wie in Schritt 4. Diesmal leiten Sie die E-Mail weiter und tragen im Feld **An** den neuen Empfänger ein ❶, wie im Abschnitt »Empfänger, Betreff und Co. eingeben« ab Seite 38 beschrieben. Schreiben Sie die Antwort, und klicken Sie auf **Senden**.

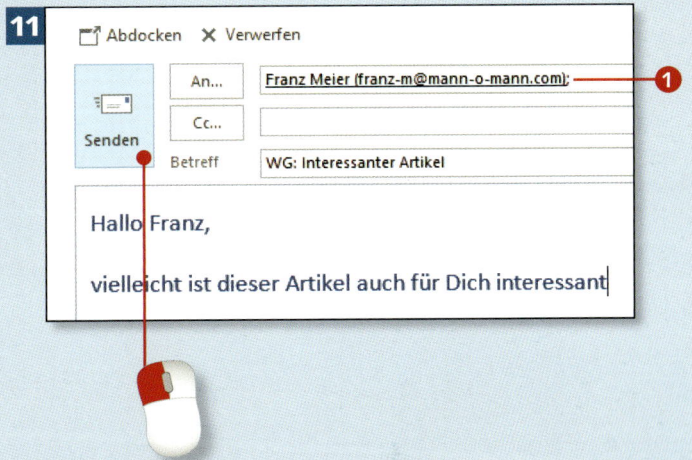

Schritt 12

Alternativ klicken Sie doppelt auf eine E-Mail im Posteingang. Es öffnet sich ein neues Fenster mit der Nachricht. Wenn Sie auf die E-Mail antworten möchten, gehen Sie auf dem Register **Nachricht** in die Gruppe **Antworten**. Klicken Sie auf **Antworten**.

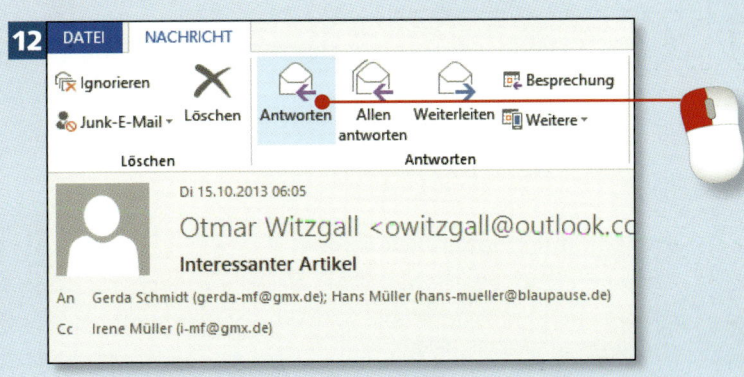

---

i

Wie versenden Sie eine E-Mail?
Weitere Details zum Versenden einer Nachricht finden Sie im Abschnitt »Die E-Mail versenden« ab Seite 50.

Einen Anhang öffnen und speichern

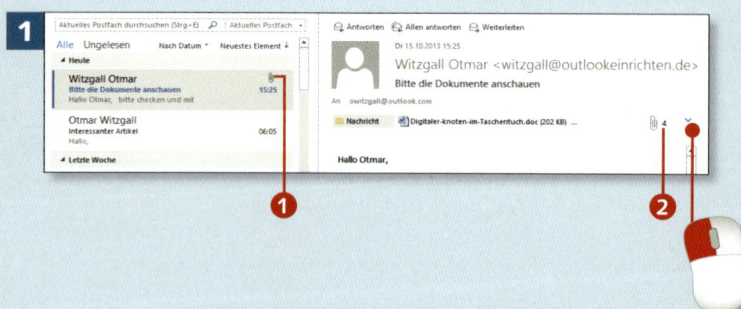

Sie bekommen Nachrichten mit Dokumenten und Bildern im Anhang. Ich zeige Ihnen, wie Sie diese lesen und auf Ihrer Festplatte abspeichern.

Schritt 1

Hat Ihre Nachricht eine Anlage, wird das in der Nachrichtenliste mit einer Klammer angezeigt ❶. Im Lesebereich sehen Sie den Dateityp der Anlage und den Namen der Datei. Sind Anhänge nicht sichtbar, wird deren Anzahl neben der Klammer angezeigt ❷. Klicken Sie auf die Pfeilspitze rechts, um alle Anhänge anzuzeigen.

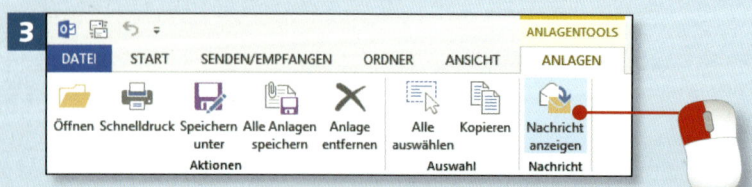

Schritt 2

Jetzt werden alle Dateianhänge angezeigt: eine Word-Datei, zwei Bilddateien und eine PDF-Datei. Um die Word-Datei in der Dateivorschau anzuzeigen, klicken Sie darauf.

Schritt 3

Die Datei öffnet sich im Lesebereich. Gleichzeitig wird die Registerkarte **Anlagentools/Anlagen** eingeblendet. Klicken Sie auf **Nachricht anzeigen**, um zum Inhalt der E-Mail zurückzukehren.

Anlagen mit Doppelklick öffnen

Auf einen Doppelklick hin öffnet sich die Anlage im entsprechenden Programm – ein Word-Dokument z. B. wird in Microsoft Word angezeigt –, und Sie drucken, speichern oder bearbeiten die Datei nach Belieben.

Schritt 4

Klicken Sie auf die Datei **Abbildung 3.png**. In der Dateivorschau ist jetzt das Bild zu sehen.

Schritt 5

Outlook ist sehr vorsichtig beim Öffnen von Anlagen: Klicken Sie auf die PDF-Datei ❸. Sie erhalten die Warnung, dass Sie nur Dateien aus vertrauenswürdigen Quellen anzeigen lassen sollten ❹. Klicken Sie auf **Dateivorschau**.

Schritt 6

Die Datei wird nun in der Dateivorschau geöffnet. Navigieren Sie über den Scrollbalken oder über die Pfeile links unten durch die Datei.

Gefährliche Anlagendateien

Der Grund für Outlooks Vorsicht liegt darin, dass Dateien, die Befehle ausführen und als Dateiendung BAT, EXE, VBS und JS haben, Viren enthalten können.

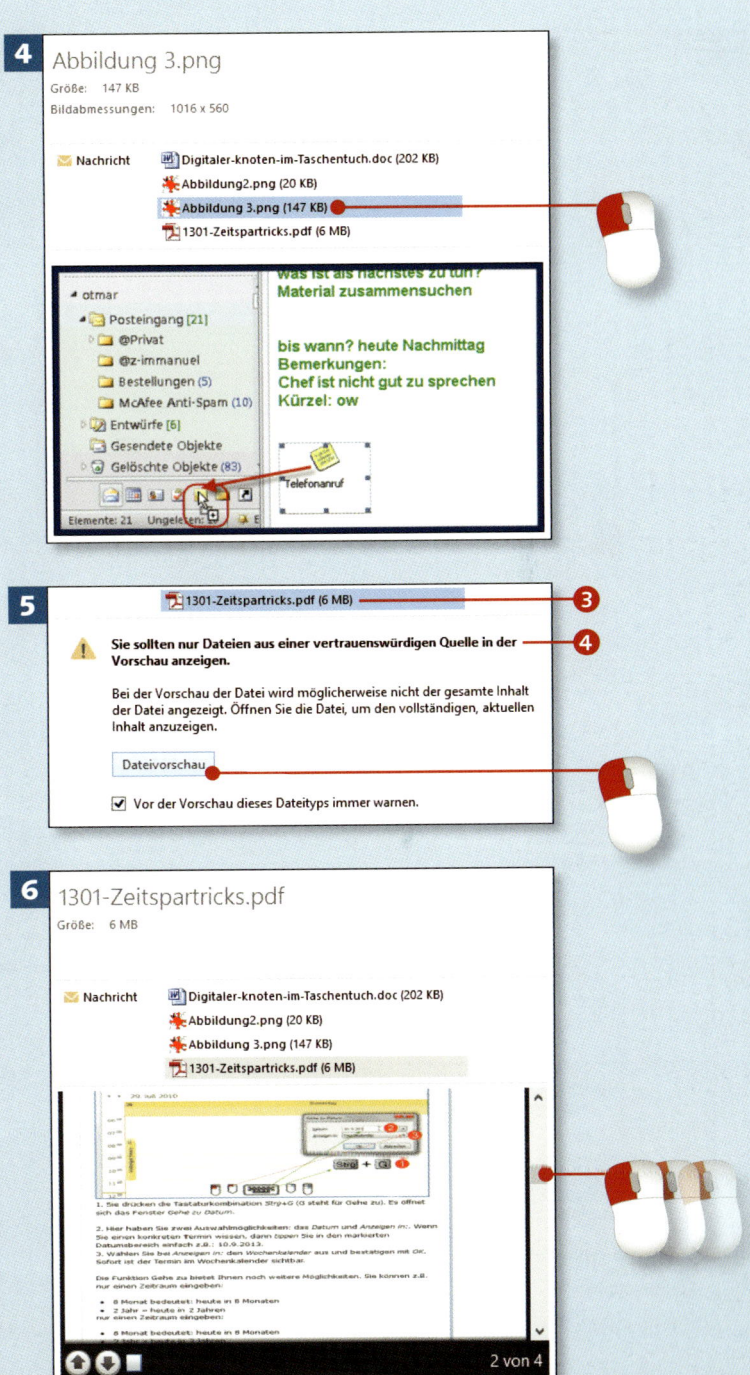

Einen Anhang öffnen und speichern (Forts.)

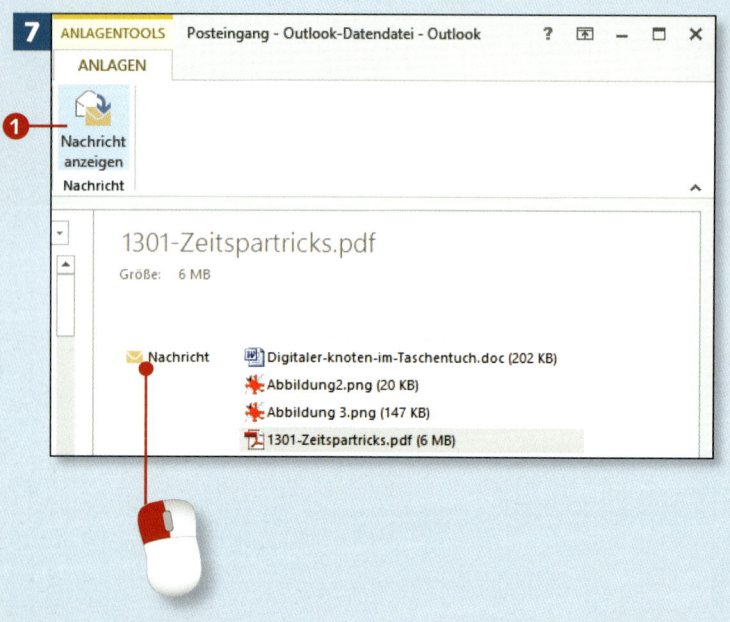

Schritt 7

Klicken Sie im Lesebereich auf das Wort **Nachricht** neben dem **Brief-Symbol**, und die Anlage schließt sich. Der Text der E-Mail wird wieder sichtbar. Alternativ klicken Sie im Register **Anlagen** auf **Nachricht anzeigen** ❶.

Schritt 8

Im Register **Anlagen** sehen Sie alle **Aktionen**, die Sie mit einer oder allen Anlagen gleichzeitig ausführen können: Öffnen, Drucken, Speichern, Entfernen, Auswählen und Kopieren. Um alle Anlagen zu speichern, klicken Sie auf den entsprechenden Befehl.

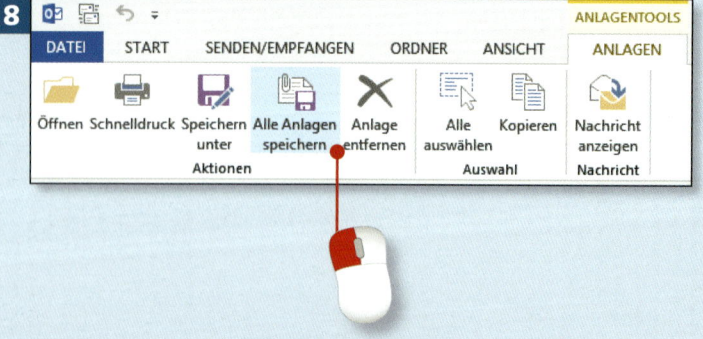

Schritt 9

Es öffnet sich das Fenster **Alle Anlagen speichern** und unter **Anlagen** sind alle Dateinamen der Anhänge aufgeführt. Markieren Sie mit gedrückter [Strg]-Taste die gewünschten Dateien, und klicken Sie dann auf **OK**.

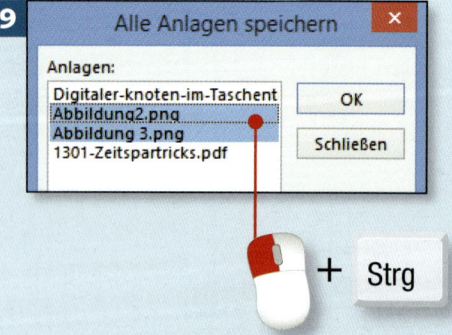

Schritt 10

Im Fenster **Alle Anlagen speichern**
navigieren Sie in den Ordner, in dem
die Dateien gespeichert werden sollen, und bestätigen mit **OK**. Wenn
Sie noch nicht alle Dateien markiert
haben, öffnet sich wieder das Fenster von Schritt 9. Wiederholen Sie
die Schritte 9 und 10, bis Sie alle
Dateien gespeichert haben.

Schritt 11

Wollen Sie einzelne Anhänge auf
der Festplatte speichern, markieren
Sie den gewünschten Anhang ❷.
Klicken Sie in der Gruppe **Aktionen**
auf **Speichern unter**.

Schritt 12

Navigieren Sie im Fenster **Anlage
speichern** zum gewünschten Ordner,
und schließen Sie den Vorgang mit
Speichern ab.

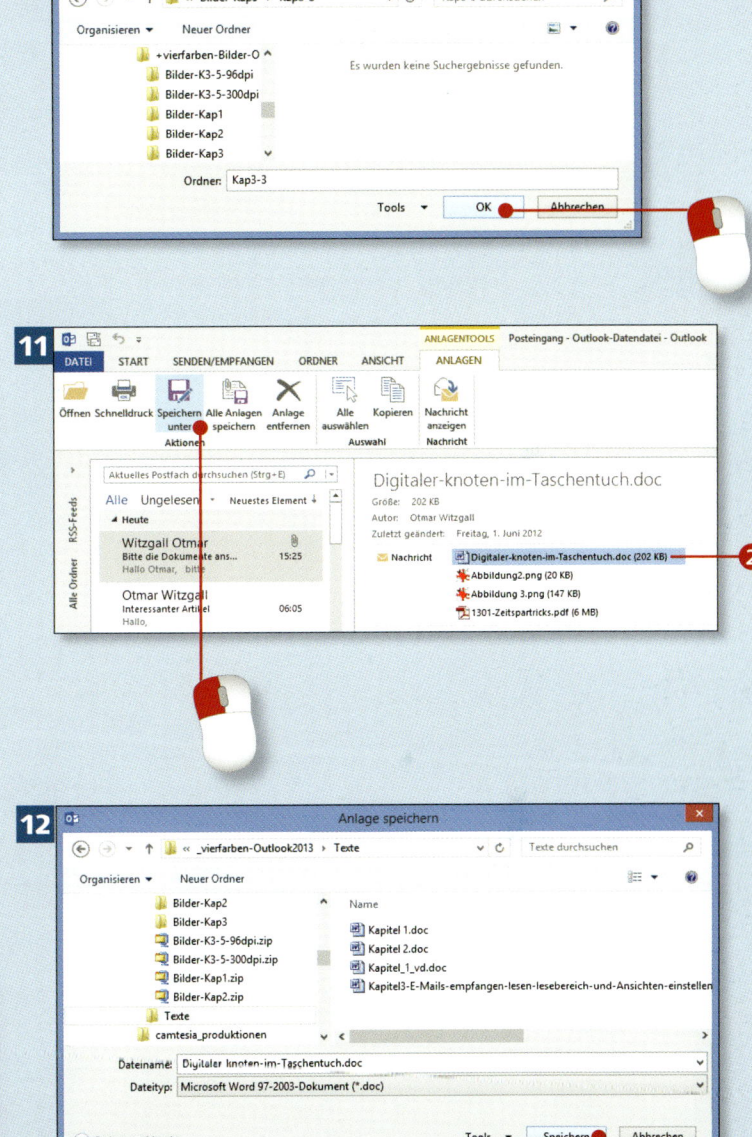

Keine Dateien im Ordner?

Wie Sie in Schritt 10 sehen, werden in dem Ordner, in dem die
Anlagen gespeichert werden sollen, keine Dateien angezeigt. Das
ist oft irritierend! Der Grund: Der
Ordner, in dem Sie die Anlagen
ablegen, wird als Suche geöffnet. Sie erhalten die Info »Kein
Suchergebnis gefunden«.

Lese- und Übermittlungsbestätigungen verwenden

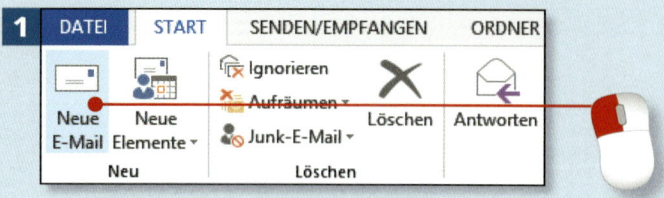

Manchmal ist es sinnvoll, zu wissen, ob eine Nachricht angekommen und gelesen wurde. Wie Sie sich dies bestätigen lassen, erfahren Sie hier.

Schritt 1

Öffnen Sie ein neues Nachrichtenformular mit Klick auf **Neue E-Mail** auf dem Register **Start**. Alternativ betätigen Sie die Tastenkombination ⎡Strg⎤ + ⎡⇧⎤ + ⎡M⎤.

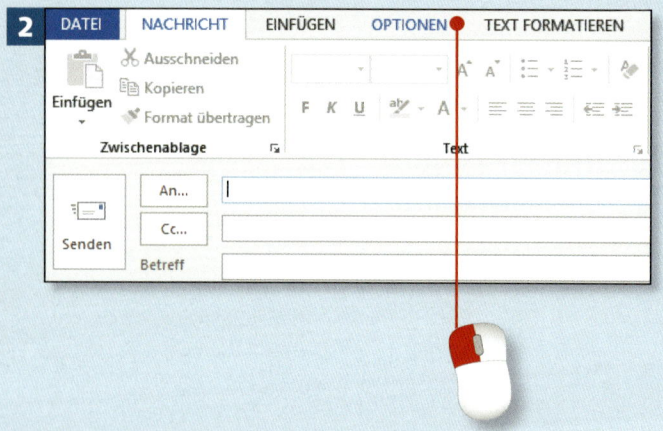

Schritt 2

Es öffnet sich ein neues Nachrichtenformular. Klicken Sie auf den Reiter **Optionen**, um zur Lesebestätigung zu kommen.

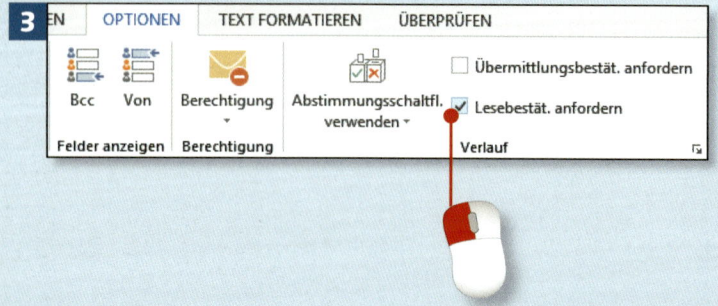

Schritt 3

Setzen Sie in der Gruppe **Verlauf** ein Häkchen bei **Lesebestät. anfordern**. So fordern Sie den Empfänger auf, eine Lesebestätigung zu senden.

! Auf die Dauer lästig!

Gehen Sie sorgfältig mit den Bestätigungen um. Sie könnten Ihr Gegenüber verärgern, wenn es ständig angeforderte Bestätigungen beantworten muss. In manchen Firmen ist das Anfordern von Bestätigungen sogar unerwünscht.

Schritt 4

Aktivieren Sie mit einem Häkchen **Übermittlungsbestät. anfordern**. Damit bitten Sie den Empfänger um die Bestätigung, dass er die Nachricht erhalten hat.

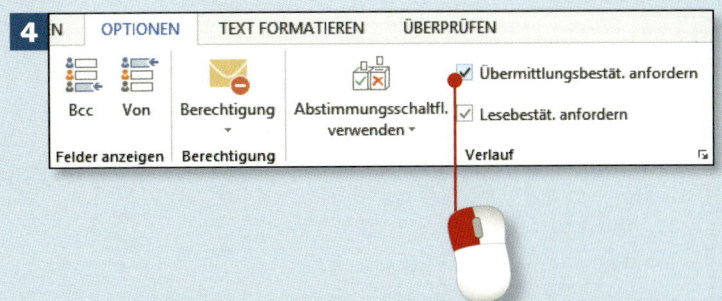

Schritt 5

Öffnen Sie mit einem Klick auf den Dialogfeldstarter in der Gruppe **Verlauf** den Zugang zu weiteren Einstellungen zum Versenden der E-Mail.

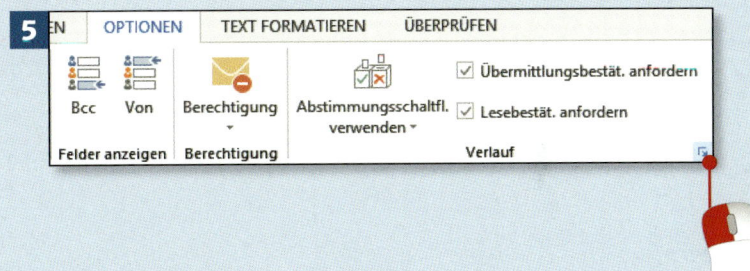

Schritt 6

Es öffnet sich das Fenster **Eigenschaften**. Im Abschnitt **Abstimmungs- und Verlaufoptionen** sehen Sie die aktivierten Optionen **Die Übermittlung dieser Nachricht bestätigen** ❶ und **Das Lesen dieser Nachricht bestätigen** ❷. Weitere Einstellungen sind im Abschnitt »Weitere Sendeoptionen festlegen« ab Seite 52 beschrieben. Bestätigen Sie die Einstellungen mit **Schließen**.

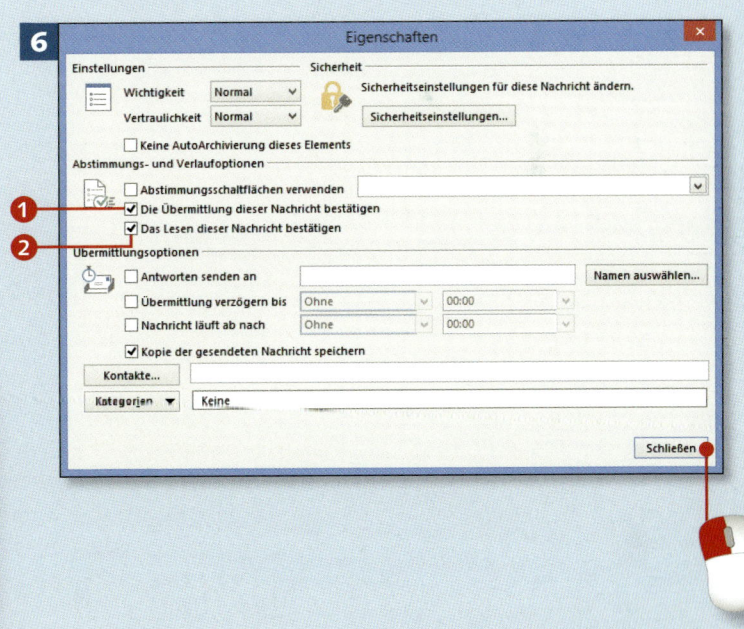

Lesebestätigung abschalten

Rechtlich haben die Empfangs- und Lesebestätigungen keine Relevanz. Davon abgesehen können Sie über **Datei ▸ Optionen ▸ E-Mail** im Abschnitt **Verlauf** die Option **Nie eine Lesebestätigung senden** aktivieren.

Lesebereich und Ansichten einstellen

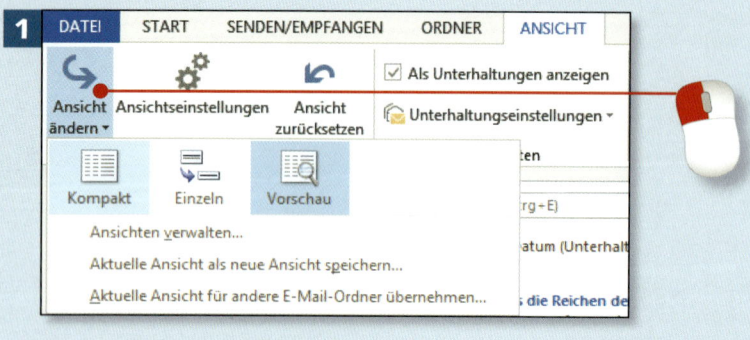

Zum besseren Lesen und zur Übersicht stellen Sie die für Sie optimale Ansicht und den Lesebereich ein.

Schritt 1

Sie befinden sich im **Posteingang** und klicken auf der Registerkarte **Ansicht** in der Gruppe **Aktuelle Ansicht** auf **Ansicht ändern**. Sie sehen jetzt die Standardansichten **Kompakt**, **Einzeln** und **Vorschau**. Klicken Sie auf eine der Ansichten, und beobachten Sie, wie sich die Ansicht verändert.

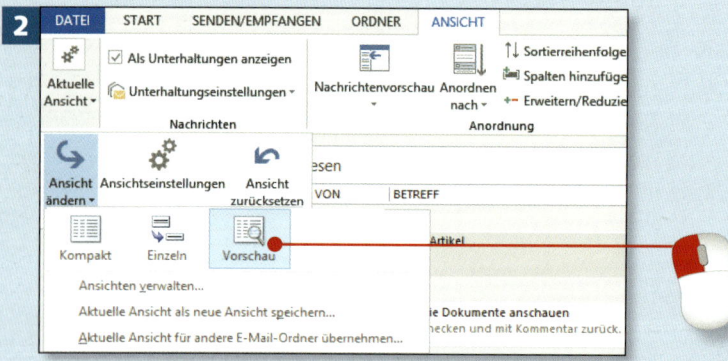

Schritt 2

Klicken Sie jetzt auf den Befehl **Vorschau**. Sie sehen jetzt die einzelnen E-Mails mit dem Absender und der Betreffzeile sowie eine Zeile des Nachrichtentextes.

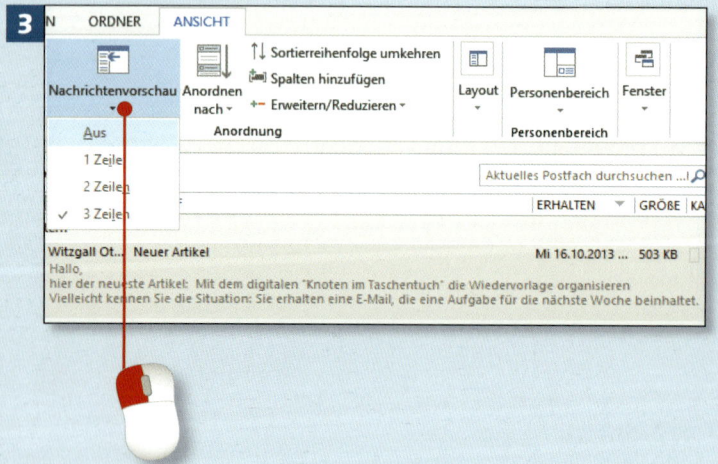

Schritt 3

In der Gruppe **Anordnung** klicken Sie auf **Nachrichtenvorschau**. Hier wählen Sie die Anzahl der Zeilen aus, die Sie in der Vorschau lesen möchten – z. B. **3 Zeilen**. Wenn Sie außer Absender und Betreff nichts lesen möchten, klicken Sie auf **Aus**.

Schritt 4

Outlook ist sehr flexibel. Mit drei Optionen richten Sie die Ansichten nach Ihren Bedürfnissen ein: Sie verwalten bestehende Ansichten und passen sie nach Ihren Wünschen an ❶. Sie speichern die aktuelle Ansicht als eine neue, zusätzliche Ansicht ❷. Sie übernehmen die aktuelle, veränderte Ansicht für andere E-Mail-Ordner ❸.

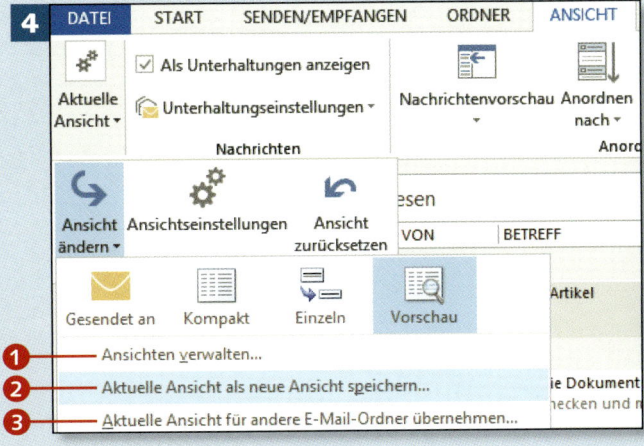

Schritt 5

Schauen wir uns nun an, welche Möglichkeiten Sie haben, um eine Ansicht zu verwalten. Klicken Sie in der Gruppe **Aktuelle Ansicht** auf den Befehl **Ansicht ändern** und dann auf **Ansichten verwalten**.

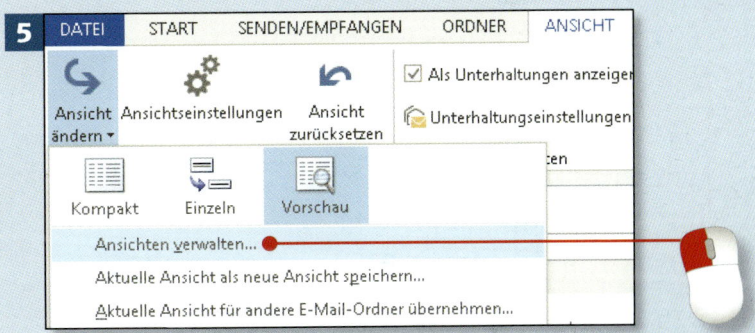

Schritt 6

Es öffnet sich das Fenster **Alle Ansichten verwalten**. Mit **Neu** ❹ definieren Sie eine Ansicht von Grund auf neu. Mit **Kopieren** ❺ nehmen Sie eine bereits bestehende Ansicht als Ausgangspunkt für eine neue Ansicht. Mit **Ändern** ❻ nehmen Sie an einer bestehenden Ansicht Änderungen vor.

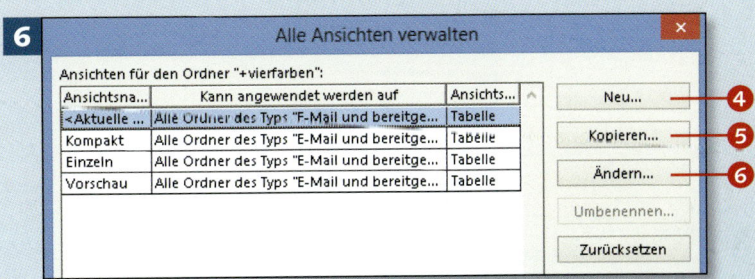

Lesebereich und Ansichten einstellen (Forts.)

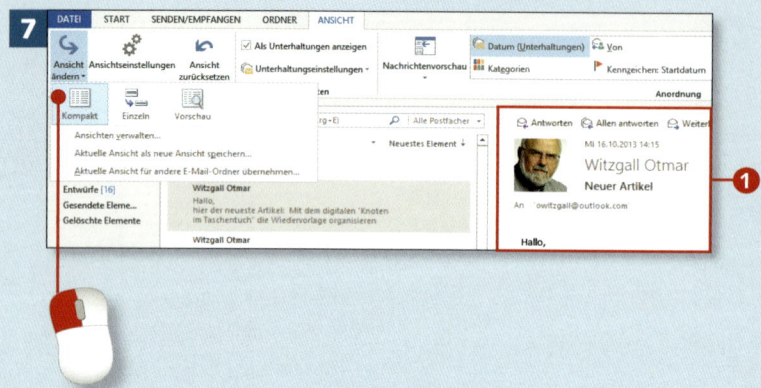

Schritt 7

Jetzt konfigurieren Sie den Lesebereich. Sie befinden sich auf dem Register **Ansicht** in der Gruppe **Aktuelle Ansicht**. Klicken Sie auf **Ansicht ändern** und dann auf die Ansicht **Kompakt**. Im rechten Teil sehen Sie den aktivierten Lesebereich ❶.

Schritt 8

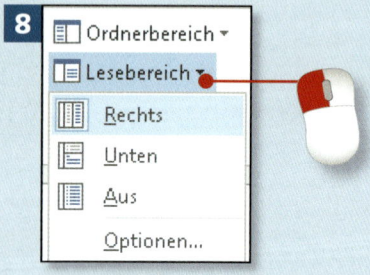

Über die Befehlsgruppe **Layout** konfigurieren Sie den **Lesebereich**. Sie können sich Ihre Mails rechts von der Nachrichtenliste anzeigen lassen oder unterhalb davon. Alternativ können Sie den Lesebereich auch ausblenden. Klicken Sie auf **Rechts**, weil Sie mit dieser Einstellung Ihre E-Mails besser lesen können.

Schritt 9

Das Lesen ist in Outlook besonders gut gelöst: das »Turbo-Lesen« oder das sogenannte Einzeltastenlesen mit der Leertaste. Klicken Sie in der Gruppe **Layout** auf **Lesebereich** und dort auf **Optionen**.

i

Lesebereich »Aus«?
Entscheiden Sie sich in Schritt 8 für die Option »Aus«, müssen Sie auf E-Mails doppelklicken, um sie lesen zu können.

Schritt 10

Es öffnet sich das Fenster **Lesebereich**. Hier setzen Sie in der Zeile **Einzeltastenlesen mit Leertaste** ein Häkchen und schließen mit **OK**. Jetzt sind die Vorbereitungen für das »Turbo-Lesen« abgeschlossen.

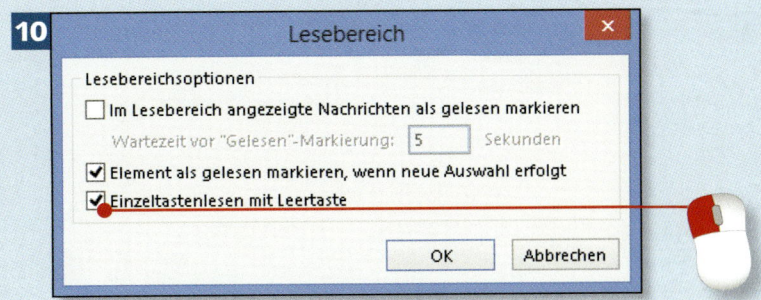

Schritt 11

Sie markieren die erste E-Mail und drücken im Folgenden immer wieder die Leertaste. Der Inhalt der E-Mail im Lesebereich springt eine Bildhöhe nach unten – bis zum Ende der E-Mail. Am Ende angekommen, springt die Markierung links auf die nächste E-Mail. So lesen Sie ab jetzt Ihre E-Mails.

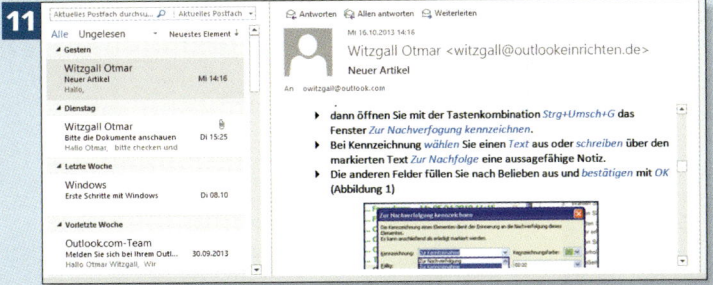

Schritt 12

Für den optimalen Überblick beim Lesen schalten Sie in der Statusleiste das sogenannte **Leselayout** ein. Mit diesem Leselayout minimieren Sie gleichzeitig den **Ordnerbereich** und schalten die **Aufgabenleiste** aus.

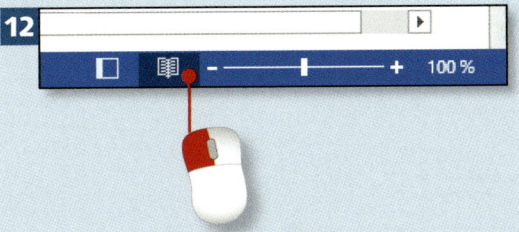

Tastenkürzel als Alternative
`Strg` + `F1` für die **Multifunktionsleiste**, `Alt` + `F1` für den **Ordnerbereich** und `Alt` + `F2` für die **Aufgabenleiste**.

Eine E-Mail drucken

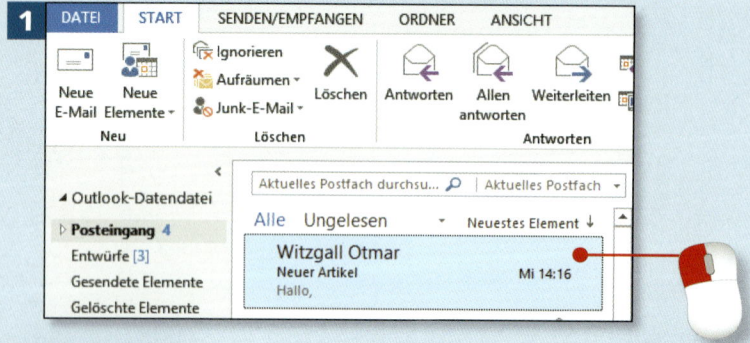

Natürlich bietet Ihnen Outlook auch an, Ihre Nachrichten zu drucken. Damit Ihnen das gelingt, gibt es eine Reihe hilfreicher Funktionen.

Schritt 1

Markieren Sie die zu druckende E-Mail, und klicken Sie auf den Reiter **Datei**. Alternativ drücken Sie den Tastaturbefehl [Strg] + [P]. Damit sparen Sie sich den Schritt 2.

Schritt 2

Wenn Sie über das Register **Datei** einsteigen, klicken Sie auf **Drucken**.

Schritt 3

Im linken Teil des Fensters **Drucken** finden Sie bereits Ihren Standarddrucker ausgewählt. Im Bereich **Einstellungen** ist **Memoformat** ausgewählt. Hierbei wird die markierte E-Mail einzeln ausgedruckt. Bei der Auswahl **Tabellenformat** ❶ wird eine Liste aller E-Mails ausgedruckt. Wenn alles okay ist, klicken Sie auf **Drucken**.

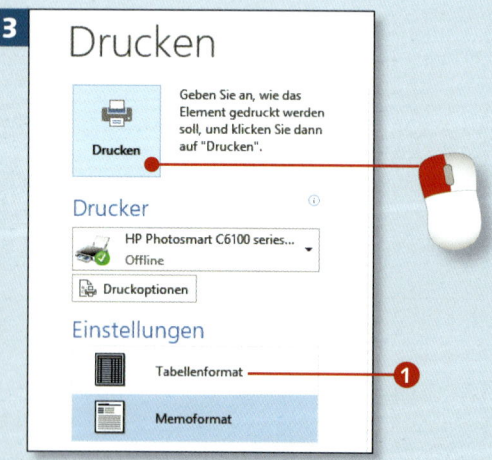

Ausdruck im Tabellenformat
Es wird eine Tabelle mit Spalten ausgedruckt, und zwar so, wie die E-Mails in der jeweiligen Ansicht – hier im Posteingang – zu sehen sind.

Schritt 4

Wollen Sie vor dem Drucken noch weitere Einstellungen vornehmen, klicken Sie auf **Druckoptionen**.

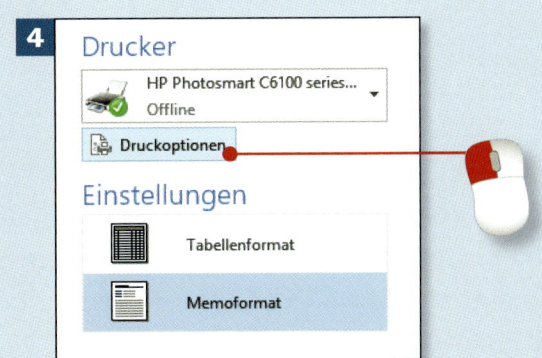

Schritt 5

Im Fenster **Drucken** wählen Sie unter **Seitenbereich** die Option **Alle** ❷, oder Sie tragen einzelne Seiten ❸ in das Eingabefeld ein. Wollen Sie die Anlagen mit ausdrucken, setzen Sie bei **Druckoptionen** das Häkchen bei **Anlagen drucken** ❹. Gehen Sie weiter auf **Seitenansicht**, und überprüfen Sie die Einstellungen.

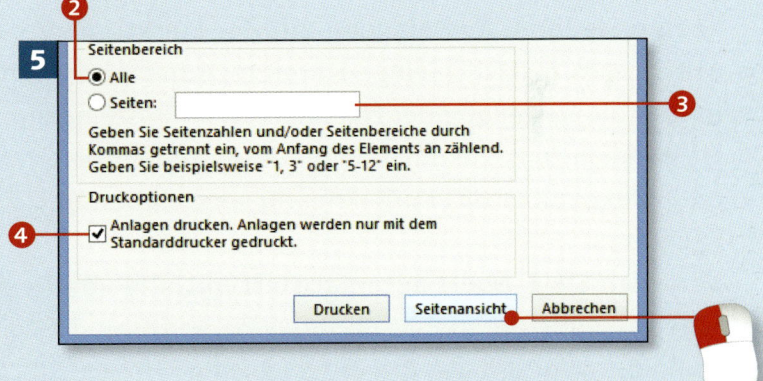

Schritt 6

Es öffnet sich das Fenster **Drucken**. Sie befinden sich hier im rechten Teil des Fensters. Unten rechts sehen Sie drei Symbole ❺: im Bild die Detailansicht, das mittlere zeigt die Gesamtsicht der Seite, die links im Kästchen eingetragen ist ❻. Klicken Sie auf das **Mehrseiten**-Symbol, und Sie sehen alle Seiten in der Übersicht.

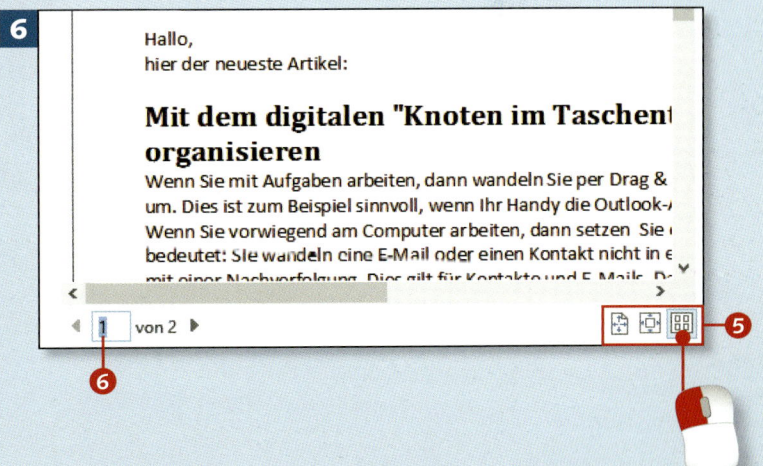

Nachrichten ausdrucken?

Sie sollten sich gut überlegen, ob Sie eine Nachricht ausdrucken oder nicht, vor allem aus ökologischen Gründen.

Kapitel 4
Nachrichten effizient organisieren

Im Laufe der Zeit häufen sich die Nachrichten im Posteingang – er wird unübersichtlich. Mein Tipp: Halten Sie es wie mit Ihrem Briefkasten: einmal täglich leeren. Dazu lernen Sie in diesem Kapitel, wie Sie E-Mails ordnen, verschieben und löschen. Manche E-Mails werden mit Regeln automatisch in Extra-Ordner verschoben. Das lange Suchen hat ein Ende! Dazu zeige ich Ihnen effiziente Suchfunktionen.

Leeren Sie Ihren Posteingang mit der Funktion »Verschieben«

Mit einigen zusätzlich eingerichteten Ordnern schaffen Sie mehr Übersicht. Der Weg ist frei für die Verteilung der Nachrichten im Posteingang. Verschieben Sie nur E-Mails, die Sie wirklich zum Dokumentieren oder Weiterarbeiten benötigen. Wie Sie E-Mails schnell und effektiv über das Kontextmenü verschieben ❶, zeige ich Ihnen in diesem Kapitel.

Verteilen Sie E-Mails automatisiert mithilfe von Regeln

Jeden Tag überfluten E-Mails Ihren Posteingang. Verteilen Sie E-Mails anhand von bestimmten Wörtern auf vorher festgelegte Ordner. Alle E-Mails, die das gewählte Wort enthalten, werden per Regel ❷ in einen extra dafür erstellten Ordner verschoben und landen nicht im Posteingang.

Suchen Sie noch, oder finden Sie schon?

Es hat einmal jemand gesagt: »Der Mensch verbringt die meiste Zeit seines Lebens mit Warten«. Das kann ich nur bedingt bestätigen, was aber sicher zutrifft, ist: Wir verschwenden viel zu viel Zeit mit Suchen. Damit Ihnen dies nicht passiert, erfahren Sie hier, wie Sie in Outlook mit scharfen Suchwerkzeugen ❸ blitzschnell das Gesuchte finden.

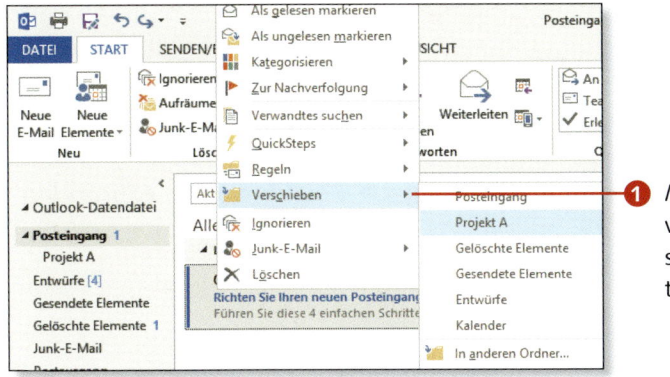

① Mit dem Kontextmenü verschieben Sie E-Mails schnell in den gewünschten Ordner.

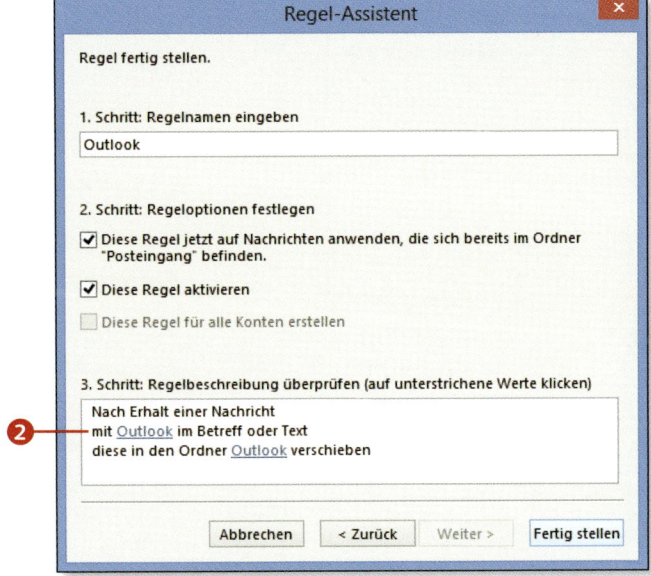

Kurz vor dem Fertigstellen überprüfen Sie die Regel. ②

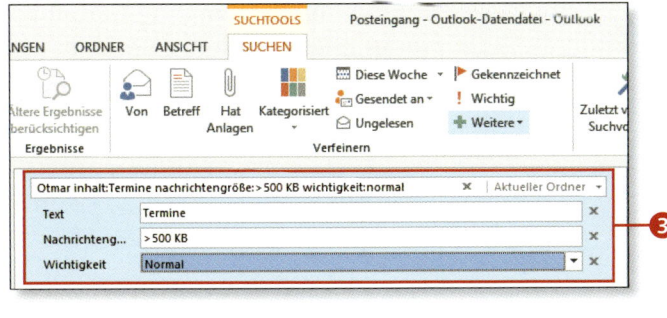

③ Mit zusätzlichen Suchkriterien grenzen Sie das Gesuchte ein.

E-Mails ordnen, verschieben und löschen

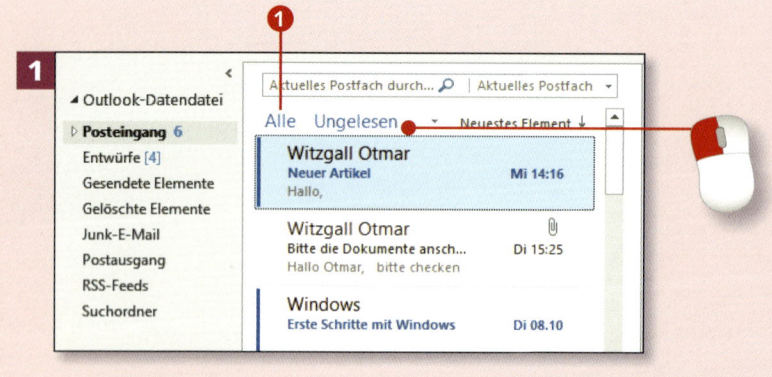

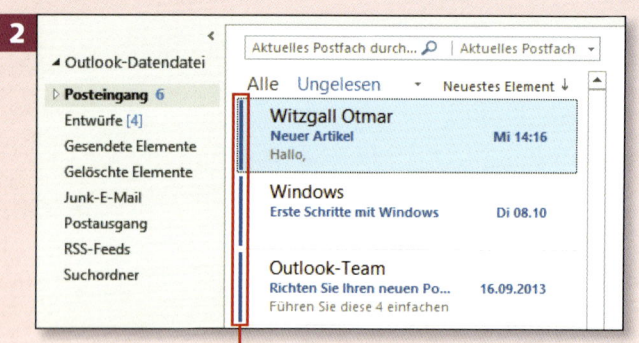

Was tun mit den Nachrichten im Posteingang? Zur besseren Übersicht ordnen Sie Ihre E-Mails. Was tun mit den gelesenen? Nun, verschieben oder löschen. Wie Ihnen das gelingt, zeige ich Ihnen in diesem Abschnitt.

Schritt 1

Ordnen Sie Ihre E-Mails nach gelesenen und ungelesenen Nachrichten. Standardmäßig ist **Alle** ❶ aktiviert. Sie sehen jetzt gelesene und ungelesene in der Reihenfolge des Eingangs. Möchten Sie nur die noch nicht gelesenen Nachrichten anzeigen, klicken Sie auf **Ungelesen**.

Schritt 2

Alle gelesenen E-Mails werden ausgefiltert, und Sie sehen nur die ungelesenen Nachrichten. Diese erkennen Sie an dem dunkelblauen Balken am linken Rand ❷.

Schritt 3

Suchen Sie eine E-Mail von letzter Woche, ist es sinnvoll, die Nachrichten nach Eingangsdatum zu ordnen. Klicken Sie dazu im Register **Ansicht** und in der Gruppe **Anordnung** auf die Pfeilspitze und dann im aufgeklapptem Menü auf **In Gruppen anzeigen**.

Schritt 4

Die E-Mails sind jetzt in folgenden Gruppen aufgeteilt: **Heute**, die letzten beiden Wochentage (hier **Mittwoch** und **Dienstag**), **Letzte Woche**, **Vorletzte Woche** bis zu **Ältere**.

Schritt 5

Möchten Sie eine markierte E-Mail löschen, bewegen Sie die Maus an den rechten Rand. Das Löschsymbol färbt sich rot. Löschen Sie die E-Mail mit einem Klick auf das rote **x**. Alternativ betätigen Sie die `Entf`-Taste.

Schritt 6

Die gelöschte Nachricht wird nicht direkt entfernt, sondern landet im Ordner **Gelöschte Elemente**. Erst wenn Sie die E-Mail aus diesem Ordner löschen, ist sie endgültig weg (siehe Abschnitt »Nachrichten endgültig löschen« ab Seite 120).

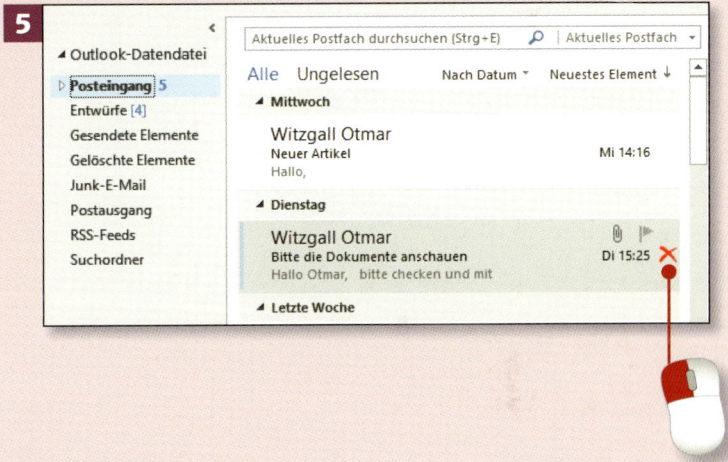

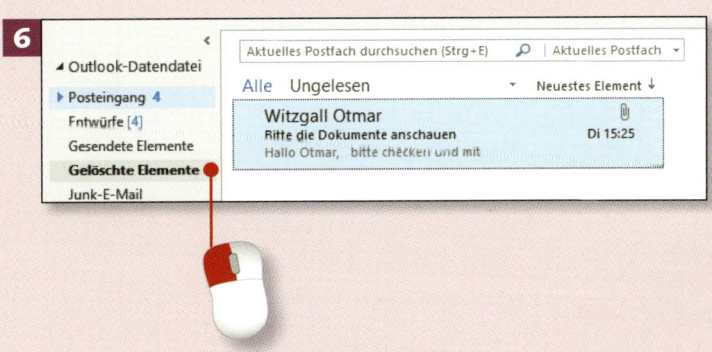

E-Mails ordnen, verschieben und löschen (Forts.)

Schritt 7

Haben Sie eine E-Mail gelesen und wollen Sie diese woanders aufbewahren, verschieben Sie die Nachricht. Klicken Sie im Register **Start** und in der Gruppe **Verschieben** auf den gleichnamigen Befehl und dann auf den Ordner **Projekt A**.

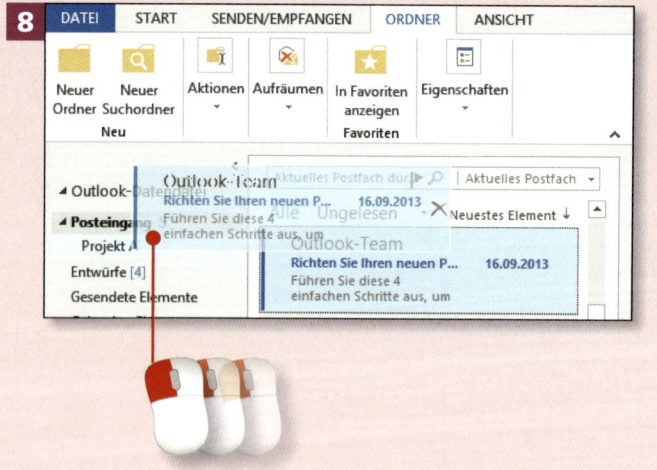

Schritt 8

Eleganter verschieben Sie mit *Drag & Drop*, also Ziehen und Fallenlassen. Klicken Sie mit gedrückter linker Maustaste in die markierte E-Mail, und ziehen Sie diese auf den Ordner **Projekt A**. Beim Ziehen zeigt sich der Umriss der E-Mail. Auf dem Ordner angekommen, lassen Sie die Maustaste los.

Schritt 9

Alternativ verschieben Sie so: Markieren Sie die E-Mail, und betätigen Sie den Tastaturbefehl [Strg] + [⇧] + [V].

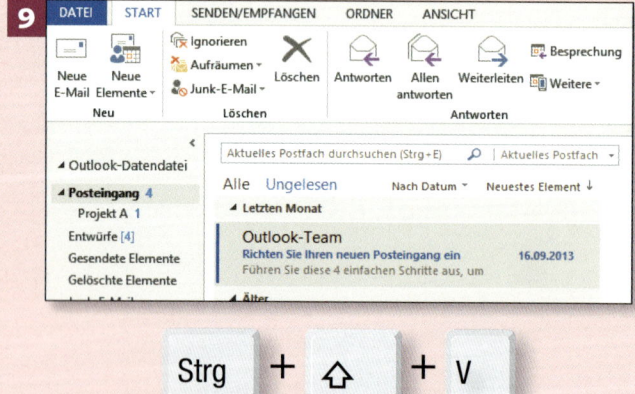

Strg + ⇧ + V

✚✚ Verschiebemethoden

Für Drag & Drop braucht es etwas Fingerspitzengefühl. Arbeiten Sie mit vielen verschachtelten Ordnern, dann steuern Sie diese mit den Tastaturbefehlen sicher an. Arbeiten Sie viel mit der Tastatur, bleiben Sie beim Verschieben dabei.

Schritt 10

Es öffnet sich der Assistent **Elemente verschieben**. Navigieren Sie mit der Maus oder mit dem Cursor auf den Ordner **Projekt A**. Beenden Sie den Verschiebevorgang mit einem Klick auf **OK**.

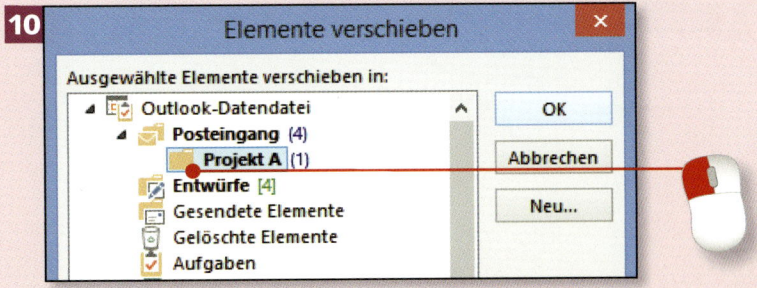

Schritt 11

Rufen Sie an einem beliebigen Punkt in der E-Mail mit Klick auf die rechte Maustaste das Kontextmenü auf, gehen auf **Verschieben** ❶ und dann auf **Projekt A**. Die E-Mail landet im Hintergrund im gewählten Ordner.

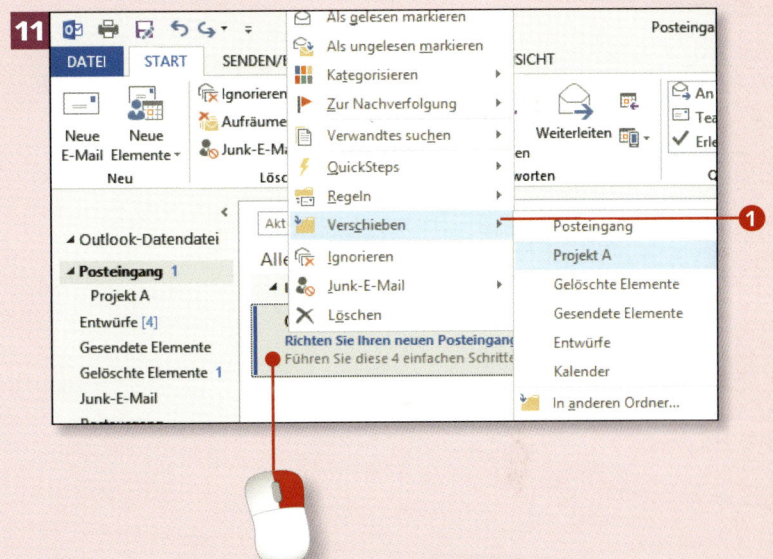

Schritt 12

Wiederholen Sie den Vorgang von Schritt 8, jetzt aber mit der rechten Maustaste. Wenn Sie den Ordner **Projekt A** erreicht haben und die Maustaste loslassen, blendet Outlook ein Auswahlmenü ein ❷ und bietet Ihnen an: **Verschieben**, **Kopieren** oder **Abbrechen**. Gehen Sie auf **Verschieben**.

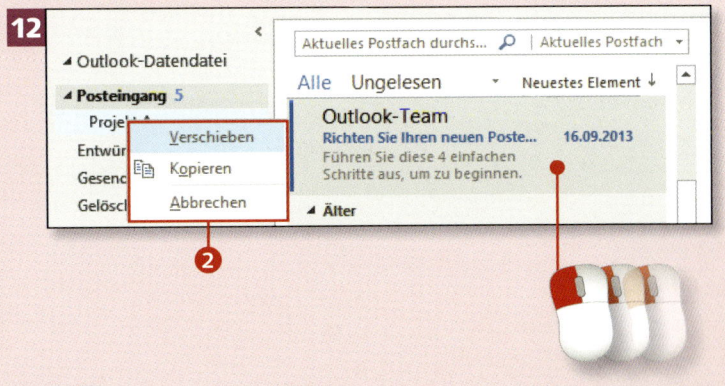

Drag & Drop

Grundsätzlich zeigt Ihnen Outlook bei der Funktion Drag & Drop mit der rechten Maustaste eine Auswahl möglicher Alternativen. Eine davon wählen Sie aus. Drag & Drop mit links führt immer die nächstliegende Option aus.

Unterhaltungen aufräumen

Outlook zeigt Ihnen E-Mails mit gleichem Betreff als Unterhaltung an. Die Nachrichten können Sie von allem überflüssigen Text befreien.

Schritt 1

Um Ihre Nachrichten als Unterhaltungen anzuzeigen, klicken Sie auf den Reiter **Ansicht**.

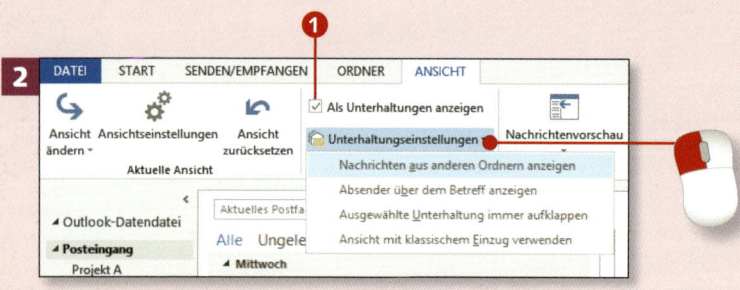

Schritt 2

Setzen Sie in der Gruppe **Nachrichten** ein Häkchen bei **Als Unterhaltungen anzeigen** ❶. Gehen Sie auf **Unterhaltungseinstellungen** und dann auf **Nachrichten aus anderen Ordnern anzeigen**.

Schritt 3

Klicken Sie auf die Pfeilspitze neben der markierten E-Mail ❷. Die zur Unterhaltung gehörenden Nachrichten klappen auf. Zum Aufräumen der Unterhaltung klicken Sie auf den Reiter **Ordner**.

Unterhaltung

Zu einer Unterhaltung gehörende E-Mails werden durch die Einstellung in Schritt 2 selbst dann angezeigt, wenn sie sich in einem anderen als dem gerade ausgewählten Ordner befinden.

Schritt 4

In der Gruppe **Aufräumen** gehen Sie auf **Ordner aufräumen** und dann auf **Ordner und Unterordner aufräumen**.

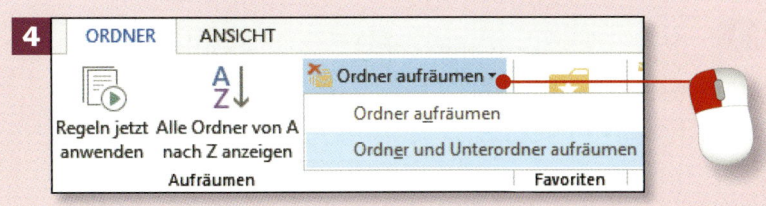

Schritt 5

Es öffnet sich das Fenster **Ordner aufräumen**. Sie werden informiert, dass überflüssige Nachrichten in den Ordner **Gelöschte Elemente** verschoben werden. Zum Aufräumen klicken Sie auf **Ordner aufräumen**.

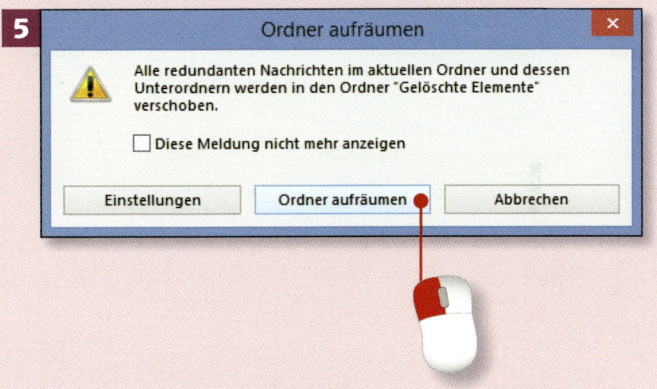

Schritt 6

Die Unterhaltung wurde aufgeräumt. Wenn eine E-Mail gelöscht wurde, befindet sie sich jetzt im Ordner **Gelöschte Elemente** ❸. Wenn Outlook nichts zum Aufräumen findet, bekommen Sie in einem Fenster die Meldung, dass keine Nachricht aufgeräumt wurde.

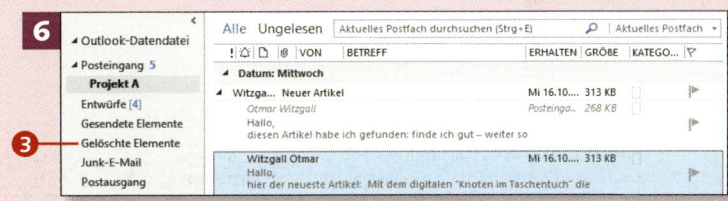

ℹ Ballast loswerden

Bei jeder E-Mail, die Sie hin- und hersenden, wird der ursprüngliche Text in die E-Mail kopiert, sozusagen als »Dokumentation« der Unterhaltung. Ihre Nachrichten füllen sich nach und nach mit einer Fülle sich wiederholender Texte. Outlook räumt für Sie auf und löscht diese überflüssigen Texte.

E-Mails automatisch verschieben

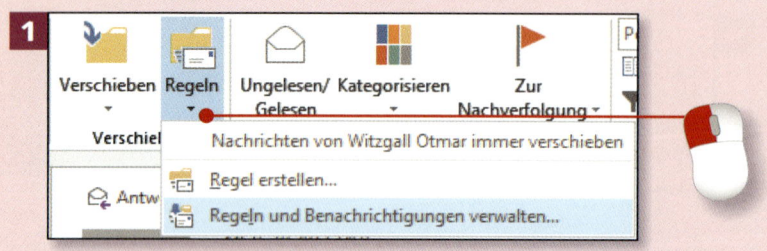

Vielleicht möchten Sie bestimmte E-Mails gar nicht im Posteingang bearbeiten, sondern gleich in einem separaten Ordner sammeln. Outlook kann das für Sie automatisch erledigen. Dafür erstellen Sie Regeln.

Schritt 1

Sie starten mit Regeln im Register **Start**. Klicken Sie in der Gruppe **Verschieben** auf **Regeln** und auf **Regeln und Benachrichtigungen verwalten**.

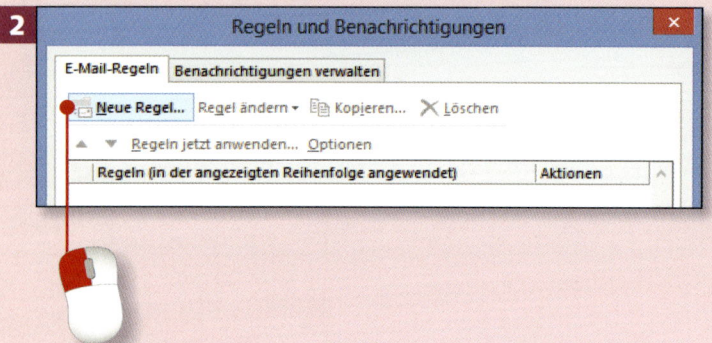

Schritt 2

Es öffnet sich das Fenster **Regeln und Benachrichtigungen**. Klicken Sie auf **Neue Regel**.

Schritt 3

Im Fenster **Regel-Assistent** klicken Sie im Bereich **Regel ohne Vorlage erstellen** auf **Regel auf von mir empfangene Nachrichten anwenden**. Klicken Sie dann auf **Weiter**.

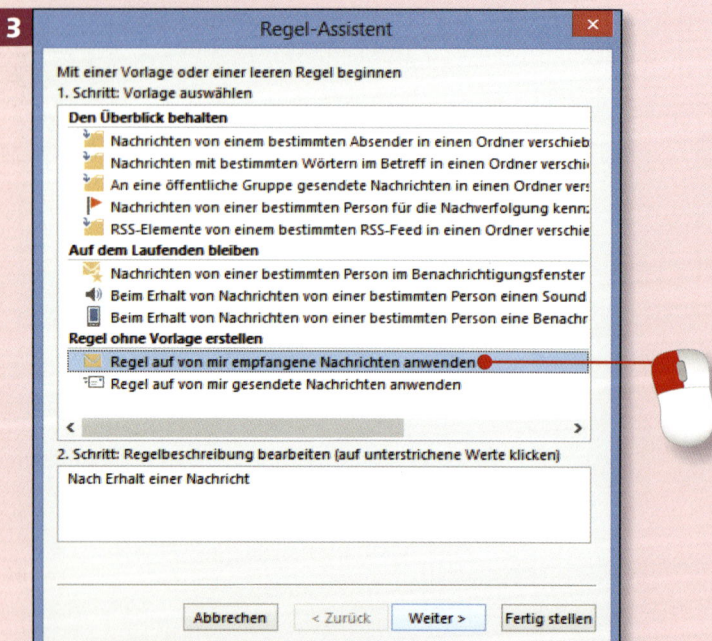

Regeln ohne Vorlage erstellen

Regeln ohne jede Vorlage zu erstellen, lässt Ihnen alle Einteilungen offen. In diesem Fall filtern wir bestimmte Wörter im Betreff *und* Text.

Schritt 4

Wenn Sie die gesamte Nachricht nach bestimmten Wörtern durchsuchen möchten, setzen Sie ein Häkchen bei der Bedingung **mit bestimmten Wörtern im Betreff oder Text** ❶. Sie sehen im unteren Abschnitt, dass ein Teil der Wörter unterstrichen ist. Klicken Sie auf diesen unterstrichenen Teil (**bestimmten Wörtern**).

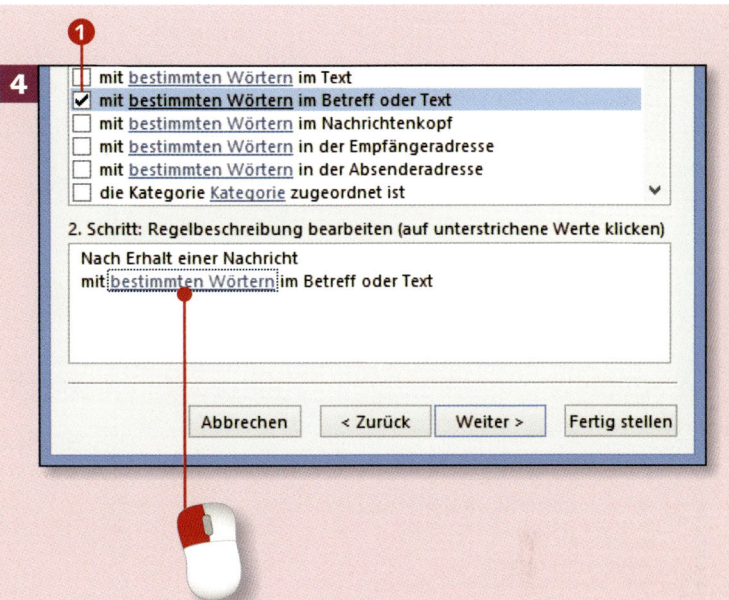

Schritt 5

Schreiben Sie im Fenster **Text suchen** in die obere Eingabe Ihr Suchwort »Outlook«, und gehen Sie dann auf **Hinzufügen**. Sie suchen so alle E-Mails, die im Betreff oder im Text das Wort »Outlook« enthalten. Wenn Sie nach weiteren Wörtern suchen wollen, wiederholen Sie diesen Schritt.

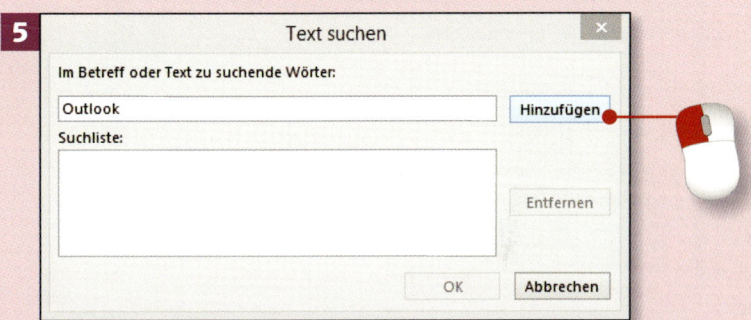

Schritt 6

Nun befindet sich Ihr Suchwort in der **Suchliste**. Schließen Sie das Fenster mit einem Klick auf **OK**.

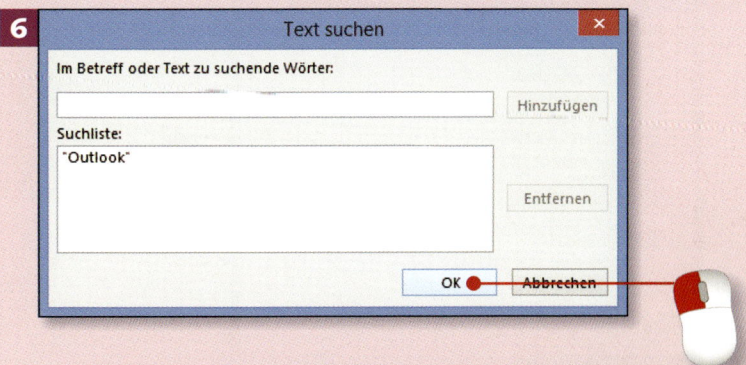

Verknüpfung mit »oder«
Haben Sie mehrere Worte eingetragen: z. B. »Outlook« und »Kalender«, finden Sie als Ergebnisse alle E-Mails, die das Wort Outlook *oder* Kalender enthalten.

E-Mails automatisch verschieben (Forts.)

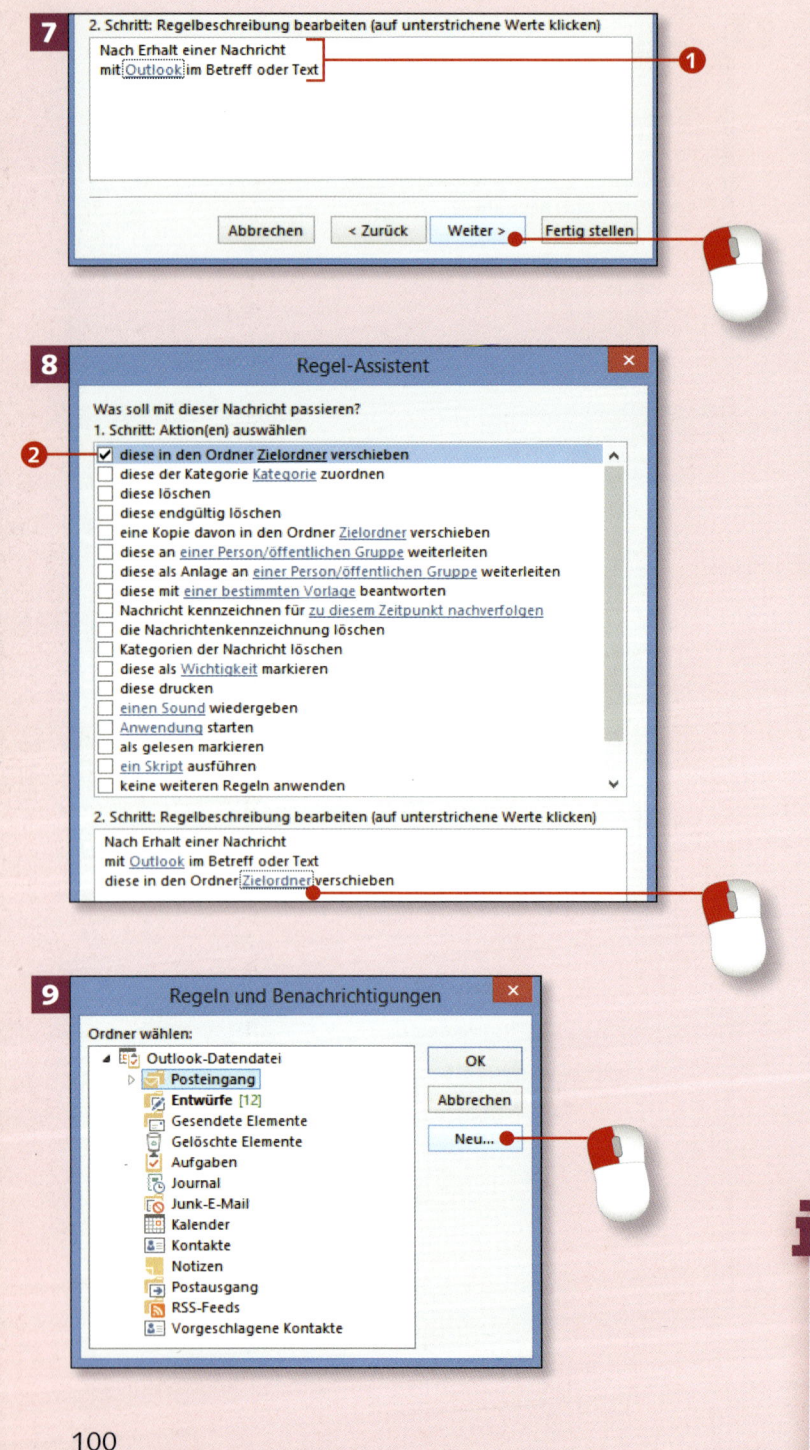

7

2. Schritt: Regelbeschreibung bearbeiten (auf unterstrichene Werte klicken)

Nach Erhalt einer Nachricht
mit Outlook im Betreff oder Text ❶

Abbrechen   < Zurück   Weiter >   Fertig stellen

8

Regel-Assistent ×

Was soll mit dieser Nachricht passieren?
1. Schritt: Aktion(en) auswählen

❷ ☑ diese in den Ordner Zielordner verschieben
☐ diese der Kategorie Kategorie zuordnen
☐ diese löschen
☐ diese endgültig löschen
☐ eine Kopie davon in den Ordner Zielordner verschieben
☐ diese an einer Person/öffentlichen Gruppe weiterleiten
☐ diese als Anlage an einer Person/öffentlichen Gruppe weiterleiten
☐ diese mit einer bestimmten Vorlage beantworten
☐ Nachricht kennzeichnen für zu diesem Zeitpunkt nachverfolgen
☐ die Nachrichtenkennzeichnung löschen
☐ Kategorien der Nachricht löschen
☐ diese als Wichtigkeit markieren
☐ diese drucken
☐ einen Sound wiedergeben
☐ Anwendung starten
☐ als gelesen markieren
☐ ein Skript ausführen
☐ keine weiteren Regeln anwenden

2. Schritt: Regelbeschreibung bearbeiten (auf unterstrichene Werte klicken)

Nach Erhalt einer Nachricht
mit Outlook im Betreff oder Text
diese in den Ordner Zielordner verschieben

9

Regeln und Benachrichtigungen ×

Ordner wählen:

▲ 📁 Outlook-Datendatei
  ▷ 📨 Posteingang
  📝 Entwürfe [12]
  📧 Gesendete Elemente
  🗑 Gelöschte Elemente
  ✓ Aufgaben
  📓 Journal
  📧 Junk-E-Mail
  📅 Kalender
  👤 Kontakte
  📝 Notizen
  📤 Postausgang
  📡 RSS-Feeds
  👥 Vorgeschlagene Kontakte

OK
Abbrechen
Neu...

Schritt 7

Sie sind zum **Regel-Assistenten** zurückgekehrt. Im unteren Abschnitt **2. Schritt: Regelbeschreibung bearbeiten** sehen Sie die festgelegten Bedingungen zusammengefasst ❶. Klicken Sie nun auf **Weiter**.

Schritt 8

In diesem Fenster beantworten Sie die Frage: **Was soll mit dieser Nachricht passieren?** Da Sie die Nachricht verschieben möchten, setzen Sie in **1. Schritt: Aktion(en) auswählen** ein Häkchen bei **diese in den Ordner Zielordner verschieben** ❷. Klicken Sie im Abschnitt **2. Schritt** auf **Zielordner**.

Schritt 9

Es öffnet sich das Fenster **Regeln und Benachrichtigungen**. Wählen Sie einen Ordner. Der **Posteingang** ist markiert. Sie wollen aber einen neuen Ordner mit der Bezeichnung Ihres Suchwortes anlegen. Klicken Sie deshalb auf **Neu**.

ℹ Mehr Informationen ...

... wie Sie einen neuen Ordner erstellen, erfahren Sie im Abschnitt »Mit Ordnern arbeiten« ab Seite 30.

Schritt 10

Sie sehen den Assistenten **Neuen Ordner erstellen**. Tippen Sie bei **Name** »Outlook« in das Eingabefeld. Alle anderen Einstellungen übernehmen Sie mit einem Klick auf **OK**.

Schritt 11

Der Ordner **Outlook** ❸ ist jetzt als Unterordner vom **Posteingang** angelegt. Klicken Sie auf **OK**. Der Zielordner ist vorbereitet. Gibt es den Zielordner bereits, wählen Sie ihn in Schritt 9 direkt aus.

Schritt 12

Sie werden zum **Regel-Assistenten** zurückgeführt. Im unteren Abschnitt **2. Schritt: Regelbeschreibung bearbeiten** sehen Sie den aktuellen Stand der Bedingungen ❹: Das Wort »Outlook« muss im Betreff oder Text vorkommen, und eine entsprechende Mail wird in den Zielordner **Outlook** verschoben. Wenn Sie keine weiteren Aktionen auswählen möchten, gehen Sie auf **Weiter**.

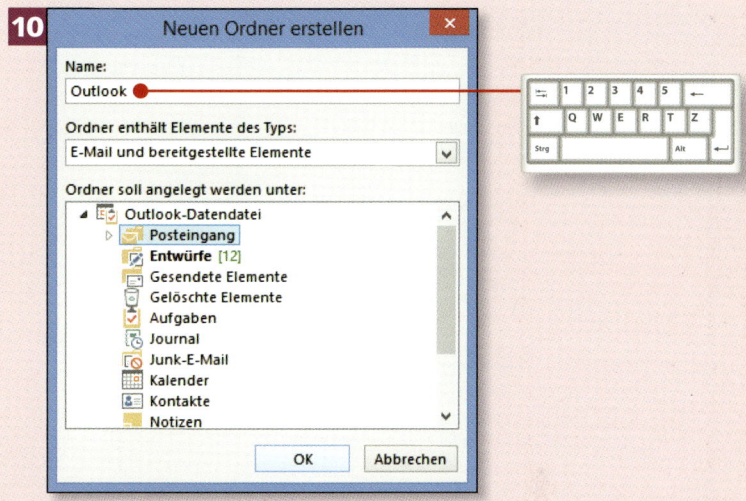

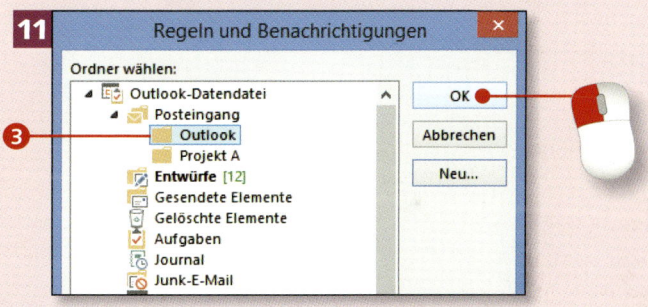

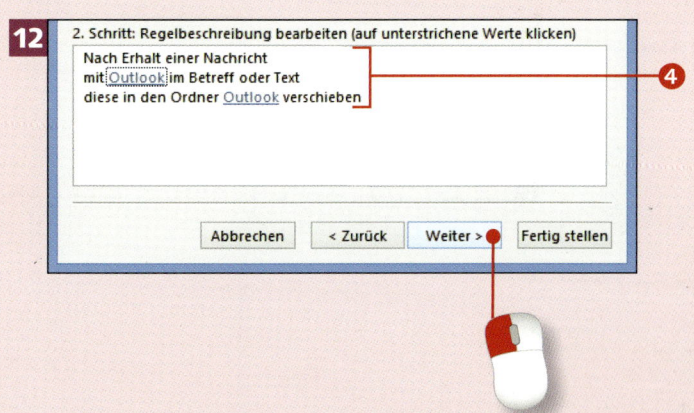

E-Mails automatisch verschieben (Forts.)

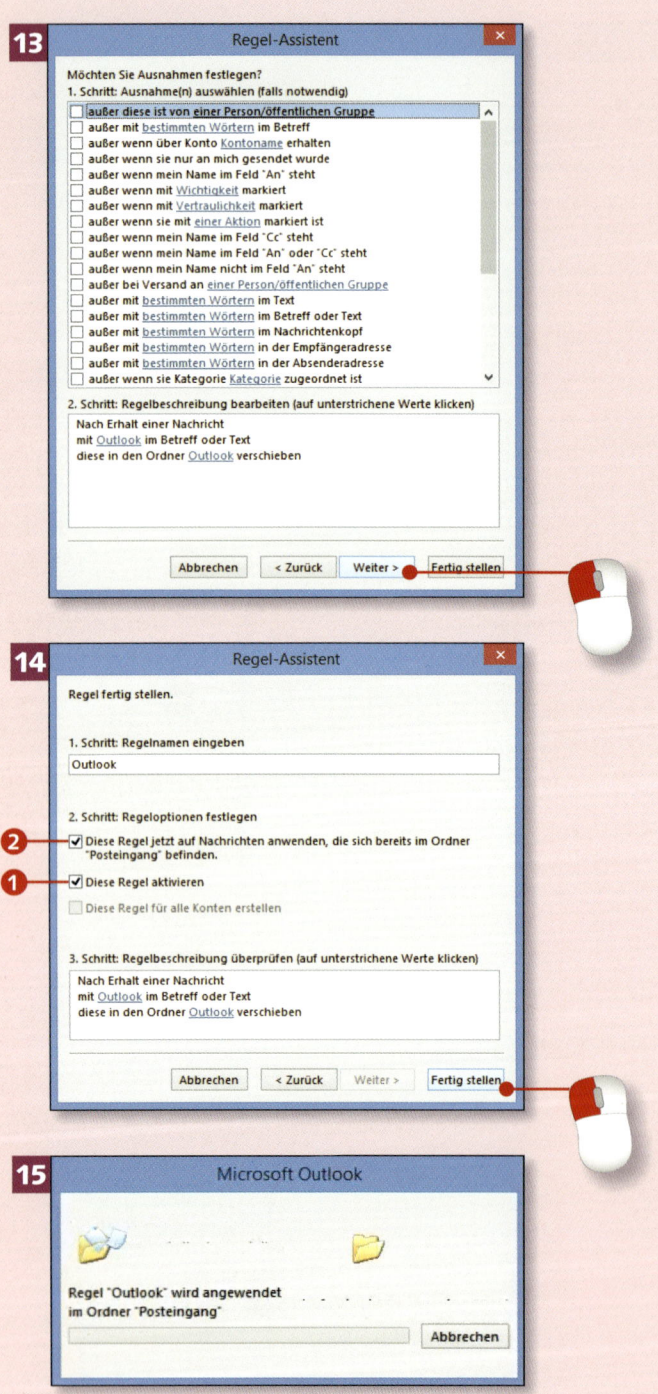

Schritt 13

In diesem Fenster werden Sie gefragt, ob Sie Ausnahmen festlegen möchten. Wenn Sie z. B. einen Absender kennen, der das Wort »Outlook« verwendet, Sie seine E-Mail aber im Posteingang und nicht in einem speziellen Ordner sehen möchten, setzen Sie bei der markierten Option ein Häkchen und fügen im unteren Abschnitt dann die E-Mail-Adresse des Adressaten ein. Wenn Sie keine Ausnahmen festlegen möchten, klicken Sie einfach auf **Weiter**.

Schritt 14

Sie sehen nun alle Einstellungen im Überblick. Zur Aktivierung der Regel ist bereits ein Häkchen gesetzt ❶. Setzen Sie sinnvollerweise ein Häkchen auch bei **Diese Regel jetzt auf Nachrichten anwenden, die sich bereits im Ordner »Posteingang« befinden** ❷. Gehen Sie auf **Fertig stellen**.

Schritt 15

Wenn Sie das Fenster **Microsoft Outlook** und fliegende E-Mails von einem Ordner zum anderen sehen, befinden sich Nachrichten mit dem Wort »Outlook« im Posteingang.

Schritt 16

Die Regel ist eingetragen und aktiviert ❸. Ist nichts mehr zu ändern, schließen Sie den Vorgang mit einem Klick auf **OK** ab.

Schritt 17

Sie befinden sich im **Posteingang**. Um zu überprüfen, ob Nachrichten mit dem Suchwort »Outlook« gefunden wurden, wechseln Sie auf den Ordner **Outlook**.

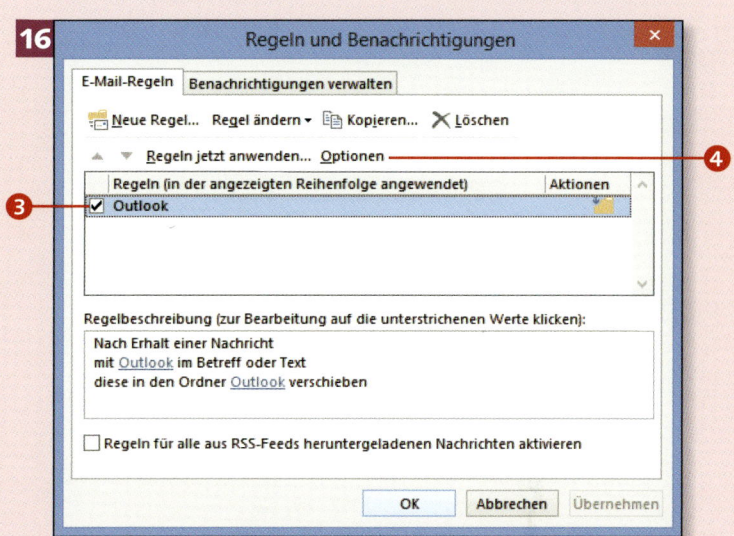

Schritt 18

Im Ordner **Outlook** wurde eine ganze Reihe von E-Mails mit dem Inhalt »Outlook« im Posteingang gefunden und verschoben. Ab jetzt landen keine Nachrichten mehr mit dem Wort »Outlook« im Posteingang.

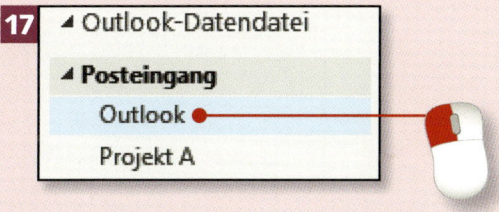

Regeln ex- und importieren

Sie haben viel Zeit zum Erstellen mehr oder weniger komplizierter Regeln verwendet? Sie wollen Outlook auf einem neuen Computer installieren? Dann nehmen Sie Ihre Regeln einfach mit: Klicken Sie in Schritt 16 auf **Optionen** ❹. Dort können Sie Ihre Regeln dann exportieren und importieren.

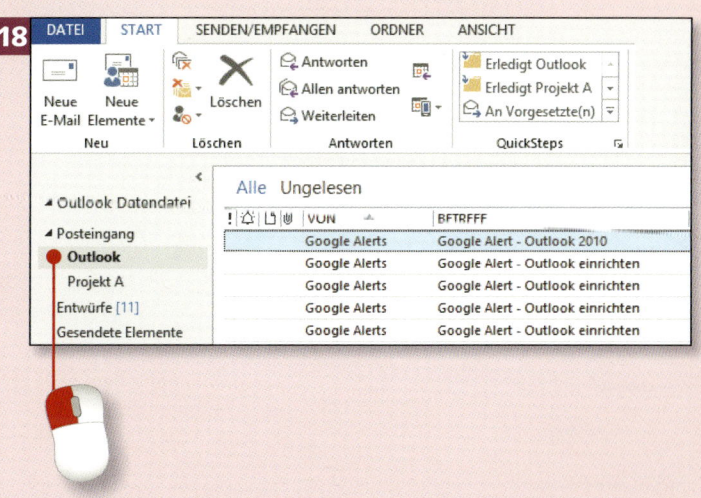

E-Mails suchen

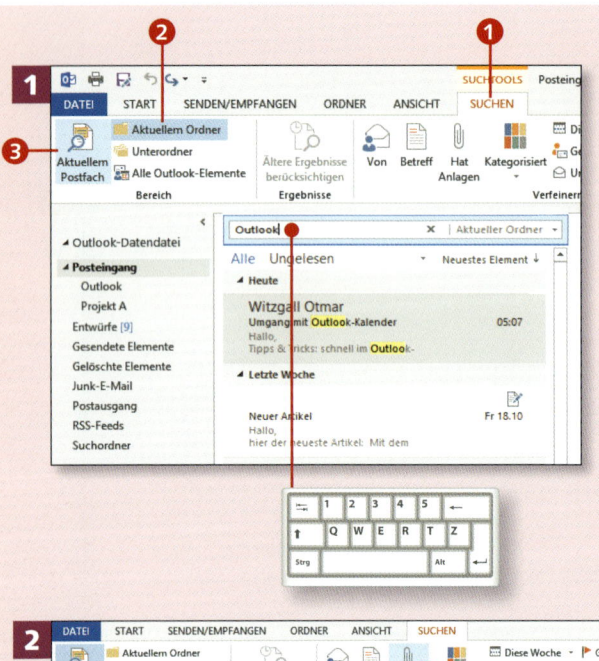

Je mehr Nachrichten sich in diversen Ordnern befinden, desto interessanter sind für Sie die umfangreichen Suchmöglichkeiten in Outlook.

Schritt 1

Setzen Sie Ihren Cursor in das Feld **Posteingang durchsuchen**, und tippen Sie Ihr Suchwort ein. Gleichzeitig erweitert sich darunter die Liste der gefundenen Nachrichten. In der Menüleiste taucht der Reiter **Suchtools/Suchen ❶** auf. Als Suchbereich ist **Aktuellem Ordner ❷** voreingestellt. Klicken Sie in der Gruppe **Bereich** auf die Option **Aktuellem Postfach ❸**.

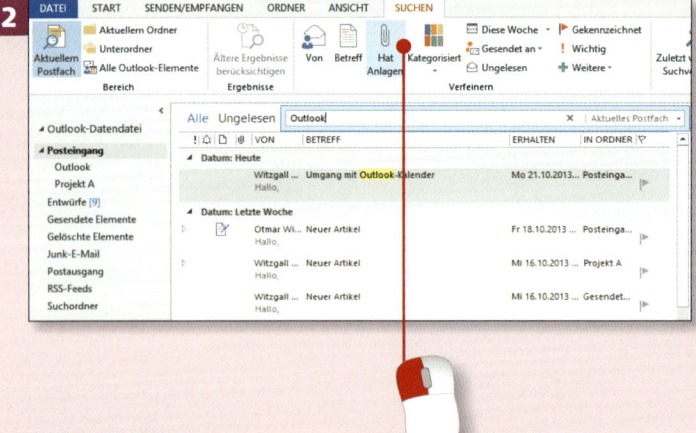

Schritt 2

Die Liste füllt sich mit Suchergebnissen aus allen E-Mail-Ordnern. Suchen Sie ausschließlich Nachrichten mit Anlagen, klicken Sie auf **Hat Anlagen** in der Gruppe **Verfeinern**.

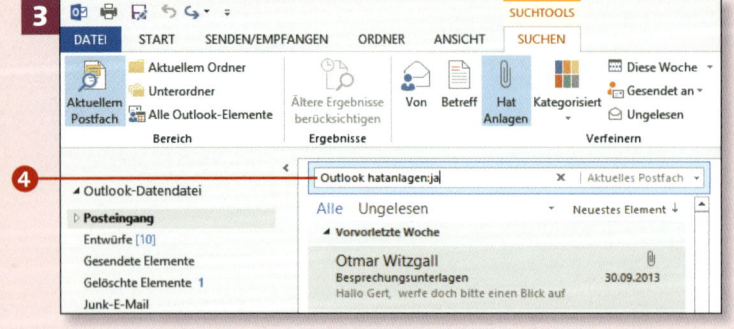

Schritt 3

In der Ergebnisliste sehen Sie jetzt Nachrichten in allen E-Mail-Ordnern, die das Wort »Outlook« enthalten und über Anlagen verfügen ❹.

Schritt 4

Klicken Sie im Reiter **Suchtools/Suchen** in der Gruppe **Verfeinern** auf **Weitere** und dann auf **Nachrichtengröße**.

Schritt 5

Tippen Sie Ihre geschätzte Größe – hier »>500 KB« – in das Eingabefeld **Nachrichtengröße**. Die genaue Größe wissen Sie normalerweise nicht. Geben Sie weitere Kriterien ein, und wiederholen Sie den Vorgang. Im Beispiel entspricht eine Nachricht dem Suchkriterium.

Schritt 6

Wenn Sie einen früheren Suchfilter erneut verwenden möchten, klicken Sie in der Gruppe **Optionen** auf **Zuletzt verwendete Suchvorgänge** und wählen aus dem Menü den gewünschten Filter. Schon geht's los!

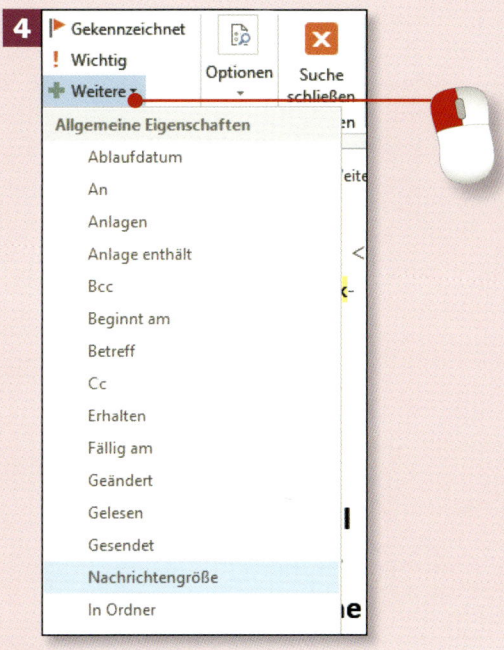

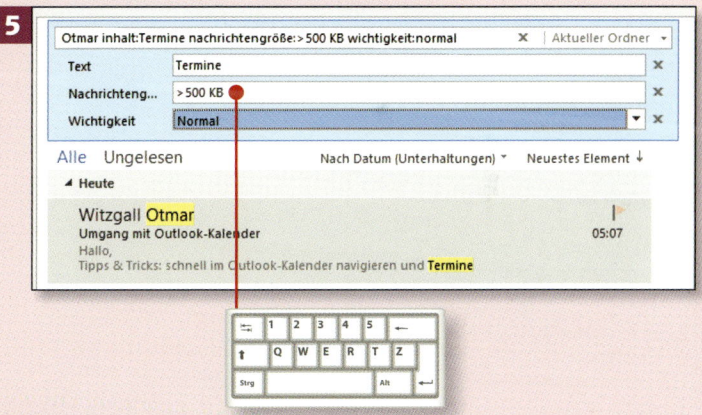

Outlook- und Windows-Suche
Über **Datei ▸ Optionen ▸ Suchen ▸ Quellen ▸ Indizierungsoptionen ▸ Ändern** können Sie Orte, also z. B. Outlook, für die Windows-Suche aktivieren oder deaktivieren.

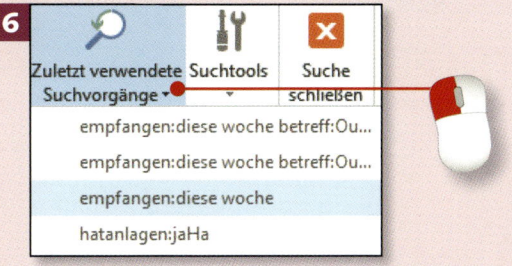

E-Mails suchen (Forts.)

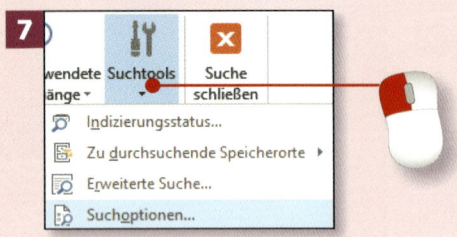

Schritt 7

Weitere Einstellungen für die Suche finden Sie in der Gruppe **Optionen**. Klicken Sie auf **Suchtools** und im Menü auf **Suchoptionen**.

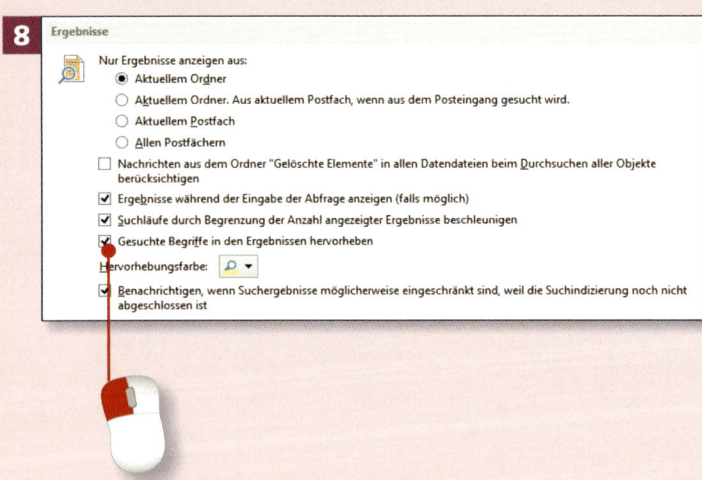

Schritt 8

Es öffnen sich die **Outlook-Optionen**. Sie finden in der Kategorie **Suchen** unter Ergebnisse die aktuellen Einstellungen. Stellen Sie sicher, dass bei **Gesuchte Begriffe in den Ergebnissen hervorheben** ein Häkchen gesetzt ist. Schließen Sie mit **OK** (in der Abbildung nicht zu sehen).

Schritt 9

Jetzt komme ich zu der Möglichkeit, nach allen Kriterien zu suchen. Gehen Sie in der Gruppe **Optionen** auf **Suchtools** und dann auf **Erweiterte Suche**. Alternativ öffnen Sie diese mit ⌨ Strg + ⇧ + F.

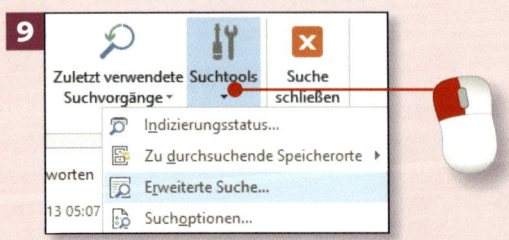

Start mit »E-Mail filtern«
Klicken Sie im Bereich **E-Mail** im Register **Start** auf **Suchen ▸ E-Mail filtern**, und wählen Sie im Menü einen Filter aus. Wenn Sie auf **Weitere Filter** gehen, öffnet sich das Register **Suchtools/Suchen** aus Schritt 1.

Schritt 10

Mit der **Erweiterten Suche** finden Sie in Outlook wirklich alles. Fügen Sie im Eingabefeld **Suchen nach ❶** den Suchbegriff »Artikel« ein. In der obersten Zeile ist bereits **Suchen nach: Nachrichten** und **In: Posteingang** übernommen. Sie möchten nach allen E-Mails suchen. Klicken Sie deshalb auf **Durchsuchen**.

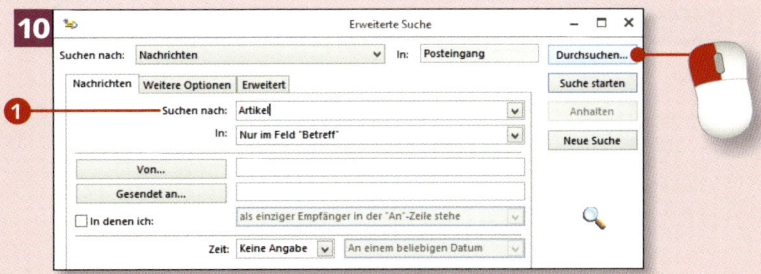

Schritt 11

Es öffnet sich das Fenster **Ordner auswählen**. Wichtig ist, dass alle E-Mail-Ordner durchsucht werden. Dazu setzen Sie bei **Outlook-Datendatei ❷** und unten bei **Unterordner durchsuchen ❸** jeweils ein Häkchen. Klicken Sie auf **OK**.

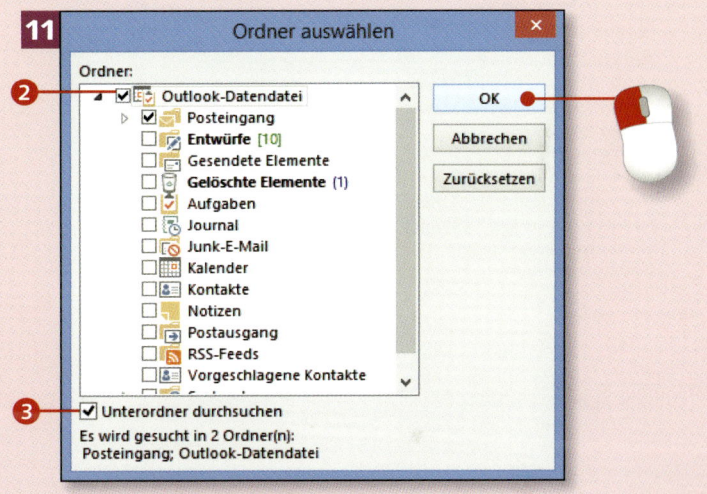

Schritt 12

Nun ist alles vorbereitet. Klicken Sie auf **Suche starten**. Im unteren Bereich werden die Ergebnisse angezeigt. Sie sehen die E-Mails in verschiedenen Ordnern.

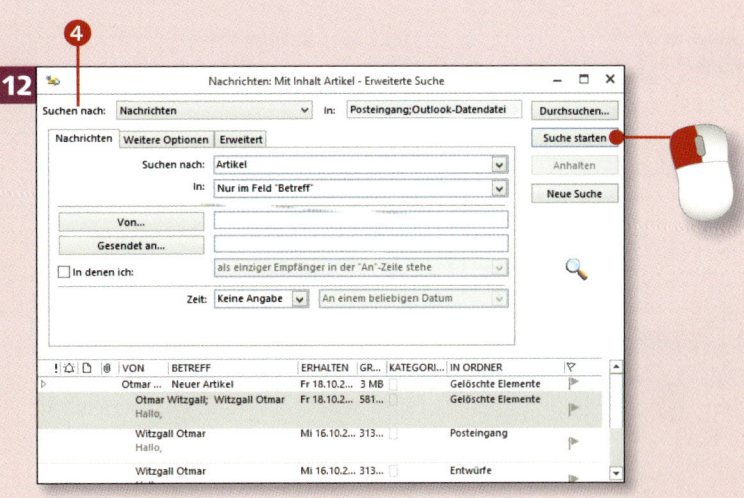

Erweiterte Suche

Mit dieser Suche haben Sie die einzige Möglichkeit, in Outlook quer durch alle Elemente zu suchen. Wählen Sie bei **Suchen nach: ❹** die Option **Beliebigen Outlook-Elementen**.

Suchordner verwenden

Outlook hat standardmäßig einen Suchordner integriert, den Sie mit vorprogrammierten Suchfiltern bestücken können.

Schritt 1

Starten Sie den Assistenten **Neuer Suchordner** über **Ordner ▸ Neu ▸ Neuer Suchordner**. Am schnellsten geht es mit dem Tastaturbefehl Strg + ⇧ + P.

Schritt 2

Wenn Sie ungelesene Nachrichten in allen E-Mail-Ordnern finden wollen, klicken Sie im Bereich **Nachrichten lesen** auf **Ungelesene Nachrichten** und bestätigen dann mit **OK**.

Schritt 3

Im Ordnerbereich sehen Sie den angelegten Suchordner **Ungelesene Nachrichten**. Die blaue Zahl sagt Ihnen, wie viele E-Mails gefunden wurden, und zwar jeweils in den Ordnern **Outlook** und **Posteingang**.

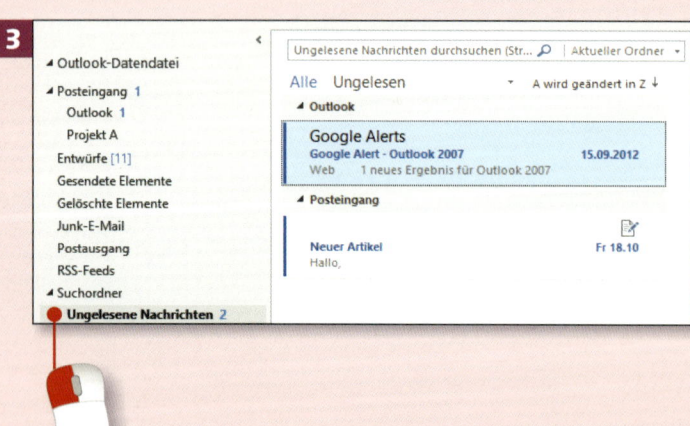

Suchordner löschen und anpassen
Klicken Sie mit rechter Maustaste auf den Suchordner, und wählen Sie im Kontextmenü **Ordner löschen** oder **Diesen Suchordner anpassen** aus.

Schritt 4

Für einen zweiten Suchordner öffnen Sie das Startfenster mit `Strg` + `⇧` + `P`. Im Bereich **Nachrichten organisieren** klicken Sie auf **Große Nachrichten**. Möchten Sie die Größe anpassen, gehen Sie weiter mit **Auswählen**. Andernfalls bestätigen Sie mit **OK**.

Schritt 5

Markieren Sie den Suchordner **Größer als 100 KB**. Sie sehen die Ergebnisliste nach Größen gegliedert ❶ und mit der Spalte **In Ordner**.

Schritt 6

Wollen Sie einen Suchordner löschen, markieren Sie ihn und klicken im Register **Ordner** und in der Gruppe **Aktionen** auf **Ordner löschen**. Es öffnet sich ein Abfragefenster mit dem wichtigen Hinweis: **Die im Ordner angezeigten Elemente werden nicht gelöscht**. Bestätigen Sie mit einem Klick auf **Ja**.

! **Entfernen einer Nachricht**
Wenn Sie eine E-Mail aus dem Suchordner entfernen, ist diese Nachricht gelöscht und landet im Ordner **Gelöschte Elemente**.

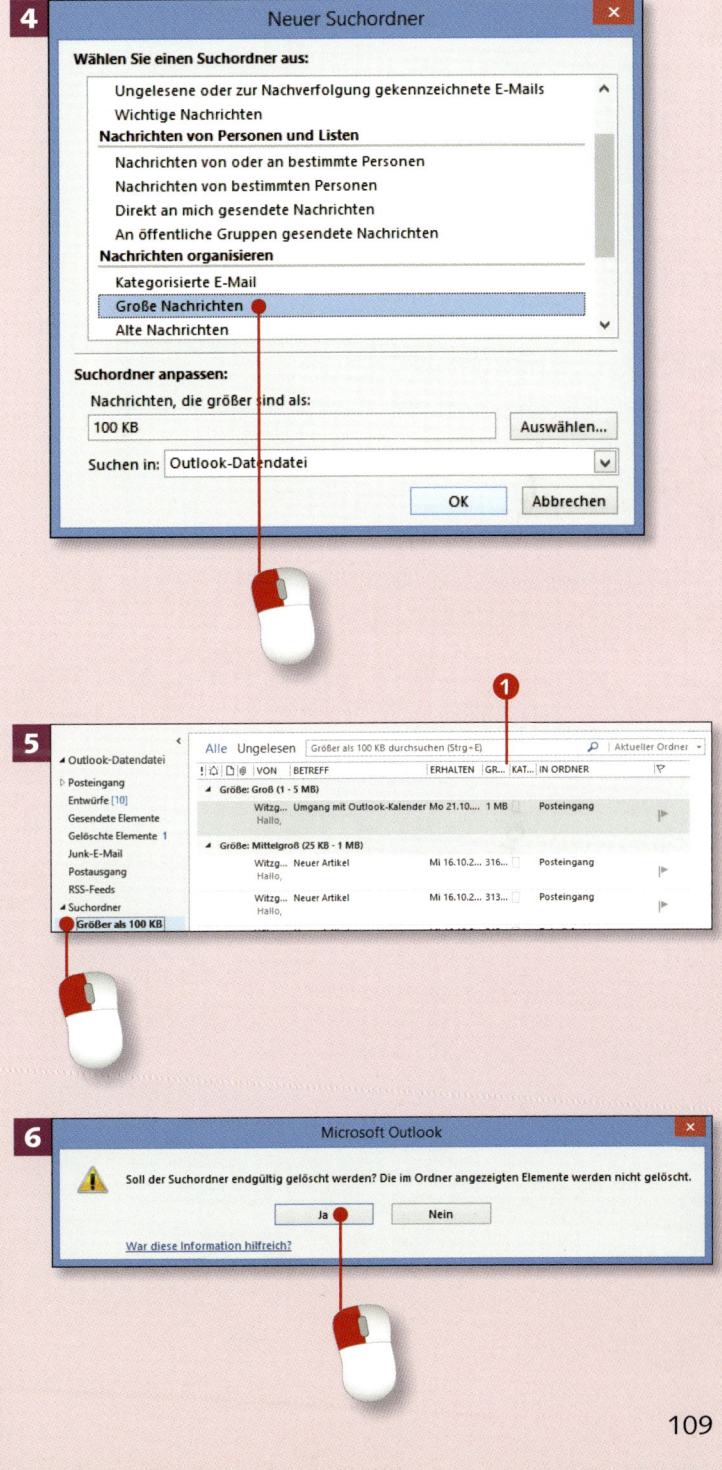

E-Mails kategorisieren

Kategorien ermöglichen es, E-Mails mit einer zusätzlichen Kennzeichnung zu gliedern, zu filtern und zu suchen.

Schritt 1

Markieren Sie eine Nachricht. Gehen Sie im Register **Start** in der Gruppe **Kategorien** auf **Kategorisieren**. Klicken Sie zur Kennzeichnung der E-Mail auf **Gelbe Kategorie**.

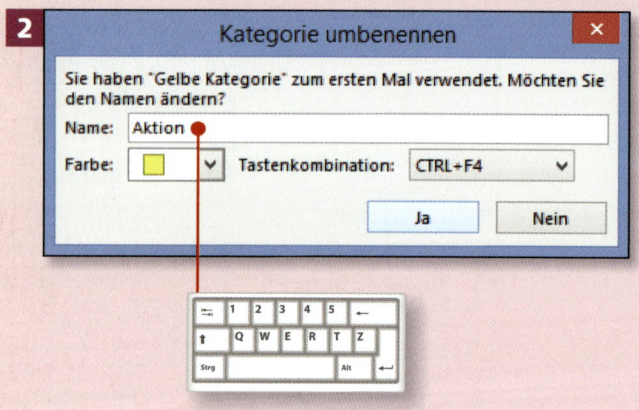

Schritt 2

Wenn Sie die Kategorie zum ersten Mal aufrufen, öffnet sich das Fenster **Kategorie umbenennen**. Tippen Sie im Eingabefeld **Name** »Aktion« ein. Wählen Sie als Schnellkennzeichnung bei **Tastenkombination** z. B. **CTRL + F4**. Bestätigen Sie mit **Ja**.

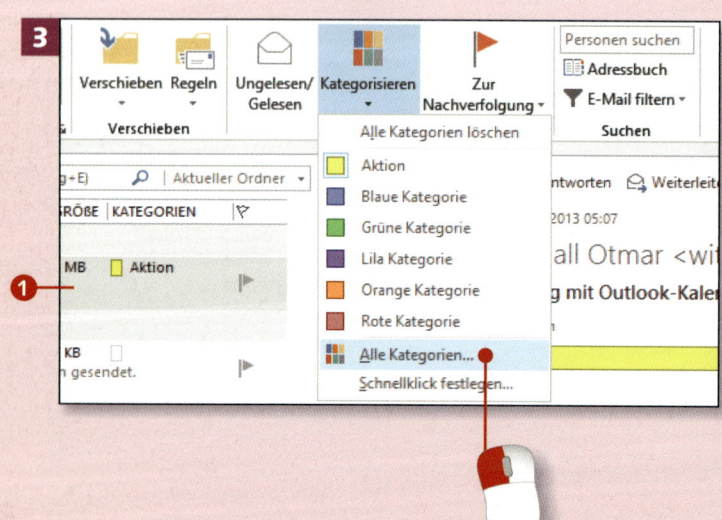

Schritt 3

Sie sehen in der E-Mail-Liste die mit der gelben Farbe **Aktion** kategorisierte Nachricht ❶. Im Lesebereich sehen Sie einen gelben Balken mit der Bezeichnung **Aktion**. Klicken Sie nochmals auf **Kategorisieren ▸ Alle Kategorien**.

Schritt 4

Im Fenster **Farbkategorien** kategorisieren Sie E-Mails mit einem oder mehreren Häkchen. Sie erstellen neue Kategorien oder benennen bestehende um. Außerdem vergeben Sie eine Farbe und ein Tastenkürzel. Die Änderungen bestätigen Sie mit einem Klick auf **OK**.

Schritt 5

Sie sehen im **Posteingang** die mit Kategorien versehenen E-Mails, und im Lesebereich der markierten E-Mail sehen Sie die mit Namen versehenen farbigen Balken ❷.

Schritt 6

Gehen Sie zur Auflistung aller kategorisierten E-Mails auf den Suchordner **Kategorisierte E-Mail**, den Sie wie im Abschnitt »Suchordner verwenden« ab Seite 108 beschrieben angelegt haben. Die Ergebnisse sind nach Kategorien gruppiert ❸. Eine Nachricht, die mehrere Kategorien besitzt, kommt bei jeder Kategorie vor.

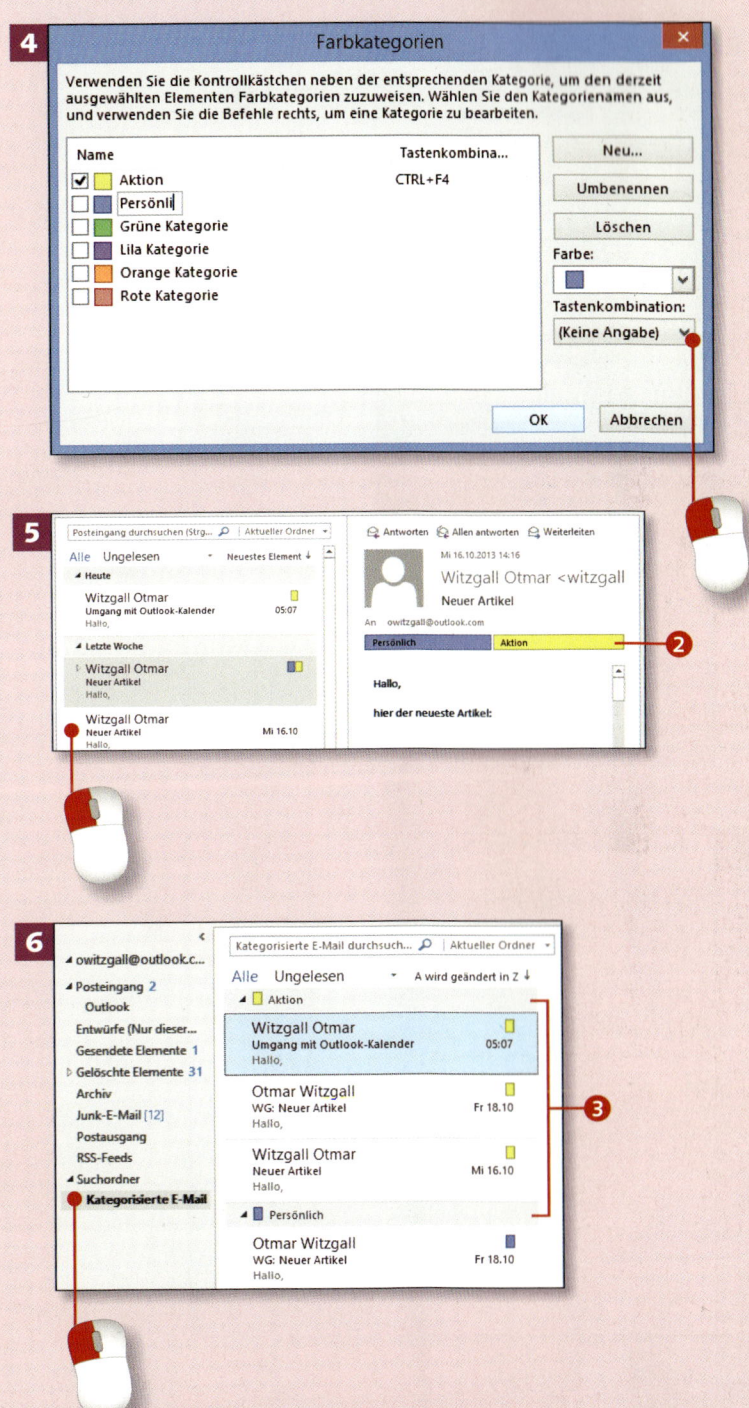

Nachrichten zur Nachverfolgung kennzeichnen

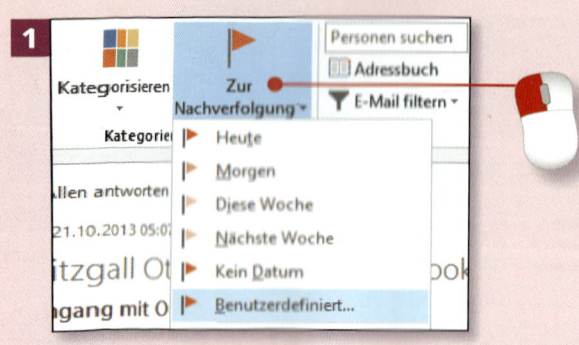

Sie kennen den Knoten im Taschentuch als Erinnerung, etwas Bestimmtes zu tun. In diesem Abschnitt geht es um den digitalen Knoten im Taschentuch.

Schritt 1

Sie befinden sich im **Posteingang**. Gehen Sie im Register **Start** in die Gruppe **Kategorien** und dort auf **Zur Nachverfolgung** – auch Wiedervorlage genannt. Im Menü klicken Sie auf **Benutzerdefiniert**.

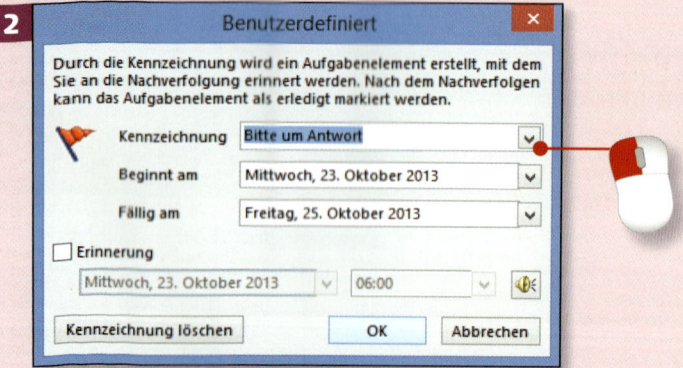

Schritt 2

Wählen Sie eine **Kennzeichnung** aus, oder tippen Sie Ihren Text über die Markierung. Weiter wählen Sie **Beginnt am** und **Fällig am** aus oder tragen von Hand ein Datum ein. Klicken Sie zum Abschluss auf **OK**.

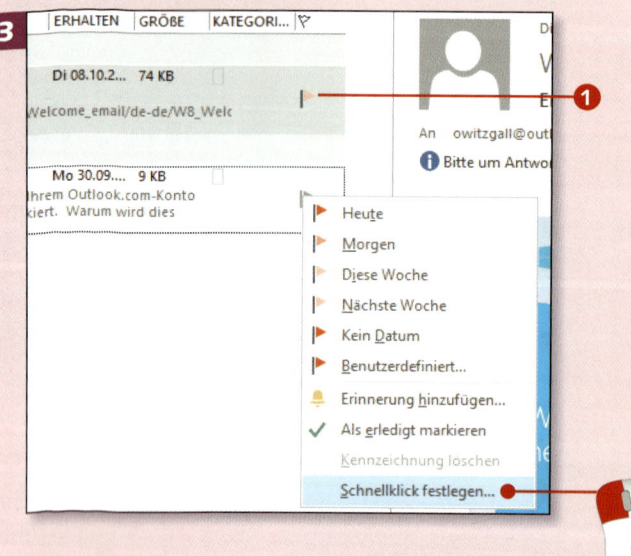

Schritt 3

Die Fähnchen an der E-Mail erhalten eine rote Farbe ❶. Sie können sie direkt bearbeiten. Klicken Sie z. B. auf ein rotes Fähnchen, verwandelt es sich in ein grünes Häkchen für *erledigt*. Klicken Sie mit rechts auf das Fähnchen, und öffnen Sie im Kontextmenü **Schnellklick festlegen**.

Schritt 4

Sie erhalten den Vorschlag **Diese Woche**. Übernehmen Sie diesen mit einem Klick auf **OK**, oder wählen Sie eine andere Option. Klicken Sie später mit der gewählten Einstellung auf das Fähnchen in einer E-Mail, erhält sie die Wiedervorlagenkennung **Diese Woche**.

Schritt 5

Rufen Sie alle gekennzeichneten E-Mails mit dem Suchordner **zur Nachverfolgung** auf. Sie erstellen ihn, wie im Abschnitt »Suchordner verwenden« ab Seite 108 beschrieben. Im Nachrichtentext sehen Sie ein Informationssymbol mit den Einstellungen der Nachverfolgung ❷.

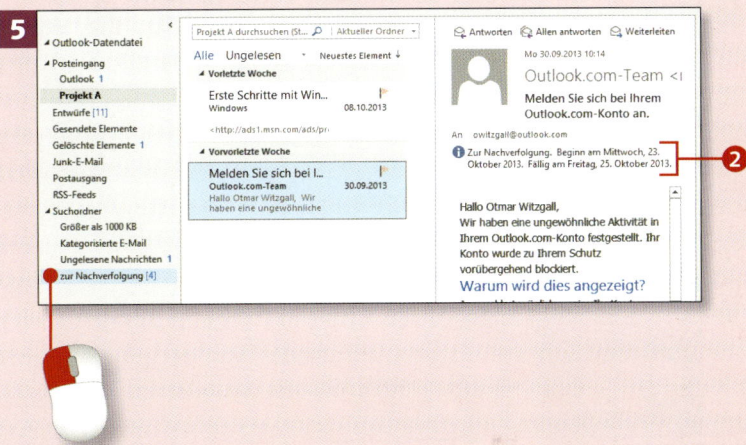

Schritt 6

Eine Auflistung aller Vorgänge mit Nachverfolgung sehen Sie in der **Vorgangsliste**. Hier finden Sie neben **Nachrichten** auch gekennzeichnete **Kontakte** und **Aufgaben** ❸. Sie rufen die Liste mit Klick auf den Outlook-Bereich **Aufgaben** oder über [Strg] + [4] auf.

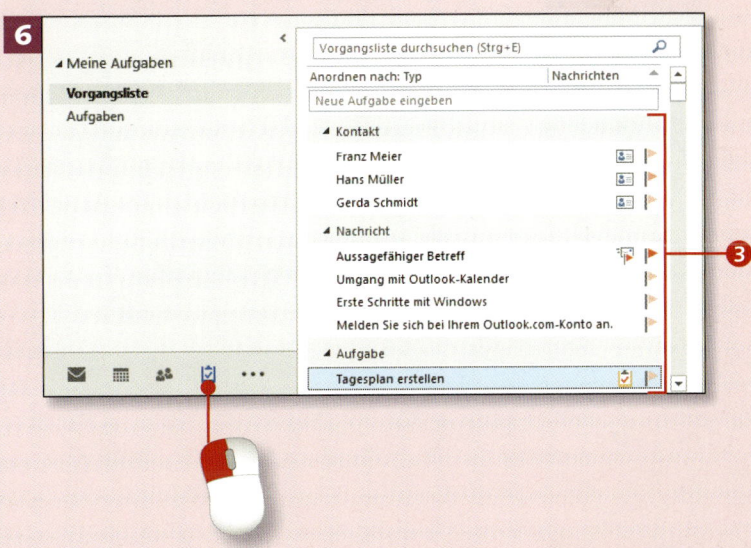

Ordner aufräumen

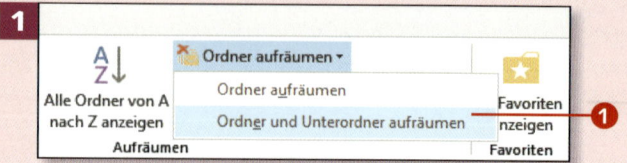

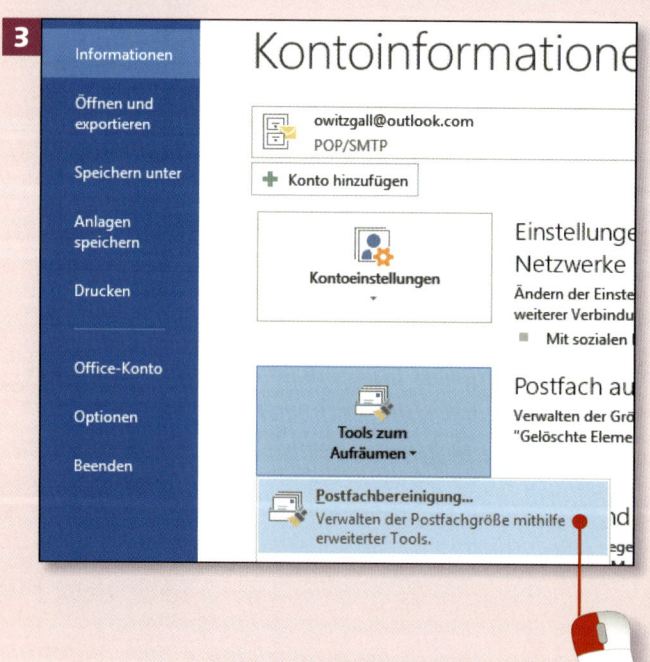

Im Laufe der Zeit füllen sich die Ordner mit Nachrichten: große Mails, solche mit riesigen Anhängen und ältere Mails. Ich zeige Ihnen einige Werkzeuge zum Aufräumen.

Schritt 1

Das Werkzeug **Ordner und Unterordner aufräumen** ❶ habe ich Ihnen bereits vorgestellt, nämlich im Register **Ordner** in der Gruppe **Aufräumen**. Es entfernt überflüssige Nachrichten einer Unterhaltung. Dieses Werkzeug erkläre ich Ihnen detailliert im Abschnitt »Unterhaltungen aufräumen« ab Seite 96.

Schritt 2

Um zu den Aufräumwerkzeugen zu gelangen, gehen Sie auf das Register **Datei**. So gelangen Sie in die Backstage-Ansicht.

Schritt 3

In **Informationen** gehen Sie auf **Tools zum Aufräumen** und klicken dann auf **Postfachbereinigung**.

Schritt 4

Im Fenster **Postfach aufräumen** interessiert Sie zunächst der Umfang des Postfachs. Deshalb klicken Sie auf **Postfachgröße anzeigen**.

Schritt 5

Nun öffnet sich das Fenster **Ordner-größe**. Hier finden Sie alle Ordner des Postfachs, also auch **Kalender**, **Kontakte** und **Notizen**, mit der jeweiligen Größe in Kilobyte (KB). Mit diesen Informationen räumen Sie gezielt einzelne Ordner oder alle Elemente eines Typs wie Nachrichten auf. **Schließen** Sie das Fenster.

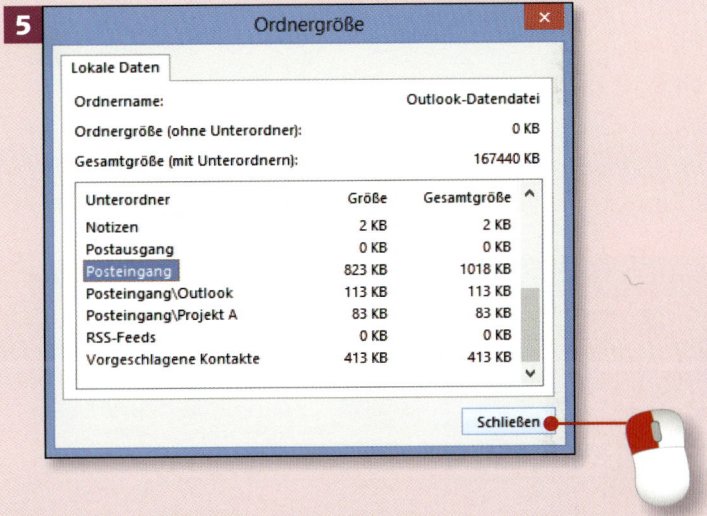

Schritt 6

Wiederholen Sie die Schritte 2 und 3. Übernehmen Sie **Elemente suchen, die größer sind als 250 Kilobytes** ❷, und starten Sie die Abfrage mit **Suchen**.

i

Tools zum Aufräumen

Das Werkzeug **Ordner Gelöschte Elemente leeren** zeige ich Ihnen im Abschnitt »Nachrichten endgül-tig löschen« ab Seite 120. Das Tool **Archivieren** erkläre ich Ihnen im Abschnitt »Alte Daten archivieren« ab Seite 270.

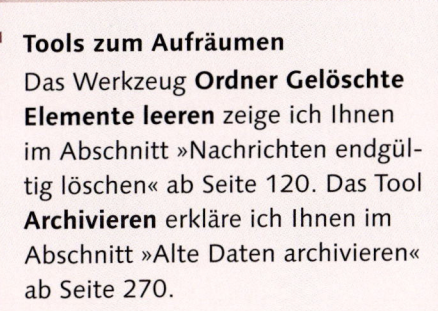

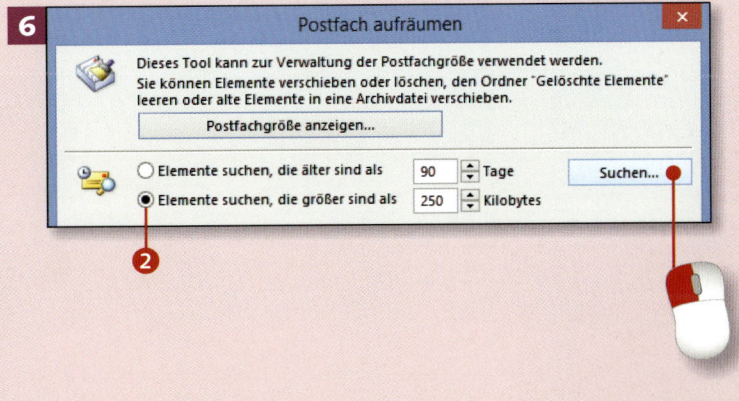

Ordner aufräumen (Forts.)

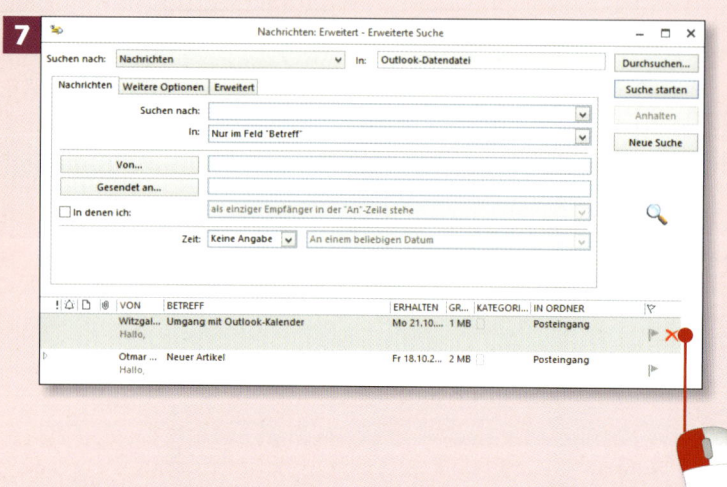

Schritt 7

Das Fenster **Erweiterte Suche** kennen Sie bereits aus dem Abschnitt »E-Mails suchen« ab Seite 104. Unten werden die Suchergebnisse aufgelistet, also E-Mails, die größer sind als 250 KB. Wenn Sie sich entscheiden, eine E-Mail zu löschen, klicken Sie mit der linken Maustaste auf das rote Löschkreuz.

Schritt 8

Wiederholen Sie die Schritte 2 und 3. Übernehmen Sie die Eingabe **Elemente suchen, die älter sind als 90 Tage ❶**, und klicken Sie auf **Suchen**.

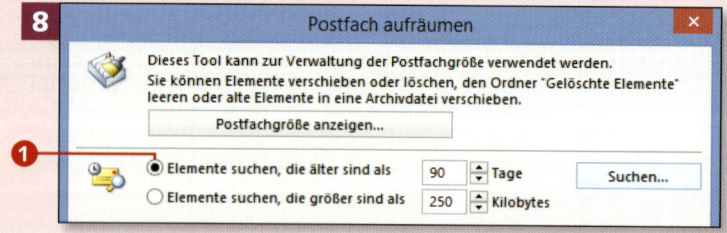

Schritt 9

In der Anzeige der Suchergebnisse erscheinen die ältesten Nachrichten oben. Entfernen Sie die nicht mehr benötigten Nachrichten mit Klick auf das rote Löschkreuz. Alle gelöschten Nachrichten landen im Ordner **Gelöschte Elemente**, können aber noch wiederhergestellt werden.

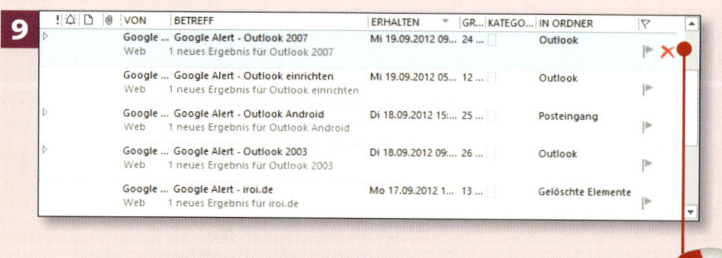

Schritt 10

Ein weiteres Werkzeug ist der **Such-ordner**. Im Abschnitt »Suchordner verwenden« ab Seite 108 zeige ich Ihnen, wie Suchordner erstellt werden. Klicken Sie auf den Suchordner **Größer als 100 KB**. Das Ergebnis sehen Sie von groß nach klein in Gruppen angezeigt. Entfernen Sie E-Mails gegebenenfalls mit Klick auf das Löschkreuz.

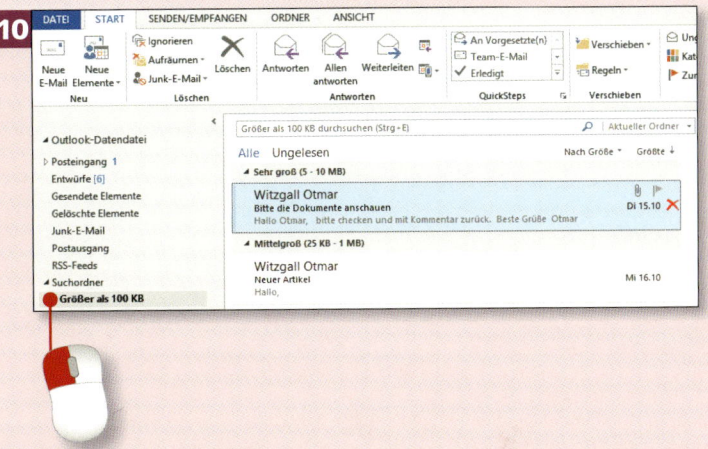

Schritt 11

Besonders schnell geht es, wenn Sie Ihre Nachrichten direkt im **Postein-gang** entsprechend anordnen. Gehen Sie im Register **Ansicht** und in der Gruppe **Anordnung** auf **Anord-nen nach** und dann auf **Datum**. Die Anzeige listet die neueste Nachricht oben an erster Stelle. Deshalb klicken Sie zur Umkehr der Reihenfolge auf **Neuestes Element** ❷.

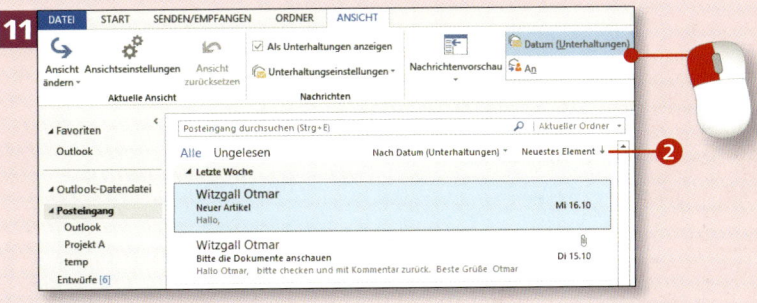

Schritt 12

Jetzt befindet sich das älteste Element oben. Klicken Sie zum Entfernen einer E-Mail auf das Löschkreuz oder drücken Sie die ⌈Entf⌉-Taste.

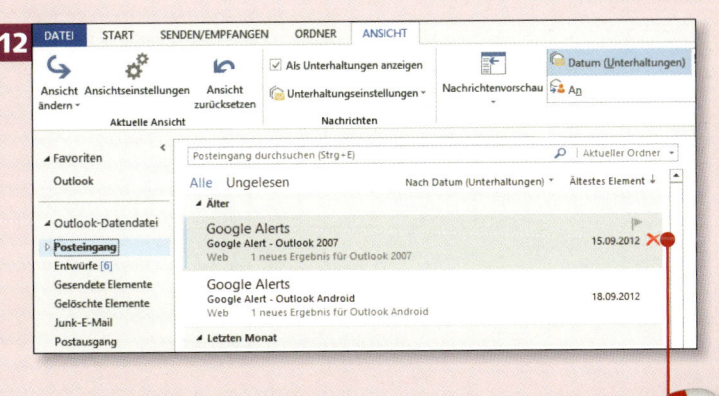

Ordner aufräumen (Forts.)

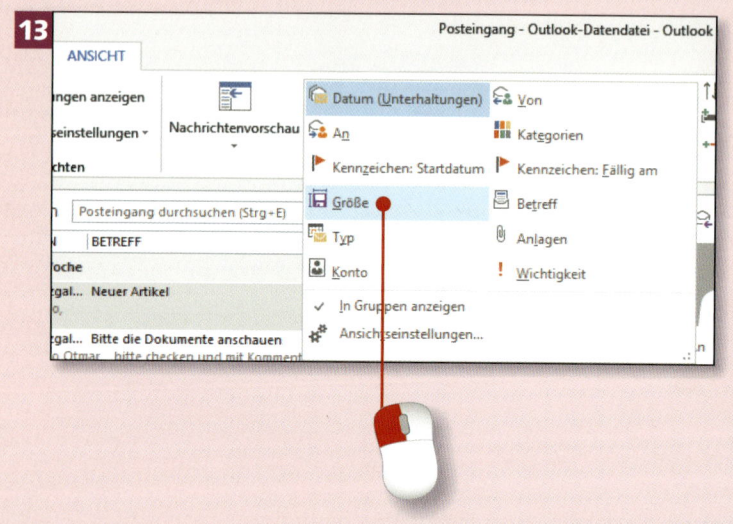

Schritt 13

Denselben Vorgang wiederholen Sie mit der Nachrichtengröße. Gehen Sie in der Gruppe **Anordnung** auf **Anordnen nach** und dann auf **Größe**.

Schritt 14

In diesem Fall wird die größte E-Mail oben gelistet – die Nachrichten werden in Größengruppen angezeigt **1**. Jetzt können Sie sofort mit dem Löschen beginnen. Klicken Sie auf das rote Löschkreuz.

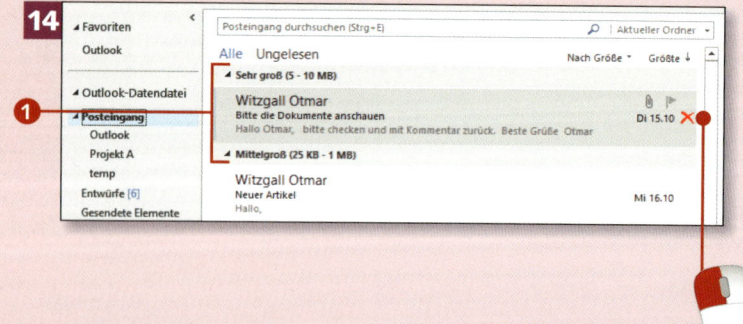

Schritt 15

Ein schnelles Werkzeug, überflüssige E-Mails loszuwerden, finden Sie im Register **Ordner** und in der Gruppe **Aufräumen**. Klicken Sie auf **Alle löschen**, und der gesamte Inhalt des markierten Ordners wird entfernt.

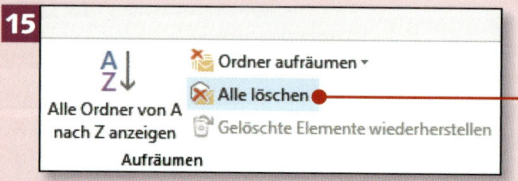

Löschen

Wenn in diesem Abschnitt von »Löschen« die Rede ist, dann landen alle gelöschten Elemente im Ordner **Gelöschte Elemente**. Möchten Sie Nachrichten und andere Elemente endgültig löschen, lesen Sie den Abschnitt »Nachrichten endgültig löschen« ab Seite 120.

Schritt 16

Benötigen Sie den gesamten Ordner – mit oder ohne Inhalt – nicht mehr, entfernen Sie ihn einfach. Gehen Sie auf dem Register **Ordner** in die Gruppe **Aktionen**, und klicken Sie auf **Ordner löschen**. Der Ordner landet im Ordner **Gelöschte Elemente**.

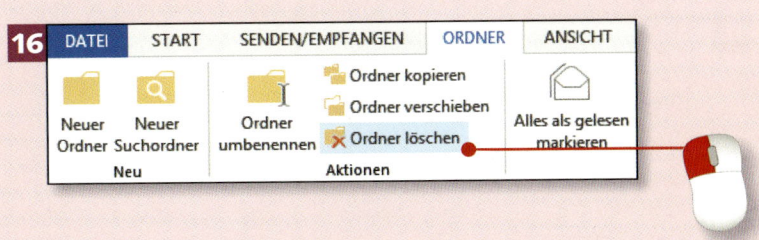

Schritt 17

Benötigen Sie zurzeit häufig den Ordner **Outlook**, holen Sie ihn zu den **Favoriten**. Klicken Sie auf dem Register **Ordner** und in der Gruppe **Favoriten** auf **In Favoriten anzeigen**. Wenn Sie Drag & Drop bevorzugen, schieben Sie den Ordner auf **Favoriten ❷**.

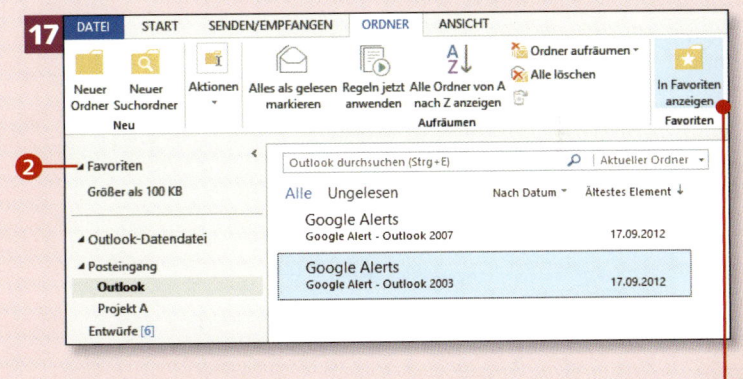

Schritt 18

Benötigen Sie den Ordner **Outlook** nicht mehr unter den **Favoriten**, klicken Sie mit der rechten Maustaste auf den Ordner ❸ und wählen im Menü **Aus Favoriten entfernen**.

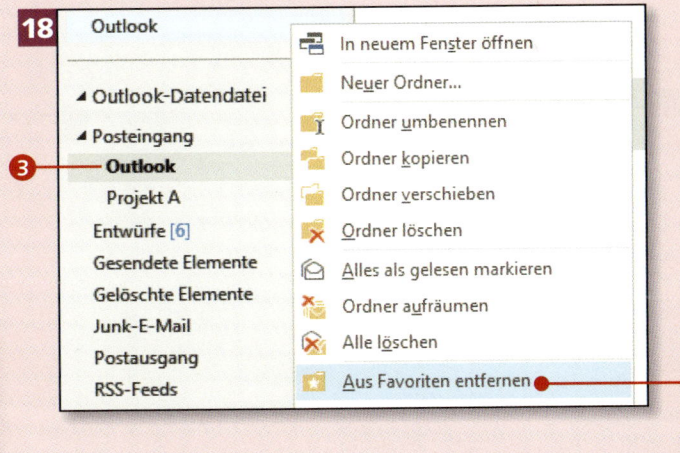

> **Ordner »Favoriten« aktivieren**
>
> Damit Sie überhaupt Ordner zu den Favoriten hinzufügen können, aktivieren Sie die Favoriten im Register **Ansicht**, in der Gruppe **Layout** über den Befehl **Ordnerbereich ▸ Favoriten**.

Nachrichten endgültig löschen

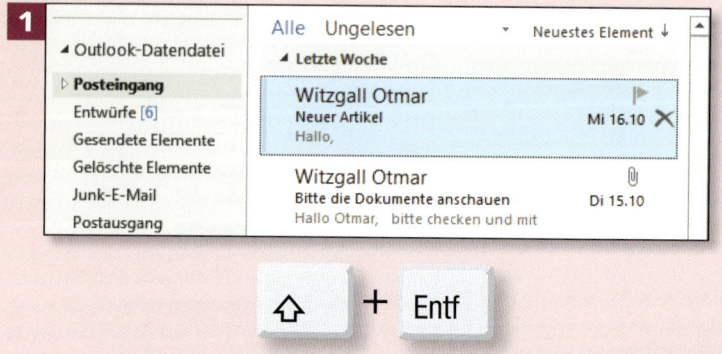

Fast alle gelöschten Objekte in Outlook landen im Ordner »Gelöschte Elemente«, der als Zwischenlager dient. Ich zeige Ihnen, wie Sie Elemente endgültig löschen.

Schritt 1

Die erste Möglichkeit ist einfach – wenn man das Risiko eingehen mag. Löschen Sie eine Nachricht oder ein beliebiges anderes Outlook-Element mit dem Tastenbefehl ⇧ + Entf.

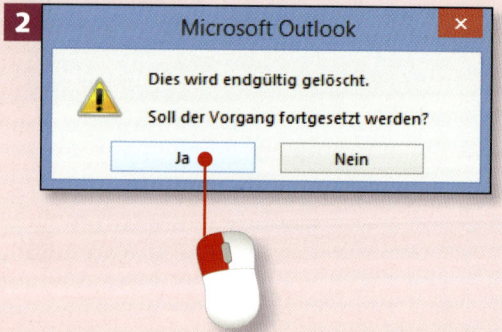

Schritt 2

Sie bekommen die Warnmeldung, dass das Element endgültig gelöscht wird. Bestätigen Sie mit **Ja**, wenn Sie den Vorgang fortsetzen wollen, ansonsten klicken Sie auf **Nein**.

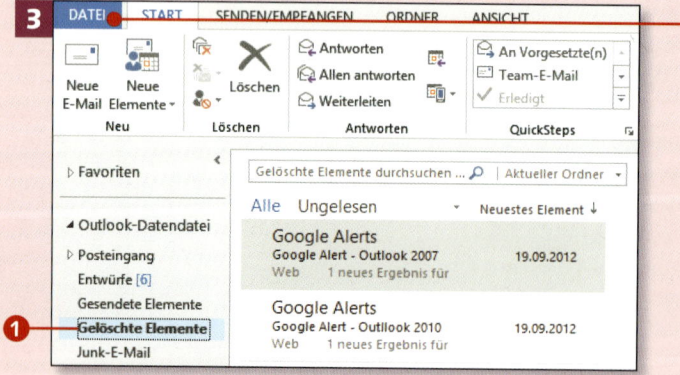

Schritt 3

Die zweite Möglichkeit, Nachrichten endgültig zu löschen, bietet der Ordner **Gelöschte Elemente** ❶. Klicken Sie auf **Datei**.

Nachrichten »normal« löschen

Wie Ihre gelöschten Nachrichten im Ordner **Gelöschte Elemente** landen, zeige ich Ihnen im Abschnitt »E-Mails ordnen, verschieben und löschen« ab Seite 92.

Schritt 4

Variante 1: In **Informationen** klicken Sie auf **Tools zum Aufräumen** und dann auf **Ordner »Gelöschte Elemente« leeren**.

Schritt 5

Variante 2: Sie leeren den Ordner **Gelöschte Elemente** im Register **Ordner** und in der Gruppe **Aufräumen**. Klicken Sie auf **Ordner leeren**.

Schritt 6

Variante 3 ist die schnellste: Klicken Sie mit rechts im Ordnerbereich auf den Ordner **Gelöschte Elemente** und gehen anschließend auf **Ordner leeren** ❷.

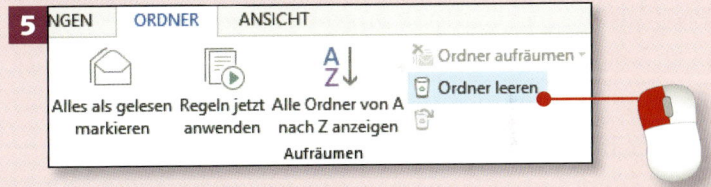

! Warnmeldung ausschalten

Bei allen gezeigten Möglichkeiten bekommen Sie die Warnmeldung wie in Schritt 2. Mit der Zeit ist das lästig. Deaktivieren Sie alle Meldungen auf einmal. Über **Datei ▸ Informationen ▸ Optionen ▸ Erweitert** kommen Sie zum Abschnitt **Weitere**. Nehmen Sie bei **Zur Bestätigung auffordern, bevor Elemente endgültig gelöscht werden** das Häkchen raus.

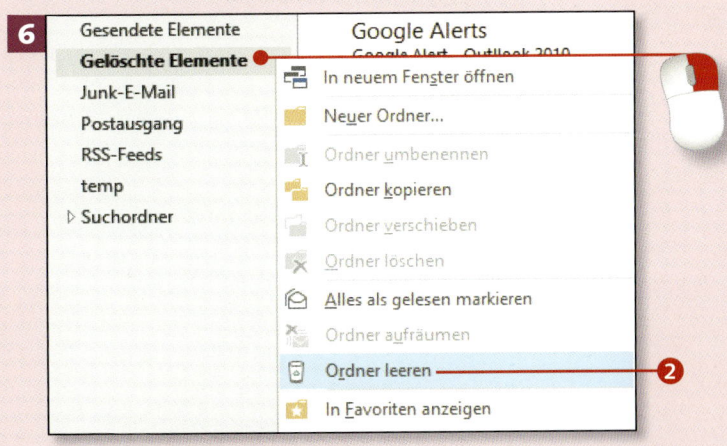

Kapitel 5
Viren und unerwünschte Werbung abwehren

Firewall und Antivirenprogramm sind Pflicht für jeden Computerbesitzer. Wissen Sie, ob Sie wirklich geschützt sind? Ich zeige Ihnen, wo Sie das erfahren und was Sie einstellen müssen, damit Sie immer optimal geschützt sind.

Aktivieren Sie Ihre Sicherheits- und Schutzsoftware

Es nutzt wenig, wenn Sie Firewall, Viren- und Spamschutzsoftware auf Ihrem Computer haben, diese aber nicht aktuell oder, noch schlimmer, nicht aktiviert sind. Das Wartungscenter ❶ gibt Ihnen Auskunft, wie es um den Schutz Ihres Rechners bestellt ist.

Wählen Sie die richtigen Sicherheitseinstellungen

Auch in Outlook selbst nehmen Sie für Ihre Sicherheit Einstellungen vor: von E-Mail-Schutz über Anlagenbehandlung bis hin zu den Datenschutzrichtlinien. Wenn andere Programme auf Outlook zugreifen, sollten Sie wissen, wo diese eingreifen ❷.

Blockieren Sie unerwünschte Werbung

Immer häufiger kommt es vor, dass Sie von unerwünschter Werbung zugemüllt werden. Dagegen können Sie sich wehren. Setzen Sie dem Spuk ein Ende, und schieben Sie den Absenderadressen einen Riegel vor ❸.

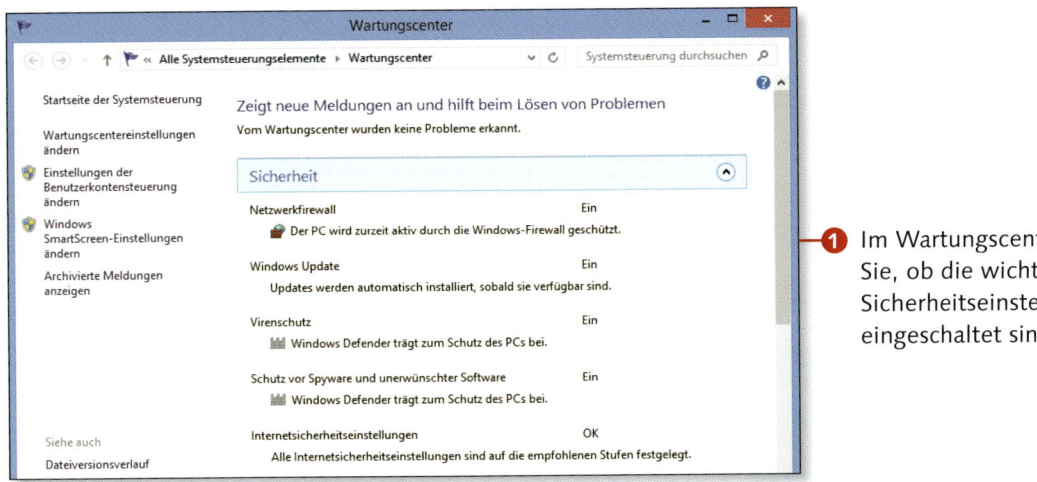

1 Im Wartungscenter sehen Sie, ob die wichtigsten Sicherheitseinstellungen eingeschaltet sind.

Programme von außerhalb greifen auf Ihr Adressbuch zu oder versenden in Ihrem Auftrag E-Mails. **2**

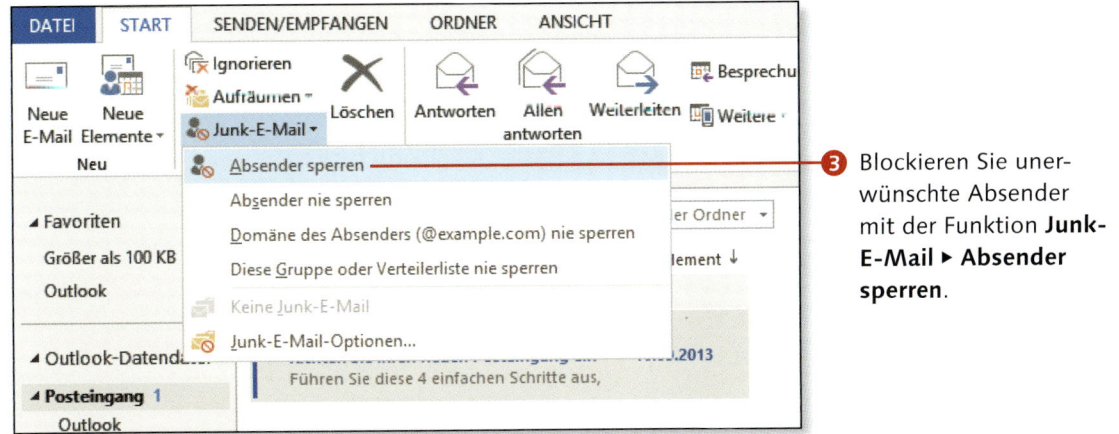

3 Blockieren Sie unerwünschte Absender mit der Funktion **Junk-E-Mail ▶ Absender sperren**.

Einen Virenscan durchführen

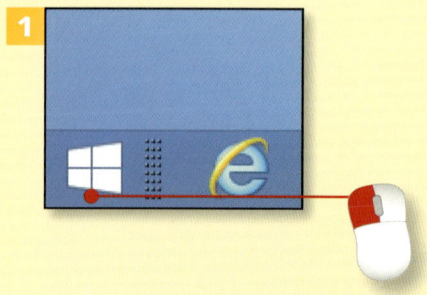

Solange es die Gefahr vor Viren für Ihren Computer gibt, müssen auch Sie Ihre Nachrichten sorgsam überwachen lassen. Ohne aktuelle Virendefinitionen und aktivierte Software geht gar nichts.

Schritt 1

Zwei Windows-Tools, das Wartungscenter und der Windows Defender, sind für Sicherheit und Schutz zuständig. Klicken Sie auf den **Startbutton** Ihrer Windows-Oberfläche.

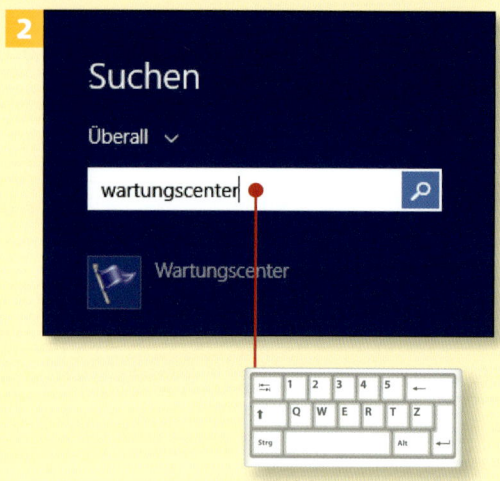

Schritt 2

Es erscheint der Startbildschirm. Tippen Sie »wartungscenter« ein. Klicken Sie zum Start auf **Wartungscenter**.

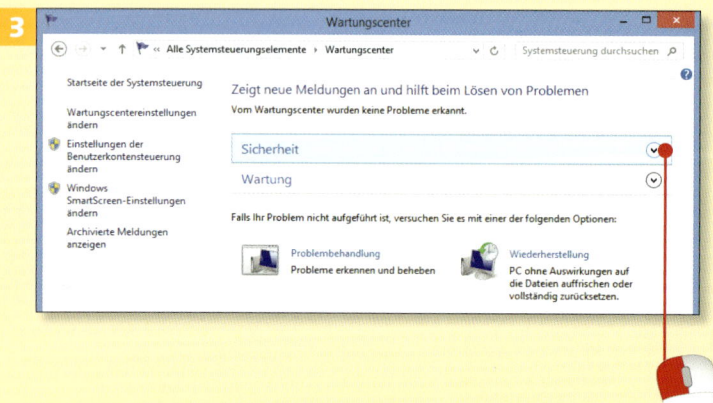

Schritt 3

Sie sollten sich nun einen Überblick über die Sicherheit Ihres Computers verschaffen. Dafür klicken Sie auf **Sicherheit**.

Schritt 4

Sie sehen, dass alle wesentlichen Sicherheitseinstellungen auf **Ein** stehen oder **OK** sind: **Netzwerk-firewall** ❶ schützt Ihr privates, Heim- und öffentliches Netzwerk vor Eindringlingen. **Virenschutz** ❷ ist garantiert durch den Windows Defender; dieser schützt zudem vor Spyware und unerwünschter Software.

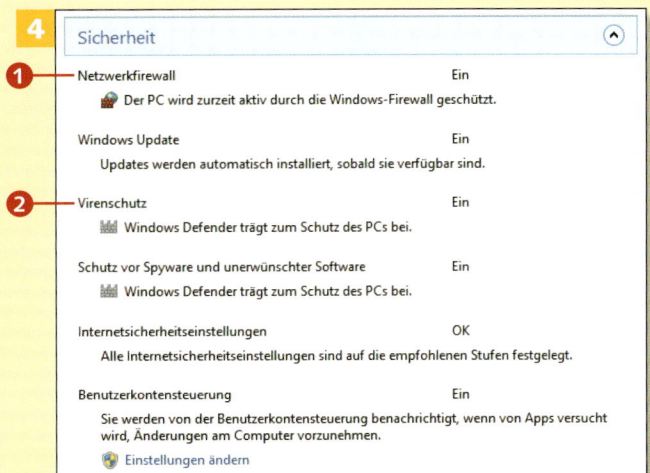

Schritt 5

Zum Start des **Windows Defenders** wiederholen Sie Schritt 1. Tippen Sie anschließend das Wort »defender« ein (die Groß- bzw. Kleinschreibung spielt keine Rolle). Es öffnet sich die Suche. Diese findet den **Windows Defender**. Klicken Sie auf das Suchergebnis.

Schritt 6

Die für Sie wichtigsten Informationen sehen Sie auf den ersten Blick: **PC-Status: Geschützt** ❸, **Echtzeitschutz** steht auf **Ein**, und **Viren- und Spywaredefinitionen** sind **Aktuell** ❹.

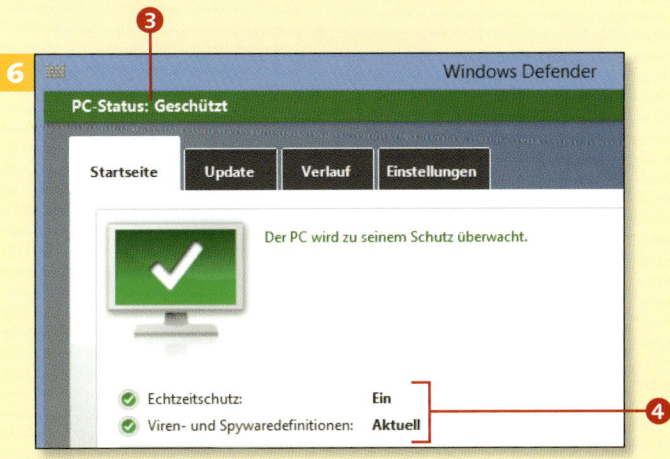

Einen Virenscan durchführen (Forts.)

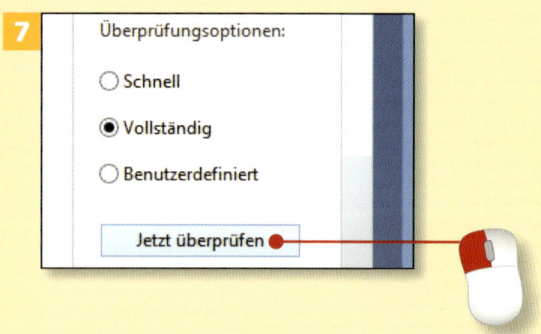

Schritt 7

Wählen Sie als Überprüfungsoption **Vollständig**, und klicken Sie auf **Jetzt überprüfen**. Dies kann je nach belegtem Speicherplatz einige Stunden dauern.

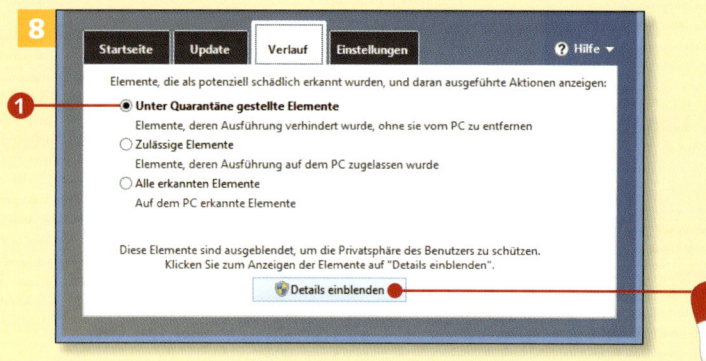

Schritt 8

Gehen Sie auf den Reiter **Verlauf**. Der Punkt **Unter Quarantäne gestellte Elemente** ist aktiviert ❶. Klicken Sie auf die Schaltfläche **Details einblenden**. Wiederholen Sie den Vorgang für **Zulässige Elemente** und **Alle erkannten Elemente**.

Schritt 9

Wenn die Virensuche etwas erkannt hat, taucht es in diesem Fenster auf ❷. Sie wählen die Befehle **Alle entfernen**, **Entfernen** oder **Wiederherstellen** aus.

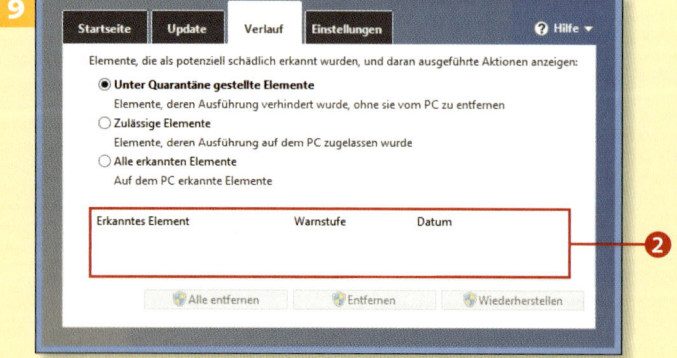

Virenprogramme

Es gibt eine Vielzahl von kostenlosen und -pflichtigen Virenscannern. Vielleicht haben Sie ja auch im Büro eine Software im Einsatz. Wenn Sie Software suchen, die bereits getestet wurde, googeln Sie nach »Virenscanner Test«.

Schritt 10

Gehen Sie weiter auf den Reiter **Einstellungen** und dort auf **Echtzeitschutz**. Stellen Sie sicher, dass bei der empfohlenen Option **Echtzeitschutz aktivieren** das Häkchen gesetzt ist. Dann sind Sie ab sofort geschützt.

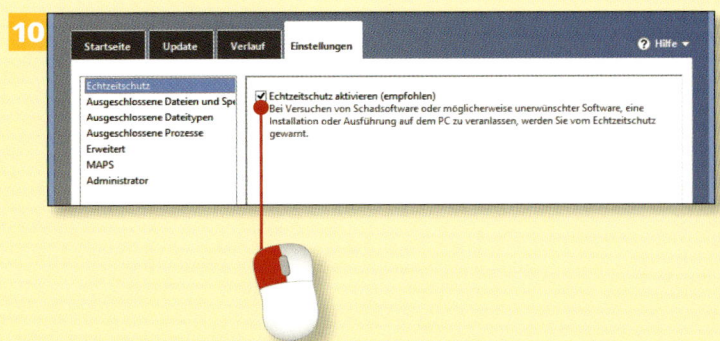

Schritt 11

Klicken Sie auf **Erweitert**. Übernehmen Sie die Einstellungen. Achten Sie unbedingt darauf, dass **Wiederherstellungspunkt für das System erstellen** ❸ immer ein Häkchen hat. Dies sorgt dafür, dass Ihr System im Schadensfall nach dem Entfernen von Schädlingen wiederhergestellt werden kann. Sichern Sie die Änderungen mit **Änderungen speichern**.

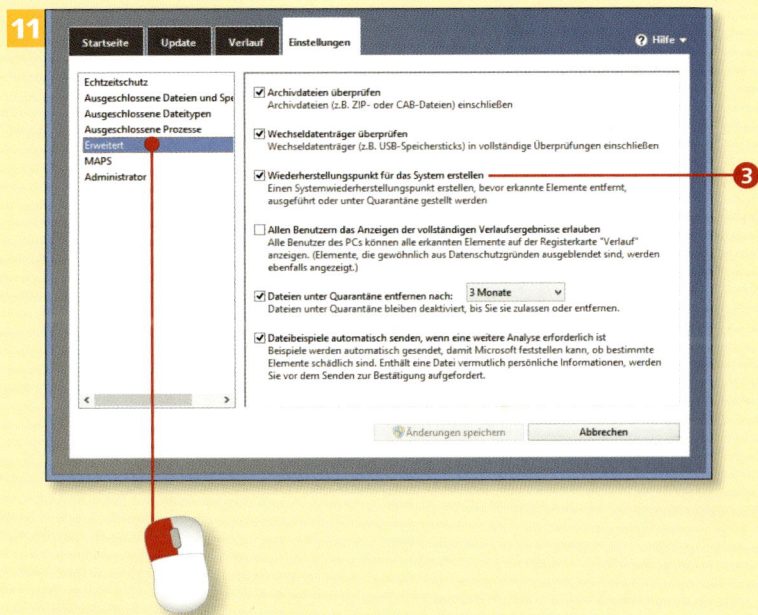

Schritt 12

Gehen Sie nun auf den Reiter **Update**. Hier erfahren Sie, wie aktuell Ihre **Viren- und Spywaredefinitionen** sind. Diese werden automatisch erneuert. Das Datum der letzten Aktualisierung steht in der Aufzählung ❹. Wenn Sie die Definitionen manuell erneuern möchten, klicken Sie auf **Aktualisieren**.

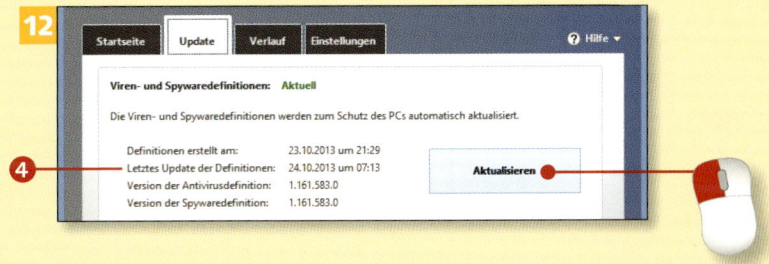

Spam blockieren

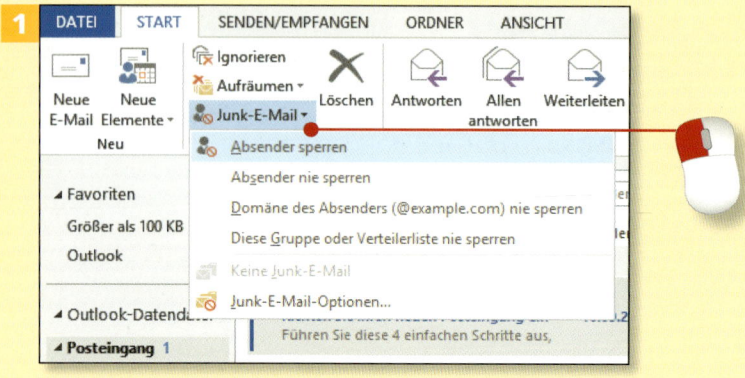

Der Junk-E-Mail-Filter sorgt dafür, dass Sie keine unerwünschten Nachrichten, sogenannten Spam, erhalten.

Schritt 1

Landet im **Posteingang** eine unerwünschte Nachricht, gehen Sie im Reiter **Start** in der Gruppe **Löschen** auf **Junk-E-Mail ▸ Absender sperren**. Die E-Mail verschwindet aus dem Posteingang und landet im Ordner **Junk-E-Mail**.

Schritt 2

Im **Junk-E-Mail**-Ordner werden Sie im Lesebereich der Nachricht darüber informiert, dass Links und sonstige Funktionen deaktiviert wurden ❶. Wenn Sie sich vertan haben sollten, können Sie die Nachricht wieder in den Posteingang verschieben. Klicken Sie dazu mit der rechten Maustaste auf die Information und wählen **In Posteingang verschieben**.

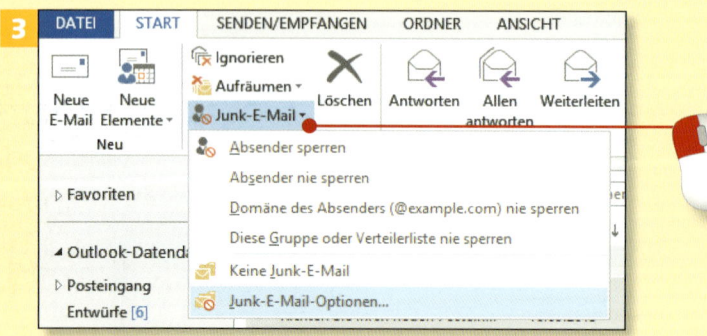

Schritt 3

Wenn Sie wissen möchten, was sich in den Junk-E-Mail-Einstellungen durch die Aktion in Schritt 1 verändert hat, klicken Sie auf **Junk-E-Mail** und anschließend auf **Junk-E-Mail-Optionen**.

Schritt 4

Im Fenster **Junk-E-Mail-Optionen** übernehmen Sie die vorgegebenen Einstellungen. Besonders wichtig sind die Häkchen bei den beiden Empfehlungen ❷ unten, die dafür sorgen, dass die Links in verdächtigen Nachrichten deaktiviert werden und bei verdächtigen Domänennamen in E-Mail-Adressen gewarnt wird. Gehen Sie weiter zum Reiter **Blockierte Absender**.

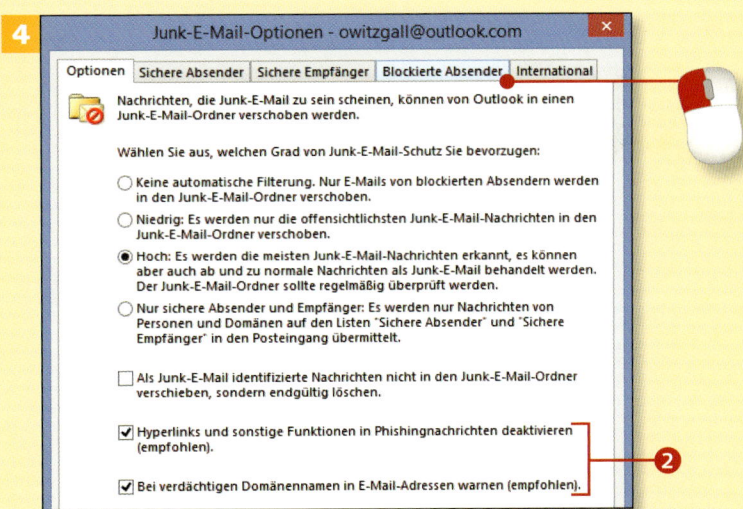

Schritt 5

Die E-Mail-Adresse der Nachricht im Junk-E-Mail-Ordner erscheint unter **Blockierte Absender**. Sie können manuell weitere Adressen hinzufügen. Sollten Sie sich entscheiden, blockierte E-Mail-Adressen doch wieder zuzulassen, markieren Sie diese und klicken auf **Entfernen**.

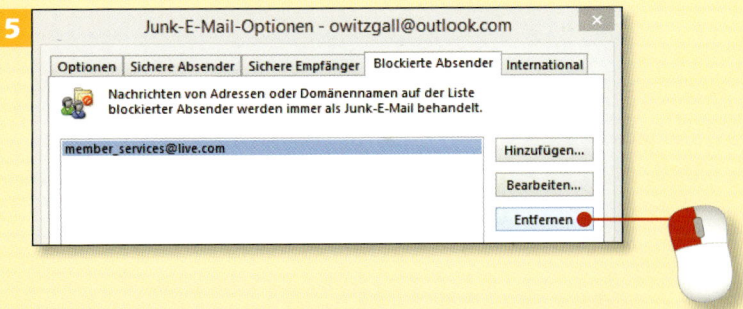

Schritt 6

Die Veränderung bestätigen Sie mit **Übernehmen** und danach mit **OK**.

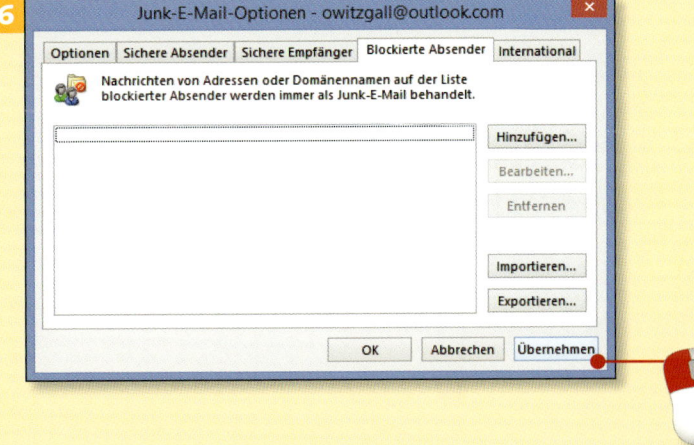

Junk-E-Mail-Ordner prüfen

Machen Sie es sich zur Routine, auch im Junk-E-Mail-Ordner nach Nachrichten zu schauen, vor allem wenn Sie erwartete E-Mails nicht im Posteingang finden.

Versehentlich blockierte Mails zurückholen

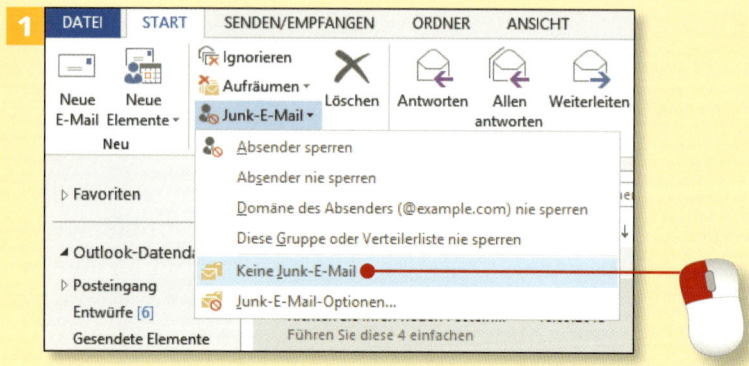

Bei aller Sorgfalt und Aktualität der Programme und Definitionen landen Nachrichten manchmal aus Versehen im Junk-E-Mail-Ordner. In diesem Abschnitt lesen Sie, was Sie in so einem Fall tun.

Schritt 1

Markieren Sie die E-Mail, und klicken Sie auf **Keine Junk-E-Mail** im Menü von **Junk-E-Mail**. Damit wird die E-Mail wieder in den Posteingang verschoben. Links und andere Funktionen sind wieder aktiviert.

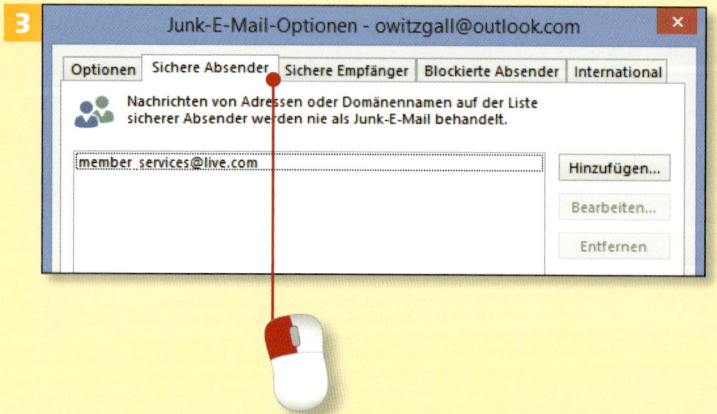

Schritt 2

Um zu vermeiden, dass E-Mails dieses Absenders versehentlich blockiert werden, geben Sie Outlook über **Junk-E-Mail ▸ Absender nie sperren** Bescheid.

Schritt 3

Öffnen Sie das Fenster **Junk-E-Mail-Optionen**, wie im Abschnitt »Spam blockieren« ab Seite 128 beschrieben. Gehen Sie auf das Register **Sichere Absender**.

Schritt 4

Markieren Sie den Eintrag. **Entfernen** Sie die versehentlich eingetragene E-Mail-Adresse.

Schritt 5

Bestätigen Sie die Veränderungen mit **Übernehmen** ❶. Wollen Sie per Hand E-Mail-Adressen in der Liste sicherer Absender eintragen, gehen Sie auf **Hinzufügen**.

Schritt 6

Es öffnet sich das Fenster **Adresse oder Domäne hinzufügen**. Im unteren Bereich sehen Sie Formulierungsvorschläge, die im Eingabefeld eingetragen werden können. Tippen Sie eine E-Mail-Adresse ein, und schließen Sie mit **OK**.

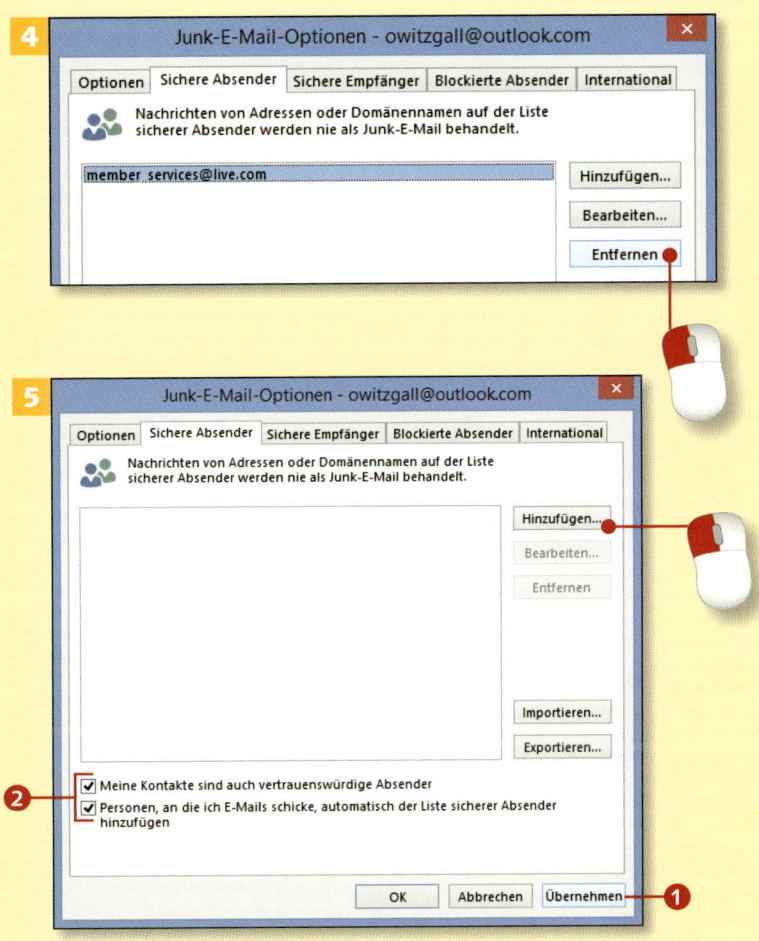

Eigene E-Mail-Adressen

Wenn Sie sichergehen wollen, dass alle E-Mail-Adressen, die Sie selbst als Empfänger verwenden – aus dem Adressbuch oder manuell eingetragen –, als sichere Adressen erkannt werden, aktivieren Sie die beiden Optionen jeweils mit einem Häkchen (❷ in Schritt 5).

Sicherheitsmaßnahmen festlegen

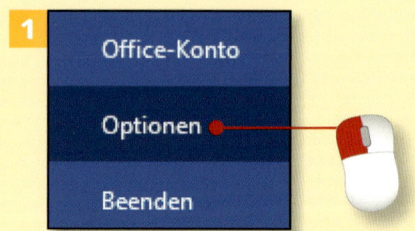

Zusätzlich zu den Sicherheitsein-stellungen, die Sie über das War-tungscenter durchführen, können Sie direkt in Outlook Sicherheits-einstellungen vornehmen.

Schritt 1

Um zu den Sicherheitseinstellungen zu gelangen, klicken Sie auf den Reiter **Datei** und in der Backstage-Ansicht auf **Optionen**.

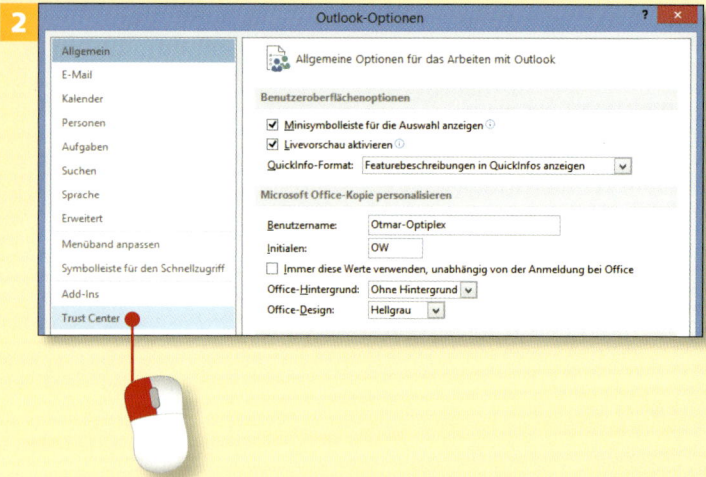

Schritt 2

Im Fenster **Outlook-Optionen** klicken Sie in der linken Spalte ganz unten auf **Trust Center**, was dem Sicherheitscenter entspricht.

Schritt 3

Im Sicherheitscenter angekommen, klicken Sie auf **Einstellungen für das Trust Center**. Diese Einstellun-gen dienen der Sicherheit und dem Datenschutz.

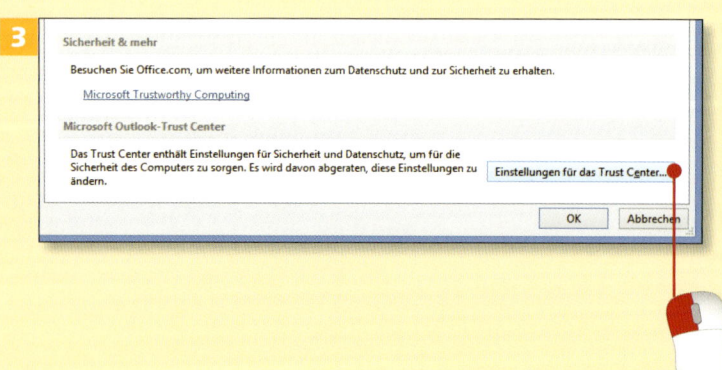

Schritt 4

Im **Trust Center** kommen Sie beim **Automatischen Download** ❶ an. Ich empfehle, die Einstellungen aus Datenschutzgründen so zu übernehmen. Es werden nur Bilder in E-Mails heruntergeladen, deren Absender als sicher gelten. Gehen Sie weiter auf **Anlagenbehandlung**.

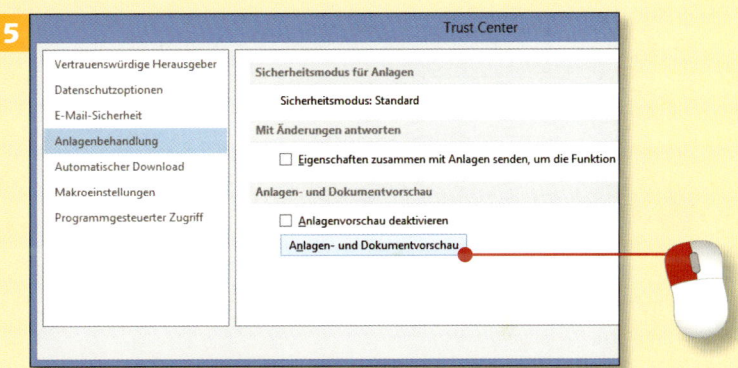

Schritt 5

Übernehmen Sie die Einstellungen unverändert, und gehen Sie auf **Anlagen- und Dokumentvorschau**.

Schritt 6

Bei den **Dateivorschauoptionen** sehen Sie die jeweils mit Häkchen versehenen Anwendungen, die zurzeit für die Vorschau von Dateien verwendet werden. Sie können sie an- oder abwählen. Schließen Sie das Fenster mit **OK**.

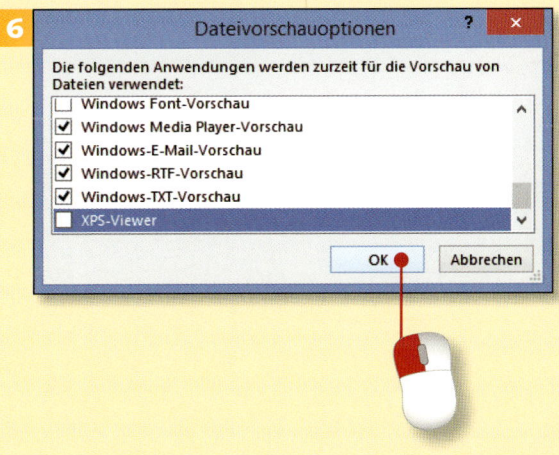

Lassen Sie Vorsicht walten!

Mit der Dateivorschau lassen sich Anlagen direkt im Lesebereich anzeigen, ohne sie vorher zu öffnen – das ist sehr komfortabel. Dateien können jedoch auch Viren und Schädlinge beinhalten, seien Sie daher vorsichtig!

Sicherheitsmaßnahmen festlegen (Forts.)

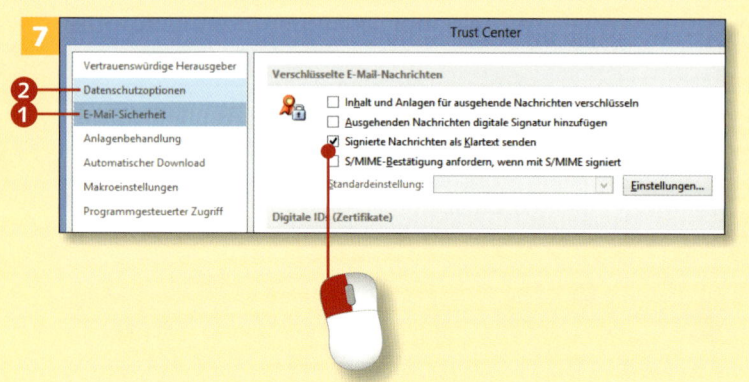

Schritt 7

Klicken Sie auf **E-Mail-Sicherheit** ❶.
Übernehmen Sie die vorgeschlagenen Einstellungen: Nur die Option **Signierte Nachrichten als Klartext senden** ist aktiviert. Gehen Sie zu den **Datenschutzoptionen** ❷.

Schritt 8

Hier werden Sie für eine Reihe von Funktionen um Erlaubnis gebeten, die für Ihre Sicherheit sorgen oder zur Verbesserung der Programme dienen. Fahren Sie mit der Maus über das Informationssymbol, um eine Beschreibung ❸ zu erhalten. Gehen Sie weiter zu **Vertrauenswürdige Herausgeber**.

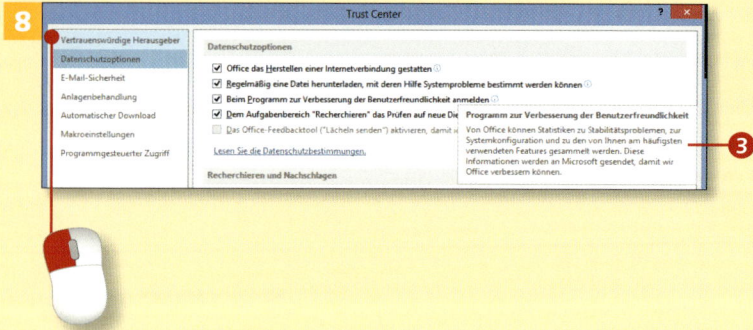

Schritt 9

Hier finden Sie eine Liste der Zertifikate von **Vertrauenswürdigen Herausgebern** ❹ von Anwendungen, die in Outlook integriert sind. Sind sie veraltet, bekommen Sie eine Meldung. Gehen Sie weiter zu **Makroeinstellungen**.

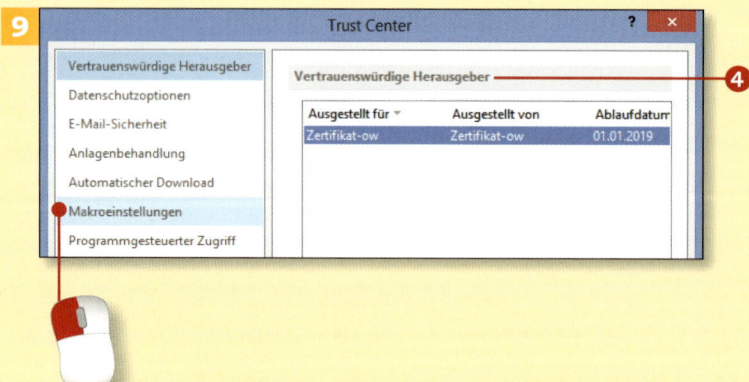

Schritt 10

Makros sind kleine Anwendungen, die in Outlook Aktionen ausführen – sie können allerdings auch schaden. Deshalb werden Sie benachrichtigt, wenn ein Makro mit Zertifikat seine Befehle ausführen will ❺. Sie müssen dann explizit zustimmen. Andere Makros sind deaktiviert. Verlassen Sie das **Trust Center** mit **OK**.

Schritt 11

Sie landen wieder in den **Outlook-Optionen**. Gehen Sie jetzt auf **Add-Ins**. Add-Ins sind in Outlook integrierte Zusatzprogramme, die die Grundfunktionen von Outlook erweitern.

Schritt 12

Im rechten Teil finden Sie zunächst alle aktiven Add-Ins. Wenn Sie ein Add-In markieren, finden Sie unterhalb des Fensters die jeweilige Beschreibung, was das Add-In tut ❻. Scrollen Sie weiter nach unten.

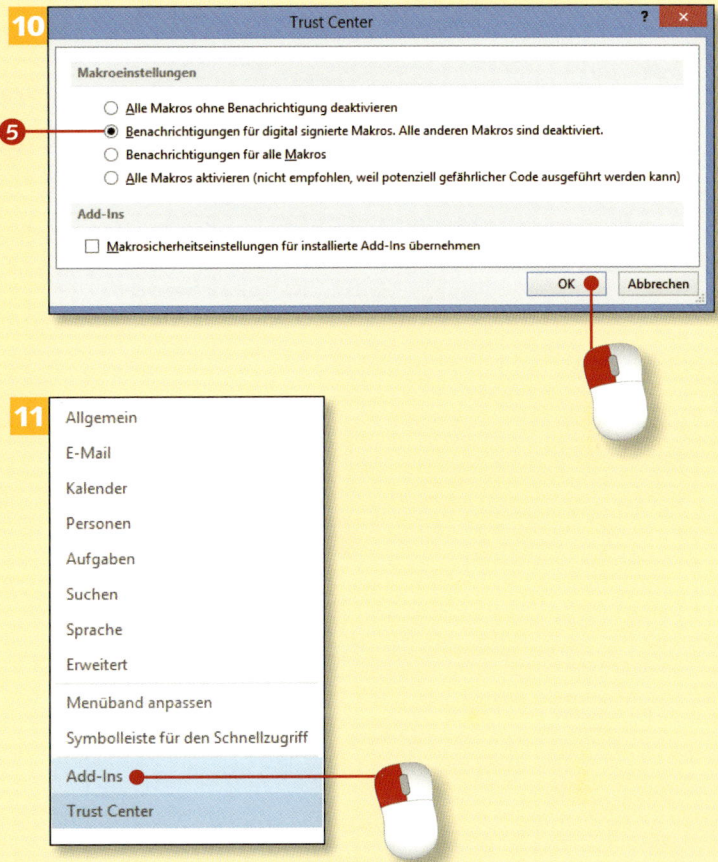

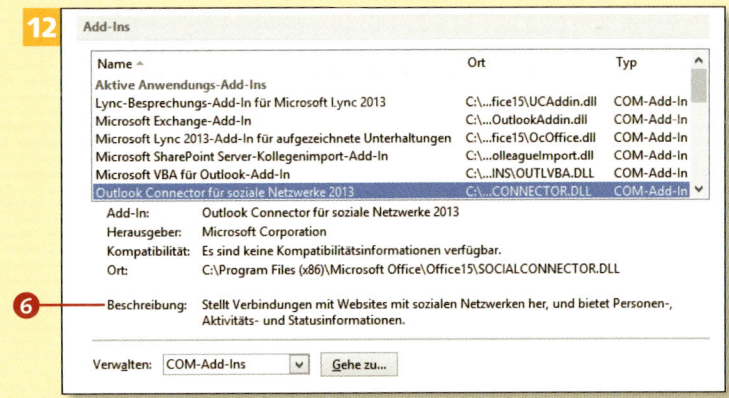

Sicherheitsmaßnahmen festlegen (Forts.)

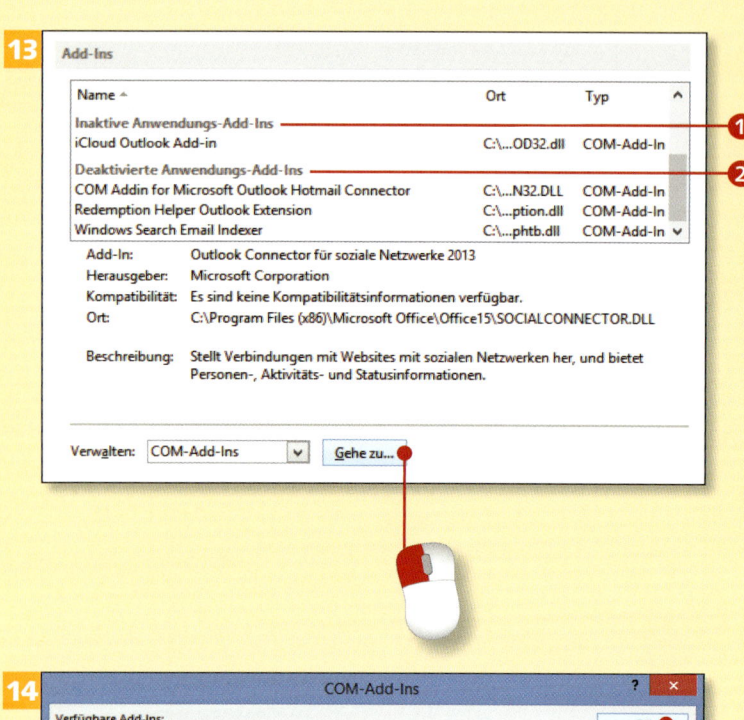

Schritt 13

Es tauchen zwei weitere Gruppen von Add-Ins auf: Inaktive Anwendungen ❶: Sie sind installiert, aber nicht aktiv. Deaktivierte Anwendungen ❷: Sie sind installiert, aber deaktiviert. Im nächsten Schritt können sie aktiviert werden. Klicken Sie auf **Gehe zu**.

Schritt 14

Es werden die Add-Ins angezeigt, die zur Verfügung stehen, aktiv und inaktiv. Hier können Sie Häkchen setzen oder entfernen. Manchmal blockieren sich Add-Ins auch gegenseitig, und man muss dann selbst Hand anlegen. Schließen Sie mit **OK**.

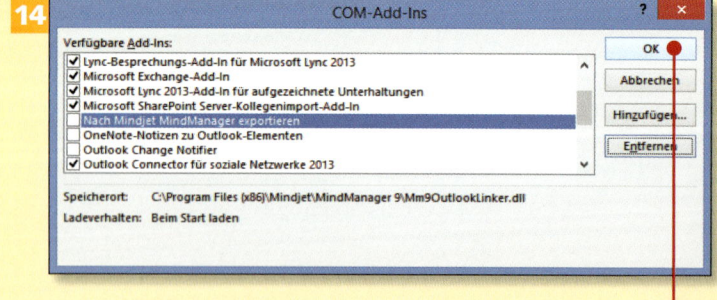

Schritt 15

Gehen Sie wieder zurück zum **Trust Center** und zu **Einstellungen für das Trust Center**.

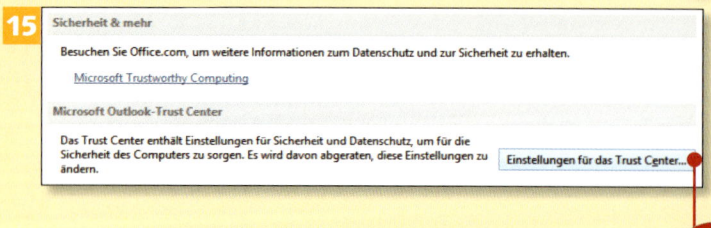

++ Zu viele Add-Ins

Es ist immer eine Versuchung, Outlook mit zusätzlichen Anwendungen aufzupeppen. Die Gefahr ist, dass dadurch Outlook in seiner Leistung nachlässt. Die Verbesserungen der meisten Add-Ins kann man auch mit bereits in Outlook vorhandenen Werkzeugen erreichen.

Schritt 16

Gehen Sie weiter zu **Programm-gesteuerter Zugriff**.

Schritt 17

Programme greifen auf Outlook zu. Sie werden gewarnt, wenn ein Programm auf Ihr Adressbuch zugreifen möchte und wenn eine andere Person in Ihrem Auftrag Nachrichten versenden möchte ❸.

Schritt 18

In unteren Teil des Fensters sehen Sie **Antivirusstatus: Gültig** ❹, was bedeutet, dass Ihr Antivirus- und Spywareprogramm aktiviert ist. Verlassen Sie das Trust Center mit einem Klick auf **OK**.

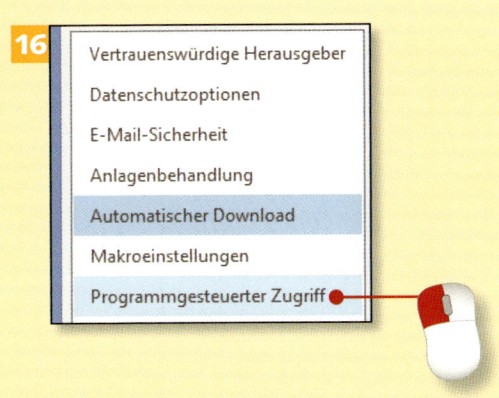

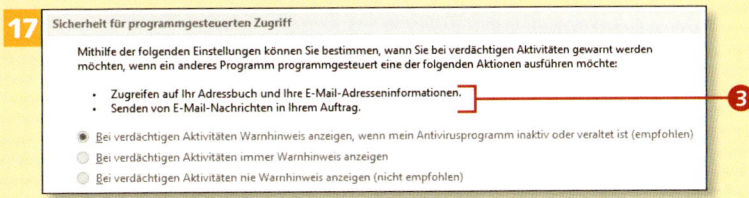

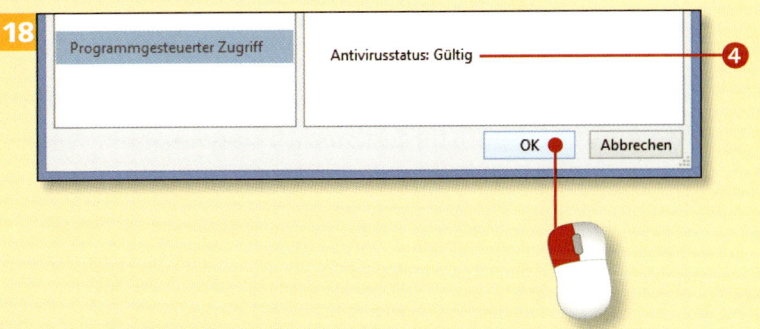

> **Minimaler Schutz**
>
> Die in diesem Kapitel erklärten Funktionen sind das Mindeste, wie Sie Ihren Computer schützen können. Achten Sie deshalb darauf, dass die Funktionen aktiviert und aktuell sind. Informieren Sie sich im Internet mit dem Suchbegriff »Computersicherheit« über aktuelle Sicherheitstrends.

Kapitel 6
Fortgeschrittene E-Mail-Funktionen nutzen

Beschleunigen und vernetzen Sie Outlook. »Zeit ist Geld«, heißt ein altes Sprichwort. Nutzen Sie die fortgeschrittenen Techniken, die Ihnen Outlook zur Verfügung stellt: Fassen Sie Abläufe mit QuickSteps zusammen, lesen Sie Ihre Lieblingsnachrichten als RSS-Feed, und verbinden Sie sich mit Facebook und Co.

Schalten Sie mit QuickSteps den »Turbo« ein

Sie müssen öfter bei der Bearbeitung Ihrer Nachrichten die gleichen Aktionen ausführen: als gelesen markieren, in einen anderen Ordner verschieben, an den Chef weiterleiten etc. Ab jetzt richten Sie dafür QuickSteps ❶ ein, mithilfe derer Sie die Aufgaben mit einem Klick erledigen.

Lesen Sie Ihre Lieblingsnachrichten als RSS-Feed

Sie surfen im Netz auf der Jagd nach den neuesten Nachrichten, weil Sie nichts verpassen möchten? Ich habe eine gute Nachricht für Sie: Nutzen Sie Outlook als Newsreader ❷, und lesen Sie so immer die aktuellsten Nachrichten von »Outlook einrichten«.

Soziale Netzwerke: Verfolgen Sie die Neuigkeiten Ihrer Freunde und Kunden

Ihre Freunde und Kunden sind in den sozialen Netzwerken Facebook, LinkedIn und Co. aktiv? Verbinden Sie diese Netzwerke mit Outlook. Wenn Sie eine E-Mail bekommen, lassen Sie sich im Personenbereich ❸ alles über den Absender anzeigen.

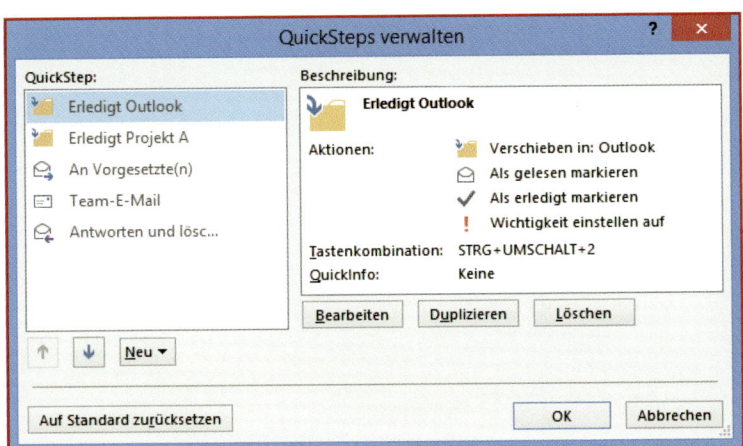

① Hier sehen Sie den eingerichteten QuickStep **Erledigt Outlook** mit seinen verschiedenen Aktionen.

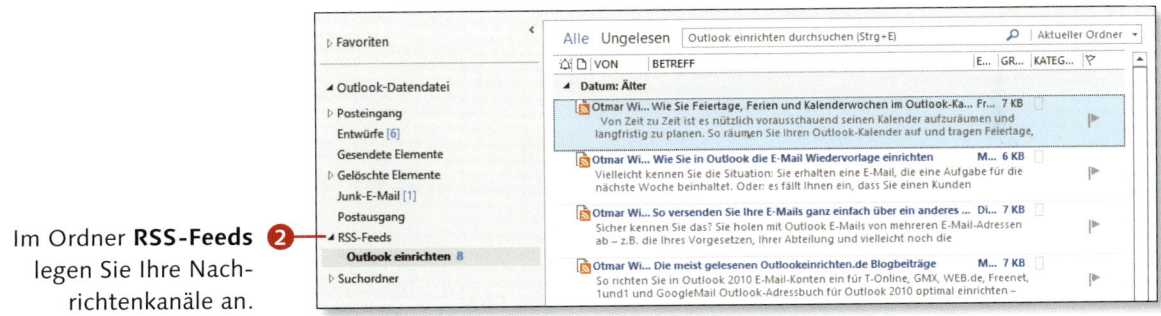

Im Ordner **RSS-Feeds** ② legen Sie Ihre Nachrichtenkanäle an.

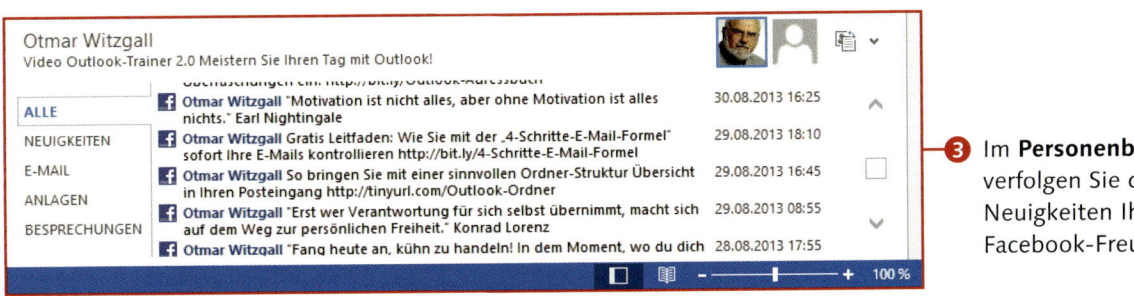

③ Im **Personenbereich** verfolgen Sie die Neuigkeiten Ihrer Facebook-Freunde.

E-Mails filtern und sortieren

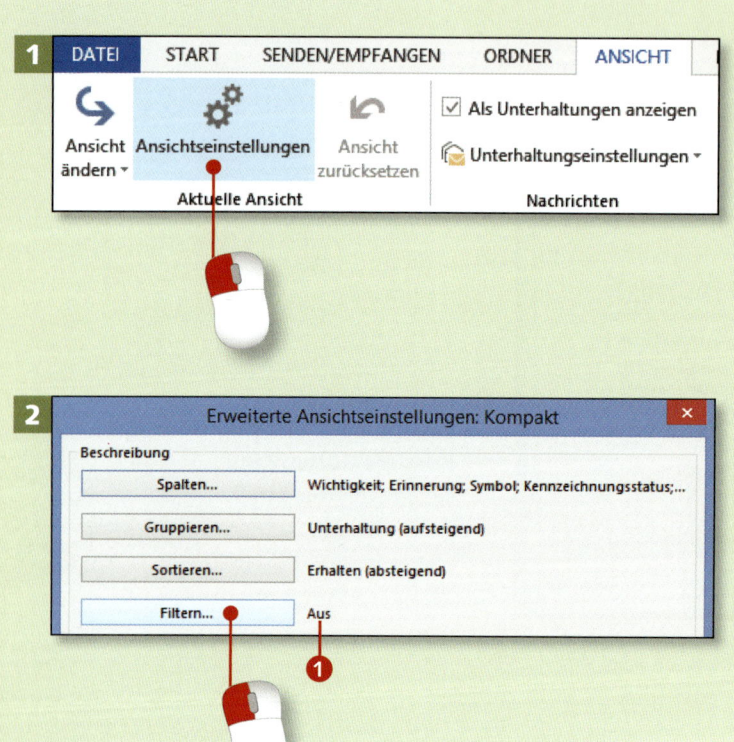

Je mehr Nachrichten Sie bekommen, desto bessere Werkzeuge benötigen Sie, um die Übersicht zu behalten. Dazu gehören die Filtermöglichkeiten und das Sortieren.

Schritt 1

Um Filter beständig einzurichten, gehen Sie im Register **Ansicht** in der Gruppe **Aktuelle Ansicht** auf die Schaltfläche **Ansichtseinstellungen**.

Schritt 2

Es öffnet sich das Fenster **Erweiterte Ansichtseinstellungen: Kompakt**. Kompakt ist die aktuelle Ansicht. Sie sehen, dass noch kein Filter eingerichtet ist ➊. Klicken Sie auf **Filtern**.

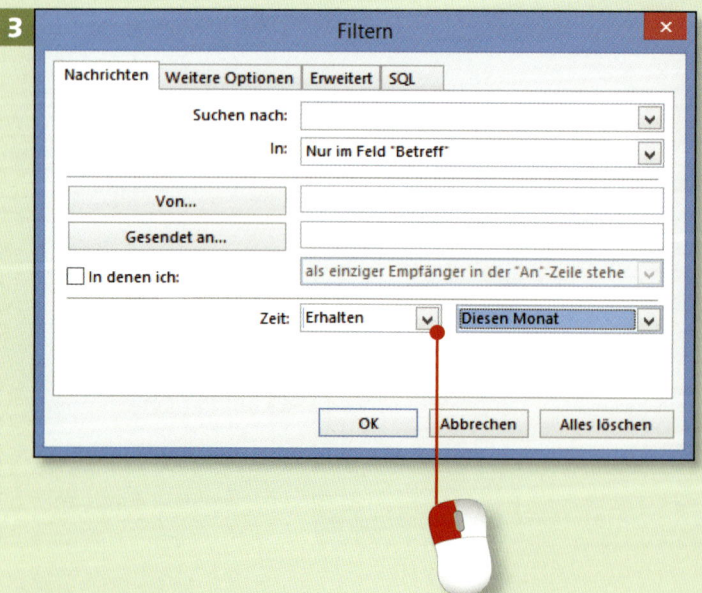

Schritt 3

Sie möchten die Nachrichten von diesem Monat ausfiltern lassen. Im Reiter **Nachrichten** gehen Sie zum Auswahlfenster neben **Zeit** und wählen **Erhalten** aus. Daneben wählen Sie den Zeitraum **Diesen Monat** aus. Schließen Sie das Fenster mit einem Klick auf **OK**.

Schritt 4

Sie sehen jetzt die Beschreibung des Filters **Nachrichten: Erhalten Diesen Monat** ❷. Schließen Sie das Fenster **Erweiterte Ansichtseinstellungen** mit einem Klick auf **OK**.

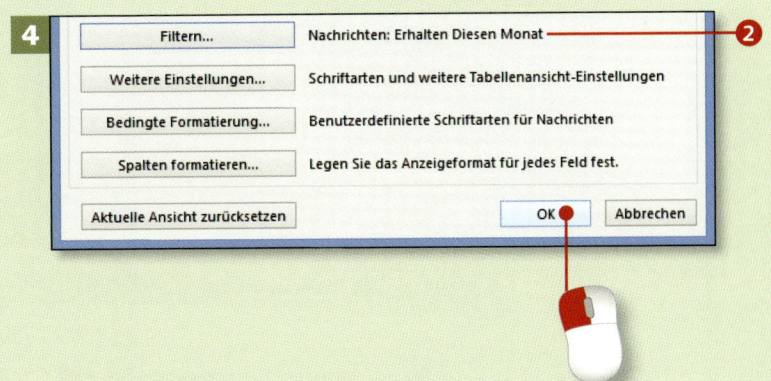

Schritt 5

Im Posteingang wird der Filter angewendet, und die Nachrichten dieses Monats werden in Gruppen angezeigt ❸.

Schritt 6

Wiederholen Sie den Schritt 1, und Sie landen wieder im Fenster **Erweiterte Ansichtseinstellungen: Kompakt**. Jetzt wollen Sie den Filter wieder löschen. Gehen Sie daher auf **Filtern**.

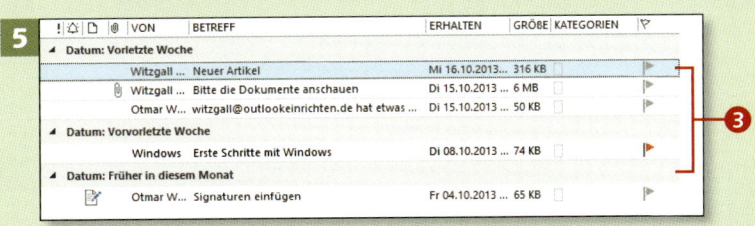

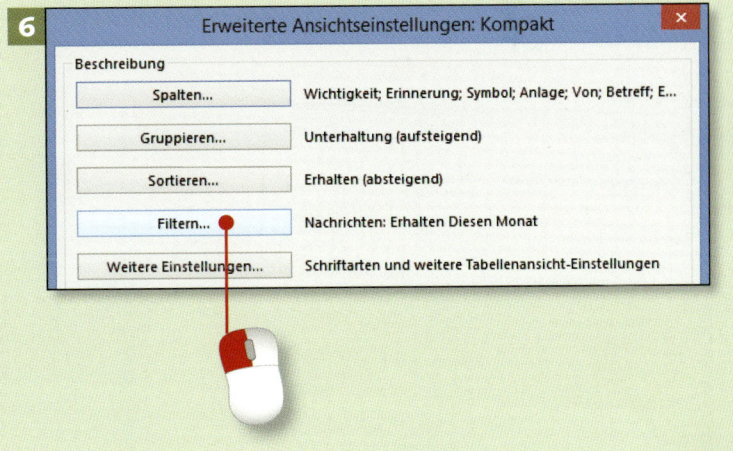

Filtern Sie mit Suchordnern

Das Filtern in **Ansicht** bezieht sich immer auf den jeweiligen Ordner. Wenn Sie alle E-Mail-Ordner mit einbeziehen möchten, sind Suchordner wie im Abschnitt »Suchordner verwenden« ab Seite 108 beschrieben die beste Alternative.

E-Mails filtern und sortieren (Forts.)

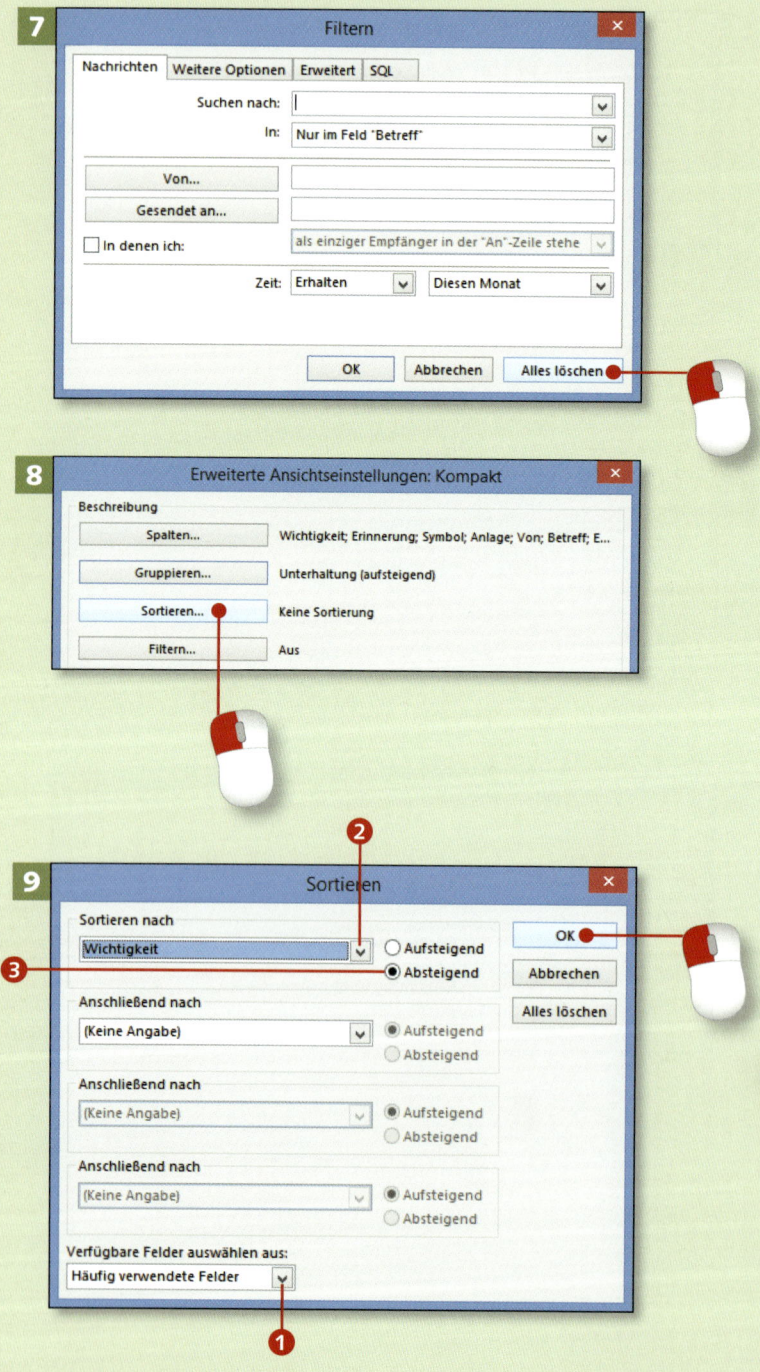

Schritt 7

Um nicht alles mit der Hand rückgängig machen zu müssen, gehen Sie unten rechts auf **Alles löschen**. Jetzt sind alle Filter gelöscht, auch diejenigen, die Sie vielleicht vorher schon eingerichtet hatten.

Schritt 8

Nun konzentrieren Sie sich auf die Sortierfunktion. Mit Klick auf **Sortieren** wird ein neues Fenster geöffnet.

Schritt 9

Im Fenster **Sortieren** wählen Sie **Verfügbare Felder auswählen aus**: **Häufig verwendete Felder** ❶. Wenn Sie dort nicht fündig werden, wählen Sie **Alle E-Mail-Felder** aus. Sie wählen jetzt oben bei **Sortieren nach** den Eintrag **Wichtigkeit** ❷ aus. Aktivieren Sie danach **Absteigend** ❸, und schließen Sie die Sortiereinstellungen mit **OK** ab.

Manuell filtern und sortieren

Spontan filtern Sie über die normale Suchfunktion, wie im Abschnitt »E-Mails suchen« ab Seite 104 beschrieben. Spontan sortieren Sie am besten über **Ansicht ▸ Anordnung ▸ Anordnen nach**, wie es im Abschnitt »Die Anzeige von Aufgaben ändern« ab Seite 230 erklärt wird.

Schritt 10

Die Beschreibung: **Wichtigkeit (absteigend)** sehen Sie neben dem Button **Sortieren**. Sie müssen noch unter **Gruppieren** ❹ die Option **Keine Gruppierung** einstellen. Dann schließen Sie mit **OK**.

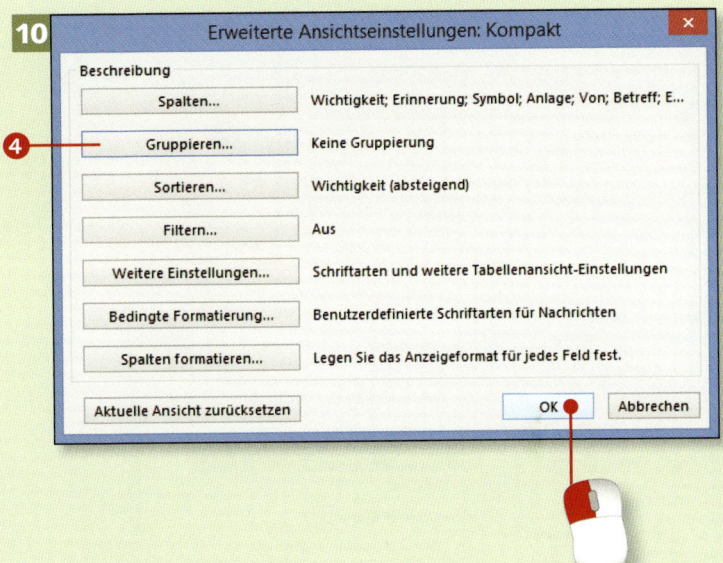

Schritt 11

In der Auflistung sehen Sie die E-Mails sortiert nach Wichtigkeit: hoch über normal bis niedrig ❺.

Schritt 12

Wenn Sie die Sortierung umkehren möchten, klicken Sie auf das Symbol **Wichtigkeit**. Bei jedem weiteren Klick wird die Reihenfolge erneut umgekehrt. Die manuelle Sortierung können Sie in jeder Spalte mit Klick auf die Spaltenüberschrift vornehmen. Jeder Klick dreht die Reihenfolge um.

Sortierung in Gruppen anzeigen

Den optischen Überblick verstärken Sie, wenn Sie sich die sortierten E-Mails in Gruppen anzeigen lassen. Gehen Sie dazu über **Ansicht ▸ Aktuelle Ansicht ▸ Ansichtseinstellungen** auf **Weitere Einstellungen**, und setzen Sie bei **Elemente in Gruppen anzeigen** ein Häkchen.

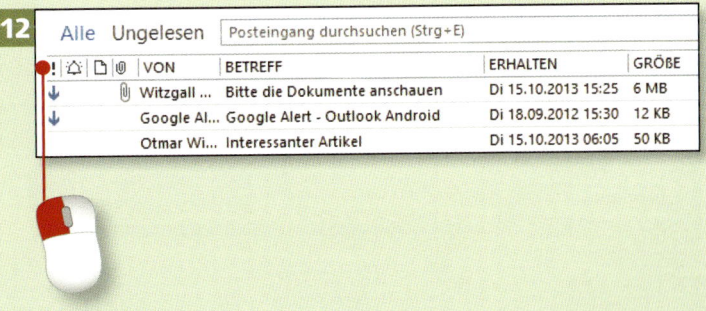

Abläufe mit QuickSteps vereinfachen

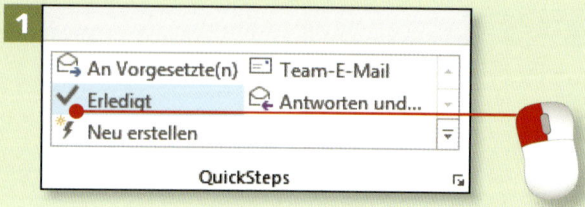

Mit QuickSteps können Sie mehrere Bearbeitungsschritte gleichzeitig mit einem einzigen Befehl ausführen. Wenn Sie mehrmals pro Tag die gleichen Befehle ausführen, richten Sie sich QuickSteps ein – es lohnt sich.

Schritt 1

Im Register **Start** finden Sie die Gruppe **QuickSteps**. Zum Einrichten des QuickSteps **Erledigt** klicken Sie auf den gleichnamigen Befehl.

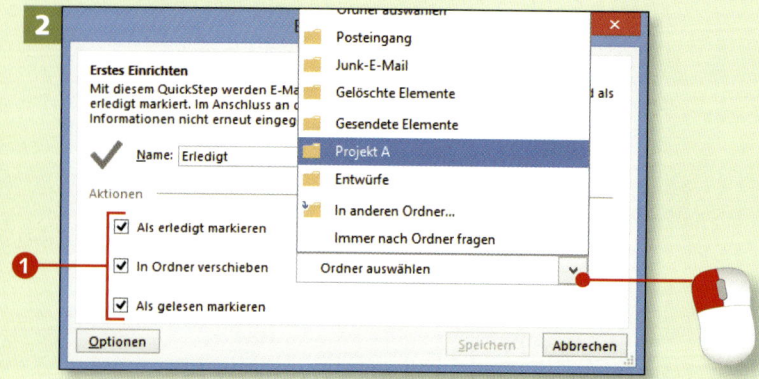

Schritt 2

Es öffnet sich das Fenster **Erstes Einrichten** und oben links eine erste Beschreibung. Bei den **Aktionen** wird erklärt, welche Schritte nacheinander abgearbeitet werden ❶. Bei **Ordner auswählen** gehen Sie im Menü auf den Ordner **Projekt A**.

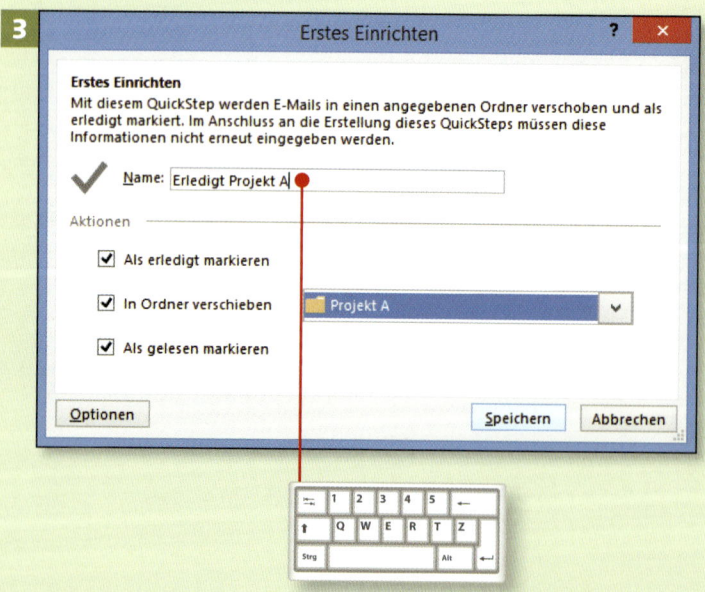

Schritt 3

Tippen Sie den Namen des QuickSteps »Erledigt Projekt A« in das Eingabefeld. Schließen Sie die Einrichtung des QuickSteps mit **Speichern** ab.

Schritt 4

Sie sehen den neuen QuickStep in der Menüleiste unter dem Reiter **Start** und in der Gruppe **Quick-Steps**. Haben Sie eine Nachricht, die Sie mit dem QuickStep bearbeiten möchten, klicken Sie auf **Erledigt Projekt A**, und die markierte E-Mail wird im Hintergrund bearbeitet und landet im Ordner **Projekt A**.

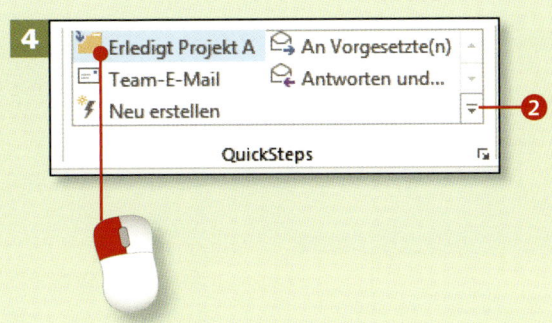

Schritt 5

Gehen Sie nun auf die Pfeilspitze zum Aufklappen des QuickSteps-Menüs (❷ in Schritt 4), und wählen Sie **QuickSteps verwalten** aus.

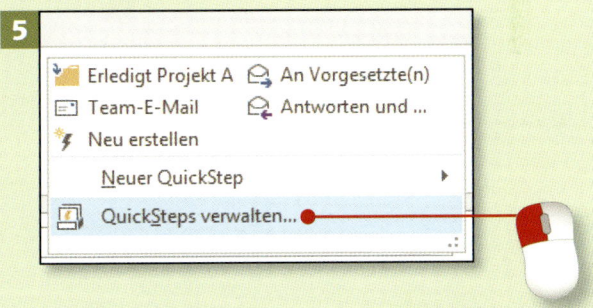

Schritt 6

Sie wollen jetzt den QuickStep **Erledigt Projekt A** als Ausgangspunkt für einen ähnlich gelagerten QuickStep nehmen. Klicken Sie auf **Duplizieren**.

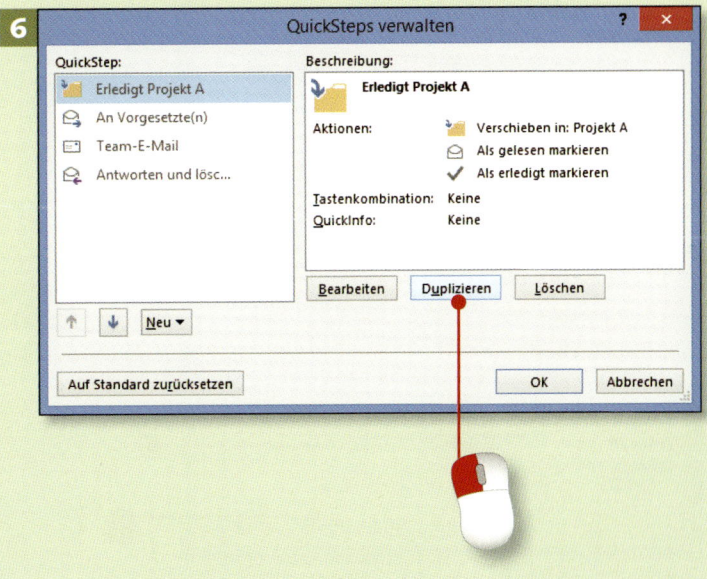

ℹ️ QuickSteps als »Regeln«

In Abschnitt »E-Mails automatisch verschieben« ab Seite 98 haben Sie *Regeln* eingerichtet, um bestimmte Nachrichten in einen Ordner zu verschieben. Mit *QuickSteps* richten Sie »Regeln« für einzelne Nachrichten ein.

Abläufe mit QuickSteps vereinfachen (Forts.)

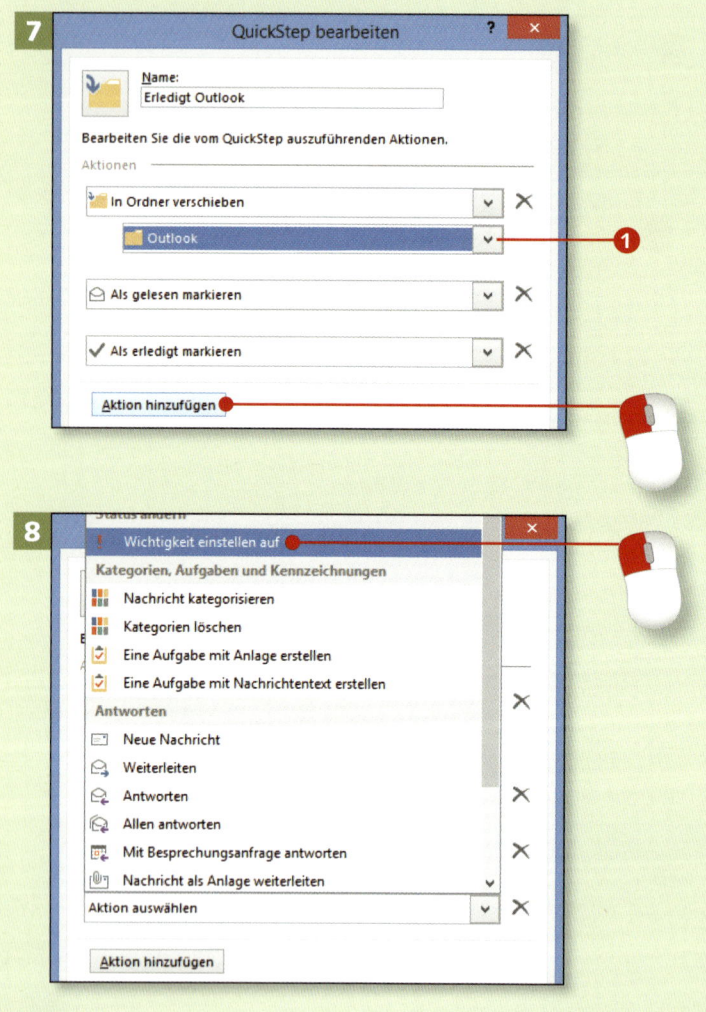

Schritt 7

Im Fenster **QuickStep bearbeiten** schreiben Sie den neuen Namen »Erledigt Outlook« in das Eingabefeld und wählen bei **In Ordner verschieben** den Ordner **Outlook** ❶ aus. Klicken Sie auf die Schaltfläche **Aktion hinzufügen**.

Schritt 8

Bei **Aktion auswählen** gehen Sie im Menü auf **Wichtigkeit einstellen auf**.

Schritt 9

Unter **Wichtigkeit einstellen auf** wählen Sie die Option **Wichtigkeit: Hoch** aus ❷. Zum Abschluss wählen Sie bei **Tastenkombination** die Option **Strg + Umschalt + 2** aus ❸. Schließen Sie mit **Speichern** ab. Wenn Sie bei einer markierten E-Mail nun `Strg` + `⇧` + `2` betätigen, wird die E-Mail wie eingerichtet bearbeitet.

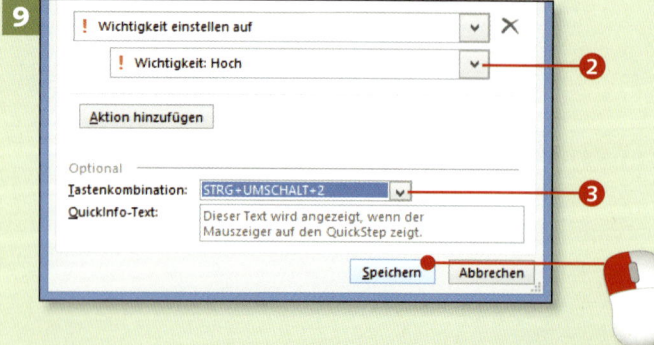

Schritt 10

Im linken Teil des Fensters **Quick-Steps verwalten** möchten Sie noch die Reihenfolge ändern. Klicken Sie auf den Pfeil, der nach oben zeigt, und der markierte QuickStep **Erledigt Outlook** rutscht nach oben.

Schritt 11

Im rechten Teil des Fensters sehen Sie in der Beschreibung die Zu-sammenfassung der eingerichteten Schritte. Schließen Sie **QuickSteps verwalten** mit einem Klick auf **OK**.

Schritt 12

Hier sehen Sie auch das Ergebnis von Schritt 10: Der QuickStep **Er-ledigt Outlook** steht nun an erster Stelle ❹. Rufen Sie den QuickStep **Erledigt Outlook** so auf: Klicken Sie mit der rechten Maustaste in eine E-Mail, und gehen Sie im Kontextmenü zu **QuickSteps** und dann auf **Erledigt Outlook**.

Mehrere E-Mails gleichzeitig

E-Mails im Posteingang, die gleich behandelt werden sollen, markie-ren Sie mit gedrückter Strg-Taste und klicken dann auf den Quick-Step, mit dem Sie die E-Mails be-arbeiten möchten. Das lohnt sich z. B. bei **Verschieben, als gelesen kennzeichnen** oder **Kategorisieren**.

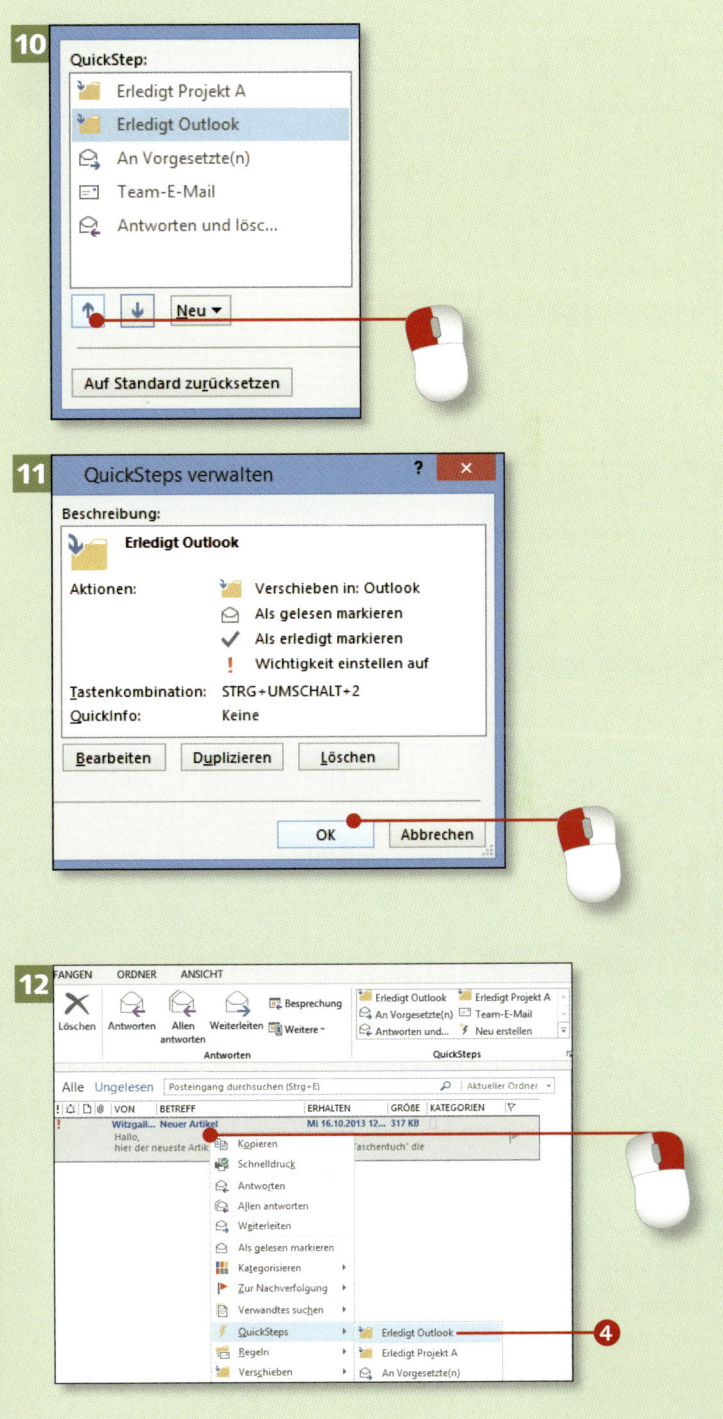

Nachrichten per RSS abonnieren

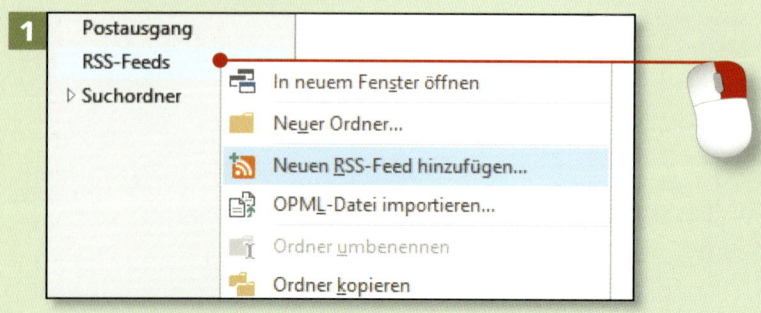

Sie lesen gerne Nachrichten im Internet, um immer auf dem Laufenden zu bleiben? Dann holen Sie Ihre Lieblingsnachrichten doch einfach per RSS-Feed in Outlook 2013.

Schritt 1

Starten Sie mit einem Rechtsklick im Ordnerbereich auf den Ordner **RSS-Feeds**, und gehen Sie dann auf **Neuen RSS-Feed hinzufügen**.

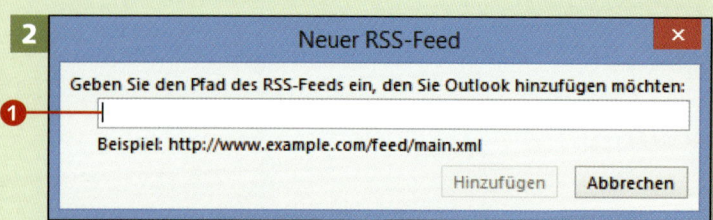

Schritt 2

Es öffnet sich das Fenster **Neuer RSS-Feed** und verlangt nach der Eingabe eines Pfades für einen RSS-Feed ❶. Sie gehen ins Internet und begeben sich auf die Internetseite Ihrer Lieblingsnachrichten.

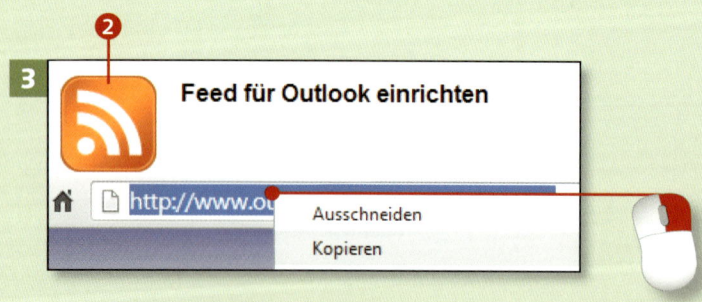

Schritt 3

Im Internet gehen Sie z. B. auf die Seite *www.outlookeinrichten.de* und suchen nach dem orangefarbenen Symbol für den RSS-Feed ❷. Klicken Sie auf das **RSS-Feed-Symbol**, und kopieren Sie die im Internetbrowser angezeigte URL mit einem Rechtsklick gefolgt von einem Klick auf **Kopieren**.

Einstellen von RSS-Feeds
Alternativ zu Schritt 1 finden Sie die Einstellungen über **Datei ▸ Kontoeinstellungen ▸ Kontoeinstellungen ▸ RSS-Feeds**.

Schritt 4

Gehen Sie in Outlook zurück zu dem immer noch geöffneten Fenster von Schritt 2, und fügen Sie mit `Strg` + `V` die kopierte URL ein. Schließen Sie das Fenster mit einem Klick auf **Hinzufügen**.

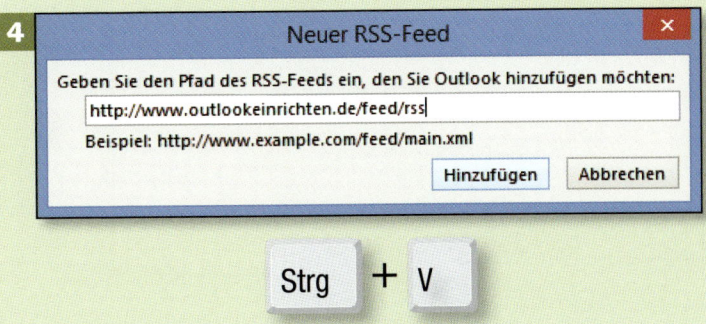

Schritt 5

Sie bekommen die Nachfrage **Soll dieser RSS-Feed Outlook hinzugefügt werden?** mit dem Hinweis, nur vertrauenswürdigen Quellen zu vertrauen. Antworten Sie mit Klick auf **Ja**.

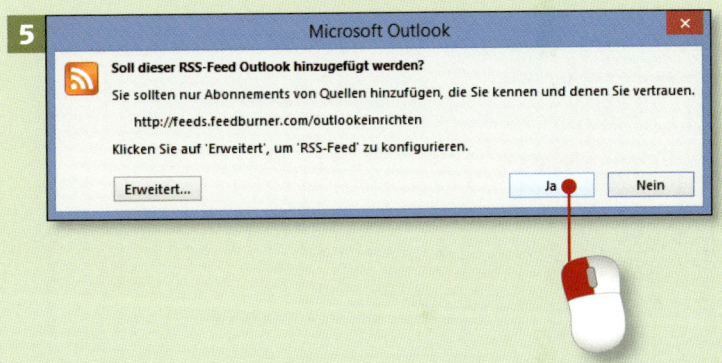

Schritt 6

Nach einer kurzen Zeitspanne fügt Outlook den neuen Ordner **Outlook einrichten** hinzu ❸. In der Nachrichtenliste erscheinen die letzten zehn Artikel. Jetzt lesen Sie in Outlook die Blogbeiträge wie E-Mails in der Reihenfolge ihres Erscheinungsdatums.

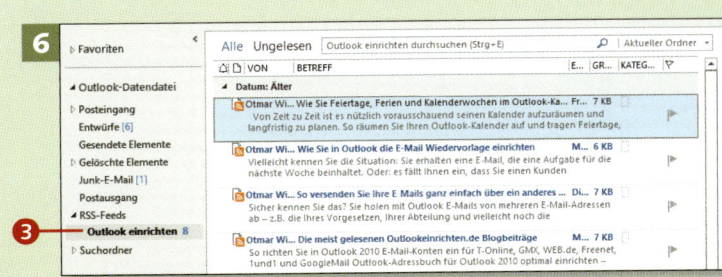

Ausschau halten

Halten Sie auf Ihrem Streifzug durch Ihre Lieblingsnachrichtenseiten im Internet Ausschau nach dem orangefarbenen Symbol für die RSS-Feeds. Einmal gefunden, abonnieren Sie die Nachrichten, wie in dieser Anleitung beschrieben.

Soziale Netzwerke einbinden

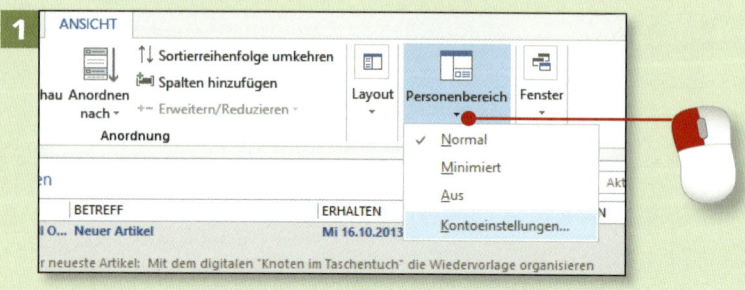

Die sozialen Netzwerke wie Facebook und XING sind in aller Munde – vielleicht sind Sie schon dabei. Lesen Sie Neuigkeiten Ihrer Freunde oder Kollegen in Outlook.

Schritt 1

Beginnen Sie mit dem Reiter **Ansicht**, gehen Sie in der Gruppe **Personenbereich** auf den gleichnamigen Befehl, und wählen Sie dort **Kontoeinstellungen** aus.

Schritt 2

Im Fenster **Microsoft Office** sehen Sie standardmäßig die Netzwerke **Facebook** und **LinkedIn** ❶ über den sogenannten *Outlook Connector* integriert. Klicken Sie auf **Weitere**.

Schritt 3

Es öffnet sich eine Microsoft-Internetseite, auf der Sie erfahren, dass diese beiden Netzwerke **Im Lieferumfang von Office** ❷ enthalten sind. Sie suchen aber weitere Netzwerke. Geben Sie die nachfolgende Adresse in Ihren Browser ein: *http://bit.ly/Outlook2013-Connector*.

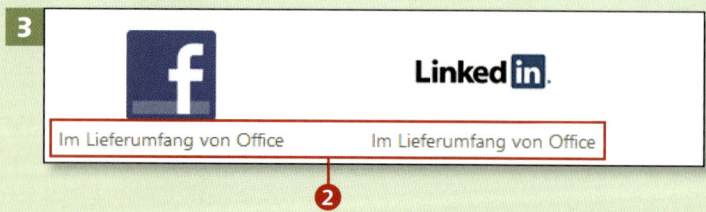

Schritt 4

Hier finden Sie die Netzwerke, die Sie aktuell über den Outlook Connector integrieren können. Klicken Sie auf das Business-Netzwerk **XING**, und Sie werden auf die Downloadseite geleitet.

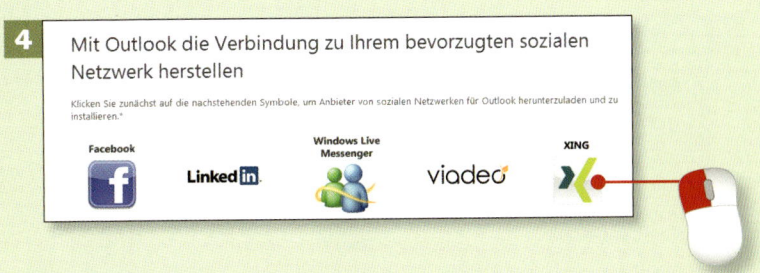

Schritt 5

Zurück zu Facebook (siehe Schritt 2). Klicken Sie auf unter **Konten sozialer Netzwerke** auf den Eintrag **Facebook**.

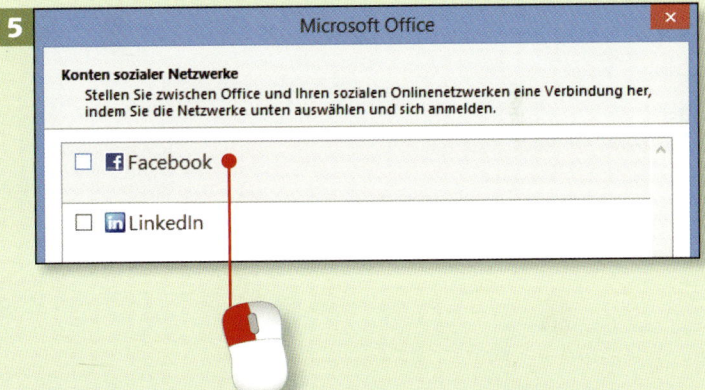

Schritt 6

Im neuen Fenster verbinden Sie sich mit Facebook. Tragen Sie Ihren **Benutzernamen** und Ihr **Kennwort** ein ❸. Sollten Sie noch kein Konto haben, klicken Sie auf den Link, um ein Konto zu erstellen ❹. Setzen Sie bei **Fotos und Informationen aus diesem Netzwerk bei Verfügbarkeit standardmäßig anzeigen** ❺ ein Häkchen. Klicken Sie auf **Verbinden**, um sich in Outlook mit Facebook zu vernetzen.

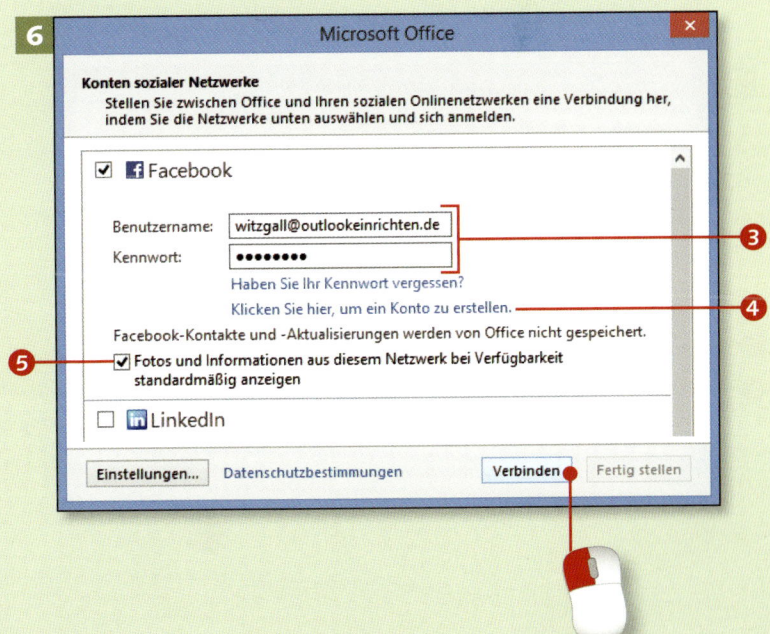

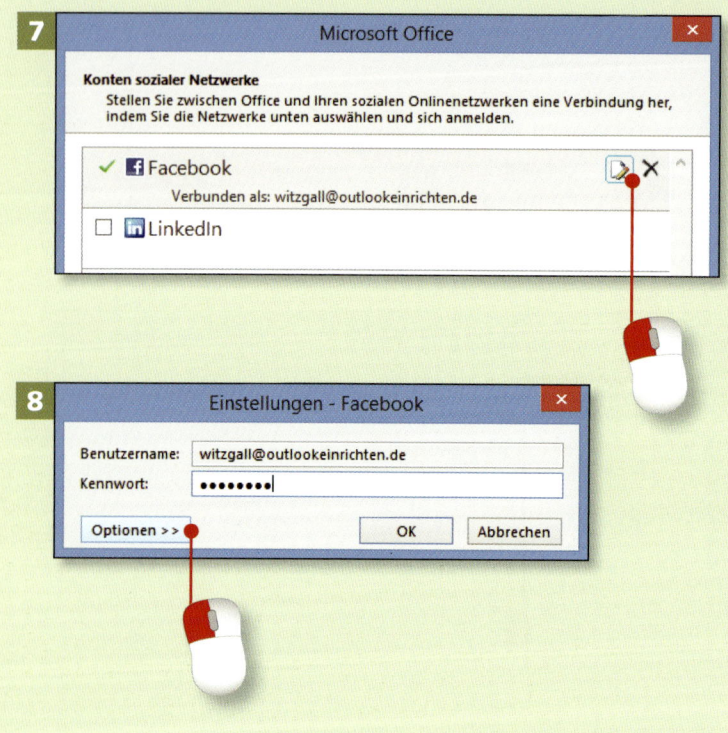

Schritt 7

Es hat funktioniert! Sie sind jetzt mit Facebook verbunden. Für weitere Einstellungen klicken Sie auf das Symbol mit dem Stift.

Schritt 8

Im Fenster **Einstellungen – Facebook** klicken Sie auf **Optionen**.

Schritt 9

Sie bekommen Informationen zur Datenverwaltung. Wichtig ist: **Facebook-Kontakte und -Aktualisierungen werden von Office nicht gespeichert** ❶. Wenn für Sie die Datenschutzbestimmungen in Ordnung sind, setzen Sie jeweils ein Häkchen bei **Auf soziale Netzwerkaktualisierungen zugreifen** und bei **Fotos und Informationen aus diesem Netzwerk bei Verfügbarkeit standardmäßig anzeigen** ❷. Schließen Sie mit **OK** ab.

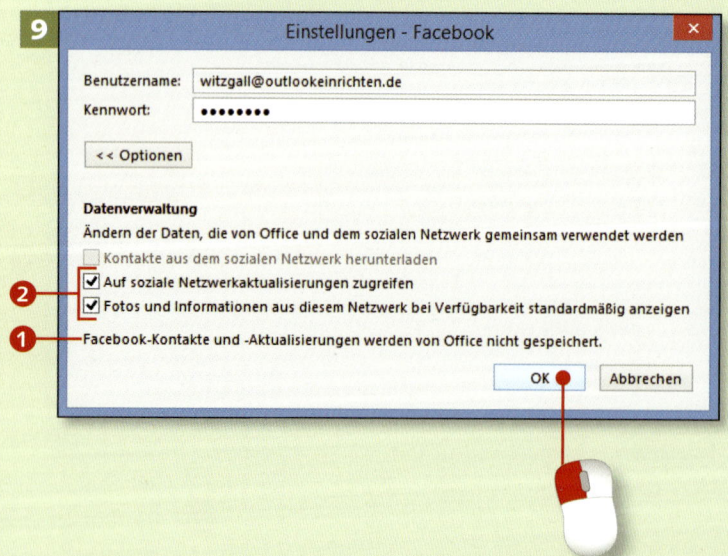

!

Datenschutzbestimmungen

Mit Klick auf **Datenschutzbestimmungen** in Schritt 10 erhalten Sie wichtige Informationen über den Datenschutz von Microsoft. Wichtig zu wissen: Sie sind für das, was über Sie veröffentlicht wird, selbst verantwortlich.

Schritt 10

Beenden Sie das Einbinden Ihres Facebook-Kontos in Outlook mit einem Klick auf **Fertig stellen**.

Schritt 11

Microsoft fasst in dieser Mitteilung zusammen, was Sie in den letzten Schritten eingerichtet und Microsoft Office erlaubt haben. Wichtig: Sie steuern in den Datenschutzeinstellungen über Ihren Facebook-Account, was Sie für andere freigeben ❸. Bestätigen Sie, dass Sie die Informationen gelesen haben, und klicken Sie dann auf **Schließen**.

Schritt 12

Mit der Einstellung **Ansicht ▸ Personenbereich ▸ Normal** sehen Sie unter dem Lesebereich das Ergebnis dessen, was Sie in den vorangehenden Schritten eingerichtet haben. Standardmäßig wird **Alle** angezeigt. Sie können die Anzeigen natürlich differenziert nach **Neuigkeiten**, **E-Mail**, **Anlagen** und **Besprechungen** abfragen ❹.

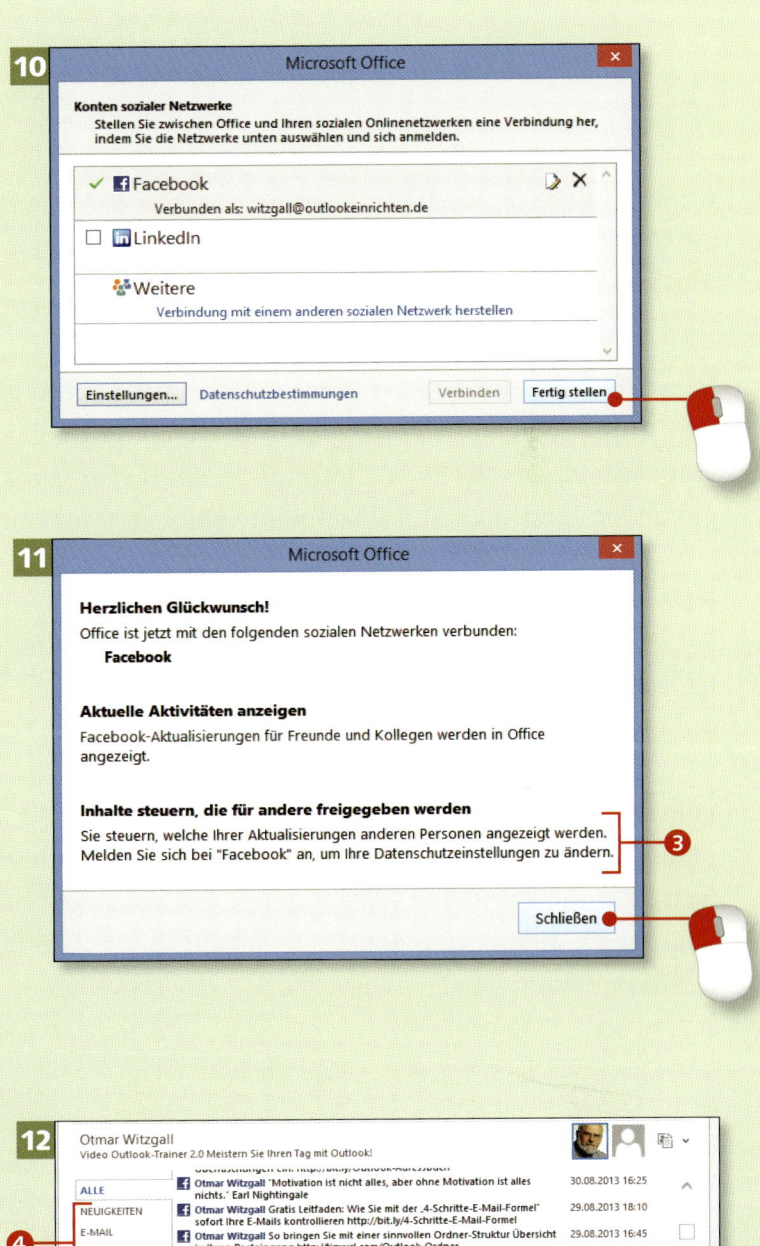

10 Microsoft Office

Konten sozialer Netzwerke
Stellen Sie zwischen Office und Ihren sozialen Onlinenetzwerken eine Verbindung her, indem Sie die Netzwerke unten auswählen und sich anmelden.

✓ 🅵 Facebook
Verbunden als: witzgall@outlookeinrichten.de

☐ 🅻 LinkedIn

👥 Weitere
Verbindung mit einem anderen sozialen Netzwerk herstellen

Einstellungen... | Datenschutzbestimmungen | Verbinden | **Fertig stellen**

11 Microsoft Office

Herzlichen Glückwunsch!
Office ist jetzt mit den folgenden sozialen Netzwerken verbunden:
Facebook

Aktuelle Aktivitäten anzeigen
Facebook-Aktualisierungen für Freunde und Kollegen werden in Office angezeigt.

Inhalte steuern, die für andere freigegeben werden
Sie steuern, welche Ihrer Aktualisierungen anderen Personen angezeigt werden. Melden Sie sich bei "Facebook" an, um Ihre Datenschutzeinstellungen zu ändern. ❸

Schließen

12 Otmar Witzgall
Video Outlook-Trainer 2.0 Meistern Sie Ihren Tag mit Outlook!

ALLE	🅵 Otmar Witzgall "Motivation ist nicht alles, aber ohne Motivation ist alles nichts." Earl Nightingale	30.08.2013 16:25
NEUIGKEITEN	🅵 Otmar Witzgall Gratis Leitfaden: Wie Sie mit der „4-Schritte-E-Mail-Formel" sofort Ihre E-Mails kontrollieren http://bit.ly/4-Schritte-E-Mail-Formel	29.08.2013 18:10
E-MAIL	🅵 Otmar Witzgall So bringen Sie mit einer sinnvollen Ordner-Struktur Übersicht in Ihren Posteingang http://tinyurl.com/Outlook-Ordner	29.08.2013 16:45
ANLAGEN	🅵 Otmar Witzgall "Erst wer Verantwortung für sich selbst übernimmt, macht sich auf dem Weg zur persönlichen Freiheit." Konrad Lorenz	29.08.2013 08:55
BESPRECHUNGEN	🅵 Otmar Witzgall "Fang heute an, kühn zu handeln! In dem Moment, wo dich	28.08.2013 17:55

❹

Kapitel 7
Ein Adressbuch anlegen

Kontaktpflege ist beim Netzwerken das A und O. Outlook bietet Ihnen eine Vielfalt an Möglichkeiten, Adressen anzulegen, zu bearbeiten und aus externen Quellen zu importieren.

Wie Sie einen neuen Kontakt als Visitenkarte anlegen

Was empfinden Sie, wenn Sie eine Visitenkarte überreicht bekommen? Sicher, es hängt vom Adressaten ab. Etwas Besonderes spürt man aber immer. Werden Sie kreativ, und geben Sie Ihrer digitalen Visitenkarte ❶ ein persönliches Gesicht.

Haben Sie viele Kontakte, sollten Sie keine Zeit beim Suchen verlieren

Sie sind reich an Beziehungen und haben viele Kontakte? Wie den einen Kontakt finden? Ich zeige Ihnen, wie Sie mit F11 den Such-Turbo einschalten ❷ und im Handumdrehen die gesuchte Person finden.

Wie dumm! Ihre Adressen sind in Excel gesammelt

Vielleicht waren Sie es ja bis jetzt gewohnt, Ihre Adressen in einer Excel-Tabelle ❸ zu verwalten, oder Sie nutzen eine andere Quelle. Wenn Sie Ihre Kontakte von nun an komplett in Outlook verwalten möchten, zeige ich Ihnen, wie Sie Ihre Adressen von Excel nach Outlook bekommen.

Geben Sie Ihrer Visiten-
karte ein persönliches
Gesicht. ❶

❷ Schalten Sie mit F11
den Such-Turbo ein.

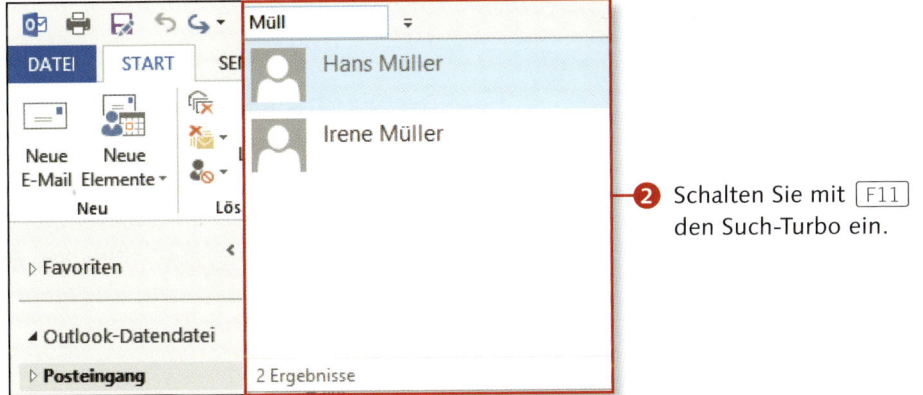

❸ Exportieren Sie Adressen
aus Excel nach Outlook.

Einen Kontakt hinzufügen

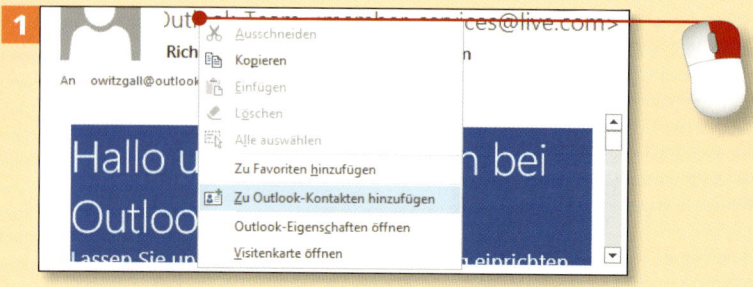

Personen, mit denen Sie häufiger zu tun haben, sollten Sie als Kontakte aufnehmen.

Schritt 1

Sie erhalten eine Nachricht, deren Absender Sie zu Ihrem Adressbuch hinzufügen wollen. Klicken Sie mit der rechten Maustaste auf die E-Mail-Adresse und dann auf **Zu Outlook-Kontakten hinzufügen**. Sollte sich der Kontakt bereits im Adressbuch befinden, wird im Menü die Option **Kontakt bearbeiten** angezeigt.

Schritt 2

Es öffnet sich ein Fenster, in dem Outlook die bekannten Daten aus der E-Mail übernommen hat. Wesentliche Kontaktdaten fügen Sie – falls bekannt – mit Klick auf das Plus-Zeichen hinzu. Klicken Sie auf das **Plus** bei Telefon.

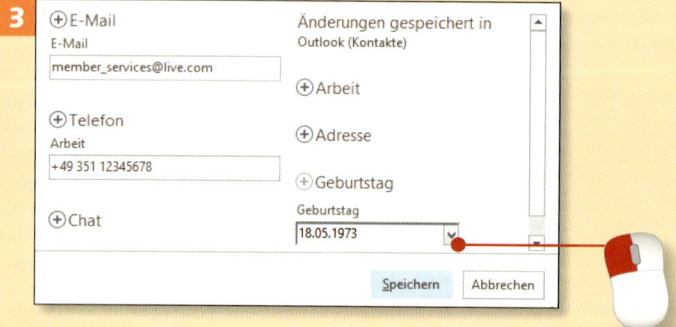

Schritt 3

Tragen Sie die Geschäfts-Telefonnummer ein, und wählen Sie den **Geburtstag** aus. Beenden Sie die Eingaben mit **Speichern**.

Schritt 4

Sie erhalten eine Zusammenfassung der eingegebenen Daten und Links für weitere Aktionen – wie z. B. **E-Mail senden** ❶. Klicken Sie auf das **Schließkreuz**.

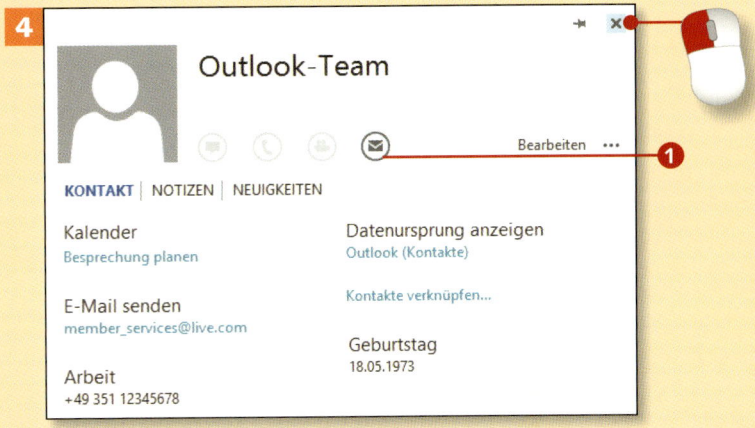

Schritt 5

Der Kontakt wurde in den Ordner **Kontakte** in die Personen-Ansicht ❷ übernommen. Um Zugang zu allen Adressdaten zu bekommen, die in dieser Ansicht nicht sichtbar sind, klicken Sie bei **Datenursprung anzeigen** auf **Outlook (Kontakte)**.

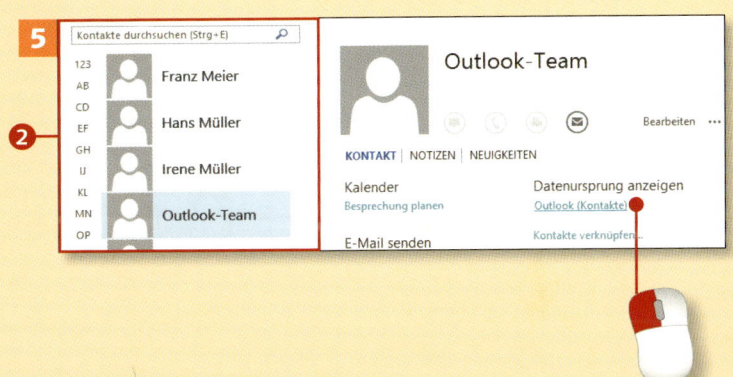

Schritt 6

Im aufgerufenen Kontaktformular geben Sie weitere Daten ein. Alle Kontaktfelder blenden Sie mit einem Klick auf **Alle Felder** ein. Schließen Sie das Fenster mit Klick auf **Speichern & schließen** ❸.

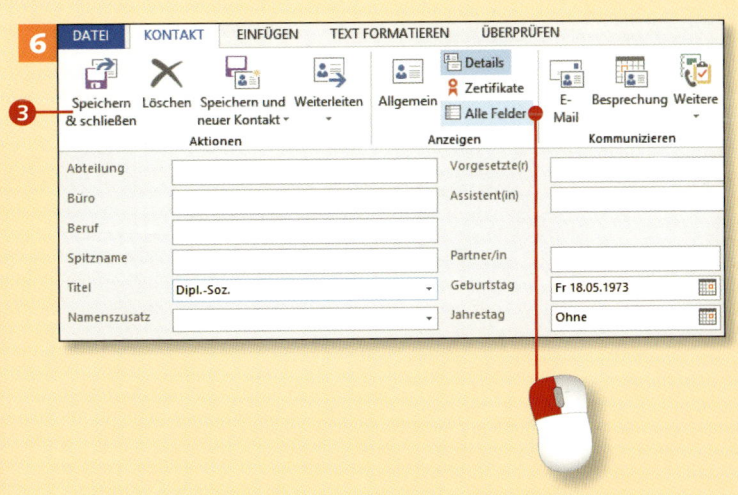

Kontaktformular öffnen

Wenn Sie in der Ansicht **Personen** wie in Schritt 5 arbeiten, möchten Sie vielleicht das komplette Kontaktformular öffnen. Klicken Sie auf den Link unter **Datenursprung anzeigen**: Meist steht dort **Outlook (Kontakte)**.

Einen Kontakt neu anlegen

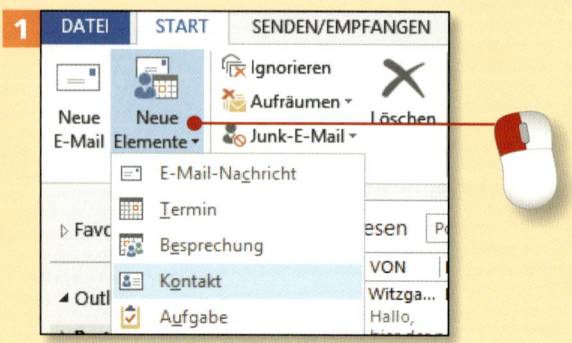

Ob Sie im Internet unterwegs sind, eine Visitenkarte erhalten oder eine E-Mail mit Signatur – neue Kontakte sind schnell geknüpft.

Schritt 1

Gehen Sie im Bereich **Personen** auf das Register **Start**. Klicken Sie auf **Neue Elemente** und anschließend auf **Kontakt**. Am schnellsten öffnen Sie einen neuen Kontakt mit $\boxed{\text{Strg}}$ + $\boxed{\Uparrow}$ + $\boxed{\text{C}}$.

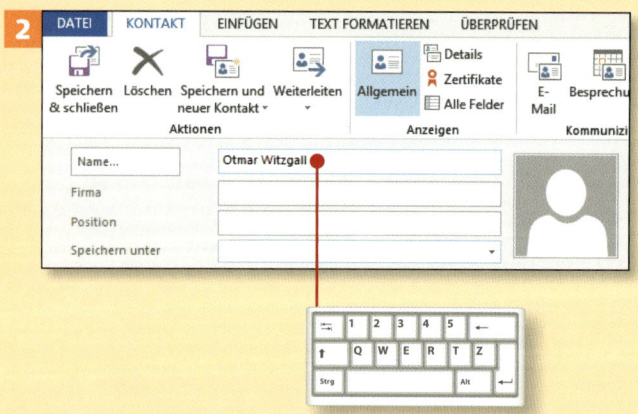

Schritt 2

Im Kontaktformular sehen Sie die Adressfelder, die im Register **Kontakt** unter **Allgemein** angezeigt werden. Tippen Sie Ihren Namen in der Reihenfolge Vorname und Nachname ein. Das Feld **Speichern unter** lassen Sie frei – es wird die Standardvariante eingetragen: Nachname, Vorname.

Schritt 3

Geben Sie die E-Mail-Adresse ein, und klicken Sie in das Eingabefeld **Anzeigen als**. Outlook generiert automatisch einen Vorschlag, den Sie per Hand ändern können. Weiter unten tippen Sie die postalische Adresse ein.

Schritt 4

Klicken Sie im Formular der Gruppe **Anzeigen** auf **Details**. Tragen Sie weitere bekannte Informationen ein. Wenn Sie noch mehr Daten eingeben möchten, klicken Sie auf **Alle Felder**.

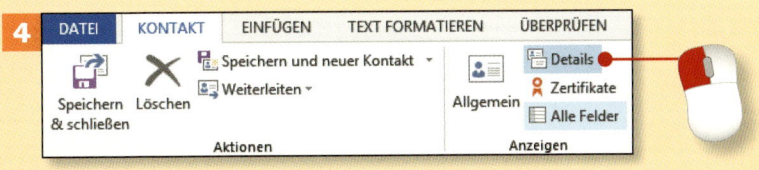

Schritt 5

Gehen Sie bei **Auswählen aus** im Menü auf **Alle Kontaktfelder** ❶. Hier scrollen Sie sich durch die Liste und machen z. B. bei **Kundennr.** einen Eintrag. Beenden Sie Ihre Eingaben mit **Speichern & Schließen**.

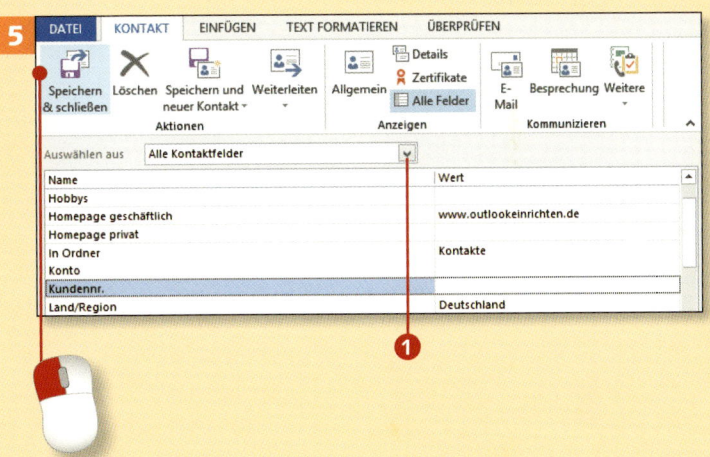

Schritt 6

In der Ansicht **Liste** unter der Gruppe **Aktuelle Ansicht** lassen Sie sich die ausgeblendeten Felder **Kundennr.**, **Assistent(in)** und **Vorgesetzte(r)** ❷ anzeigen. Wie Ansichten erstellt werden, haben Sie im Abschnitt »Lesebereich und Ansichten einstellen« ab Seite 84 erfahren.

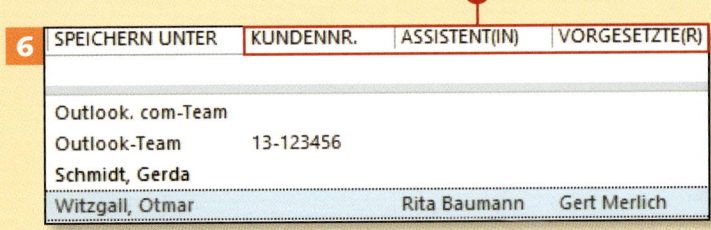

Zwischenablage nutzen

Diese elegante und schnelle Methode wird im nächsten Abschnitt »Kontakte bearbeiten« ab Seite 160 in den Schritten 1 und 2 beschrieben.

Kontakte bearbeiten

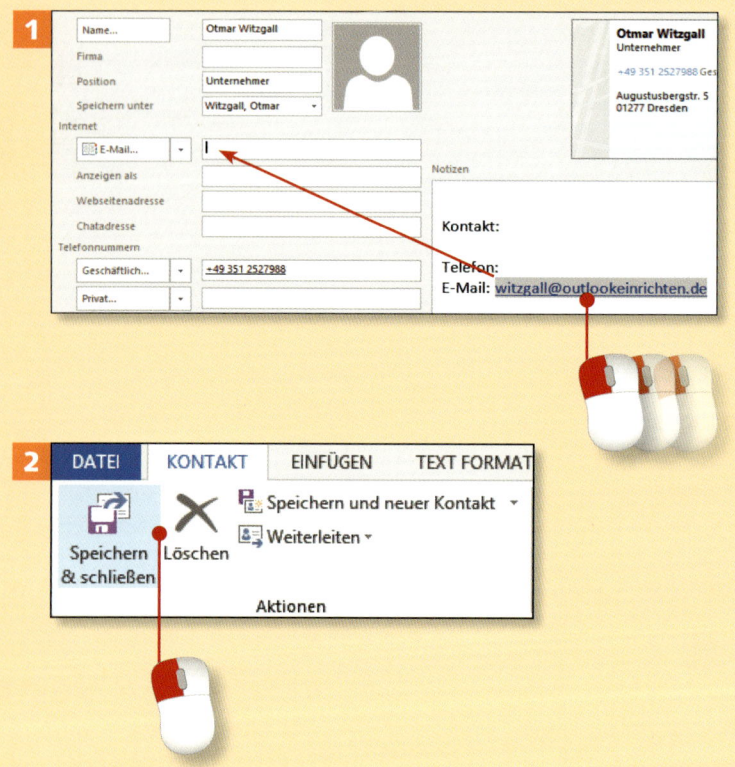

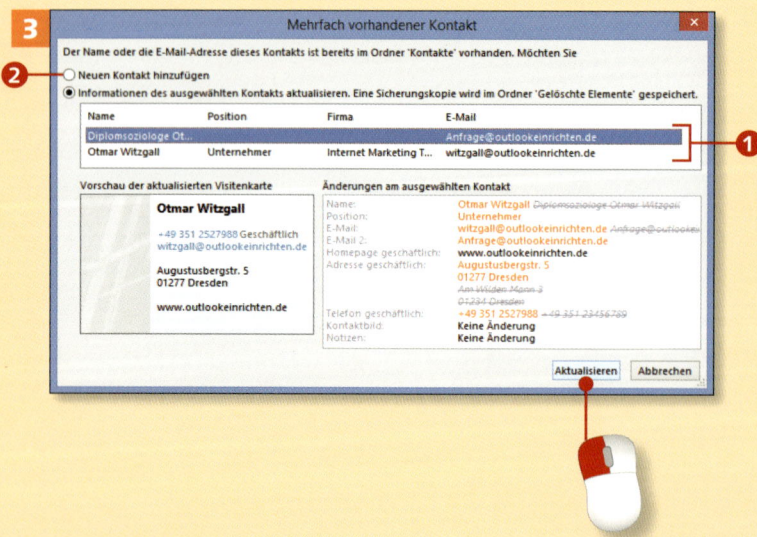

Kontaktdaten ändern sich laufend. Jemand hat eine neue E-Mail-Adresse oder eine neue Telefonnummer. Vielleicht wollen Sie aber auch nur das Design einer Visitenkarte anpassen.

Schritt 1

Sie haben aus einer E-Mail die Signatur mit Strg + C in die Zwischenablage kopiert. Wechseln Sie in den Bereich **Personen**, und drücken Sie Strg + V. Es öffnet sich ein neuer Kontakt, die Daten werden in **Notizen** eingefügt. Mit Drag & Drop ziehen Sie die E-Mail-Adresse in das Eingabefeld **E-Mail**.

Schritt 2

Wenn Sie alle Daten in das jeweilige Feld verschoben haben, beenden Sie die Eingabe mit **Speichern & schließen**.

Schritt 3

Outlook erkennt, dass der Kontakt bereits vorhanden ist. Sie wählen aus, welchen Kontakt ❶ Sie mit welchen Informationen – orange – aktualisieren oder ob Sie den angelegten Kontakt als **neuen Kontakt hinzufügen** ❷ möchten. Übernehmen Sie die Einstellungen, und klicken Sie auf **Aktualisieren**.

Schritt 4

Wenn Sie eine bereits bestehende Visitenkarte bearbeiten wollen, klicken Sie im Bereich **Personen** zunächst im Menü auf **Visitenkarte** und anschließend doppelt auf die gewünschte Karte.

Schritt 5

Als Erstes möchten Sie ein Foto einfügen. Gehen Sie in der Gruppe **Optionen** auf **Bild**, oder klicken Sie doppelt auf das Bild-Symbol.

Schritt 6

Es öffnet sich das Fenster **Kontaktbild hinzufügen**. Navigieren Sie zum Ordner mit dem gewünschten Bild. Markieren Sie die Datei, und klicken Sie auf **OK**.

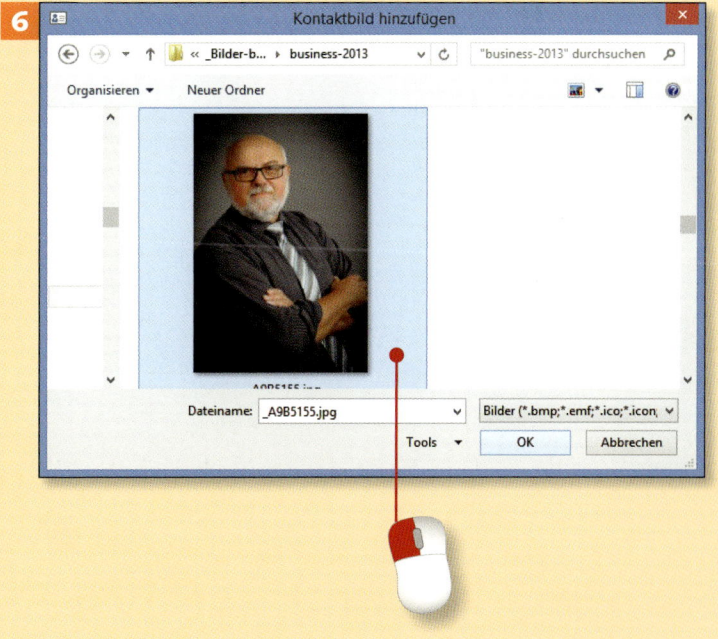

Bearbeiten im Formular

Zum Bearbeiten der einzelnen Kontaktfelder öffnen Sie mit Doppelklick den Kontakt und bearbeiten das entsprechende Feld. Finden Sie das Feld nicht, klicken Sie auf **Details** oder **Alle Felder.**

Kontakte bearbeiten (Forts.)

Schritt 7

Klicken Sie in der Gruppe **Optionen** auf die Schaltfläche **Visitenkarte**.

Schritt 8

Im Fenster **Visitenkarte bearbeiten** sehen Sie im Bereich **Kartenentwurf** ❶ Möglichkeiten, das Bild zu positionieren. Im Bereich **Felder** werden Sie kreativ. Klicken Sie auf **Hinzufügen**, und wählen Sie im Menü **Organisation ▸ Firma**. Im Eingabefeld **Bearbeiten** tippen Sie Ihren Firmennamen ein.

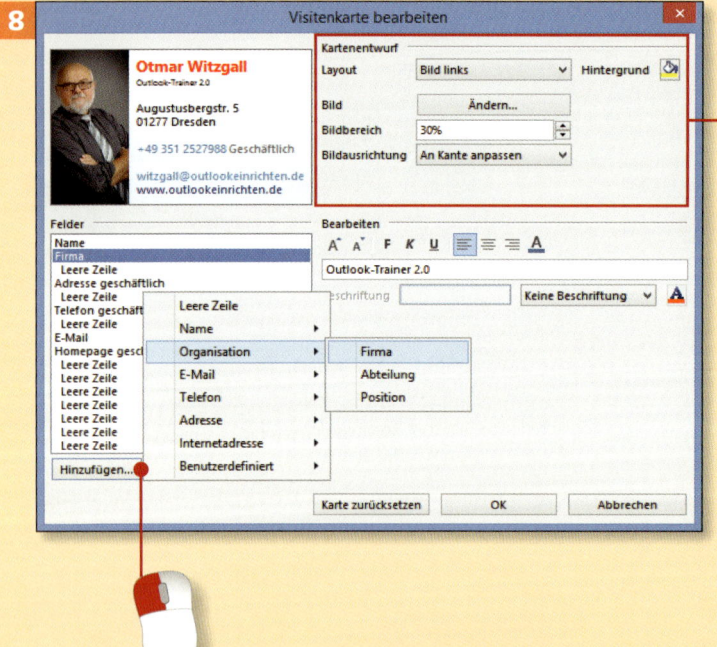

Schritt 9

Nun fehlt noch etwas Farbe in der Visitenkarte. Klicken Sie auf das Symbol neben **Hintergrund**.

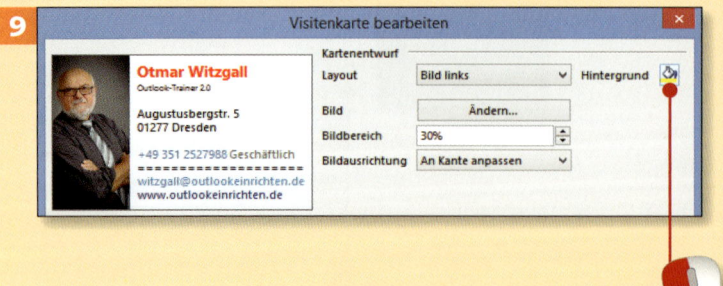

Listen-Ansichten anlegen

Arbeiten Sie mit Feldern wie **Kundennummer**, werden diese in den normalen Ansichten als Spalten nicht berücksichtigt. Tipp: Legen Sie sich Listen-Ansichten als Tabellen mit Ihren »seltenen« Daten an. Der Weg: Bereich **Personen**, Register **Ansicht ▸ Aktuelle Ansicht ▸ Ansicht ändern ▸ Ansichten verwalten ▸ Neu ▸ Ansichtentyp: Tabelle**.

Schritt 10

Klicken Sie im Fenster **Farbe** auf die gewünschte Farbe. Bestätigen Sie mit einem Klick auf **OK**.

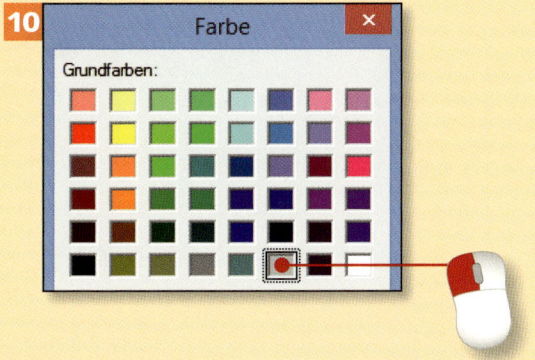

Schritt 11

Gestalten Sie das Aussehen der Visitenkarte, und verschieben Sie die **Leere Zeile** über die Pfeil-Symbole ❷. Die Visitenkarte ist nun nach Ihren Vorstellungen eingerichtet. Schließen Sie die Bearbeitung mit **OK** ab.

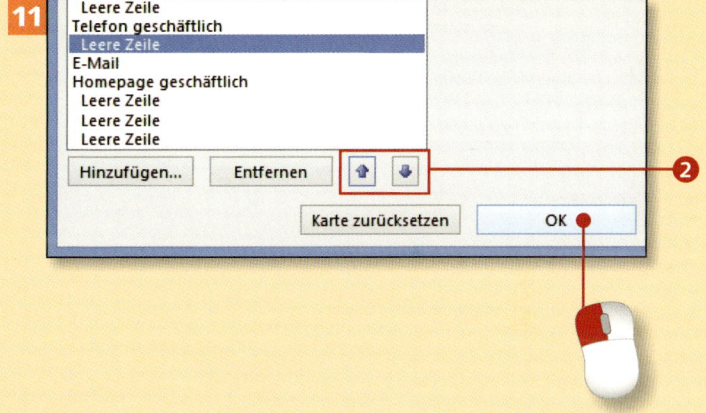

Schritt 12

Die bearbeitete Visitenkarte reiht sich in der Ansicht **Visitenkarte** bei Ihren Kontakten ein.

Visitenkarte

Wie Sie die Visitenkarte verwenden, erfahren Sie in den Abschnitten »Visitenkarte abspeichern« ab Seite 190 und »Einen Kontakt als Visitenkarte weitergeben« ab Seite 192.

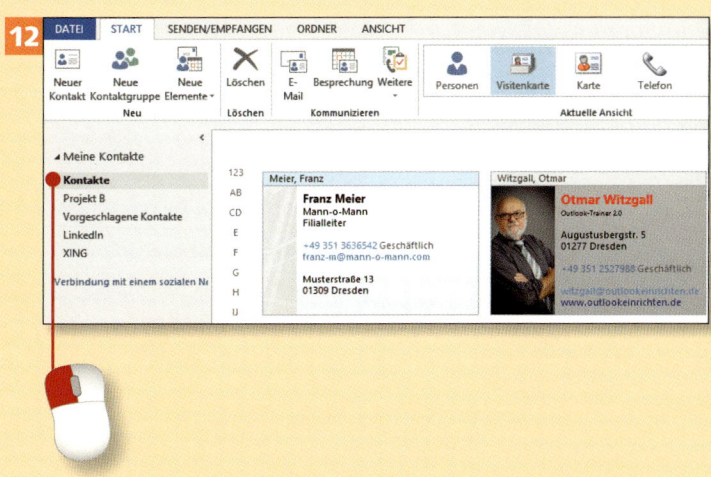

Kontaktordner erstellen

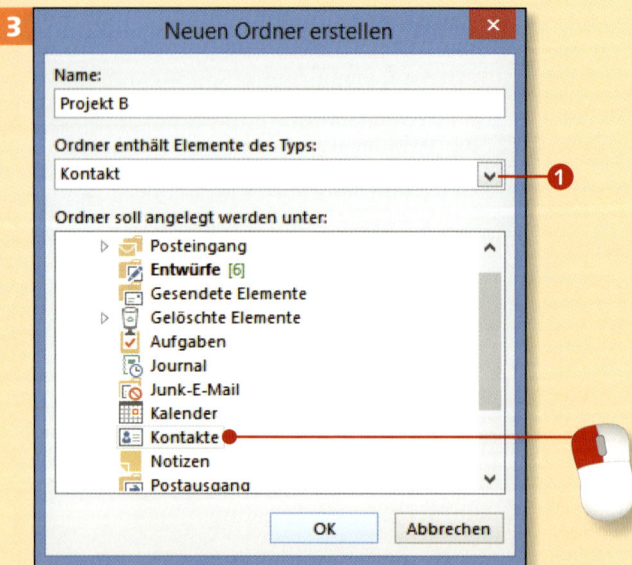

Wenn Sie an einem zeitlich begrenzten Projekt arbeiten und die zugehörigen Kontakte separat verwalten wollen, legen Sie einen neuen Kontaktordner an.

Schritt 1

Sie möchten einen neuen Kontaktordner erstellen. Klicken Sie im Bereich **Personen** auf das Register **Ordner**.

Schritt 2

Klicken Sie nun auf **Neuer Ordner**. Schneller rufen Sie den Assistenten **Neuen Ordner erstellen** mit der Tastenkombination Strg + ⇧ + E auf.

Schritt 3

Wählen Sie bei **Ordner enthält Elemente des Typs** den Eintrag **Kontakt** ❶ aus. Bei **Ordner soll angelegt werden unter** markieren Sie **Kontakte**. Unter **Name** tippen Sie »Projekt B« ein und schließen den Assistenten mit **OK**.

Schritt 4

Im Bereich **Ordner** sehen Sie: Der neue Ordner **Projekt B** ❷ hat sich als Unterordner bei **Kontakte** einsortiert.

Schritt 5

Im Bereich **Personen** stehen alle Ordner gleichrangig untereinander. Mit Drag & Drop können Sie die Reihenfolge der Ordner ändern.

Schritt 6

Der neue Kontaktordner **Projekt B** ist angelegt und wurde von Outlook automatisch zu den anderen Ordnern in das **Adressbuch: Kontakte** eingefügt ❸. Mehr zur Verwendung des Adressbuchs erfahren Sie im Kapitel »Das Adressbuch für E-Mails verwenden« ab Seite 184.

i

Kontaktordner und Adressbuch

Allgemein gesagt setzt sich das Adressbuch aus der Summe der für das Adressbuch aktivierten Kontaktordner unter **Meine Kontakte** zusammen. In Outlook 2013 werden alle Kontaktordner automatisch aktiviert. Sind außer dem Standard-Kontaktordner keine weiteren Ordner angelegt, entspricht der Kontaktordner dem Adressbuch.

4
- ▲ Outlook-Datendatei
  - ▷ 📧 Posteingang
  - 📝 Entwürfe [6]
  - 📨 Gesendete Elemente
  - 🗑 Gelöschte Elemente
  - ✓ Aufgaben
  - 📓 Journal
  - 📧 Junk-E-Mail
  - 🗓 Kalender
  - ▲ 📇 Kontakte
    - 📇 **Projekt B** ❷
  - 📇 LinkedIn

5
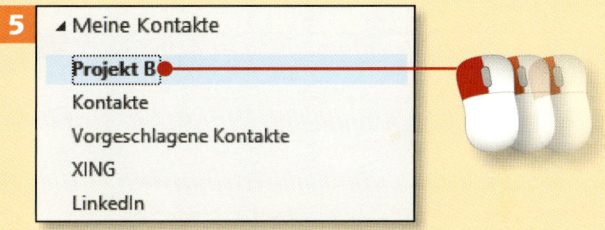
- ▲ Meine Kontakte
  - **Projekt B**
  - Kontakte
  - Vorgeschlagene Kontakte
  - XING
  - LinkedIn

6
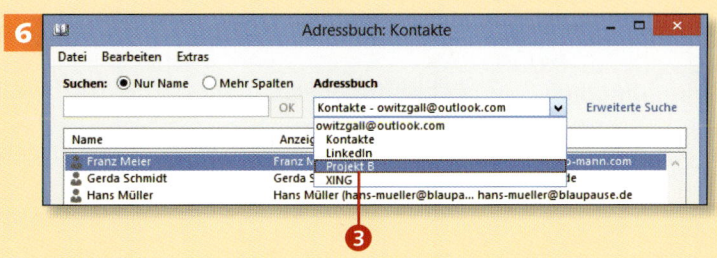

Kontakte sortieren und filtern

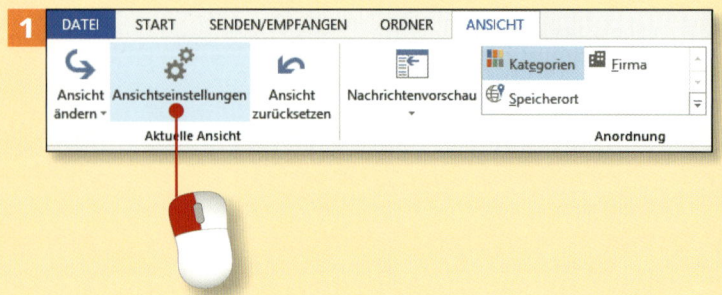

Suchen Sie Personen in derselben Firma oder am selben Ort? Mit Filtern und Sortieren verschaffen Sie sich schnell eine Übersicht.

Schritt 1

Zum Filtern der Kontakte klicken Sie im Bereich **Personen** im Register **Ansicht** auf **Ansichtseinstellungen**.

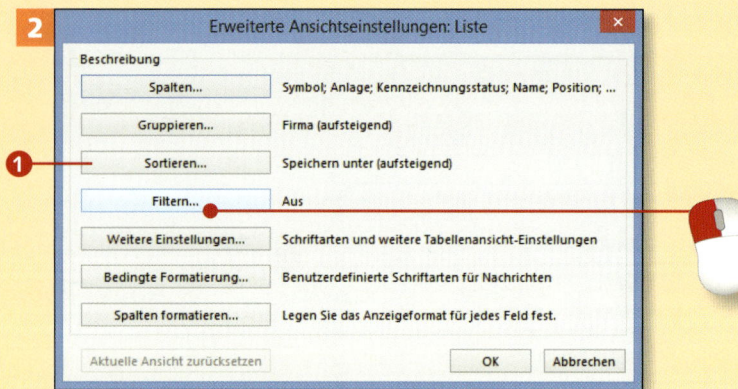

Schritt 2

Es öffnet sich das Fenster **Erweiterte Ansichtseinstellungen: Liste**. **Liste** ist die Ansicht, die Sie in der Gruppe **Aktuelle Ansicht** und **Ansicht ändern** einstellen. Übernehmen Sie die Einstellungen in **Sortieren** ❶. Klicken Sie auf **Filtern**.

Schritt 3

Sie möchten alle Kunden in Dresden anrufen. Geben Sie im Reiter **Kontakte** bei **Suchen nach** die »351« als Vorwahl von Dresden ein. Wählen Sie dazu bei **In** die Option **Nur in Telefonnummernfeldern** ❷ aus, und schließen Sie dann mit **OK**.

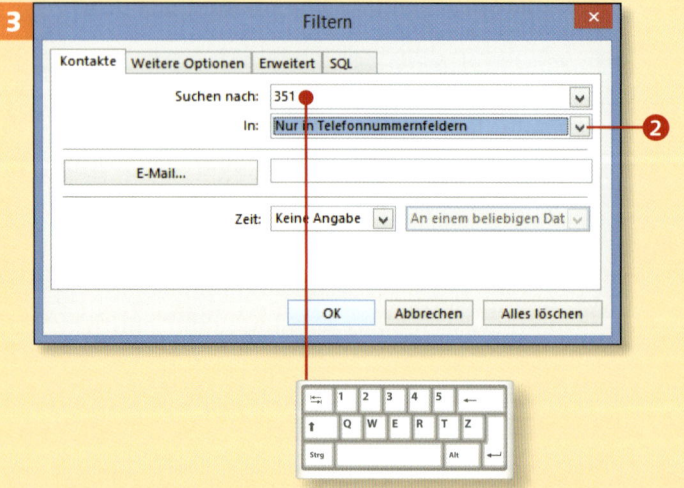

> **ℹ Sortieren und Filtern**
>
> Lesen Sie zum Thema »Sortieren und Filtern« auch den Abschnitt »E-Mails filtern und sortieren« ab Seite 140.

Schritt 4

Sie sehen die Zusammenfassung der Einstellungen mit dem eingerichteten Filter: **Kontakte: Mit Inhalt 351 ❸**. Bestätigen Sie mit **OK**.

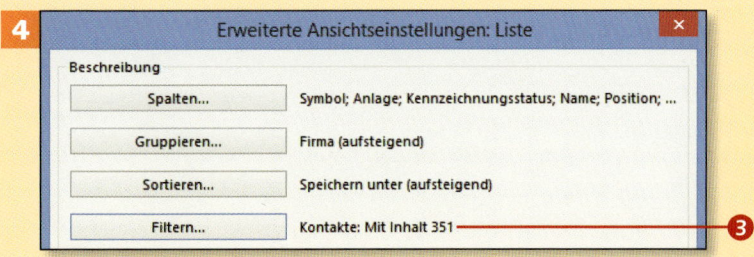

Schritt 5

Unter **Telefon geschäftlich ❹** sehen Sie nur die Dresdner Telefonnummern. Nun ist alles für Ihre Anrufe nach Dresden vorbereitet.

Schritt 6

Sie möchten sich alle Kontakte und Mitarbeiter anzeigen lassen, die mit dem Projekt A zu tun haben. Nachdem Sie diese mit der Kategorie **Projekt A** gekennzeichnet haben (wie in Abschnitt »E-Mails kategorisieren« ab Seite 110 beschrieben), klicken Sie in **Ansicht** und **Anordnung** auf **Kategorien**. Ihre Kontakte werden nach Kategorien sortiert und in Gruppen angezeigt.

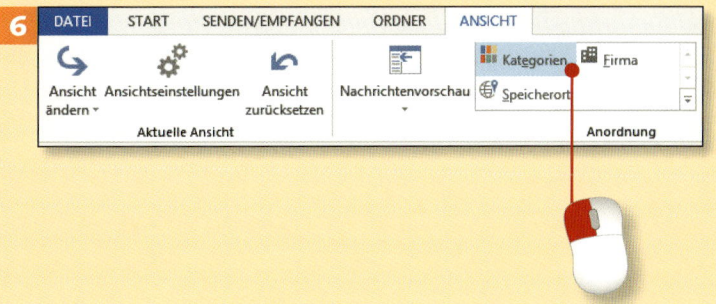

Automatisch oder manuell?

Grundregel: Arbeiten Sie ständig mit denselben Sortierungen und Filtern, lohnt es sich, die **Ansichtseinstellungen** zu ändern oder eine neue Ansicht einzurichten. Spontanes Sortieren und Filtern nehmen Sie besser manuell in einer Liste und in der Gruppe **Anordnen** und **Anordnen nach** vor.

Kontakte suchen

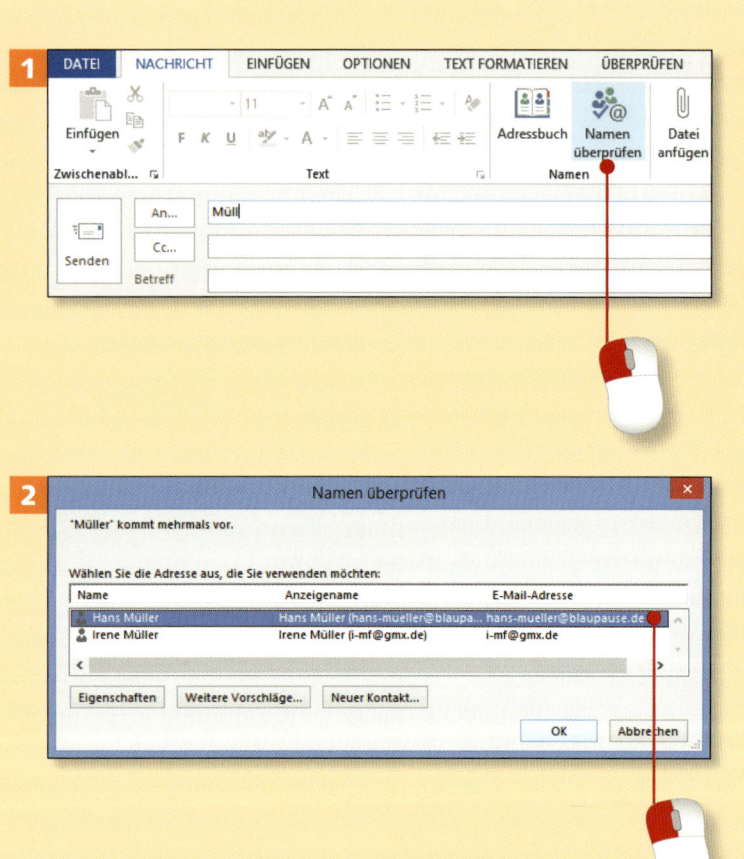

Wenn Sie viele Kontakte haben, werden Sie die Suchfunktionen schätzen: egal, ob es die Eingabe von Adressen oder die Suche nach Personen betrifft.

Schritt 1

Wenn Sie eine Nachricht an jemanden senden möchten, dessen E-Mail-Adresse Sie nicht mehr wissen, nutzen Sie die Prüffunktion. Für den Namen Müller schreiben Sie bei **An** »Müll« und klicken auf **Namen überprüfen**.

Schritt 2

Findet Outlook nur einen Kontakt mit »Müll«, fügt das Programm die E-Mail-Adresse ins Eingabefeld ein. In unserem Beispiel findet Outlook zwei **Müller**. Wählen Sie den gewünschten Kontakt aus, und bestätigen Sie mit **OK**. Die E-Mail-Adresse ist jetzt im Feld **An** eingetragen.

Schritt 3

Sie finden in jedem Outlook-Bereich unter **Start ▶ Suchen** das Suchfeld **Personen suchen**. Wechseln Sie in andere Register, ist es weg. Gehen Sie in der Symbolleiste für den Schnellzugriff auf die Pfeilspitze und aktivieren **Kontakt suchen**, um das Suchfeld dauerhaft einzublenden.

Schritt 4

Sie haben jetzt in allen Bereichen Zugriff. Schreiben Sie in das Suchfeld **Personen suchen** »Müller«. Noch besser: Betätigen Sie F11, und das Suchfeld wird aktiviert. Tippen Sie Ihren Suchbegriff »Müll«.

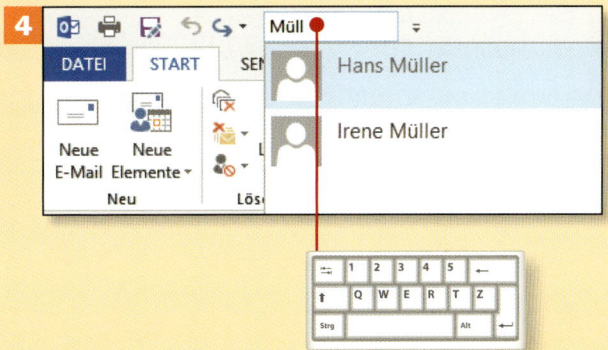

Schritt 5

Die dritte Möglichkeit, Kontakte zu suchen, besteht in der Nutzung von Favoriten. Wo Sie einen Namen finden, können Sie diesen zu den Favoriten hinzufügen oder wieder entfernen. Klicken Sie mit der rechten Maustaste auf eine E-Mail-Adresse in einer Nachricht und dann auf **Zu Favoriten hinzufügen**.

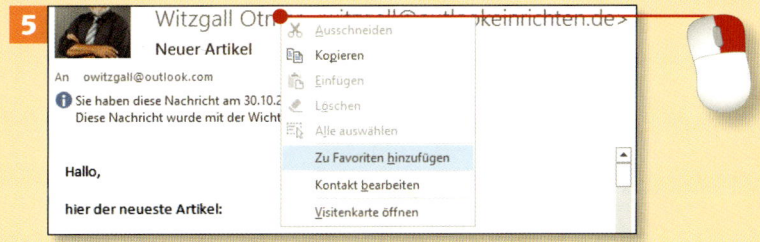

Schritt 6

Hier befinden Sie sich im Bereich **E-Mail**. Fahren Sie mit der Maus über das Personen-Symbol ❶, und es wird die **Favoriten**-Liste mit dem Suchfeld eingeblendet. Wenn Sie das kleine Symbol oben rechts ❷ klicken, wird das Fenster in die Aufgabenleiste eingebaut.

Einem Kontakt Dateien und Notizen hinzufügen

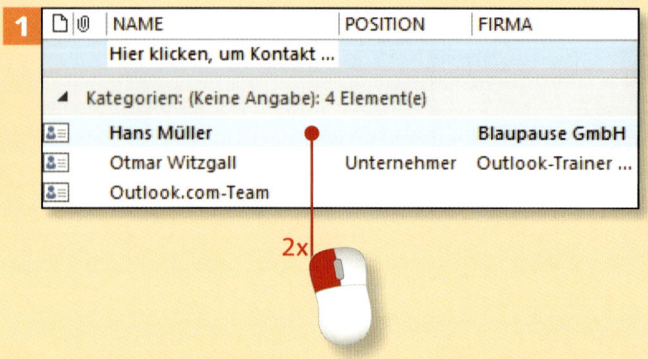

Ordnen Sie einem Kontakt gleich Notizen, Gesprächsprotokolle, Tagesordnungen und Dokumente zu, und zwar am besten mit Hyperlinks.

Schritt 1

Gehen Sie im Bereich **Personen** in die Listen-Ansicht, und klicken Sie doppelt auf den Kontakt **Hans Müller**.

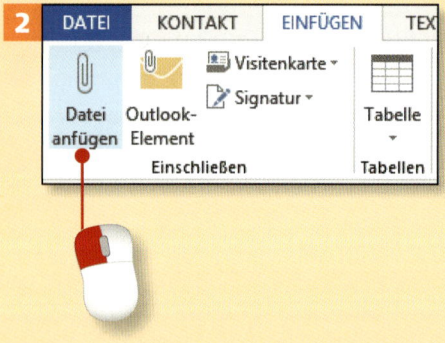

Schritt 2

Um im Notizfeld eine Notiz und eine Datei einzufügen, gehen Sie im geöffneten Kontakt auf das Register **Einfügen** und klicken in der Gruppe **Einschließen** auf **Datei anfügen**.

Schritt 3

Im Fenster **Datei einfügen** navigieren Sie zum Speicherort der gewünschten Datei. Klicken Sie doppelt auf die Datei.

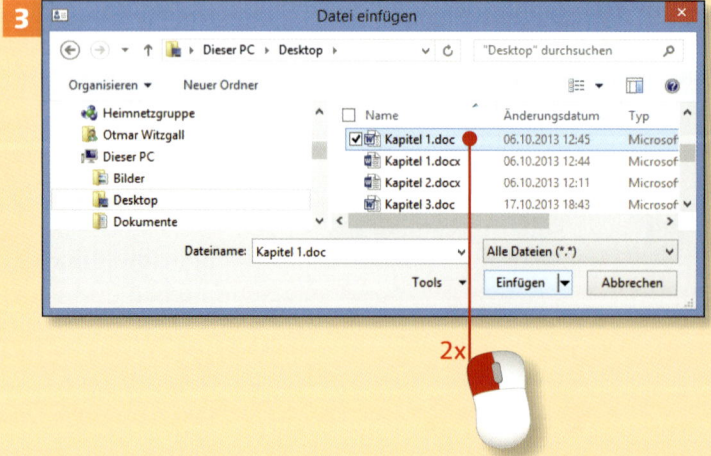

Drag & Drop

Suchen Sie die Datei im Explorer. Stellen Sie die Fenster des Kontaktformulars und des Explorers nebeneinander. Ziehen Sie die Datei per Drag & Drop vom Explorer ins Notizenfeld.

Schritt 4

Sie sehen das Symbol der Datei im Notizfeld ❶. Allerdings ist die Datei nur als Kopie vorhanden. Klicken Sie deshalb erneut auf **Datei anfügen**.

Schritt 5

Navigieren Sie nochmals zu derselben Datei, markieren Sie sie, und klicken Sie auf die Pfeilspitze neben **Einfügen**. Im Menü sehen Sie jetzt drei Optionen. Klicken Sie auf **Als Hyperlink einfügen**.

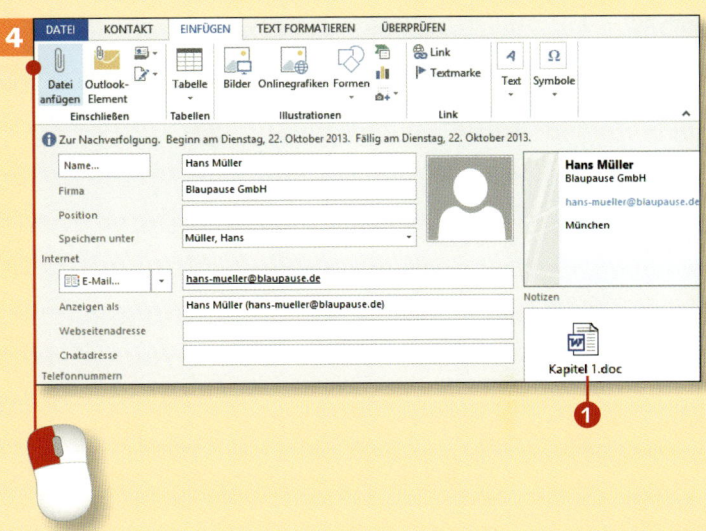

Schritt 6

Sie sehen im Notizfeld den Pfad als Link zur Datei ❷. Klicken Sie darauf, wird die ursprüngliche Datei geöffnet. Die Vorteile sind: Sie öffnen immer die Originaldatei und benötigen keinen zusätzlichen Speicherplatz. Schreiben Sie noch eine Notiz, und beenden Sie mit **Speichern & schließen**.

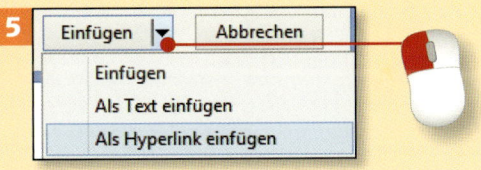

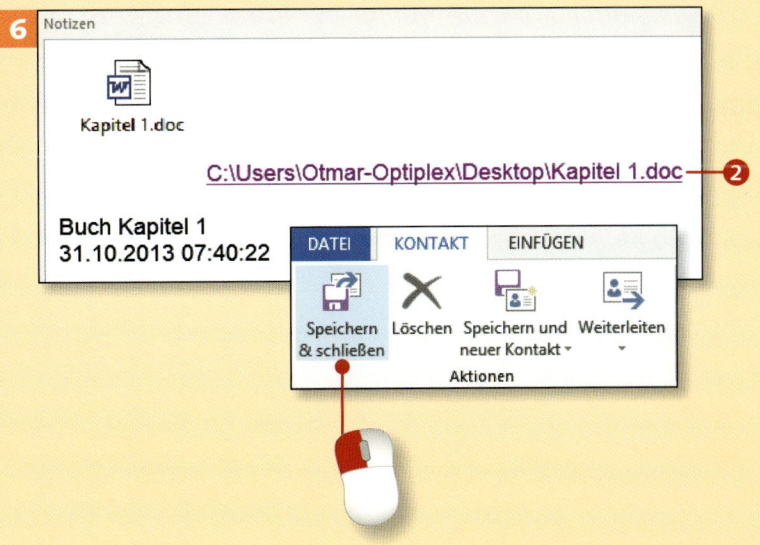

Datei als Objekt einfügen

Alternativ zu der in den Schritten 4 bis 6 beschriebenen Vorgehensweise gehen Sie im Reiter **Einfügen** auf **Text ▸ Objekt**. Mit dem Assistenten erstellen Sie neue Inhalte mit den installierten Programmen oder erzeugen den Inhalt aus einer Datei heraus.

Kontaktgruppen einrichten

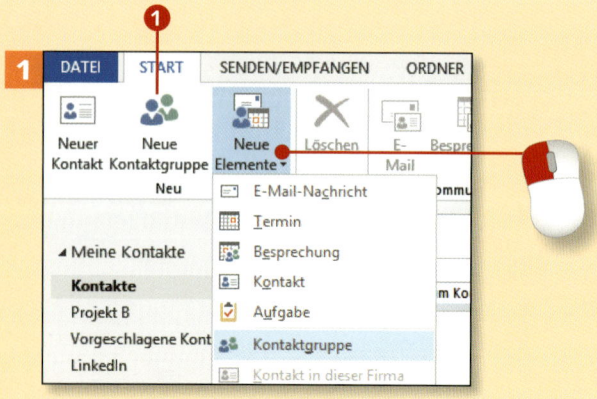

Wollen Sie an eine gleichbleibende Gruppe von Empfängern, z. B. Mitarbeiter eines Projekts, Nachrichten versenden, lohnt sich eine Kontaktgruppe.

Schritt 1

Öffnen Sie eine **Kontaktgruppe** im Bereich **Personen** über **Start ▸ Neu ▸ Neue Kontaktgruppe ❶** oder aus anderen Bereichen mit dem Befehl **Neue Elemente ▸ Kontaktgruppe**. Schneller geht es bereichsübergreifend mit `Strg` + `⇧` + `L`.

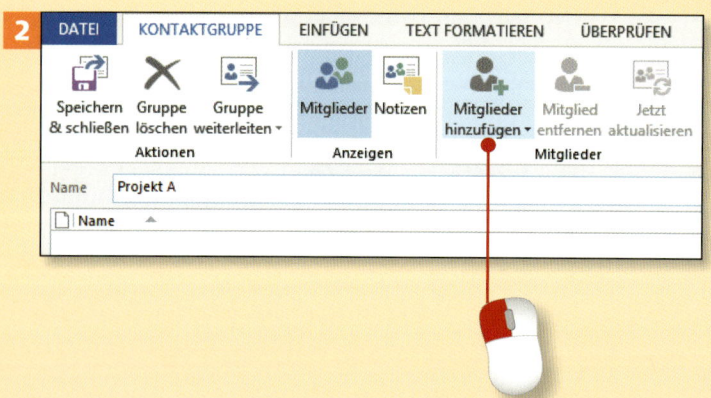

Schritt 2

Geben Sie im geöffneten Formular einen Namen ein, und gehen Sie dann in der Gruppe **Mitglieder** auf **Mitglieder hinzufügen**.

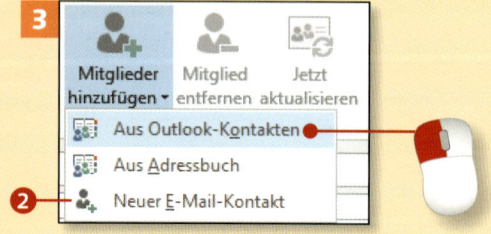

Schritt 3

Im Menü klicken Sie auf **Aus Outlook-Kontakten**. Die Option **Neuer E-Mail-Kontakt ❷** öffnet ein Fenster, in dem Sie eine E-Mail-Adresse mit angezeigtem Namen eingeben.

Schritt 4

Es öffnet sich das Adressbuch **Mitglieder auswählen: Kontakte**, das Sie vom Eingeben der E-Mail-Adresse aus dem Abschnitt »Empfänger, Betreff und Co. eingeben« ab Seite 38 kennen. Sie markieren die Namen bei gedrückter Strg-Taste. Dann klicken Sie auf **Mitglieder** ❸ und schließen mit **OK**.

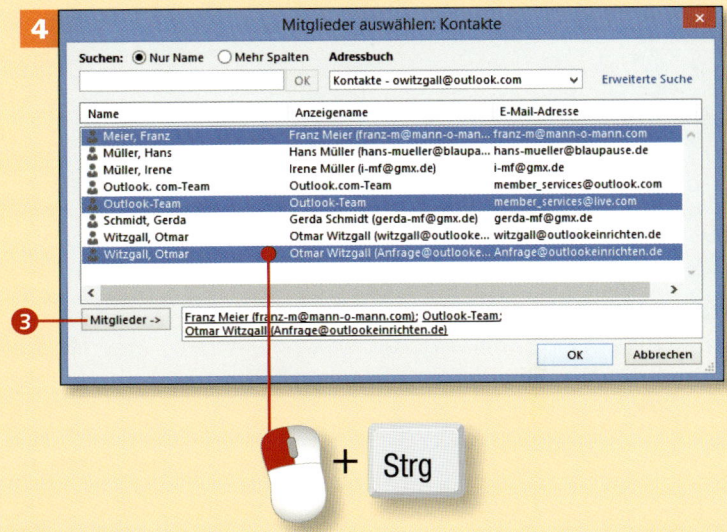

Schritt 5

Die Gruppenmitglieder sind nun mit Name und E-Mail-Adresse aufgelistet. Klicken Sie auf **Speichern & schließen**.

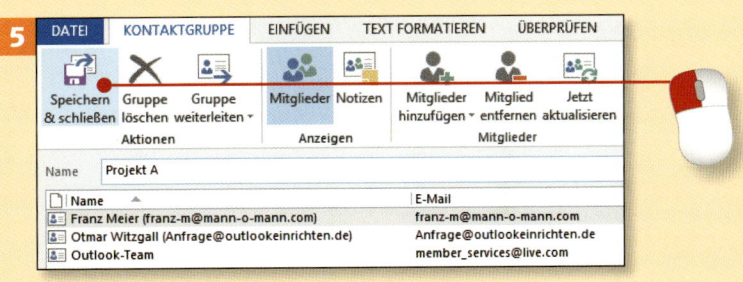

Schritt 6

In der aktuellen Ansicht **Personen** sehen Sie mehrere Personen im Platzhalter ❹. Im Lesebereich sehen Sie die eingefügten Mitglieder.

Mitglieder aus Excel einfügen
Wiederholen Sie die Schritte 1 bis 4. Kopieren Sie in Excel zwei Spalten, in denen sich die E-Mail-Adressen und Namen befinden. Gehen Sie jetzt in Outlook zur Eingabemarke **Mitglieder**, fügen Sie den Inhalt ein, und schließen Sie mit **OK**.

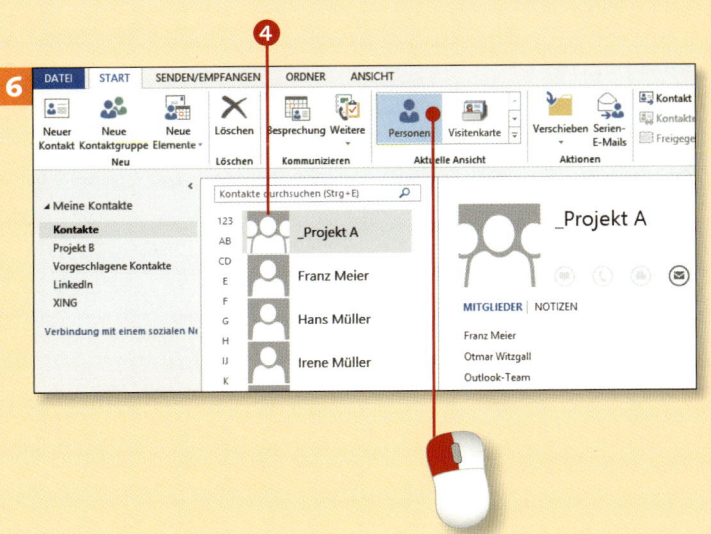

Kontakte in eine Excel-Datei übertragen

Wenn Sie Kontaktdaten anderweitig verarbeiten wollen, übertragen Sie sie in eine Excel-Datei.

Schritt 1

Gehen Sie im Bereich **Personen** auf **Ansicht ▸ Aktuelle Ansicht ▸ Ansicht ändern ▸ Liste**. Jetzt stellen Sie sich die Liste mit den Daten zusammen, die Sie in Excel benötigen.

Schritt 2

Klicken Sie in der Gruppe **Aktuelle Ansicht** auf **Ansichtseinstellungen**.

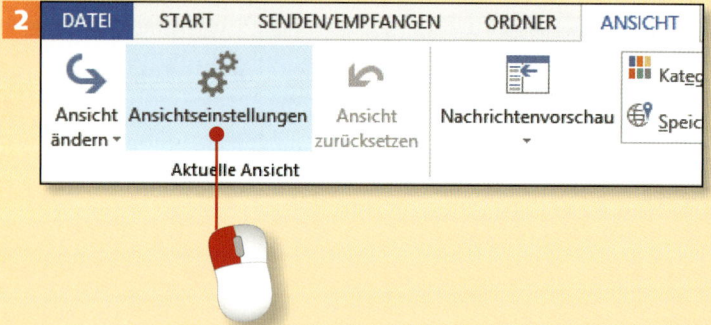

Schritt 3

Im Fenster **Erweiterte Ansichtseinstellungen: Liste** klicken Sie auf **Spalten**.

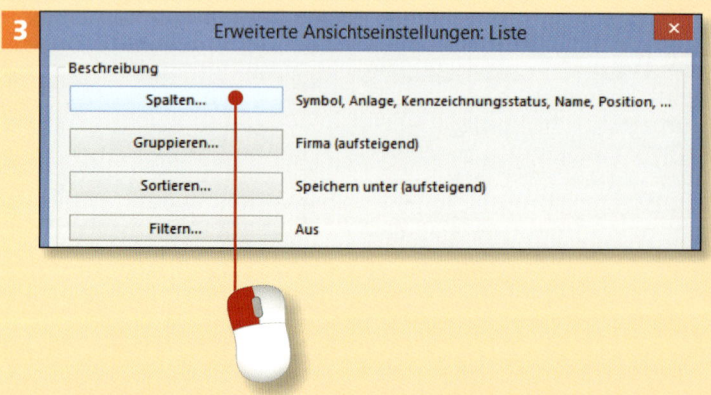

i Warum nicht exportieren?

In Outlook 2013 gibt es neben dem Outlook-eigenen Format der PST-Datei nur noch den kommagetrennten Dateityp CSV als Exporttyp. Dort werden die Spalten mit Kommas getrennt. Nun hat Excel in Deutschland Probleme, das Komma als Trennzeichen richtig zu interpretieren, da Excel selbst Zahlen mit Kommastellen verwendet. Deshalb kommt es zu Verwechslungen in Excel.

Schritt 4

Wählen Sie unter **Verfügbare Spalten auswählen aus** den Eintrag **Alle Kontaktfelder** ❶. Damit können Sie Spalten mit allen zur Verfügung stehenden Kontaktfeldern zusammenstellen. Scrollen Sie zum Feld **Kundennr.**, und klicken Sie dann auf **Hinzufügen**.

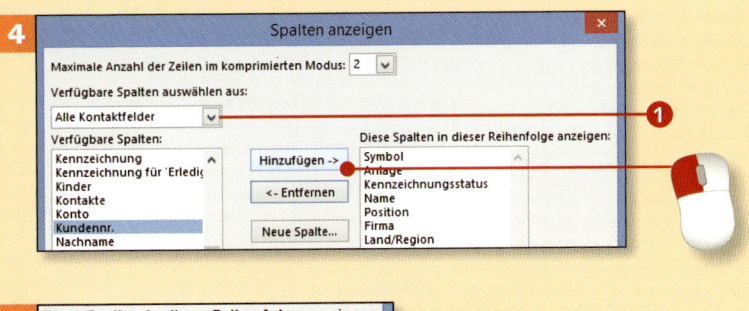

Schritt 5

Schieben Sie die Spalte **Kundennr.** mit dem Button **Nach oben** an die gewünschte Stelle in der Liste. Ordnen Sie analog die Liste für die weitere Bearbeitung in Excel.

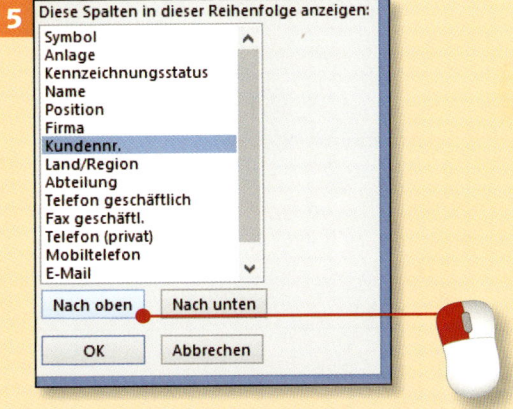

Schritt 6

Fügen Sie nach Belieben Spalten hinzu, oder entfernen Sie nicht benötigte. Sind Sie fertig, schließen Sie das Fenster **Spalten anzeigen** mit **OK**.

Handverlesene Listen
Über **Ansicht ändern ▸ Liste ▸ Ansichtseinstellungen** erstellen Sie maßgeschneiderte Listen für den Übertrag von Kontaktdaten nach Excel. Über **Ansicht ▸ Aktuelle Ansicht ▸ Ansicht ändern ▸ Ansichten verwalten** erzeugen Sie dauerhaft neue Ansichten.

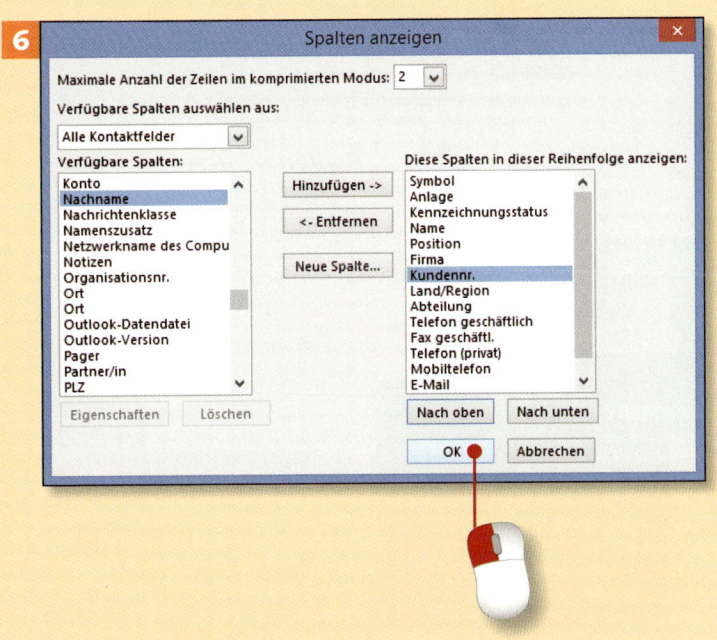

Kontakte in eine Excel-Datei übertragen (Forts.)

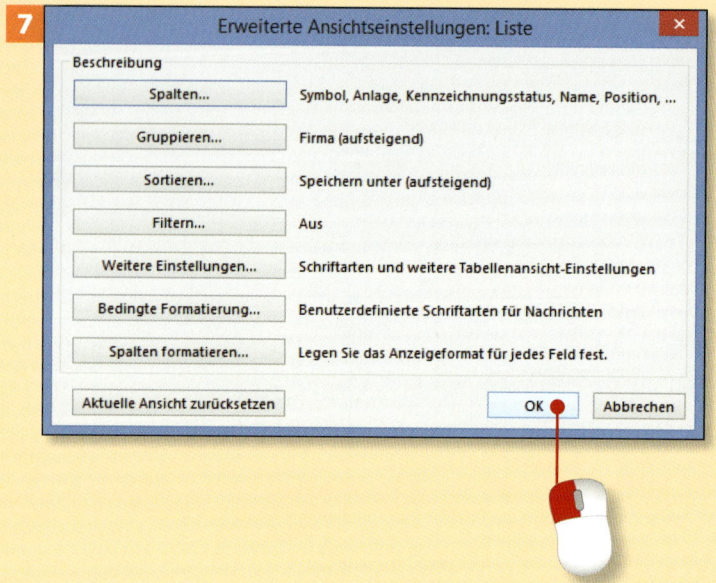

Schritt 7

Alle weiteren Einstellungen übernehmen Sie. Beenden Sie die Ansichtseinstellungen mit **OK**.

Schritt 8

Die eingerichtete Liste kann nun nach Excel übertragen werden. Markieren Sie die komplette Liste mit Strg + A, und kopieren Sie diese mit Strg + C in die Windows-Zwischenablage.

Schritt 9

Starten Sie Excel, indem Sie auf dem Startbildschirm »Excel« eintippen und dann ↵ drücken. Öffnen Sie eine leere Arbeitsmappe.

Manuell Listen erstellen

Möchten Sie eine bestehende Liste mit zusätzlichen Spalten versehen, dann klicken Sie mit der rechten Maustaste in irgendeine Spaltenüberschrift und im Menü auf **Feldauswahl**. Im oberen Bereich wählen Sie **Alle Kontaktfelder** aus. Im unteren Bereich klicken Sie mit der linken Maustaste auf ein gewünschtes Feld und ziehen es in die Spaltenüberschriften. Sobald Sie einen roten Pfeil sehen, lassen Sie los.

Schritt 10

Fügen Sie die Liste mit Strg + V ein. Die eingefügte Liste ist mit Überschriften versehen, und alle überflüssigen Symbole und Gruppenüberschriften sind verschwunden. Sie sieht noch etwas gestaucht aus.

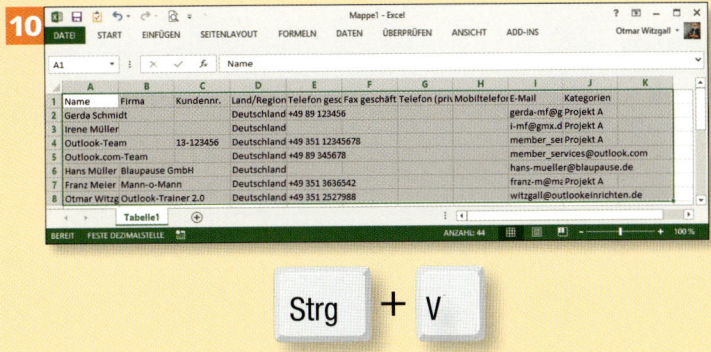

Schritt 11

Gehen Sie mit der Maus an das rechte Ende der Spaltenbezeichnung – hier Spalte I. Wenn der Mauszeiger sich zu einem Erweiterungskreuz verwandelt, klicken Sie doppelt. Die Spaltenbreite stellt sich auf die optimale Breite ein. Diesen Vorgang wiederholen Sie bei jeder Spalte, in der Sie die Daten nicht vollständig lesen können.

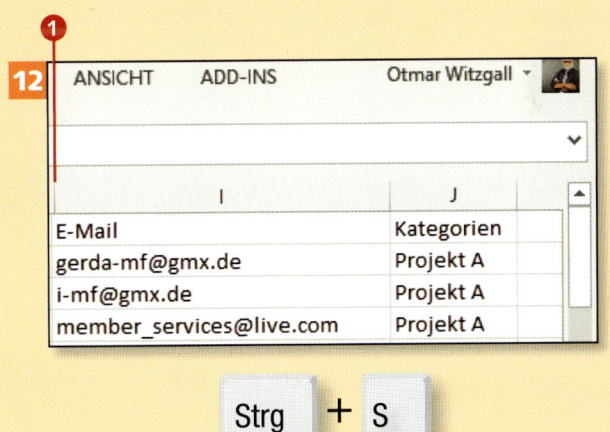

Schritt 12

Perfekt! Die Liste ist jetzt optimal eingerichtet: Die Daten sind zu lesen, die noch nicht benötigten Spalten ausgeblendet ❶. Geben Sie Strg + S ein, und speichern Sie die Arbeitsmappe zur weiteren Bearbeitung.

Spalten in Excel ausblenden

Markieren Sie mit der Maus die Spaltenüberschriften, und rufen Sie mit der rechten Maustaste das Kontextmenü auf. Klicken Sie auf **Ausblenden**.

Kontakte aus Excel importieren

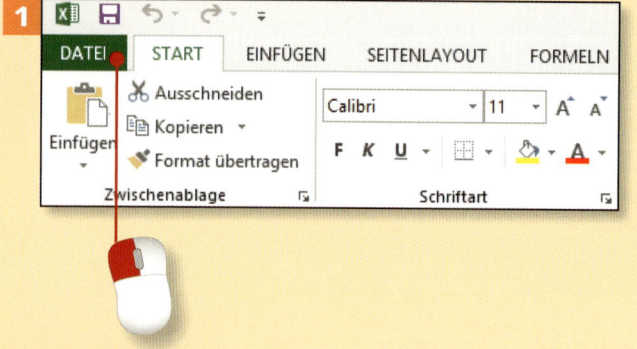

Wenn Sie in Excel eine Liste mit Kontaktdaten führen, können Sie diese ganz einfach nach Outlook importieren.

Schritt 1

Sie führen in Excel eine Liste mit Kontakten und entscheiden sich, diese nach Outlook zu exportieren. Gehen Sie zum Speichern auf **Datei**.

Schritt 2

Klicken Sie in der Backstage-Ansicht auf **Exportieren**.

Schritt 3

In der Ansicht **Exportieren** wählen Sie die Schaltfläche **Dateityp ändern**.

Listen-Trennzeichen

Wie im Infokasten »Warum nicht exportieren?« auf Seite 174 erklärt, verwenden Outlook und Excel unterschiedliche Trennzeichen: Excel »;« und Outlook »,«. Deshalb müssen Sie in einem Zwischenschritt im Editor die Trennzeichen austauschen – dann funktioniert auch der Import.

Schritt 4

Markieren Sie im Bereich **Andere Dateitypen** den Eintrag **CSV (Trenn-zeichen-getrennt) (*.csv)** ❶, und klicken Sie anschließend auf **Speichern unter**.

Schritt 5

Speichern Sie die Mappe unter dem gewünschten Namen ab. Als **Dateityp** ist bereits **CSV (Trenn-zeichen-getrennt) (*.csv)** ausgewählt. Schließen Sie mit **Speichern**. Die Bearbeitung in Excel ist abgeschlossen.

Schritt 6

Jetzt müssen Sie noch die Listen-Trennzeichen von Excel (;) durch die Outlook-Trennzeichen (,) ersetzen. Klicken Sie im Explorer die in Schritt 5 abgespeicherte Datei mit der rechten Maustaste an. Im Kontextmenü wählen Sie **Öffnen mit ▸ Editor**.

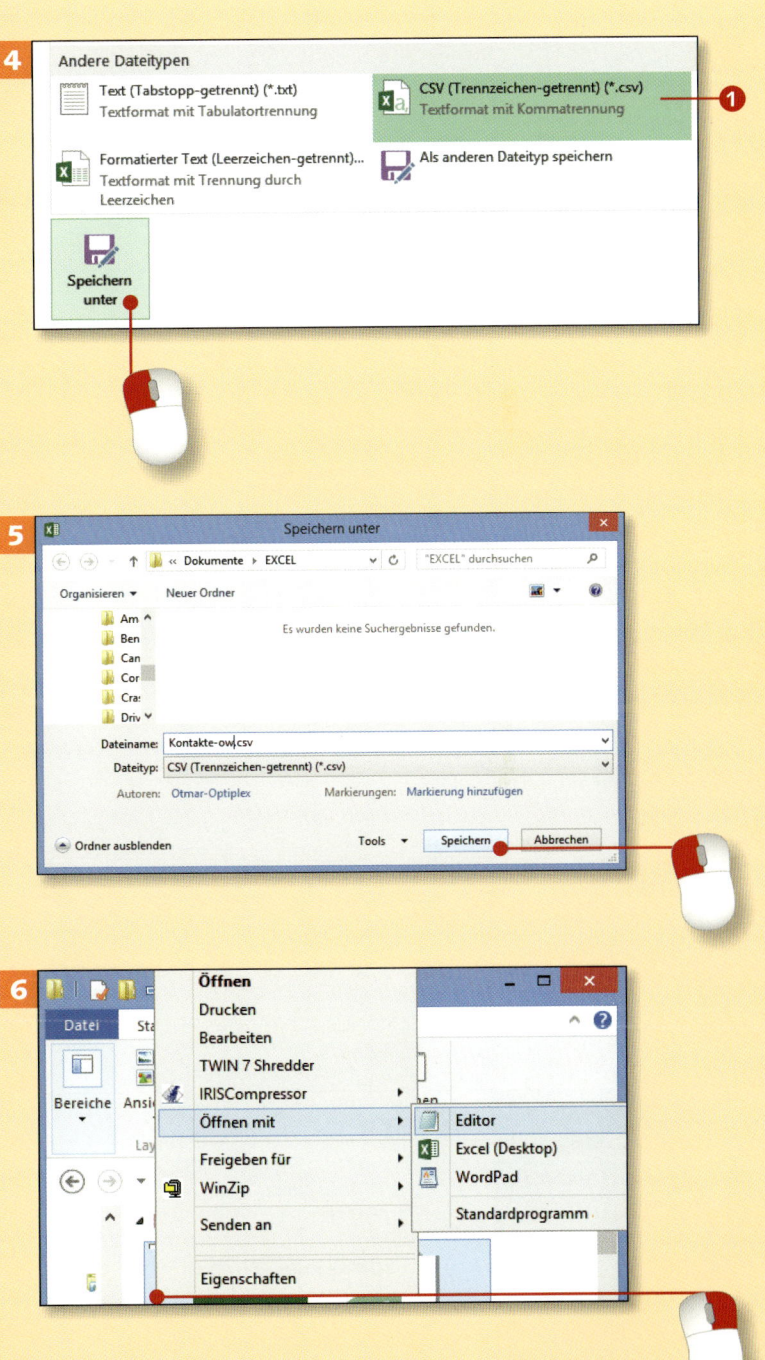

Kontakte aus Excel importieren (Forts.)

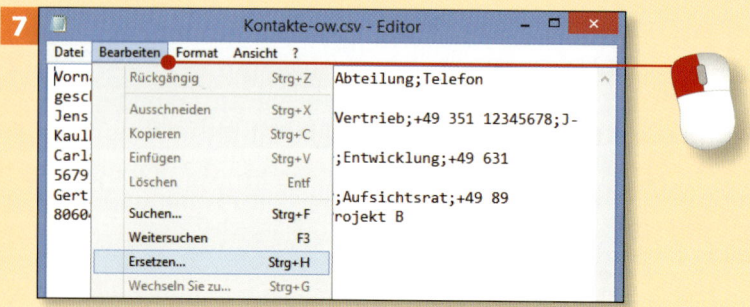

Schritt 7

Die Datei wird im **Editor** geöffnet. Sie sehen, dass als Trennzeichen Semikola verwendet werden. Gehen Sie auf **Bearbeiten** und **Ersetzen**. Alternativ drücken Sie auf Ihrer Tastatur [Strg] + [H].

Schritt 8

Es öffnet sich das Fenster **Ersetzen**. Geben Sie in **Suchen nach** das Excel-Trennzeichen »;« und in **Ersetzen durch** das Outlook-Trennzeichen »,« ein. Klicken Sie auf **Alle ersetzen**. Im Hintergrund werden die Zeichen ausgetauscht. Schließen Sie das Fenster **Ersetzen** mit Klick auf das **Schließkreuz**. Speichern und schließen Sie die veränderte Datei.

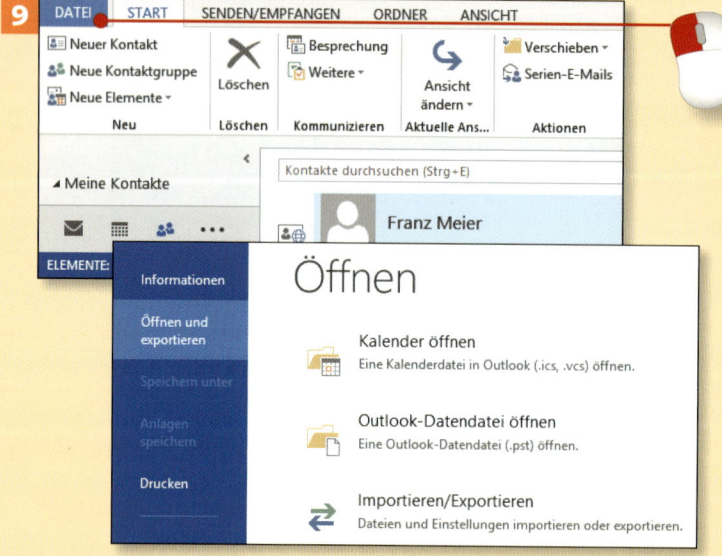

Schritt 9

Das Ersetzen der Listen-Trennzeichen ist beendet. Jetzt werden die Daten in Outlook importiert. Gehen Sie zum Bereich **Personen**, und klicken Sie auf **Datei**. Wählen Sie **Öffnen und exportieren ▸ Importieren/ Exportieren**.

Schritt 10

Es öffnet sich der **Import/Export-Assistent**. Markieren Sie **Aus anderen Programmen oder Dateien importieren**, und gehen Sie auf **Weiter**.

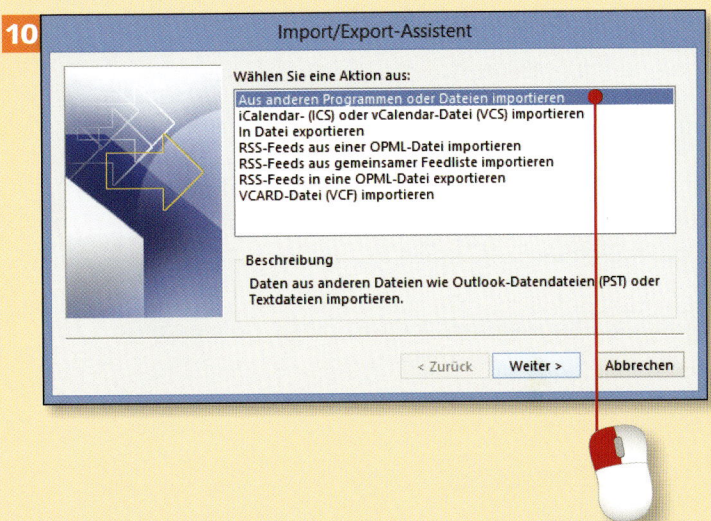

Schritt 11

Im Fenster **Datei importieren** wählen Sie bei **Zu importierender Dateityp** den Eintrag **Durch Trennzeichen getrennte Werte** aus und klicken auf **Weiter**.

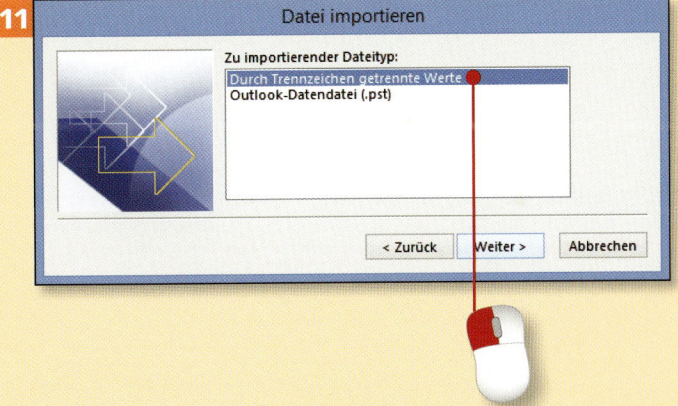

Schritt 12

Im nächsten Fenster suchen Sie die **Zu importierende Datei**. Es wird eine Datei – die zuletzt genutzte – vorgeschlagen. Ist das nicht die gewünschte Datei, klicken Sie auf **Durchsuchen** und holen sich die richtige Datei. Wählen Sie bei den **Optionen**, wie Sie mit Duplikaten umgehen möchten, und klicken Sie auf **Weiter**.

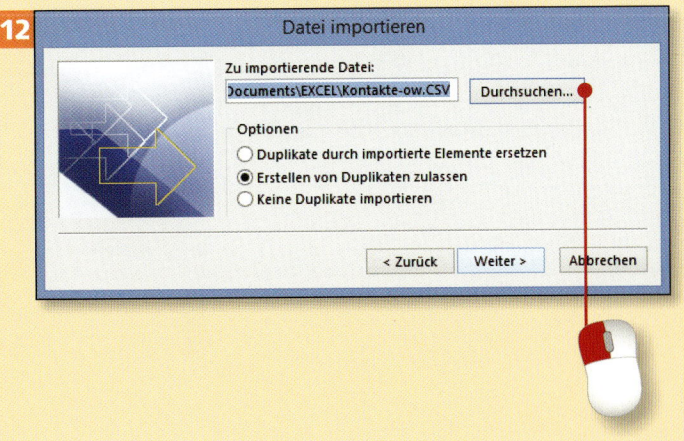

---

i

Was bedeutet eigentlich CSV?

CSV steht für englisch *comma-separated values* und bedeutet »durch Komma getrennte Werte«.

Kontakte aus Excel importieren (Forts.)

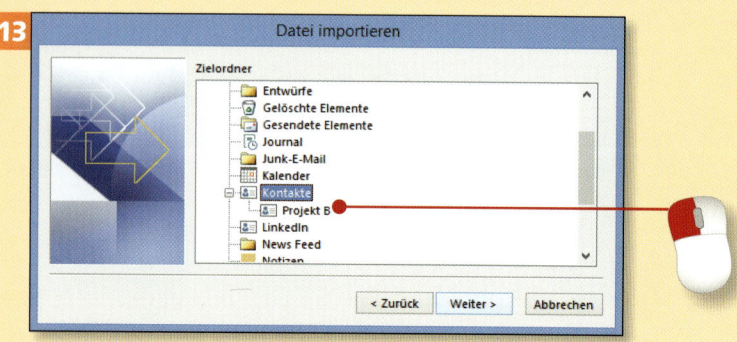

Schritt 13

Nun markieren Sie den Ordner, in den die Kontakte importiert werden sollen. Es ist bereits der Zielordner angezeigt, der im Bereich **Personen** markiert ist. Gehen Sie auf **Weiter**.

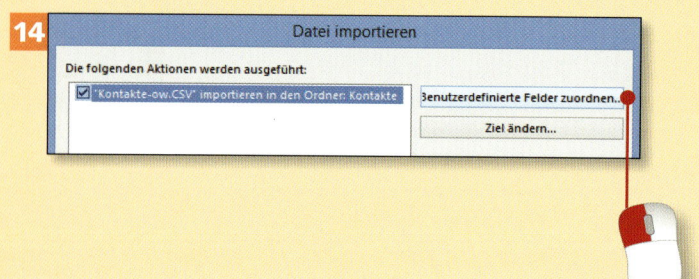

Schritt 14

Im nächsten Schritt wird angezeigt, dass die Aktion **"Kontakte-ow.CSV" importieren in den Ordner: Kontakte** ausgeführt wird. Wenn Sie eigene Felder in Excel genutzt haben, klicken Sie auf **Benutzerdefinierte Felder zuordnen**.

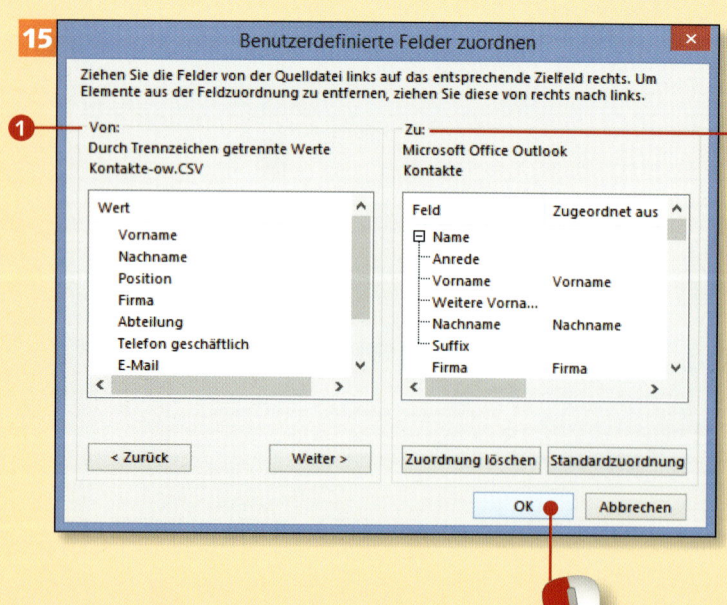

Schritt 15

Im Fenster **Benutzerdefinierte Felder zuordnen** sehen Sie links die Spalte **Von:** (Excel) ❶ und rechts **Zu:** (Outlook) ❷. Kontrollieren Sie die Übereinstimmungen in **Zugeordnet aus** im Bereich **Zu:**. Scrollen Sie nach unten, und schauen Sie, ob **Vorname** zu **Vorname**, **Nachname** zu **Nachname** etc. passt. Wenn nicht, ziehen Sie mit gedrückter linker Maustaste den **Wert** auf das entsprechende **Feld**. Wenn alles fertig ist, klicken Sie auf **OK**.

Schritt 16

Jetzt ist alles vorbereitet. Starten Sie den Import mit **Fertig stellen**. Achtung! Dieser Vorgang kann einige Minuten dauern und kann nicht abgebrochen werden.

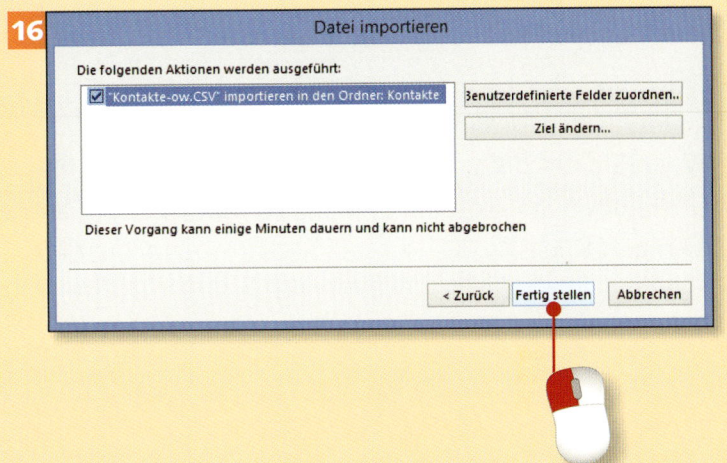

Schritt 17

Unter **Start ▸ Aktuelle Ansicht ▸ Personen** sehen Sie die neu importierten Kontakte – hier markiert – mit den richtigen Zuordnungen der Felder z. B. **Firma** und **Arbeit** ❸, das in Excel **Telefon geschäftlich** hieß.

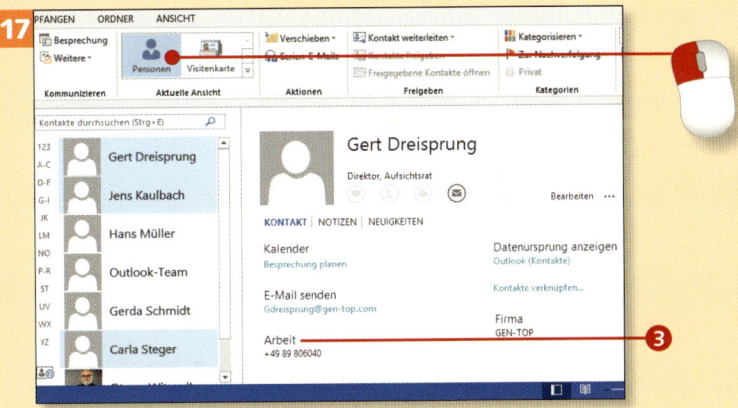

Schritt 18

Gehen Sie im Register **Start** und der Gruppe **Ansicht** auf **Liste** und danach im Register **Ansicht** und der Gruppe **Anordnung** auf **Kategorien**. Jetzt sehen Sie die neuen Kontakte in der Gruppe **Kategorien: Projekt B** ❹. In der Spalte **Speichern unter** hat Outlook die Namen beim Import in der richtigen Reihenfolge (Nachname, Vorname) eingetragen.

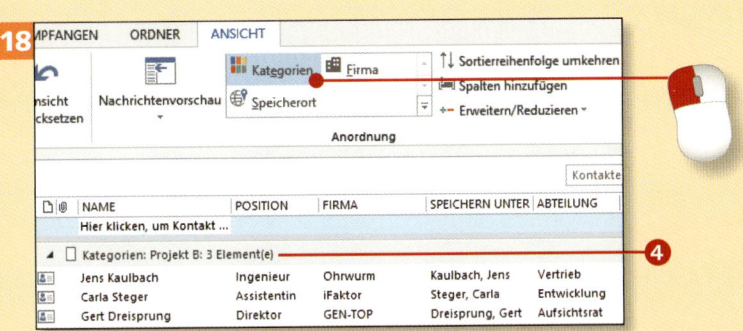

Kapitel 8
Das Adressbuch für E-Mails verwenden

Wenn Sie ein digitales Adressbuch führen, brauchen Sie E-Mail-Adressen nicht manuell einzugeben. Sie können E-Mails zudem bequem an eine Kontaktgruppe senden – mit wenigen Klicks.

Senden Sie eine E-Mail an eine Kontaktgruppe als »versteckter« Empfänger
Wenn Sie Ihre E-Mail-Adressen nach Kriterien wie »geschäftlich«, »Mitarbeiter«, »Vorstand« oder »wichtige Kunden« in Kontaktgruppen zusammengefasst haben, sollten Sie die Gruppe aus Datenschutzgründen nur über die Option **Bcc** ❶ als Empfänger einfügen.

Sie bekommen eine Visitenkarte im E-Mail-Anhang – was tun?
Die elektronische Visitenkarte wird immer beliebter. Neben der Tatsache, dass Sie sich damit in der digitalen Welt ein Gesicht geben, liegt der Grund dafür in der Tatsache, dass es für alle E-Mail-Programme einen gültigen Speicherstandard ❷ gibt.

Geben Sie Kontaktdaten im VCF-Format weiter – man dankt es Ihnen!
Sie haben jede Menge Kontakte in Ihrem Adressbuch – deshalb werden Sie auch für andere als Informationsquelle interessant. Um die Anfragen schnellstmöglich bedienen zu können, versenden Sie Ihre Adressen einfach im Visitenkartenformat ❸.

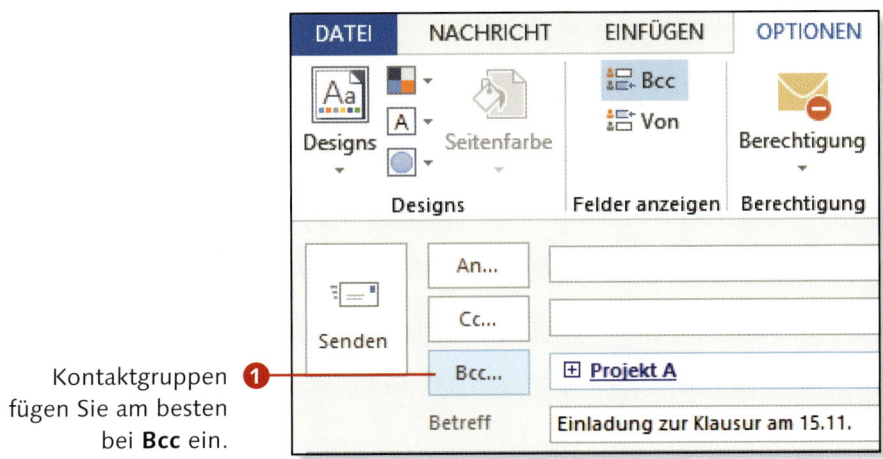

Kontaktgruppen
fügen Sie am besten
bei **Bcc** ein.

1

2 Visitenkarten werden
im generell gültigen
Format *vCard* (Dateien-
dung *.vcf*) verschickt.

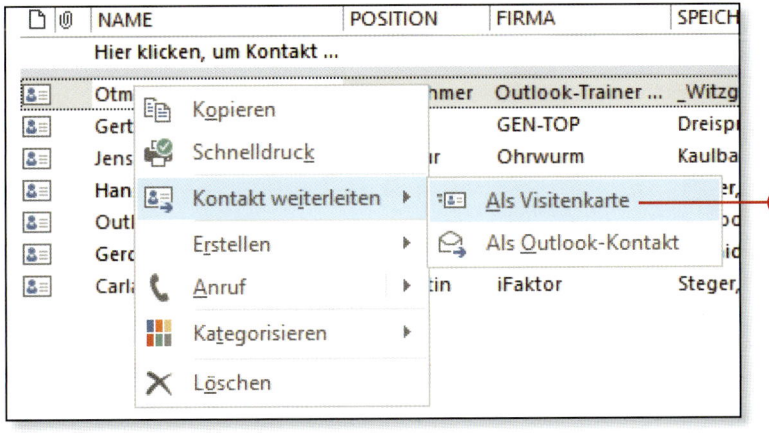

3 Über das Kontextmenü
versenden Sie Ihre
Adressen im Visiten-
kartenformat.

Empfänger aus dem Adressbuch wählen

Wenn Sie eine E-Mail an eine Person versenden möchten, deren E-Mail-Adresse Sie jedoch nicht im Kopf haben, nutzen Sie das Adressbuch.

Schritt 1

Klicken Sie im Bereich **E-Mail** im Register **Start** auf **Neue E-Mail**. Wenn Sie sich in einem anderen Bereich befinden, gehen Sie auf **Neue Elemente ▸ E-Mail-Nachricht**. Die schnelle Variante ist `Strg` + `⇧` + `M`.

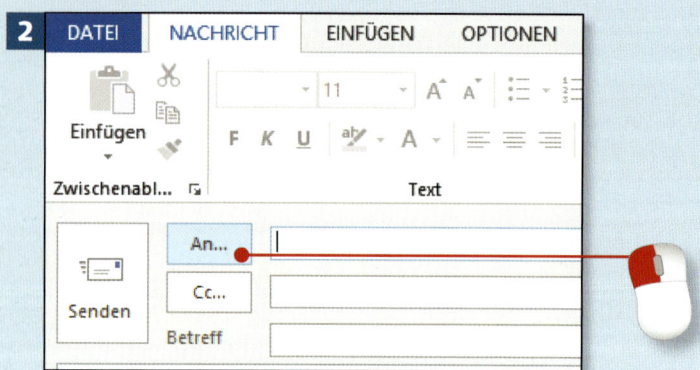

Schritt 2

Um aus dem Adressbuch eine E-Mail-Adresse auszuwählen, klicken Sie auf die Schaltfläche **An**.

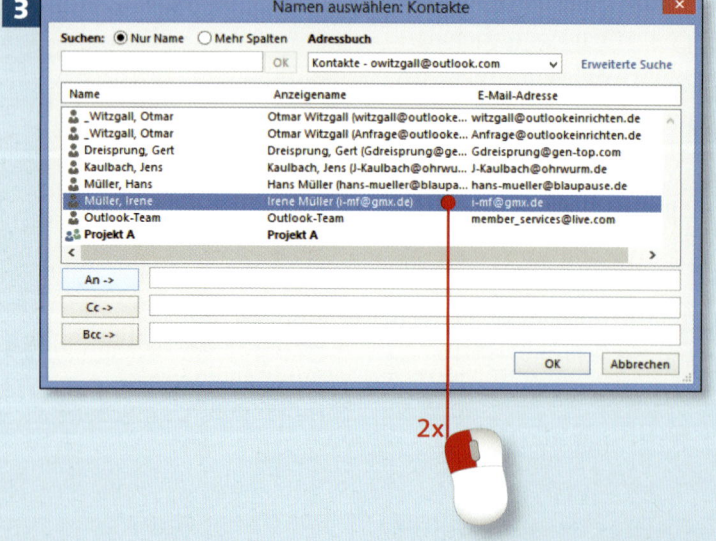

Schritt 3

Es öffnet sich das Fenster **Namen auswählen: Kontakte**. Klicken Sie doppelt auf einen Kontakt, um ihn zu übernehmen.

Nach Namen suchen
Wenn Ihr Adressbuch auf den ersten Blick nicht überschaubar ist, geben Sie im Eingabefeld **Suchen** in Schritt 3 den Nachnamen der zu suchenden Person ein. Die Markierung springt auf den gefundenen Nachnamen.

Schritt 4

Die E-Mail-Adresse des Kontakts wird in die Eingabezeile eingefügt. Wiederholen Sie den Vorgang für weitere Empfänger in **An** und **Cc**. Schließen Sie das Einfügen von Empfängern aus dem Adressbuch mit einem Klick auf **OK** ab.

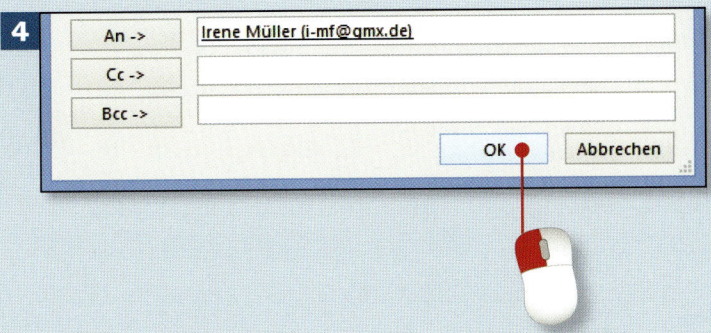

Schritt 5

Möchten Sie noch »versteckte« Empfänger einfügen, klicken Sie im Reiter **Optionen** in der Gruppe **Felder anzeigen** auf **Bcc**. Der Button **Bcc** fügt sich unterhalb von **Cc** ein. Wiederholen Sie die Auswahl der Empfänger so, wie in den Schritten 3 und 4 beschrieben.

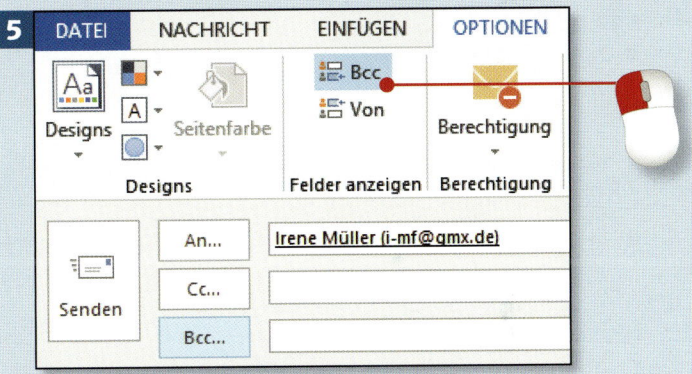

Schritt 6

Perfekt! Geben Sie nun einen **Betreff** an, und klicken Sie dann auf **Senden**. Alternativ versenden Sie mit der Tastenkombination Strg + ↵.

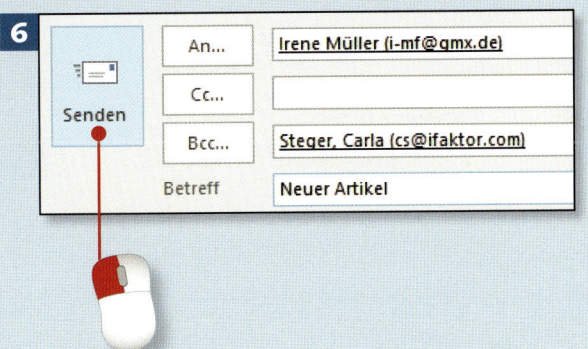

Eine E-Mail an eine Kontaktgruppe senden

Sie haben alle Mitglieder einer Arbeitsgruppe als Kontaktgruppe angelegt. Ich zeige Ihnen hier, wie Sie an diese Kontaktgruppe eine Nachricht versenden.

Schritt 1

Wenn Sie sich im Bereich **E-Mail** befinden, öffnen Sie ein neues E-Mail-Formular mit Klick auf **Neue E-Mail** in der Gruppe **Neu**, andernfalls drücken Sie `Strg` + `⇧` + `M` auf Ihrer Tastatur.

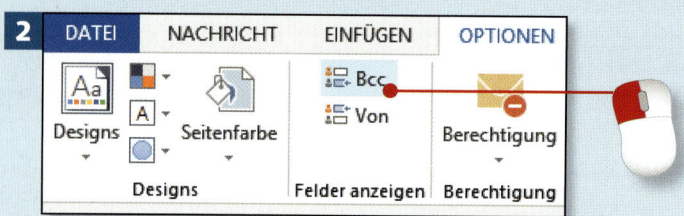

Schritt 2

Klicken Sie im neuen Formular auf dem Reiter **Optionen** in der Gruppe **Felder anzeigen** auf die Schaltfläche **Bcc**.

Schritt 3

Jetzt stellen Sie sicher, dass die Kontaktgruppe als »versteckter« Empfänger eingetragen wird. Damit vermeiden Sie Probleme mit dem Datenschutz, weil sonst alle Adressen von allen gesehen würden. Gehen Sie nun auf **Bcc**.

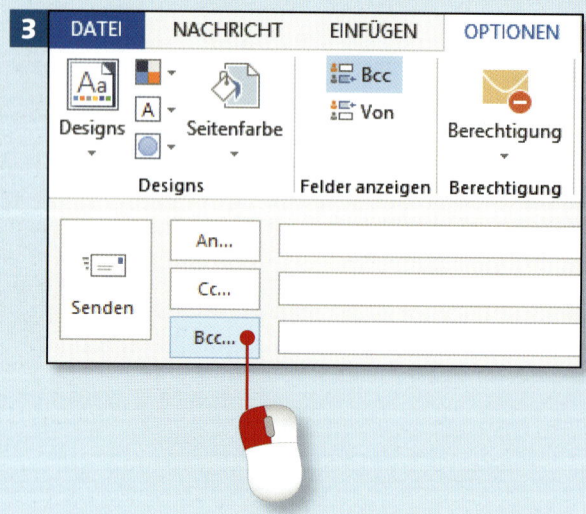

Schritt 4

Wählen Sie mit Doppelklick die Kontaktgruppe **Projekt A** aus, und bestätigen Sie mit **OK**.

Schritt 5

Geben Sie noch einen **Betreff** ein. Wenn Sie die E-Mail so versenden, wird jedem Empfänger als Absender Ihr E-Mail-Kontoname und als Empfänger **Projekt A** angezeigt.

Schritt 6

Fällt Ihnen ein, dass Sie die Nachricht an ein Mitglied der Kontaktgruppe nicht senden möchten, öffnen Sie die Gruppe mit Klick auf das Plus-Zeichen (❶ in Schritt 5). Die Mitglieder werden einzeln in **Bcc** eingefügt. Löschen Sie die gewünschte Adresse ❷, indem Sie sie markieren und ⌨ Entf drücken. Klicken Sie schließlich auf **Senden**.

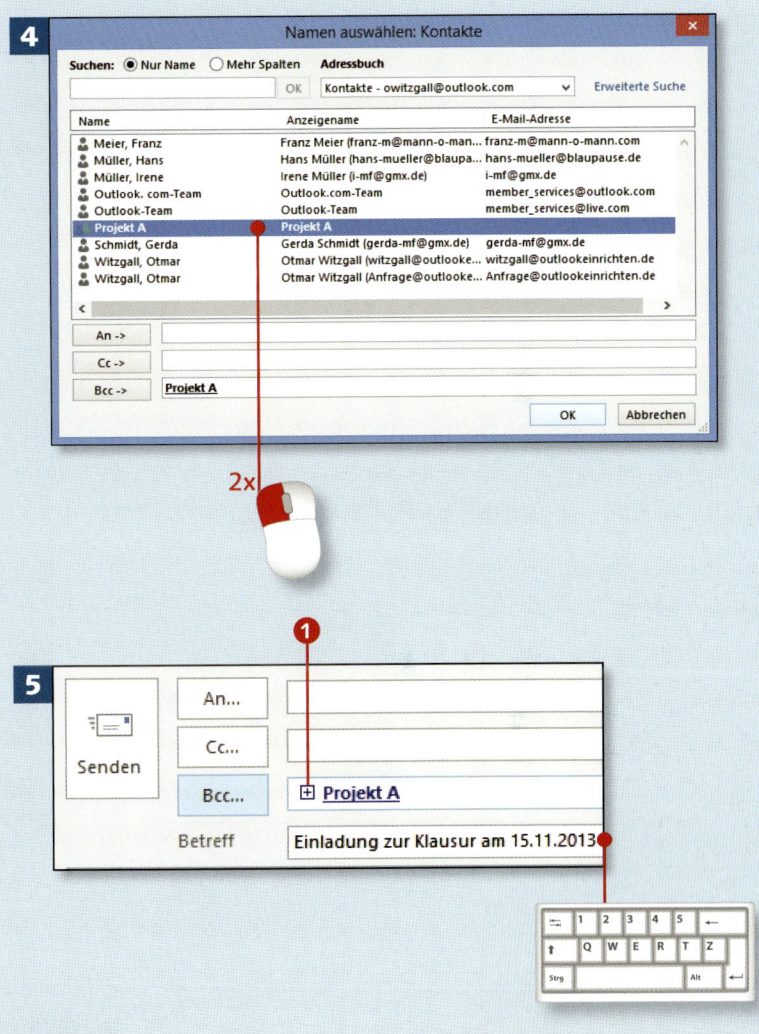

❗ Datenschutz

Aus Datenschutzgründen sollten Sie Kundenadressen nur über **Bcc** senden. Ihre Kunden sehen die E-Mail-Adresse der anderen Empfänger nicht. Wenn Sie E-Mail-Adressen teamintern weitergeben möchten, senden Sie diese über **An** oder **Cc**.

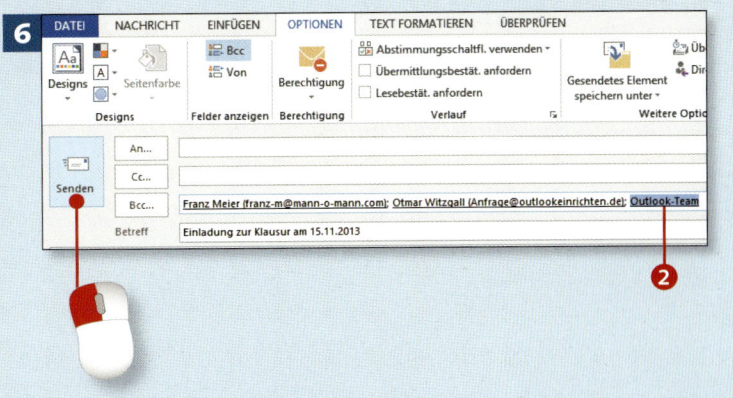

Visitenkarte abspeichern

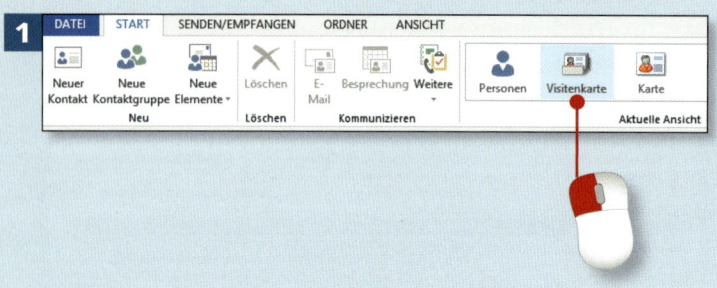

In Outlook vorhandene Visitenkarten können Sie als Datei speichern oder per E-Mail weiterleiten.

Schritt 1

Gehen Sie in den Bereich **Personen**, und wählen Sie unter **Aktuelle Ansicht** die Option **Visitenkarte**.

Schritt 2

Wenn Sie die Visitenkarte im unabhängigen VCF-Format auf Ihrer Festplatte abspeichern möchten, markieren Sie sie und klicken dann auf das Register **Datei**.

Schritt 3

In der Backstage-Ansicht klicken Sie auf **Speichern unter**, um die Visitenkarte als VCF-Datei abzuspeichern.

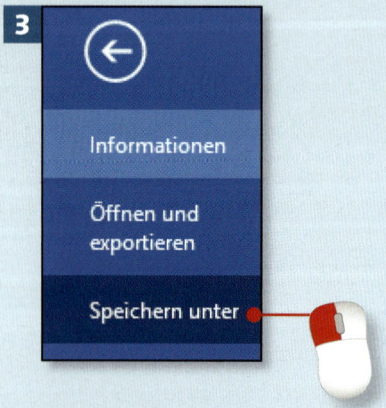

Kontaktformular = Visitenkarte

Klicken Sie in Outlook auf eine Visitenkarte, öffnet sich das Kontaktformular, in dem Sie alle Kontaktfelder mit Daten ausfüllen können. Die Visitenkarte ist Teil des Formulars und kann nicht allein angelegt werden – siehe dazu den Abschnitt »Kontakte bearbeiten« ab Seite 160.

Schritt 4

Navigieren Sie zum gewünschten Ordner. Als **Dateityp** ist bereits **vCard-Dateien** ausgewählt, und unter **Dateiname** steht der Name der Visitenkarte. Klicken Sie auf **Speichern**, um Ihre Visitenkarte auf der Festplatte abzulegen.

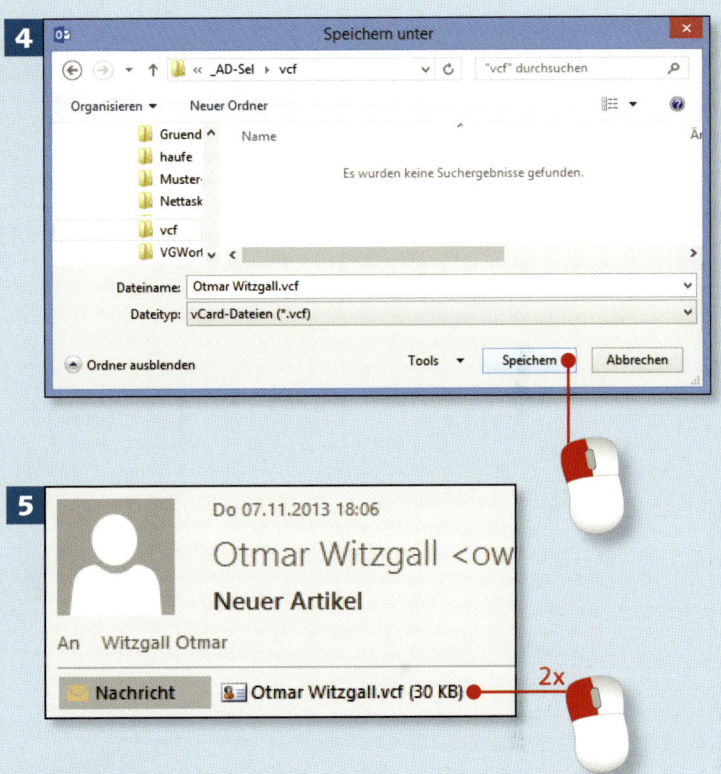

Schritt 5

Wenn Sie eine Nachricht mit einer Visitenkarte im Anhang erhalten, können Sie sie in Ihr Adressbuch übernehmen. Öffnen Sie dazu die Visitenkarte mit einem Doppelklick.

Schritt 6

Outlook öffnet die Visitenkarte als Kontaktformular. Ergänzen Sie weitere Kontaktdaten. Wenn alles in Ordnung ist, übernehmen Sie diesen Kontakt mit **Speichern & schließen** in Ihr Adressbuch in den Standardordner **Kontakte**.

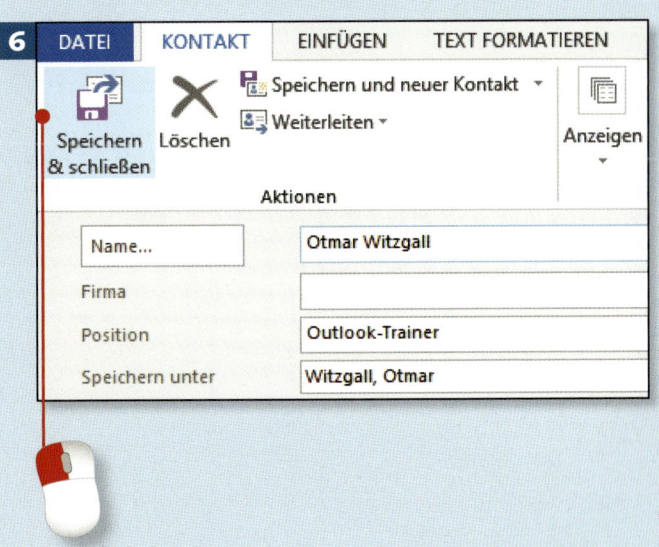

Was heißt eigentlich VCF?

Wie so oft kommen solche Begriffe aus dem Englischen: *VCF* steht für **v**isit **c**ard **f**ormat und bedeutet *Visitenkartenformat*. Dieses Format beruht auf einer allgemeingültigen Übereinkunft, sodass alle E-Mail-Programme dieses Format lesen und abspeichern können.

Einen Kontakt als Visitenkarte weitergeben

Wenn Sie nach den Kontaktdaten einer Person gefragt werden und nicht wissen, ob der Empfänger auch mit Outlook arbeitet, gehen Sie auf Nummer sicher und schicken ihm eine Visitenkarte.

Schritt 1

Sie befinden sich im Bereich **Personen** im Ordner **Kontakte**. Wählen Sie unter **Aktuelle Ansicht** die Option **Liste**. Markieren Sie mit einem Klick den Kontakt, den Sie als Visitenkarte versenden möchten.

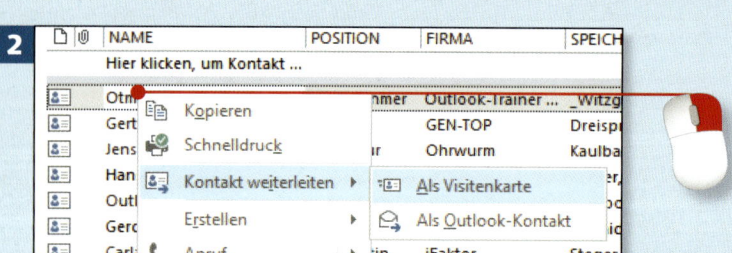

Schritt 2

Klicken Sie mit der rechten Maustaste auf den Kontakt, und wählen Sie im Menü **Kontakt weiterleiten ▸ Als Visitenkarte**. Mit diesem Format stellen Sie sicher, dass Empfänger, die kein Outlook verwenden, die Daten mit ihrem E-Mail-Programm nutzen können.

Schritt 3

Alternativ zu Schritt 2 markieren Sie den gewünschten Kontakt und klicken im Register **Start** und der Gruppe **Freigeben** auf **Kontakt weiterleiten ▸ Als Visitenkarte**.

Schritt 4

Im geöffneten E-Mail-Formular ist die Visitenkarte als Anhang angefügt. Wenn Sie unter **Text formatieren ▸ Format** die Option **HTML** eingestellt haben, sehen Sie die Visitenkarte als Bild ❶.

Schritt 5

Tippen Sie einen Teil des Kontaktnamens in das Feld **An**, und gehen Sie im Register **Nachricht** auf **Namen ▸ Namen überprüfen**. Outlook fügt die zugehörige E-Mail-Adresse ein. Alternativ überprüfen Sie mit der Tastenkombination Strg + K .

Schritt 6

Geben Sie den **Betreff** ein, überprüfen Sie Ihre Angaben, und klicken Sie auf **Senden**. Alternativ drücken Sie Strg + ↵ .

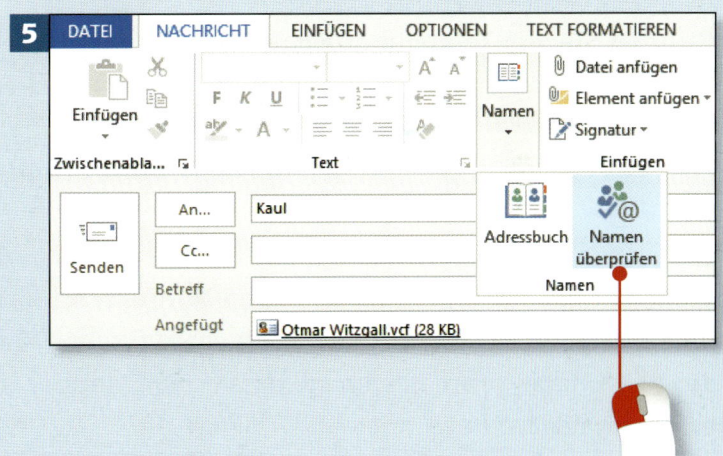

Visitenkarte und Signatur

Im Abschnitt »Eine Signatur anfügen« ab Seite 68 habe ich Ihnen gezeigt, wie Sie eine Signatur anlegen. Über **Datei ▸ Optionen ▸ E-Mail ▸ Signaturen ▸ Signatur bearbeiten ▸ Visitenkarte** fügen Sie ein Bild der Visitenkarte in Ihre Signatur ein.

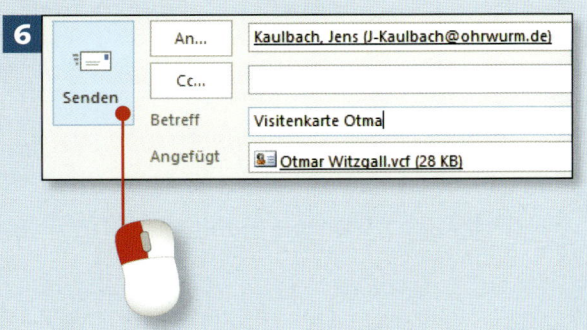

Kapitel 9
Termine planen

Keiner kommt ohne Terminkalender aus – zumindest keiner, der verantwortungsvoll mit Zeit umgeht. Outlook bietet Ihnen ein mächtiges Werkzeug. Erstellen Sie Terminserien, organisieren Sie Besprechungen, und geben Sie Kalenderdaten einfach per E-Mail weiter.

Legen Sie regelmäßig wiederkehrende Termine als Serien an

Wer kennt sie nicht, die regelmäßigen Besprechungen im Team und die Verabredungen mit Freunden. Auch Geburtstage kehren in regelmäßigen Abständen wieder. Keine Sorge, Sie müssen nicht jeden Termin einzeln eingeben. Nutzen Sie stattdessen Terminserien ❶.

Bringen Sie alle Teilnehmer zusammen

Jeder hat schon mal versucht, mit anderen Personen einen gemeinsamen Termin abzustimmen – je größer die Teilnehmerzahl, desto komplexer die Terminabstimmung. Mit Outlook geht das ganz einfach – mit der Funktion **Besprechung** und der Terminplanung ❷.

Geben Sie Ihre Kalenderdaten per E-Mail weiter

Vielleicht haben Sie sich schon mal gewünscht, schnell in den Kalender eines anderen hineinschauen zu können. Kein Problem! Tauschen Sie Ihre Kalenderdaten per E-Mail aus ❸ – und zwar am besten so, dass Ihr Gegenüber mit nur zwei Klicks Ihre Daten in seinem Kalender hat.

Hier tragen Sie regel-
mäßig wiederkehrende
1 Termine ein.

Terminserie ✕

Termin
Beginn: 11:00 ▾
Ende: 12:30 ▾
Dauer: 1,5 Stunden ▾

Serienmuster
○ Täglich   Jede/Alle 1   Woche(n) am
● Wöchentlich   ☐ Montag   ☑ Dienstag   ☐ Mittwoch   ☐ Donnerstag
○ Monatlich   ☑ Freitag   ☐ Samstag   ☐ Sonntag
○ Jährlich

Seriendauer
Beginn: Di 12.11.2013 ▾   ○ Kein Enddatum
                          ● Endet nach: 5   Terminen
                          ○ Endet am: Fr 13.12.2013 ▾

OK   Abbrechen   Serie entfernen

In der Terminpla-
nung suchen Sie für
alle Teilnehmer die
2 passende Zeit.

DATEI	BESPRECHUNG	EINFÜGEN	TEXT FORMATIEREN	ÜBERPRÜFEN

✕ Löschen   In meinen Kalender kopieren   📅 Termin   🗓 Terminplanung   Einladung stornieren   Optionen Kategorien   Zoom

Aktionen   Anzeigen   Teilnehmer   Zoom

🖳 Senden   🔍 100 % ▾

	Alle Teilnehmer	14:00	15:00	16:00	17:00	18:00	Dienstag, 19. Nove 06:00	07:00
☑	Otmar Witzgall <owitzgall@outloo
☑	Otmar Witzgall (witzgall@outlooke
☑	Kaulbach, Jens (J-Kaulbach@ohrwu

..., um Namen hinzuzufü

Kalender über E-Mail senden ✕

Geben Sie die einzuschließenden Kalenderinformationen an.

Kalender: Kalender ▾
Datumsbereich: Datum angeben... ▾
              Beginn: Mi 13.11.2013 ▾   Ende: Fr 15.11.2013 ▾
Detail: **Alle Details**
              Schließt nur die Verfügbarkeit und alle Details der
              Kalenderelemente ein. ▾
Erweitert: Ausblenden <<
              ☑ Details von als privat markierten Elementen einschließen
              ☐ Anlagen in Kalenderelementen einschließen
E-Mail-Layout: Tagesplan ▾

OK   Abbrechen

▾   Optionen ▾   ...toAuswahl >>   Beginn Mo 18.11.2013 14:30 ▾
                                    Ende   Mo 18.11.2013 15:30 ▾

Vorbehalt ■ Abwesend ▨ An anderem Ort tätig ◪ Keine Informationen ☐ Außerhalb der Arbeitsze

3 Über einen Assistenten
geben Sie Kalenderdaten
weiter.

Einen Termin anlegen

Zur Organisation Ihres Alltags nutzen Sie den Kalender. Einen Termin können Sie auf verschiedene Weise anlegen.

Schritt 1

Wechseln Sie mit einem Klick auf **Kalender** in den gleichnamigen Bereich. Alternativ wechseln Sie mit `Strg` + `2`. Sie sehen daraufhin Ihren Outlook-Kalender.

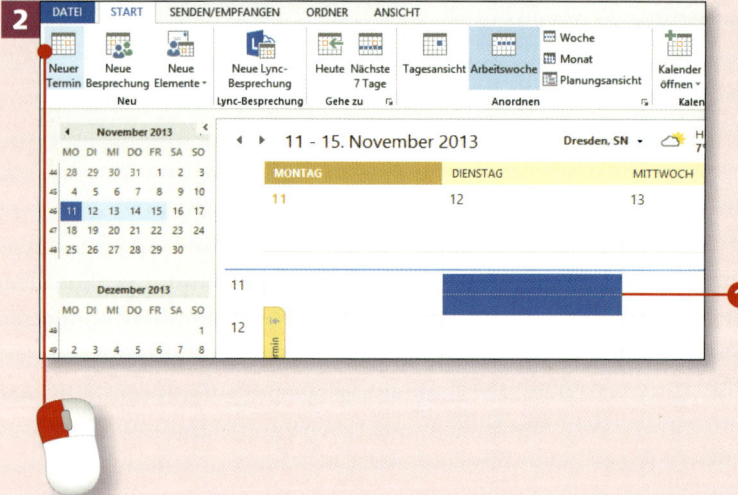

Schritt 2

Markieren Sie an einem gewünschten Tag die Dauer eines Termins ❶. Klicken Sie dann auf **Neuer Termin**. Schneller geht es mit der Tastenkombination `Strg` + `⇧` + `A`.

Schritt 3

Es öffnet sich das Terminformular mit Datum und Dauer des Termins. Fügen Sie einen **Betreff** und einen **Ort** hinzu. **Beginn** und **Ende** können Sie über ein Dropdown-Menü ❷ anpassen.

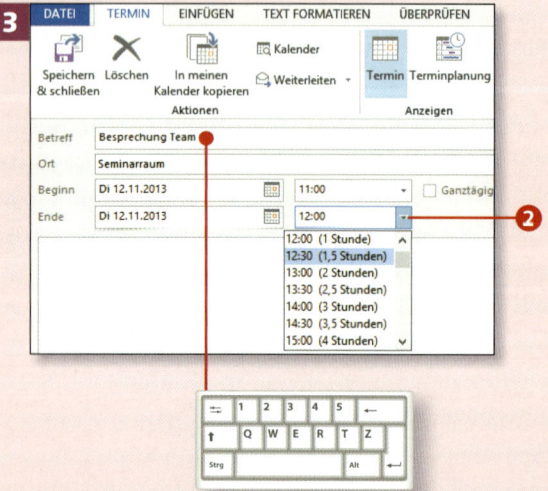

Schritt 4

Haben Sie alles eingetragen, beenden Sie die Eingabe mit einem Klick auf **Speichern & schließen**.

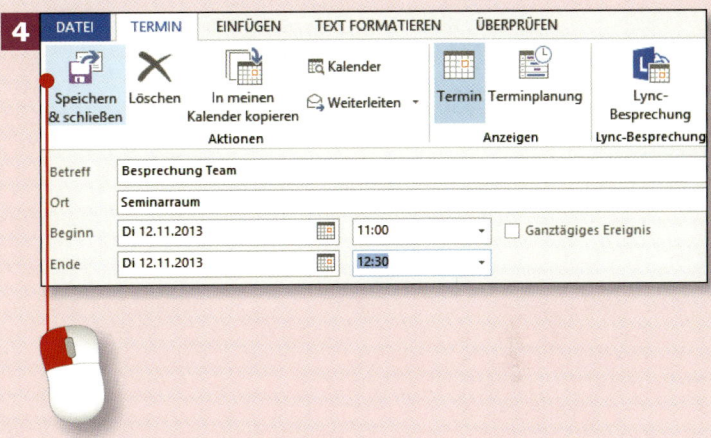

Schritt 5

Es gibt noch einen anderen Weg, einen neuen Termin anzulegen. Der erste Schritt ist dabei allerdings gleich: Markieren Sie entsprechend Schritt 2 im Kalender einen Termin.

Schritt 6

Beginnen Sie einfach einen Betreff einzutippen. Die Farbe der Markierung ändert sich dabei in die Farbe des Termins.

Die Zwischenablage nutzen

Von jeder beliebigen Quelle aus kopieren Sie einen für einen Termin relevanten Text, ein Bild etc. in die Windows-Zwischenablage. In Outlook wechseln Sie mit Strg + 2 in den Bereich **Kalender**. Mit Strg + V öffnen Sie ein Terminformular und fügen gleichzeitig den Inhalt der Zwischenablage in das Terminfeld ein.

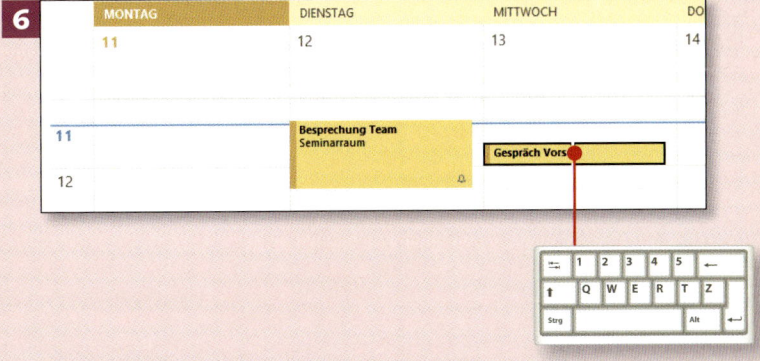

197

Einen Termin anlegen (Forts.)

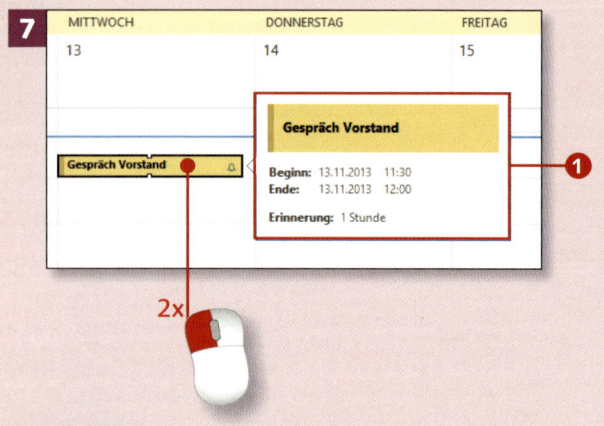

Schritt 7

Wenn Sie mit der Maus über den Termin fahren, sehen Sie die Zusammenfassung der eingegebenen Daten ❶. Klicken Sie doppelt auf den Termin, um ihn zu öffnen.

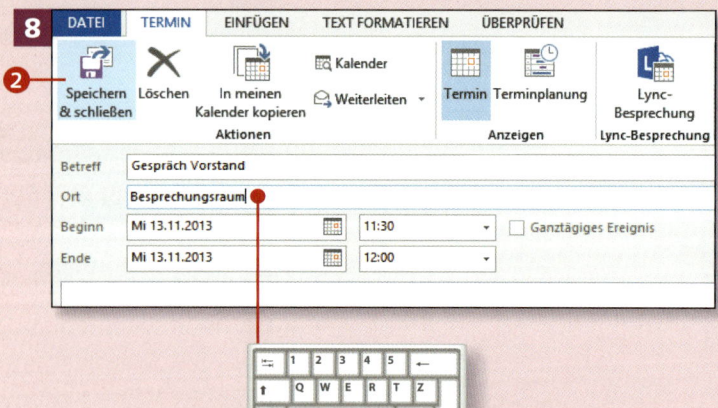

Schritt 8

Nun können Sie Angaben ergänzen, z. B. den Ort. Schließen Sie die Termineingabe mit einem Klick auf **Speichern & schließen** ❷ ab.

Schritt 9

Sie sehen jetzt im Kalender neben dem Betreff auch den Ort ❸. Klicken Sie auf die Registerkarte **Ansicht**.

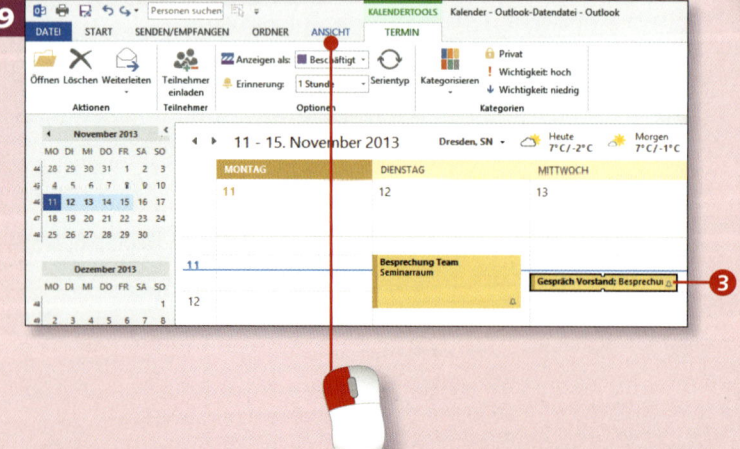

Termine duplizieren

Möchten Sie einen Termin so duplizieren, dass dieser an einem anderen Tag stattfindet, dann suchen Sie in der Navigationsleiste im Datumsnavigator den gewünschten Monat aus. Klicken Sie nun den Termin an und ziehen ihn mit gedrückter Strg-Taste auf den gewünschten Tag im ausgesuchten Monat und lassen ihn los. Das Verschieben funktioniert ohne Strg-Taste.

Schritt 10

In der Gruppe **Layout** klicken Sie auf **Aufgabenleiste** und dann auf **Kalender**.

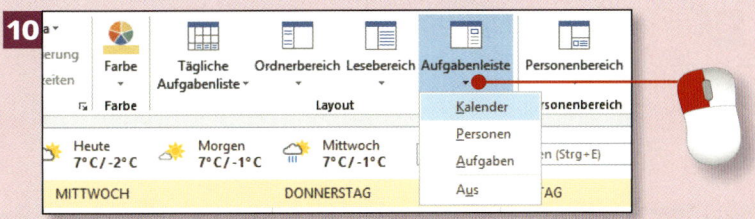

Schritt 11

Die Aufgabenleiste mit dem Kalender erscheint am rechten Rand des Arbeitsbereichs. Das aktuelle Datum ist dunkelblau hervorgehoben ❹. Markieren Sie einen anderen Tag, um andere Termine zu sehen.

Schritt 12

Markieren Sie nochmals den Termin. Im Reiter **Kalendertools/Termin** in der Gruppe **Kategorien** können Sie den Termin kategorisieren, ihn als **Privat** markieren und ihm eine **Wichtigkeit** zuordnen.

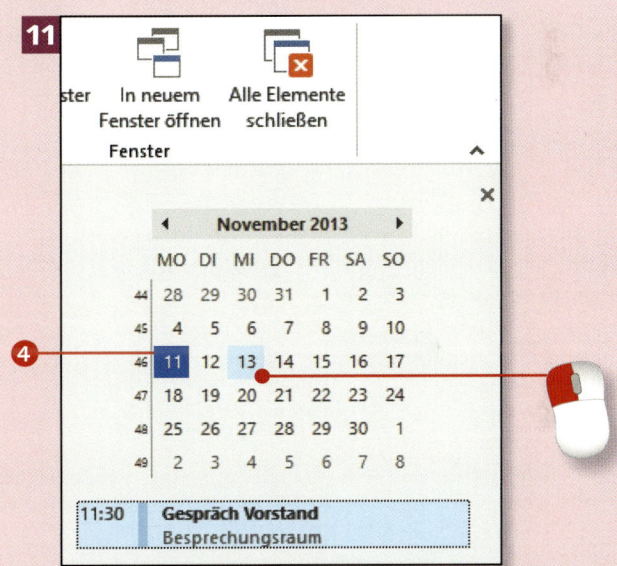

Gleiche Termine

Legen Sie einen Termin in der Tagesansicht an. Dieser Termin soll an einem weiteren Termin über das Jahr stattfinden. Suchen Sie mit gedrückter `Strg`-Taste den Tag im Datumsnavigator links und markieren ihn. Sie haben jetzt zwei Tagesansichten nebeneinander. Markieren Sie jetzt Ihren Termin und ziehen ihn bei gedrückter `Strg`-Taste in die andere Tagesansicht an die Tageszeit, wo er stattfinden soll und lassen ihn los.

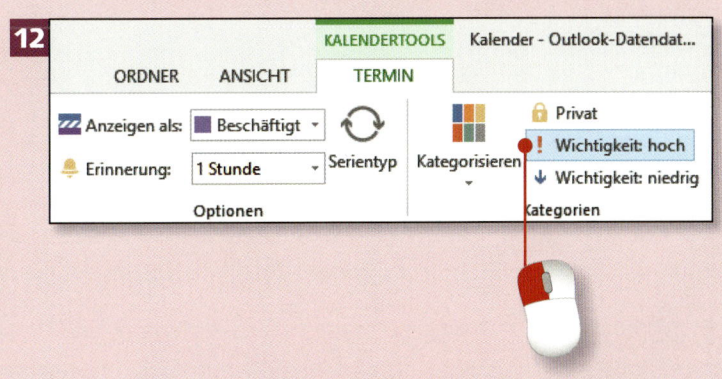

Die Erinnerungsfunktion nutzen

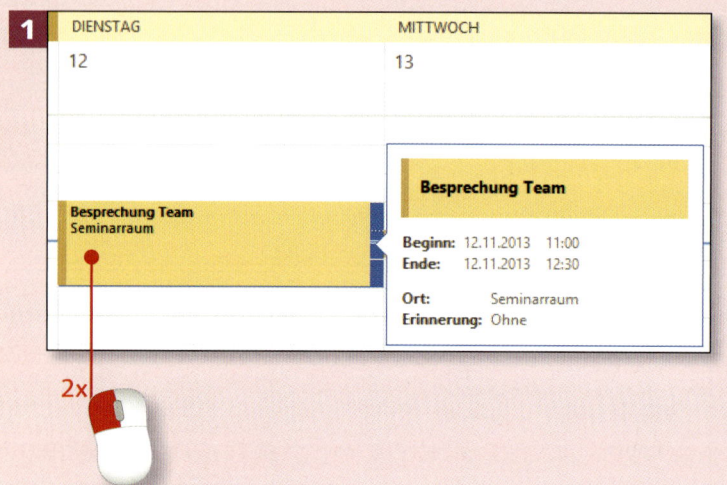

Was nutzt ein Termin, wenn Sie nicht im Vorfeld daran erinnert werden? Ob zwei Wochen oder 15 Minuten vorher – alles ist möglich, sogar mit Ihrem Lieblings-Jingle.

Schritt 1

Gehen Sie in den Bereich **Kalender** und öffnen Sie einen Termin per Doppelklick.

Schritt 2

Klicken Sie in der Gruppe **Optionen** auf die Pfeilspitze bei **Erinnerung**, und wählen Sie einen Zeitpunkt aus.

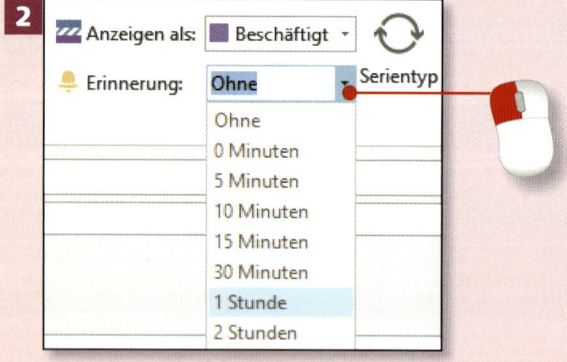

Schritt 3

Wenn Sie mit ein paar netten Takten erinnert werden wollen, klicken Sie im Dropdown-Menü ganz unten auf **Sound**.

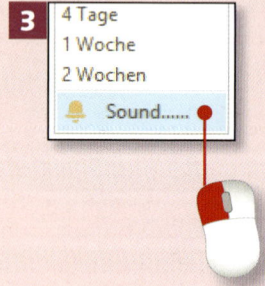

i

Erinnerungen anzeigen

Wenn die eingestellte Erinnerungszeit gekommen ist, blendet Outlook ein Erinnerungsfenster ein. Schließen Sie es, ist es ausgeblendet. Über **Ansicht ▶ Fenster ▶ Erinnerungsfenster** machen Sie es wieder sichtbar.

Schritt 4

Es öffnet sich das Fenster **Erinne-rungssound**. Setzen Sie zur Akti-vierung bei **Diesen Sound wieder-geben** ein Häkchen ❶. Entspricht die Sounddatei Ihren Vorstellungen, gehen Sie auf **OK** ❷. Über einen Klick auf **Durchsuchen** können Sie eine andere WAVE-Datei (*.wav) auswählen.

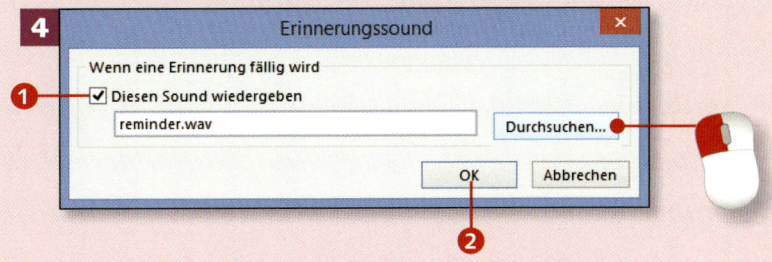

Schritt 5

Sie finden sie im Ordner **Windows** und dort im Unterordner **Media**. Übernehmen Sie die gewünschte Datei mit einem Doppelklick. Kli-cken Sie im Fenster **Erinnerungs-sound** auf **OK** (❷ in Schritt 4), um die gewählte Datei zu bestätigen.

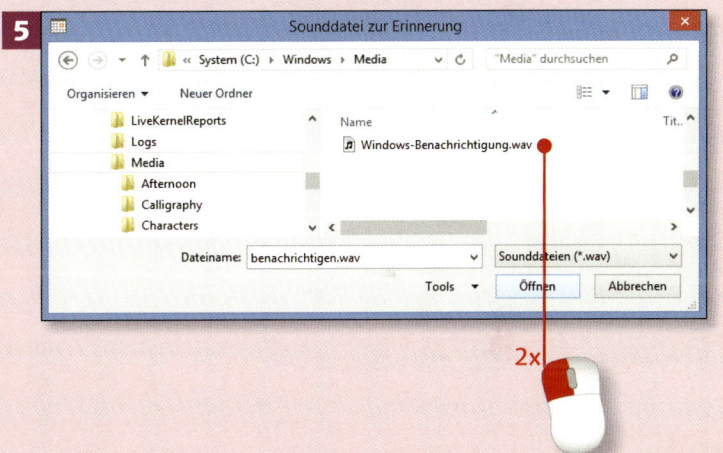

Schritt 6

Jetzt haben Sie Erinnerungszeit und den dazugehörenden Sound einge-stellt. Klicken Sie auf **Speichern & schließen**.

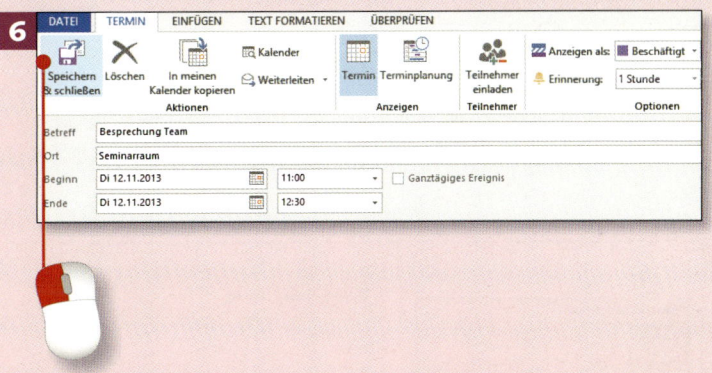

Aus regelmäßigen Terminen eine Serie machen

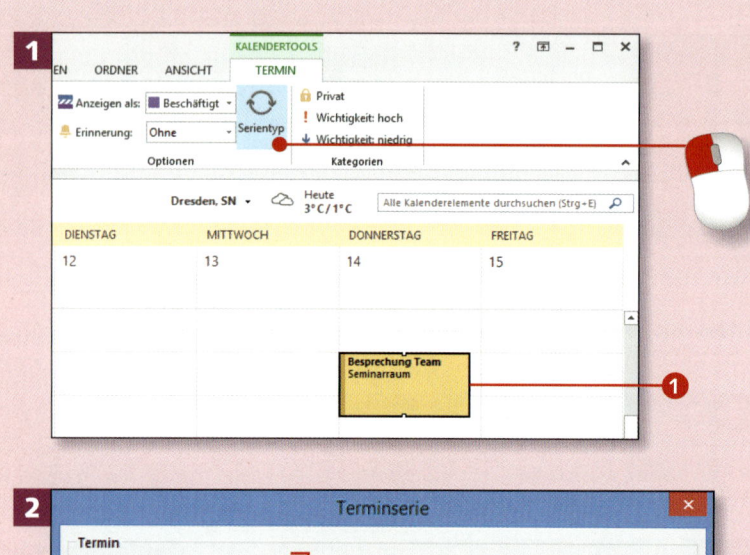

Ein sehr hilfreiches Tool stellt Ihnen Outlook bereit, wenn Sie immer wiederkehrende Termine eintragen möchten. Es wird Ihnen sicher gefallen.

Schritt 1

Markieren Sie den Termin, der sich regelmäßig wiederholt ❶. Klicken Sie auf **Serientyp**.

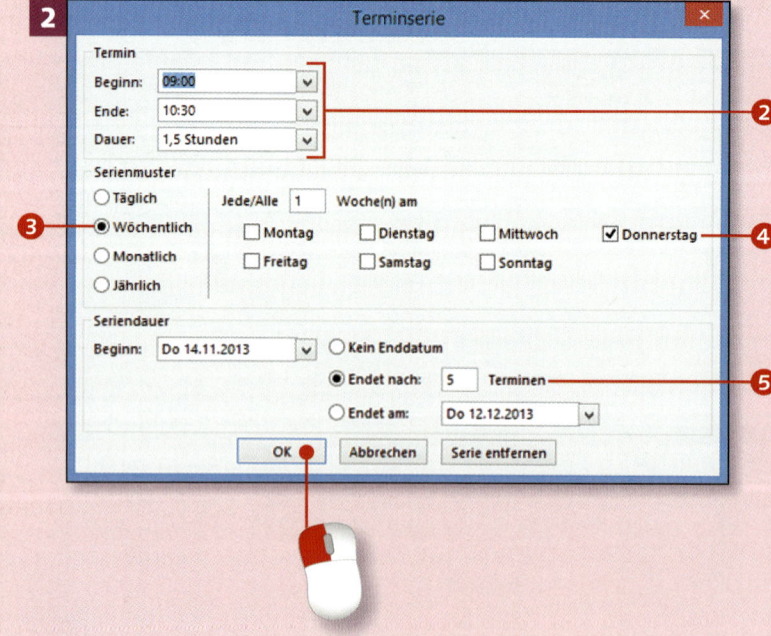

Schritt 2

Es öffnet sich das Fenster **Terminserie**. Im Bereich **Termin** sehen Sie die bereits eingestellte Tageszeit für Beginn und Ende und die Dauer ❷. Im Bereich **Serienmuster** richten Sie die Wiederholungen ein. Aktivieren Sie **Wöchentlich** ❸ und setzen bei **Donnerstag** ❹ ein Häkchen. Die **Seriendauer** soll nach fünf Terminen enden ❺. Sie tragen die »5« ein und schließen dann mit **OK**.

Schritt 3

Im Kalender sehen Sie, dass der Termin mit einem Kreis-Symbol für sich wiederholende Termine und mit einem Glocken-Symbol für Termine mit Erinnerung gekennzeichnet ist.

Schritt 4

Klicken Sie zum Öffnen doppelt auf einen Serientermin. Es öffnet sich das Fenster **Terminserie öffnen** mit der wichtigen Frage **Was möchten Sie öffnen?** Darunter sehen Sie zwei Optionen: **Nur diesen Termin** und **Die gesamte Serie**. Die erste Option ist aktiviert, damit Sie nicht die gesamte Serie vorschnell verändern. Klicken Sie auf **OK**.

Schritt 5

Möchten Sie einen Serientermin löschen, gehen Sie mit der rechten Maustaste auf den Termin und im Kontextmenü auf **Löschen**. Es öffnet sich eine weitere Auswahl: Sie können sich entscheiden, ob Sie nur diesen **Termin löschen** oder die ganze **Serie löschen** möchten.

Schritt 6

Wenn Sie sich entscheiden sollten, nicht mit Serienterminen zu arbeiten, gehen Sie im Fenster **Terminserie** auf **Serie entfernen**. Wollen Sie die Serie nicht weiter fortsetzen, setzen Sie das aktuelle Datum bei **Endet am** ⑥ und schließen die Serie mit **OK** ab.

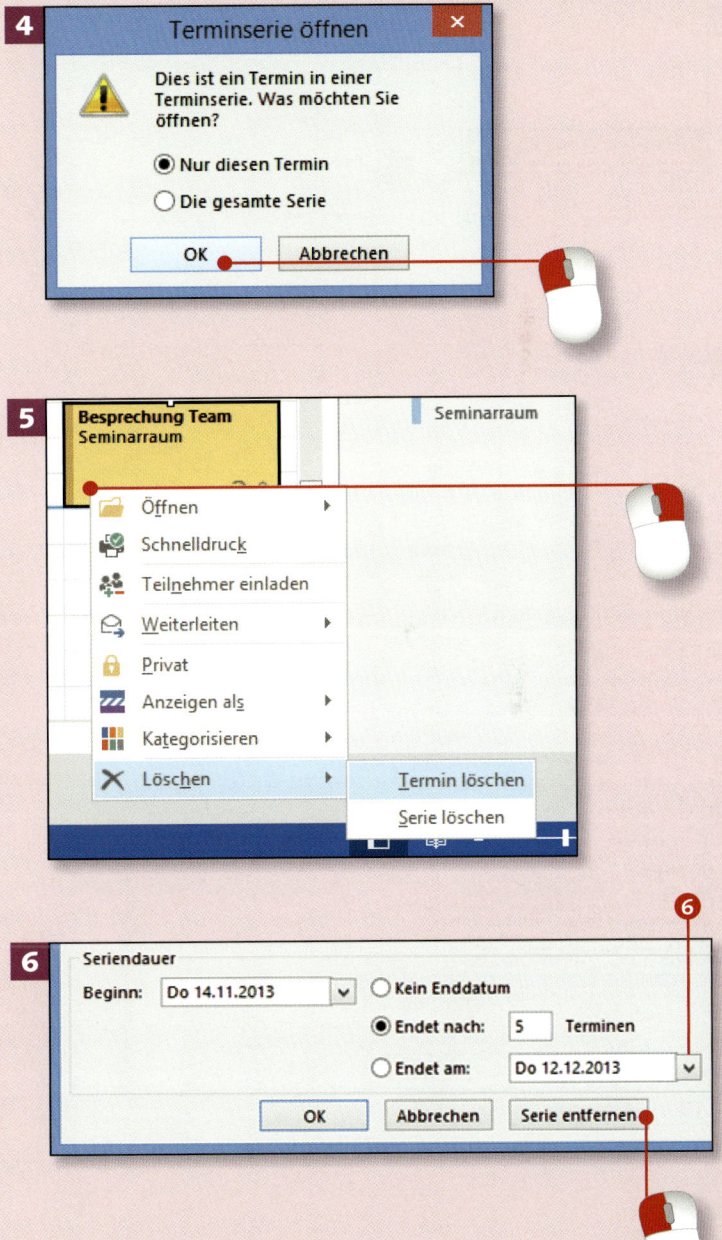

Einem Termin Dateien hinzufügen

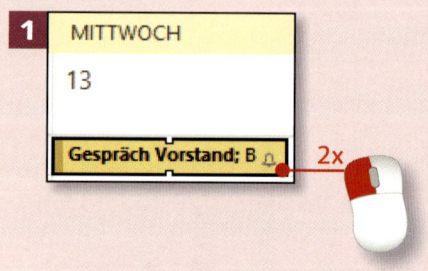

Wenn Sie eine Besprechung oder einen Kundentermin haben, können Sie Unterlagen in das Terminfeld als Link oder als Kopie einfügen.

Schritt 1

Um einem Termin Dateien hinzuzufügen, öffnen Sie den Termin mit einem Doppelklick.

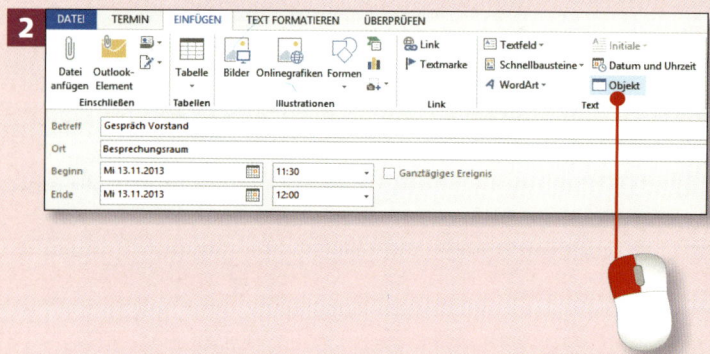

Schritt 2

Im geöffneten Terminformular gehen Sie zum Reiter **Einfügen** und in der Gruppe **Text** auf **Objekt**.

Schritt 3

Im Fenster **Objekt** haben Sie die Möglichkeit, mit jedem registrierten Programm auf Ihrem Computer ein Objekt neu zu erstellen ❶ oder ein bestehendes Objekt einzufügen. Gehen Sie auf **Aus Datei erstellen**.

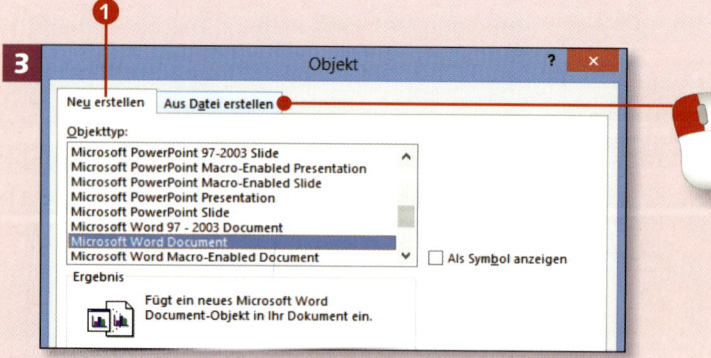

Befehl »Datei anfügen«

In den Abschnitten »Dateien und Fotos anhängen« ab Seite 56 und »Einem Kontakt Dateien und Notizen hinzufügen« ab Seite 170 habe ich Ihnen gezeigt, wie Sie über **Einfügen ▸ Einschließen ▸ Datei anfügen** Daten in ein Outlook-Element einfügen. In diesem Abschnitt zeige ich Ihnen die Methode über **Einfügen ▸ Text ▸ Objekt**.

Schritt 4

Navigieren Sie zur gewünschten Datei, und führen Sie einen Doppelklick aus.

Schritt 5

Im Fenster **Objekt** sehen Sie die Information, dass der Dateiinhalt so eingefügt wird, dass Sie damit die Ursprungsdatei bearbeiten können – also als eine Art Link. Außerdem können Sie mit einem Häkchen die Datei **Als Symbol anzeigen** ❷. Sie schließen das Fenster mit **OK**.

Schritt 6

Im Notizenteil des Termins lesen Sie Teile der Datei, die mit einem gepunkteten Rahmen versehen sind. Klicken Sie doppelt in diesen Rahmen, wird die Originaldatei geöffnet. Alle Veränderungen, die Sie dort vornehmen, sind nach der Speicherung im Termin sichtbar.

➕ Kopie oder Verknüpfung?

Es ist immer zu empfehlen, eine bestehende Datei auf der Festplatte als Link einzufügen: Man öffnet immer die aktuelle Datei, die in der Zwischenzeit vielleicht verändert wurde, und der Termin mit Link benötigt weniger Speicherplatz.

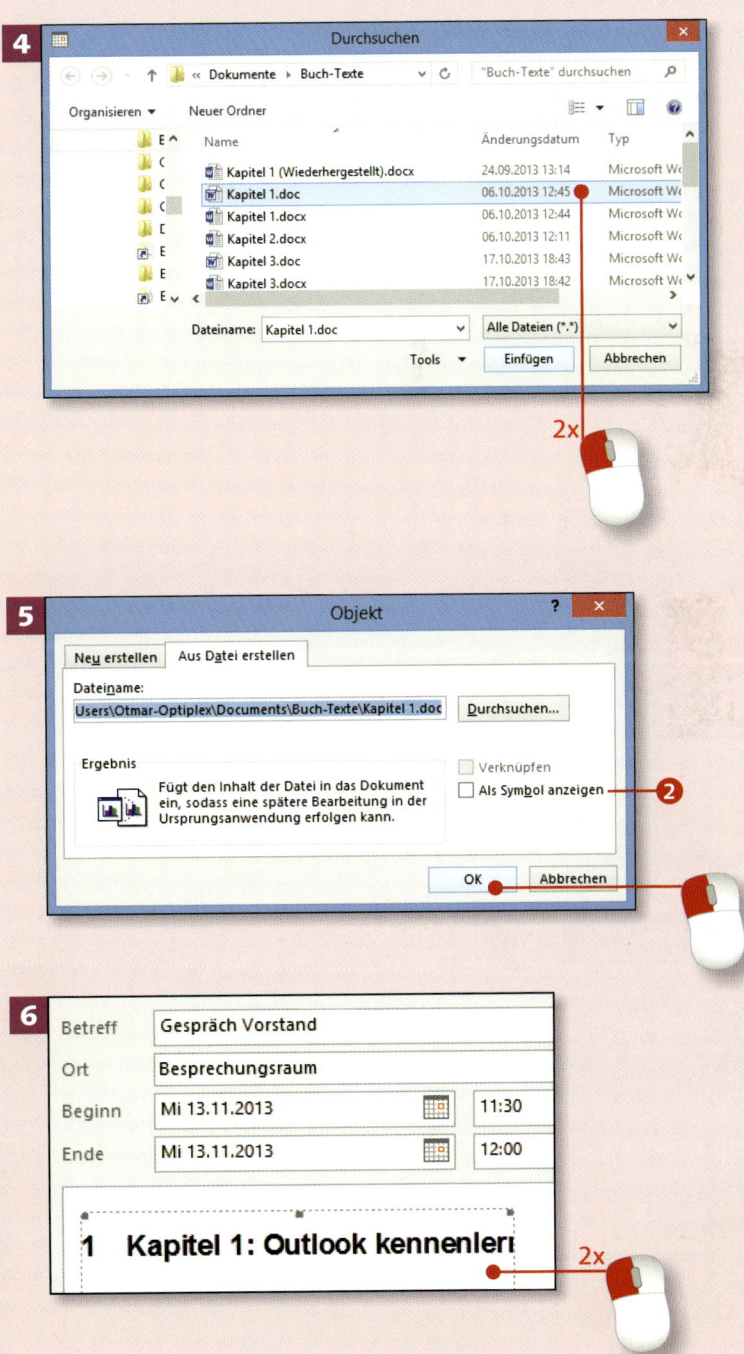

Feiertage im Kalender anzeigen

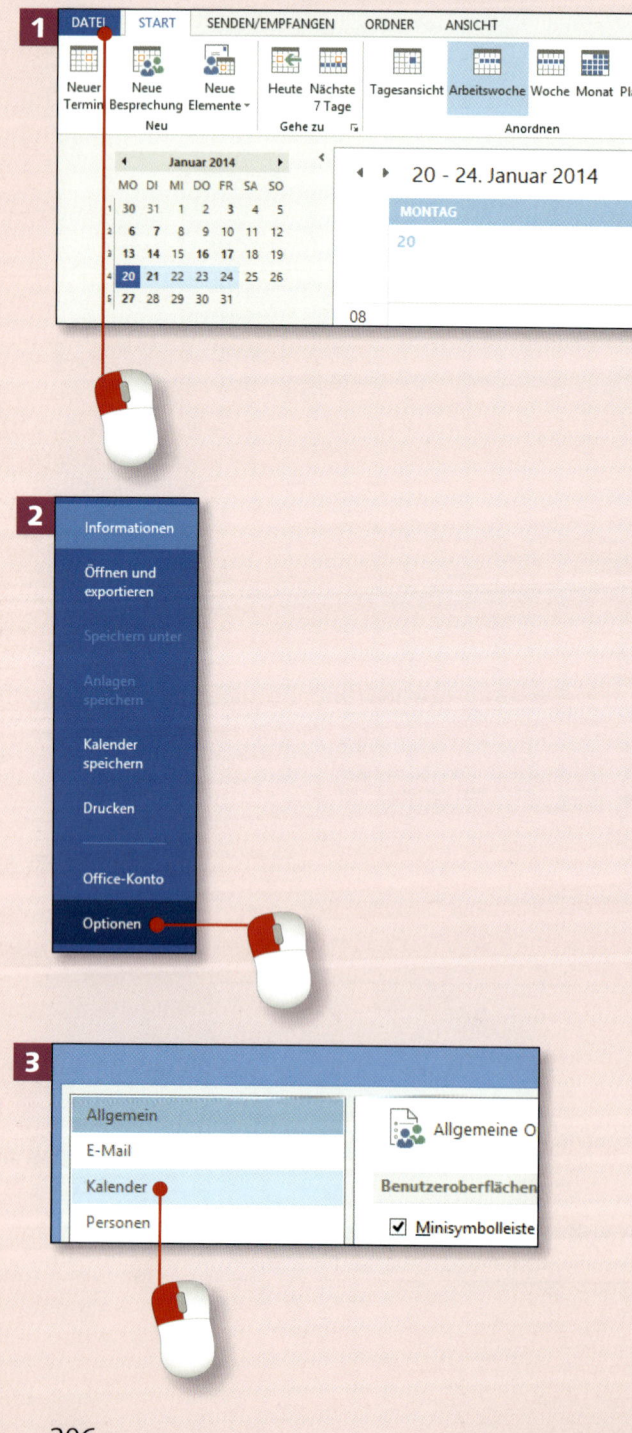

Für Ihre Planungen mit dem Kalender ist es von Bedeutung, die Feiertage im Kalender zu haben. Sie markieren wichtige Punkte im gesellschaftlichen Leben, die für Sie wichtig sind.

Schritt 1

Sie befinden sich im Bereich **Kalender** und sehen die Arbeitswoche vor sich. Um zu den Einstellungen für die Feiertage zu gelangen, klicken Sie auf **Datei**.

Schritt 2

Sie landen in der Backstage-Ansicht. Klicken Sie im Menü links auf den Eintrag **Optionen**.

Schritt 3

Im Fenster Outlook-Optionen klicken Sie links auf den Eintrag **Kalender**.

Feiertage

Die Feiertage werden von Microsoft automatisch per Update erneuert. Aktuell werden die Feiertage bis zum Jahr 2022 eingetragen.

Schritt 4

Bei den Einstellungen zum **Kalender** gehen Sie in den Bereich **Kalenderoptionen** und klicken bei **Feiertage in Kalender eintragen** auf die Schaltfläche **Feiertage hinzufügen**.

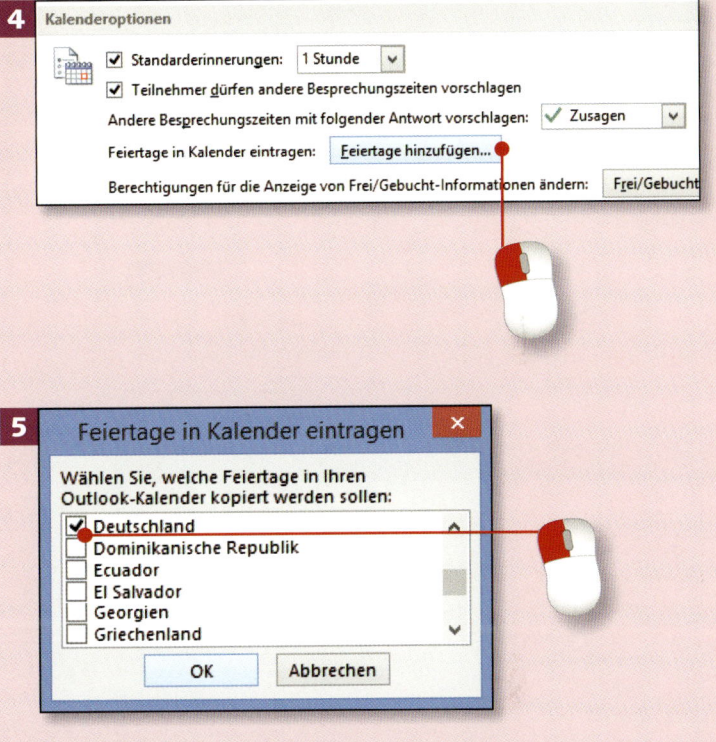

Schritt 5

Im Fenster **Feiertage in Kalender eintragen** setzen Sie bei **Deutschland** ein Häkchen. Sollten Sie aus einem anderen Land kommen, wählen Sie entsprechend Ihr Land aus – eventuell als zusätzliche Feiertage. Schließen Sie die Einstellungen mit einem Klick auf **OK**.

Schritt 6

Im Kalender sehen Sie nun alle deutschen Feiertage, im Beispiel die Weihnachtsfeiertage ❶.

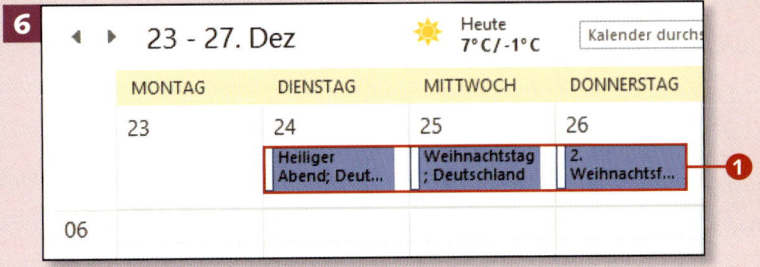

Feiertage löschen

Gehen Sie auf **Ansicht ▸ Aktuelle Ansicht ▸ Ansicht ändern ▸ Liste**. Markieren Sie die Feiertage mit der `Strg`-Taste, und drücken Sie die `Entf`-Taste.

Geburtstage eintragen

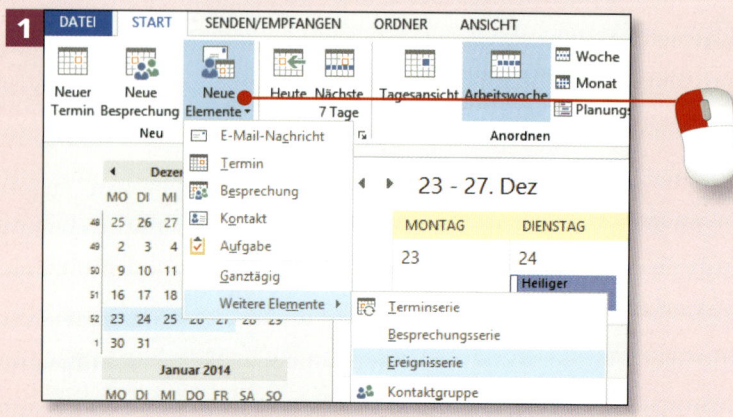

Neben den gesellschaftlichen Feiertagen sind für jeden von uns Geburtstage als persönliche Feiertage wichtig. Ich zeige Ihnen zwei Möglichkeiten, wie Sie Geburtstage eintragen.

Schritt 1

Da ein Geburtstag ein regelmäßiges Ereignis ist, klicken Sie im Bereich **Kalender** auf **Start ▸ Neu ▸ Neue Elemente ▸ Weitere Elemente ▸ Ereignisserie**.

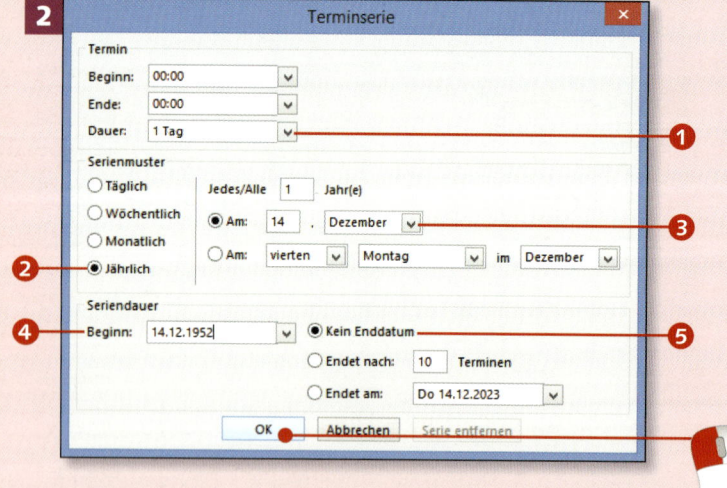

Schritt 2

Im Fenster **Terminserie** ist der **Termin** als ganztägiges Ereignis ❶ eingestellt. Bei **Serienmuster** markieren Sie **Jährlich** ❷. Aktivieren Sie als Wiederholung **Am**, und geben Sie das Geburtsdatum ❸ ein. Bei **Seriendauer ▸ Beginn** ❹ tippen Sie den Geburtstag ein. Wählen Sie die Option **Kein Enddatum** ❺, und schließen Sie mit **OK**.

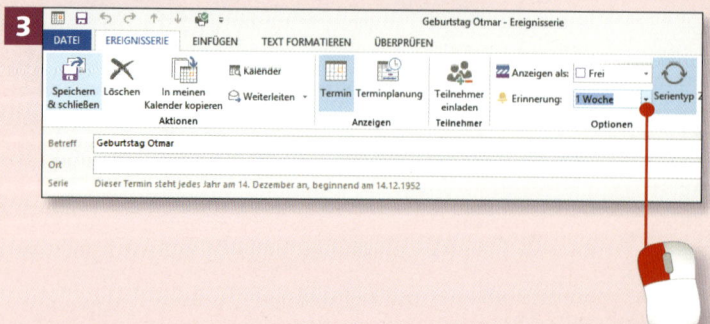

Schritt 3

Sie werden zum Terminformular zurückgeführt. Wählen Sie bei **Erinnerung** z. B. **1 Woche** aus – damit Sie noch rechtzeitig Geschenke besorgen können. Geben Sie einen **Betreff** ein, und klicken Sie auf **Speichern & schließen**.

Schritt 4

Klicken Sie im Ordnerbereich in die Monatsüberschrift im Datumsnavigator, und halten Sie die linke Maustaste gedrückt. Um in einen zukünftigen Zeitraum zu navigieren, ziehen Sie die Maus nach unten – in einen vergangenen geht es nach oben. Stoppen Sie, wenn Sie den gewünschten Monat erreicht haben, und lassen Sie die Maus los.

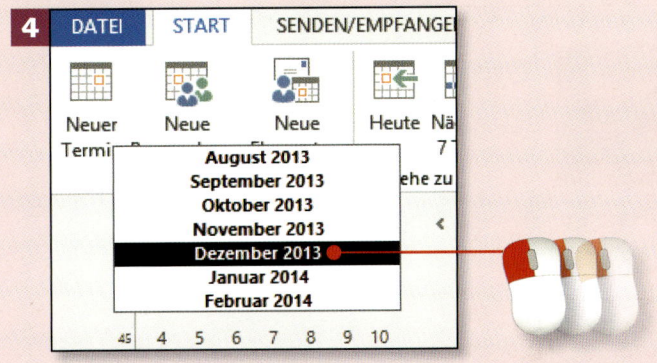

Schritt 5

Markieren Sie das Geburtsdatum. Im Kalender sehen Sie den Geburtstag mit Wiederholung und Erinnerung eingetragen.

Schritt 6

Alternativ zu Schritt 1 öffnen Sie mit F11 die Suchmaske für die Person, deren Geburtstag Sie eintragen möchten. Tippen Sie den Namen in die Suchmaske ein, und klicken Sie dann doppelt auf das Suchergebnis.

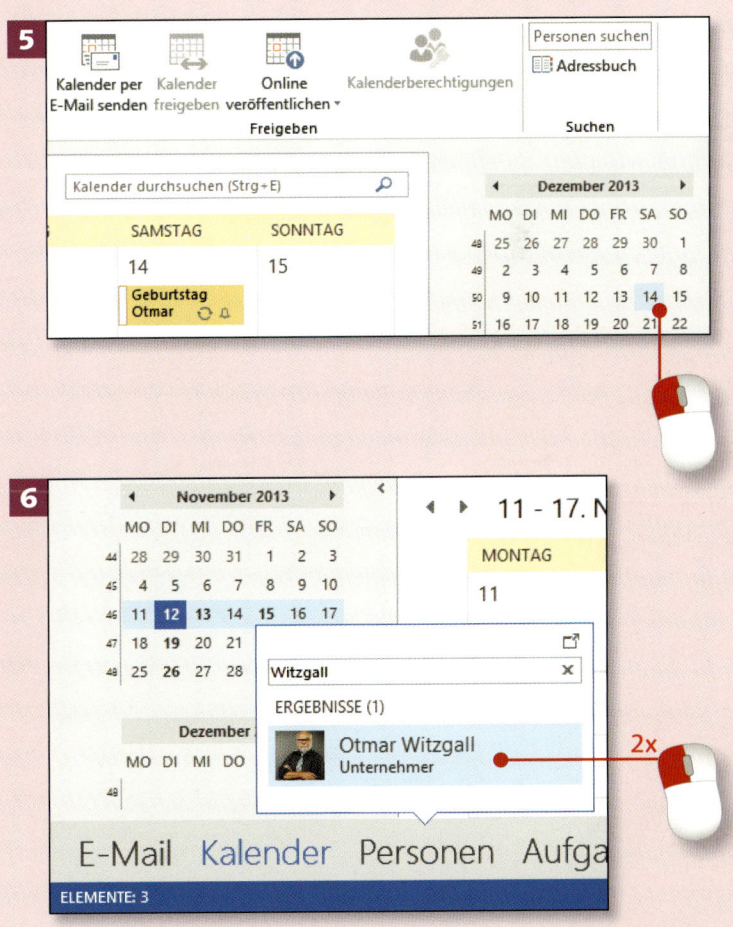

Geburtstage eintragen (Forts.)

Schritt 7

Sie sehen den Kontakt in der Personen-Ansicht. Öffnen Sie das Kontaktformular, indem Sie bei **Datenursprung anzeigen** auf **Outlook (Kontakte)** klicken.

Schritt 8

Im Kontaktformular klicken Sie in der Gruppe **Anzeigen** auf **Details**.

Schritt 9

Tippen Sie im Eingabefeld **Geburtstag** das Geburtsdatum ein. Alternativ wählen Sie es über den Kalender **1** aus. Beenden Sie die Eingabe mit einem Klick auf **Speichern & schließen**.

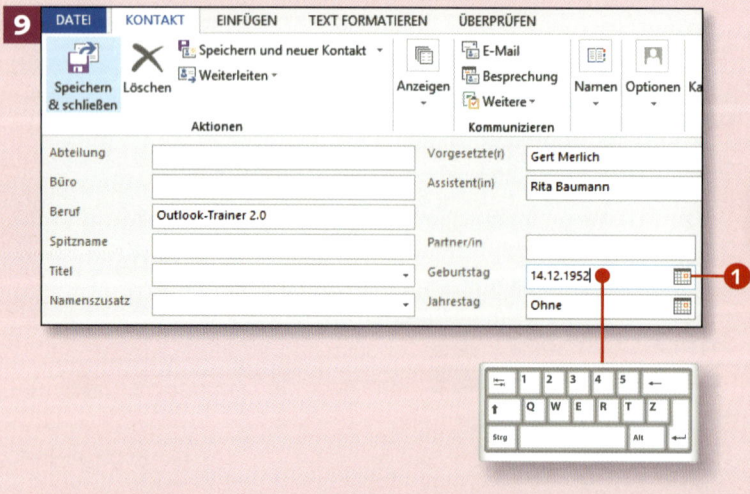

Termine und Ereignisse

Ein **Termin** ist mit einer Tageszeit verbunden und hat einen festgelegten Beginn und ein festgelegtes Ende. Ein **Ereignis** findet den ganzen Tag statt – ohne festgelegte Tageszeit – und wird somit als **Ganztägiges Ereignis** markiert, wie z. B. ein Geburtstag.

Schritt 10

Nun springen Sie im Kalender direkt auf den gewünschten Tag. Dazu klicken Sie in der Gruppe **Gehe zu** auf den Dialogfeldstarter. Schneller geht es mit Strg + G.

Schritt 11

Im Fenster **Gehe zu Datum** tippen Sie bei **Datum** den Geburtstag ein und bestätigen mit **OK**.

Schritt 12

Perfekt! Zum eingegebenen Datum erscheint der Geburtstag ❷ mit Wiederholungssymbol als Ganztagesereignis im Kalender.

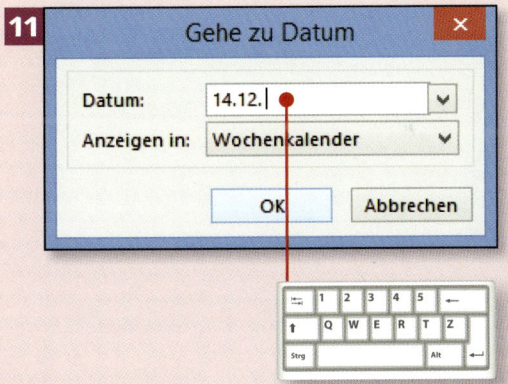

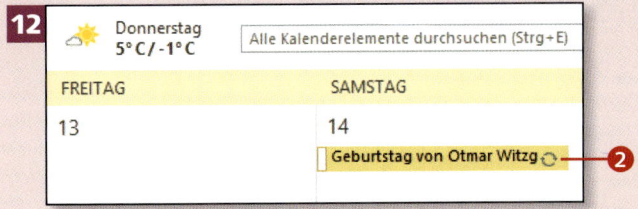

Besprechungen organisieren

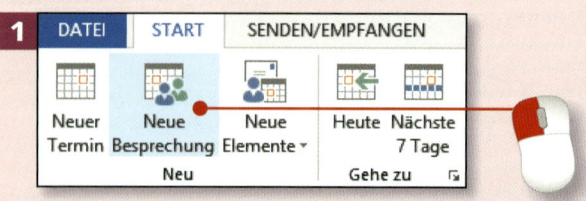

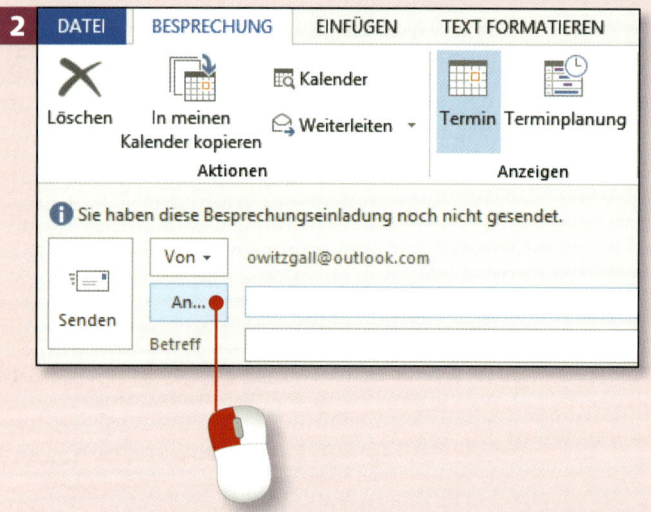

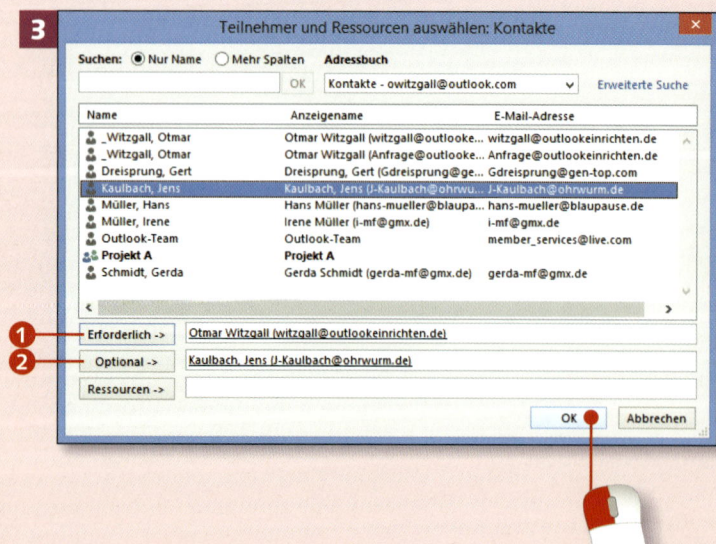

Wenn Sie mit Ihren Mitarbeitern oder Freunden ein Meeting organisieren möchten, nutzen Sie die Funktion »Besprechung«.

Schritt 1

Gehen Sie im Bereich **Kalender** auf das Register **Start** und in der Gruppe **Neu** auf die Schaltfläche **Neue Besprechung** oder drücken Sie die Tastenkombination [Strg] + [⇧] + [Q].

Schritt 2

Das Besprechungsformular öffnet sich als E-Mail im Reiter **Besprechung**. Um Teilnehmer einzuladen, klicken Sie auf **An** oder tragen die E-Mail-Adressen per Hand ein.

Schritt 3

Im Fenster **Teilnehmer und Ressourcen auswählen: Kontakte** geben Sie die E-Mail-Adressen derjenigen Teilnehmer ein, deren Anwesenheit erforderlich ❶ ist. Im Feld darunter tragen Sie die Namen derjenigen ein, deren Teilnahme optional ❷ ist. Klicken Sie zum Schluss auf **OK**.

Schritt 4

Tragen Sie noch einen **Betreff** und einen **Ort** ein. Fehlen noch Datum und Uhrzeit. Gehen Sie dazu auf **Besprechung ▸ Anzeigen ▸ Terminplanung**.

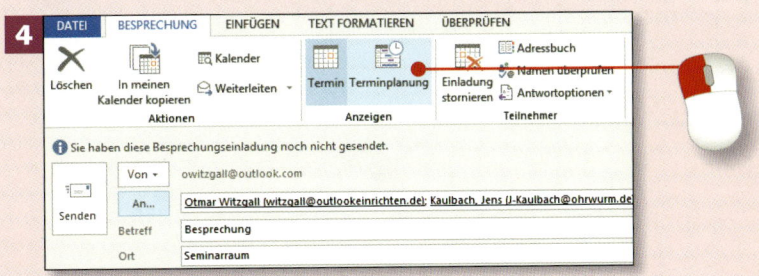

Schritt 5

Nun haben Sie Ihren und alle Kalender Ihrer eingeladenen Teilnehmer präsent ❸ – diese sollten freigegeben sein. Klicken Sie so lange auf **AutoAuswahl**, bis Sie einen geeigneten Termin gefunden haben. Gehen Sie zum Einladen auf **Senden** ❹.

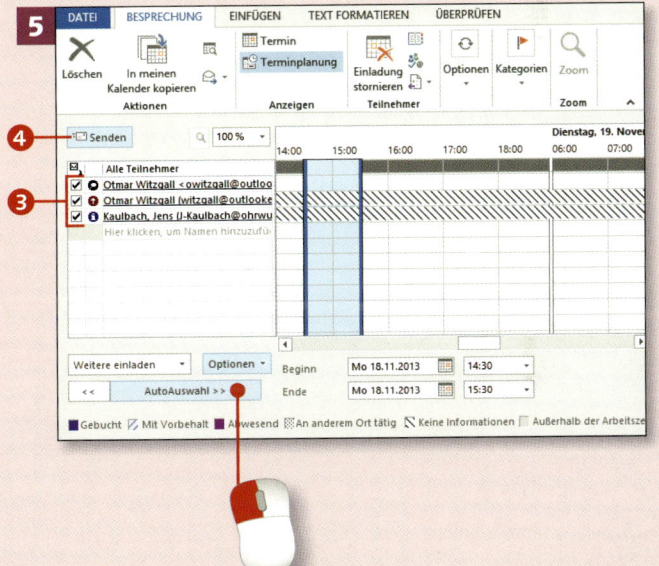

Schritt 6

Der Empfänger, den Sie mit **Erforderlich** ❺ eingeladen haben, antwortet Ihnen **Mit Vorbehalt** und **Antwort jetzt senden**. Wie Sie auf eine Anfrage antworten, zeige ich Ihnen im Abschnitt »Eine E-Mail als Termin übernehmen« ab Seite 216.

ℹ Antwortoptionen festlegen

Öffnen Sie den Besprechungstermin mit einem Doppelklick. Klicken Sie im Reiter **Besprechung** auf **Teilnehmer ▸ Antwortoptionen**. Dort aktivieren oder deaktivieren Sie die Optionen **Bitte um Antwort** und **Vorschläge für Besprechungszeitänderungen zulassen**.

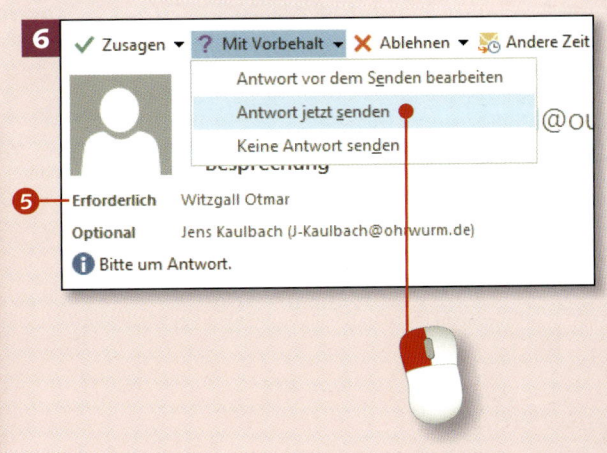

Besprechungen organisieren (Forts.)

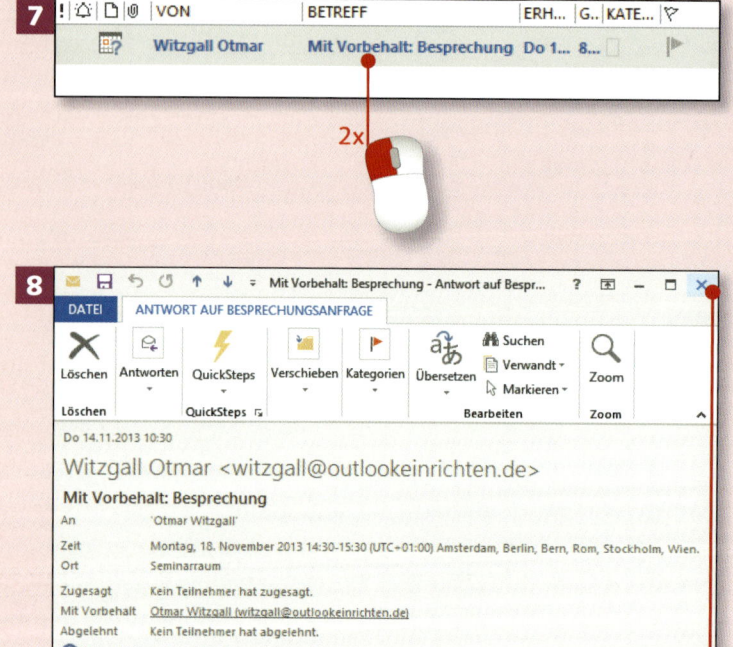

Schritt 7

Im Posteingang befindet sich die E-Mail, in der Ihnen der Empfänger Ihrer Einladung mitteilt, dass er mit Vorbehalt an der Besprechung teilnimmt. Öffnen Sie die E-Mail mit einem Doppelklick.

Schritt 8

Die E-Mail öffnet sich mit einer Zusammenfassung der Rückmeldungen auf Ihre Besprechungsanfrage. Schließen Sie die Nachricht mit einem Klick auf das Schließkreuz.

Schritt 9

Gehen Sie zurück zum Termin im Bereich **Kalender**. Um den Termin aus Mangel an Beteiligung abzusagen, klicken Sie doppelt auf den Besprechungstermin.

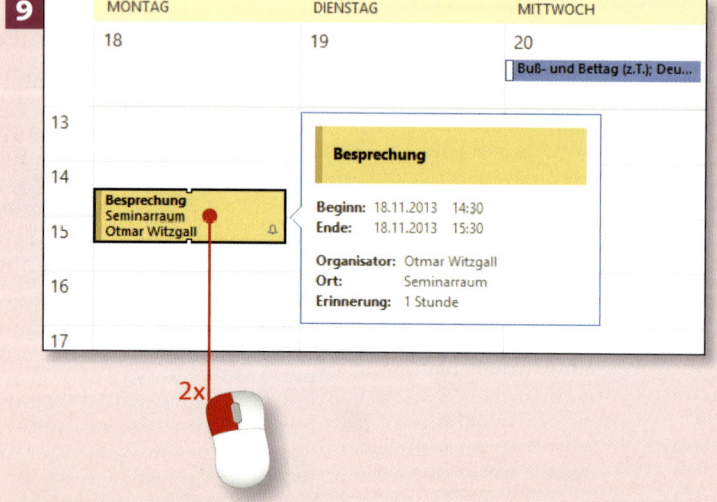

Status der Antworten verfolgen
Markieren Sie den Besprechungstermin. Im Reiter **Kalendertools/ Besprechung** klicken Sie auf **Nachverfolgung**. Jetzt sehen Sie, welche Teilnehmer zu- oder abgesagt, mit Vorbehalt zugesagt oder einen neuen Termin vorgeschlagen haben.

Schritt 10

Im Termin sehen Sie noch mal den Status der Antworten ❶. Wenn Sie eine von Ihnen geplante Besprechung absagen müssen, klicken Sie im Register **Besprechung** und der Gruppe **Aktionen** auf die Schaltfläche **Besprechung absagen**.

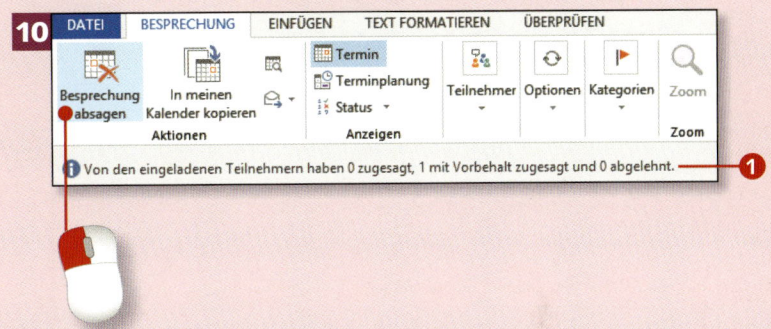

Schritt 11

Sie sehen die Information, dass noch keine Absage für die Besprechung gesendet wurde ❷. Deshalb klicken Sie jetzt auf **Absage senden**, um die Besprechungsteilnehmer zu informieren.

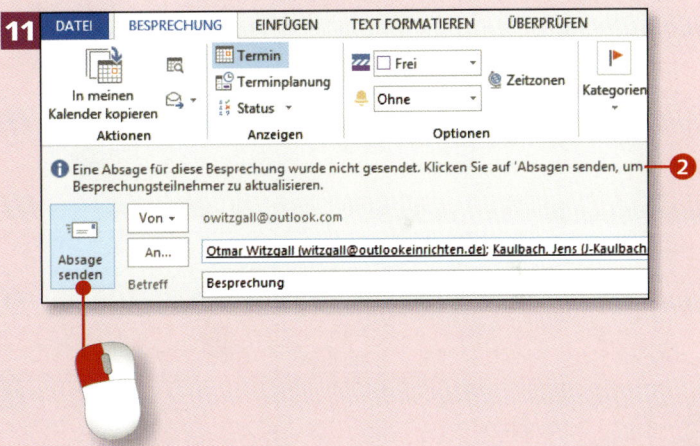

Schritt 12

Die Besprechungsteilnehmer erhalten die Absage mit dem automatisch generierten Betreff: **Abgesagt: Besprechung** ❸. Klicken Sie auf **Aus Kalender entfernen**, um den Besprechungstermin aus dem Kalender auszutragen.

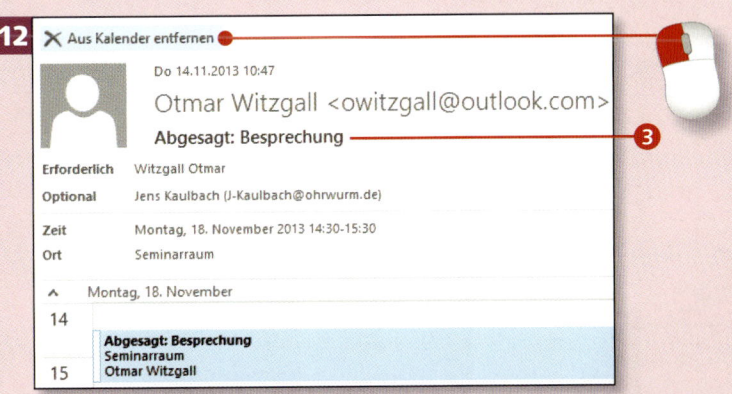

Eine E-Mail als Termin übernehmen

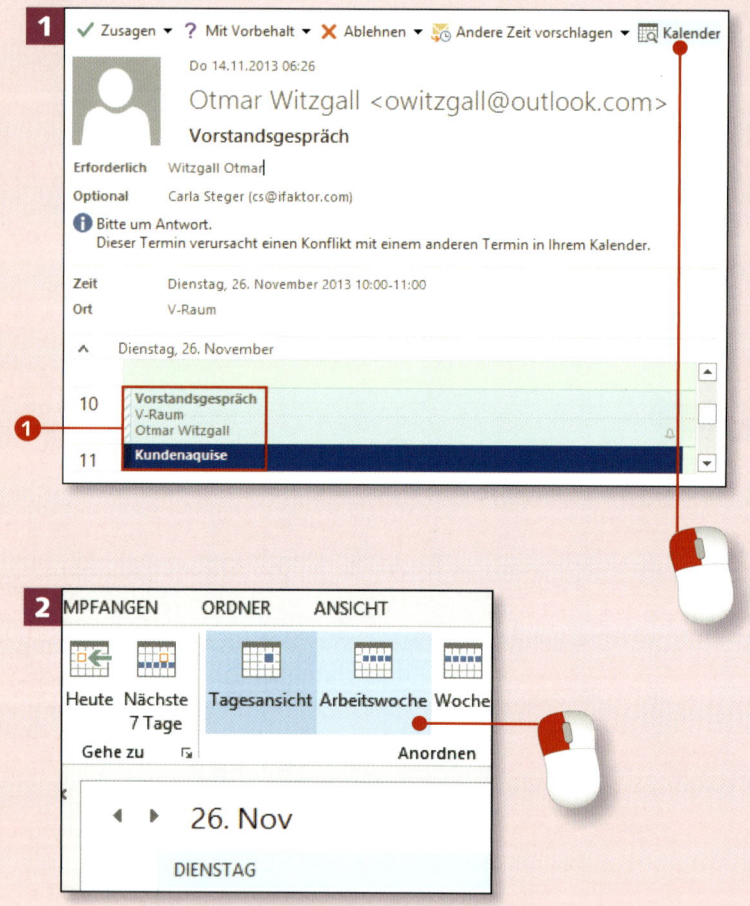

Wenn Sie eine Besprechungsanfrage per E-Mail erhalten, können Sie den Termin in Ihren Kalender übernehmen und dem Organisator antworten.

Schritt 1

Wenn in Ihrem Posteingang eine Einladung mit Terminvorschlag zum Vorstandsgespräch landet, sehen Sie im Lesebereich, wie es in Ihrem Kalender rund um den Termin aussieht ❶. Um das Umfeld des Termins besser einschätzen zu können, klicken Sie oben rechts auf **Kalender**.

Schritt 2

Der Kalender öffnet sich in der Tagesansicht. Zum Wochenüberblick klicken Sie in der Gruppe **Anordnen** auf **Arbeitswoche**.

Schritt 3

Hier können Sie gut sehen, ob unmittelbar vor oder nach dem geplanten Termin andere Termine stattfinden sollen. Da nach dem angefragten Termin ein regelmäßiger Termin als Serie eingetragen ist ❷, wäre der Termin mit Einschränkung möglich.

Schritt 4

Wechseln Sie in den Posteingang zur E-Mail mit der Besprechungsanfrage, und öffnen Sie sie mit einem Doppelklick. In den folgenden Schritten zeige ich Ihnen die einzelnen Antwortmöglichkeiten.

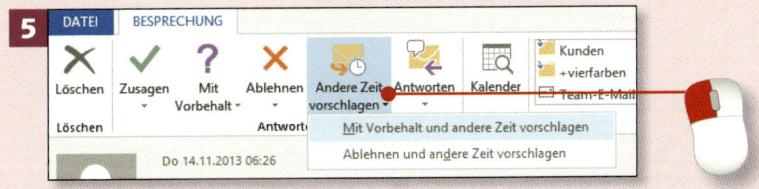

Schritt 5

Die erste Antwortvariante wählen Sie wie folgt aus: Klicken Sie auf **Andere Zeit vorschlagen**, und gehen Sie auf **Mit Vorbehalt und andere Zeit vorschlagen**.

Schritt 6

Klicken Sie im Assistenten **Andere Zeit vorschlagen** so oft auf **Auto-Auswahl ❸**, bis Sie eine geeignete Zeit gefunden haben. Ist das Suchergebnis in Ordnung, klicken Sie auf **Zeit vorschlagen**.

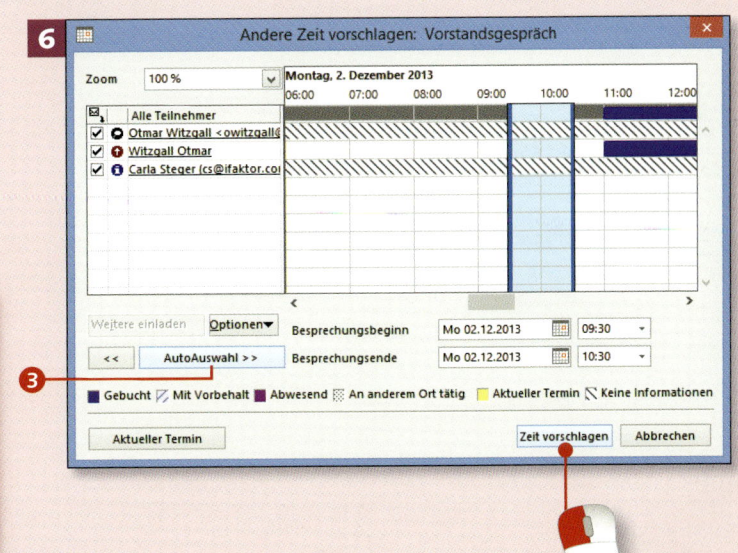

++

Antwortmöglichkeiten

Zunächst gilt, was im Kasten »Antwortoptionen festlegen« auf Seite 213 steht. Darüber hinaus kann der Organisator über **Datei ▸ Informationen ▸ Optionen ▸ Kalender ▸ Kalenderoptionen** mit einem Häkchen festlegen: **Teilnehmer dürfen andere Besprechungszeiten vorschlagen**.

Eine E-Mail als Termin übernehmen (Forts.)

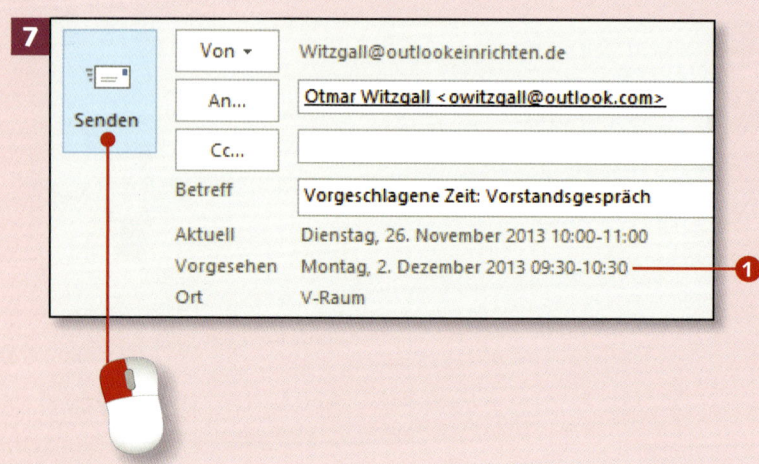

Schritt 7

Es öffnet sich ein neues E-Mail-Formular. Der Empfänger ist bereits eingetragen, es ist der Organisator. Outlook hat auch den Betreff hinzugefügt. Dazu noch die aktuell vorgeschlagene Zeit und bei **Vorgesehen** die gerade von Ihnen neu vorgeschlagene Zeit ❶. Gehen Sie auf **Senden**.

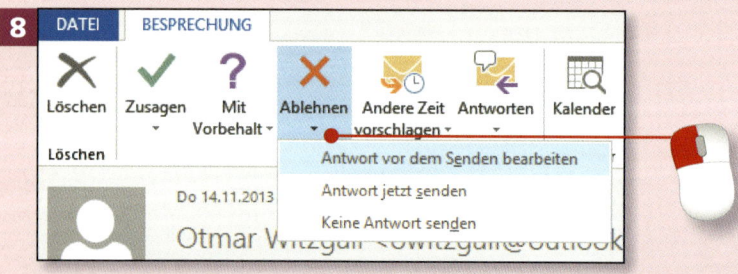

Schritt 8

Die zweite Antwortmöglichkeit: Sie wollen nicht teilnehmen. Klicken Sie auf **Ablehnen** und **Antwort vor dem Senden bearbeiten**.

Schritt 9

Im geöffneten Nachrichtenfenster ist mit **Nein, ich werde nicht teilneh-men** bereits die Absage formuliert ❷. Alle anderen Eingaben im Kopfbereich der E-Mail sind bereits von Outlook eingefügt. Wenn Sie möchten, formulieren Sie noch eine Begründung für die Absage und klicken anschließend auf **Senden**.

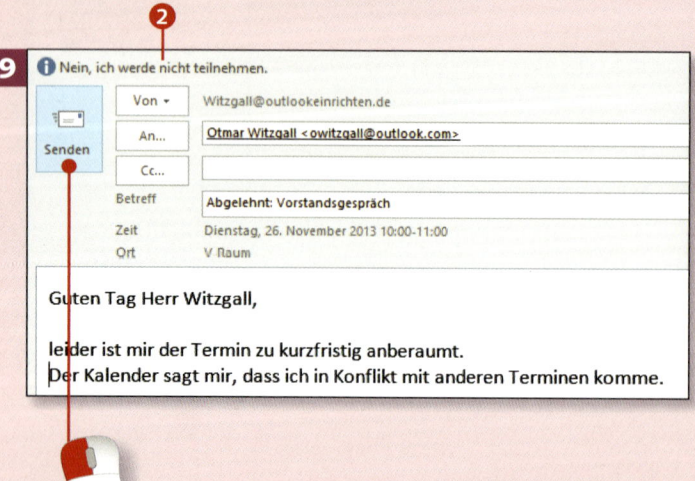

Schritt 10

Es kann auch vorkommen, dass Sie nur unter Vorbehalt zusagen können. Gehen Sie in der Gruppe **Antworten** auf **Mit Vorbehalt** und **Antwort vor dem Senden bearbeiten**. Es öffnet sich wiederum ein Nachrichtenformular mit der Info: **Ja, ich werde mit Vorbehalt teilnehmen** ❸. Alles Weitere ist bereits eingefügt. Schreiben Sie bei Bedarf noch einen kurzen Text, und klicken Sie dann auf **Senden** ❹.

Schritt 11

Last, but not least können Sie auch einfach zusagen. Klicken Sie in **Anzeigen** auf **Zusagen** und **Antwort vor dem Senden bearbeiten**. Anschließend gehen Sie vor, wie in Schritt 10 beschrieben, und klicken schließlich auf **Senden**.

Schritt 12

Öffnen Sie den Termin im Kalender per Doppelklick. Sie sehen Ihre gültige Antwort: **Sie haben am […] zugesagt** ❺. Gehen Sie zurück zum Kalender mit einem Klick auf **Speichern & schließen**.

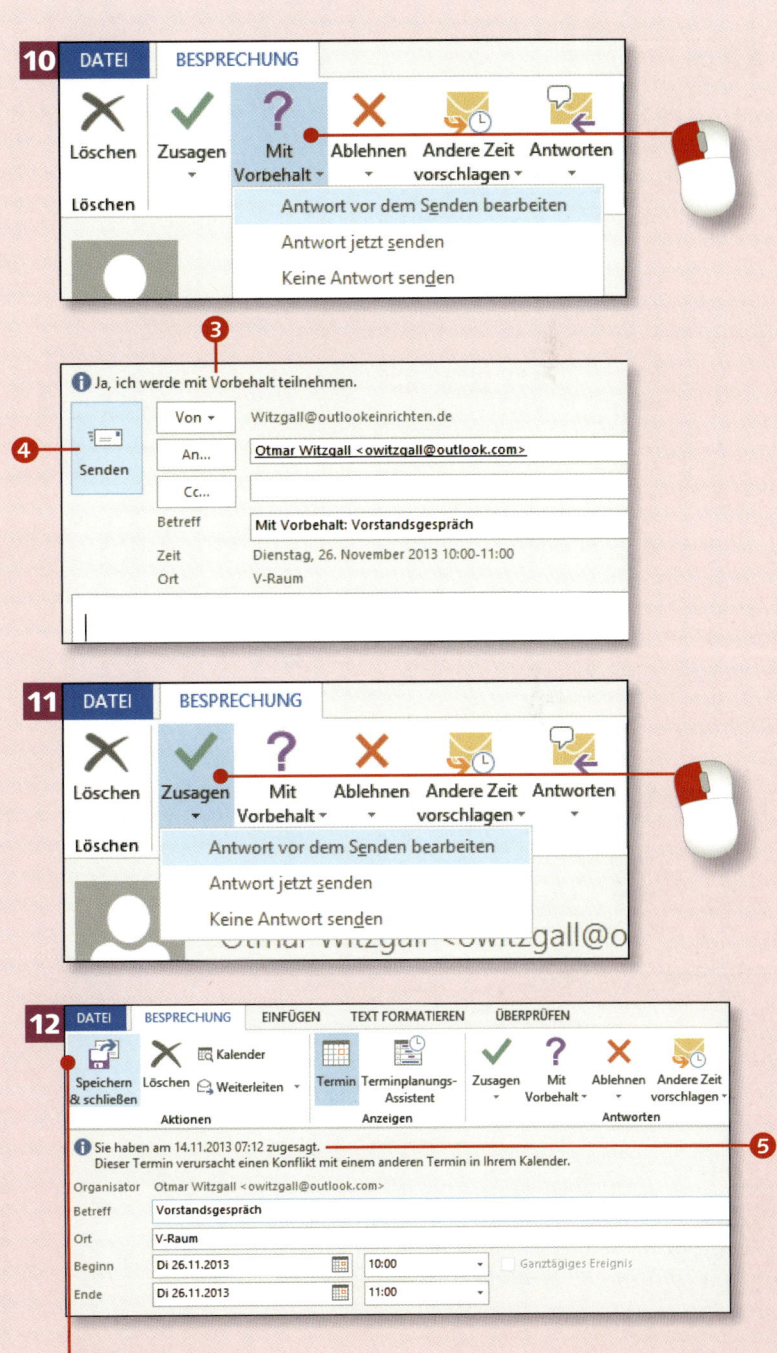

Kalenderdaten weitergeben

Mal schnell Kalenderdaten zum Abgleichen weitergeben – in Outlook kein Problem. Weil der Kalenderauszug auch im ICS-Format angehängt wird, kann jeder die Kalenderdaten in seinen Kalender übernehmen.

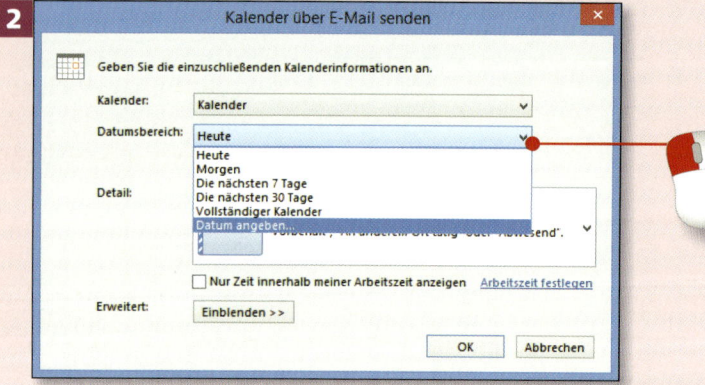

Schritt 1

Wenn Sie Teile Ihres Kalenders freigeben wollen, klicken Sie im Register **Start** und der Gruppe **Freigeben** auf **Kalender per E-Mail senden**.

Schritt 2

Es öffnet sich der Assistent **Kalender über E-Mail senden**. Im **Datumsbereich** klicken Sie auf die Pfeilspitze und wählen die Option **Datum angeben**.

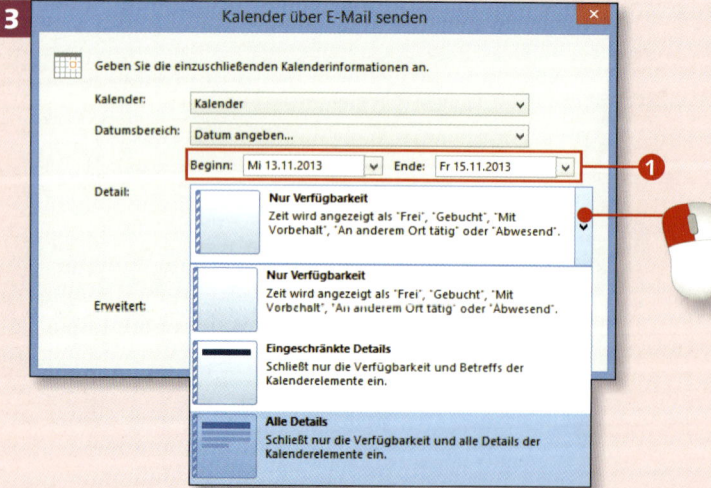

Schritt 3

Jetzt wählen Sie **Beginn** und **Ende** aus ❶. Gehen Sie dann im Abschnitt **Detail** auf **Alle Details**.

Einen neuen Termin erstellen

Wie Sie einen neuen Termin anlegen oder bearbeiten, zeige ich Ihnen im Abschnitt »Einen Termin anlegen« ab Seite 196.

Schritt 4

Fehlt noch eine letzte Einstellung. Unter **Erweitert** klicken Sie auf **Einblenden**.

Schritt 5

Sie haben die Möglichkeit, zwei Optionen zu aktivieren. Setzen Sie z. B. bei **Details von als privat markierten Elementen einschließen** ein Häkchen ➋. Wählen Sie als **E-Mail-Layout** den **Tagesplan** ➌ – die Alternative wäre eine Liste der Termine. Klicken Sie auf **OK**.

Schritt 6

Im Nachrichtenfeld sind die Tagespläne mit Details aufgeführt. Zusätzlich sehen Sie den Kalenderauszug noch als ICS-Datei angefügt ➍, und auch der Betreff ist bereits eingetragen. Schreiben Sie die Empfängeradresse bei **An** hinein, und klicken Sie auf **Senden**.

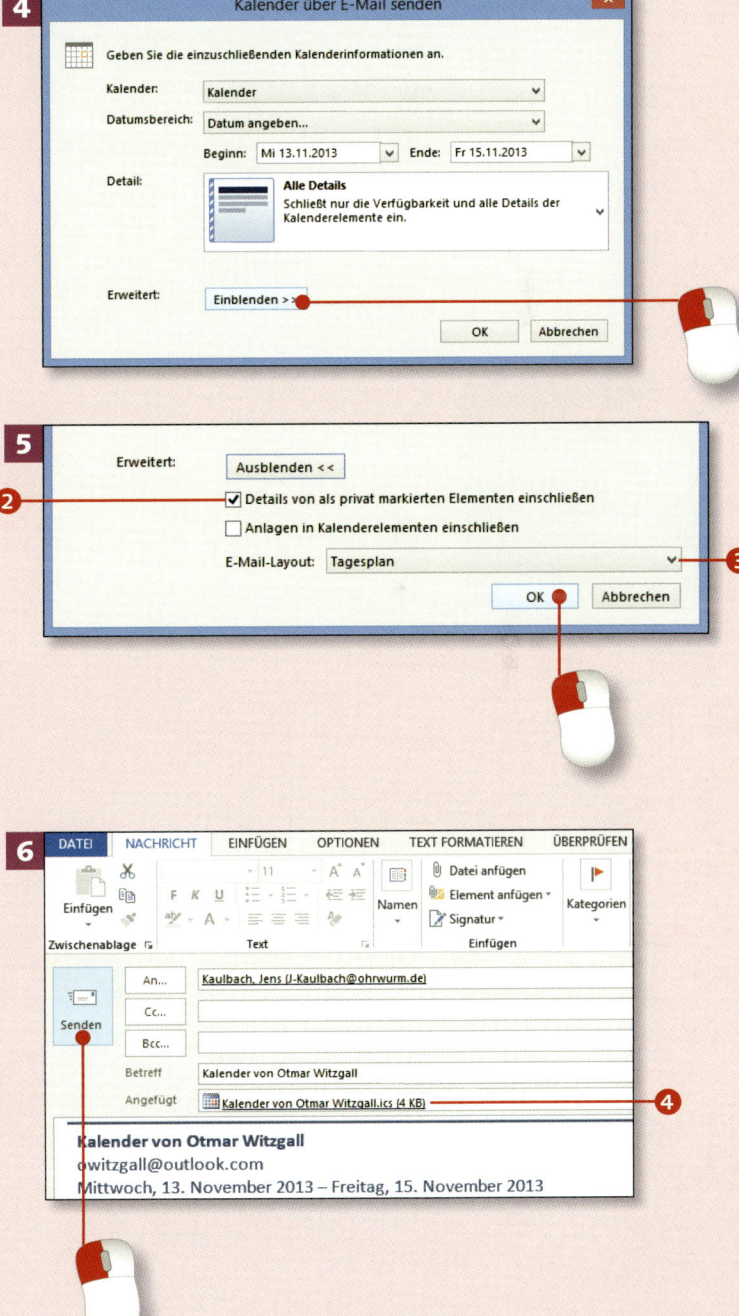

Was bedeutet »ICS«?

Die Abkürzung »ICS« steht für das von Apple entwickelte iCalendar-Format für das Internet und wurde von den anderen Systemen als Standard übernommen. Jeder Empfänger Ihrer E-Mail kann mit Klick auf den Anhang Ihre Daten in seinen Kalender übernehmen.

Kalender drucken

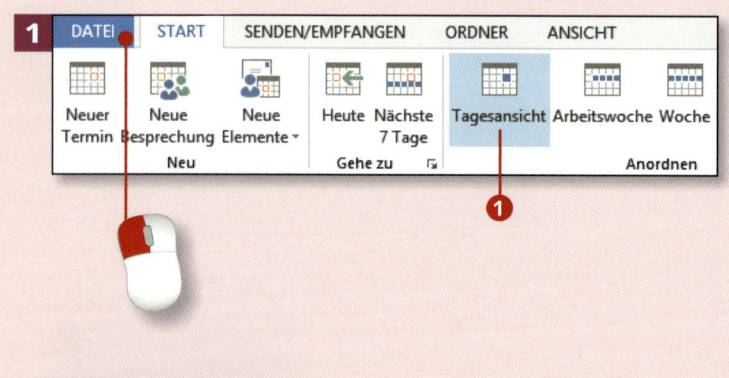

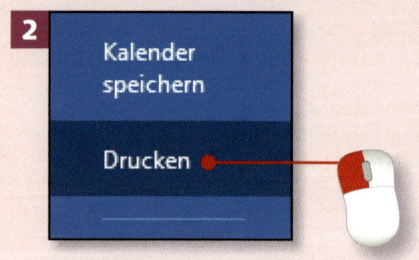

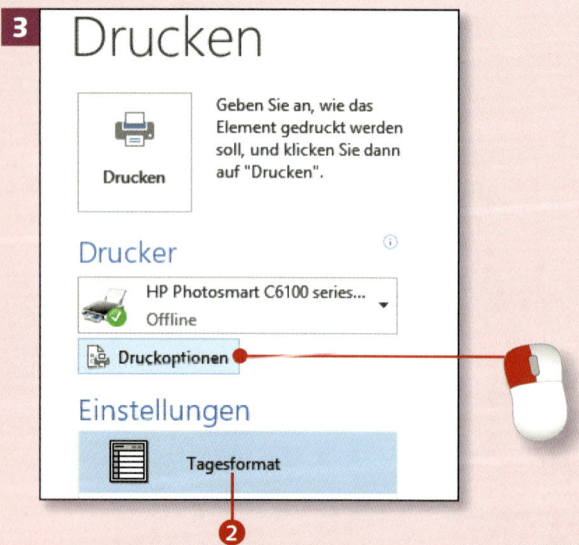

Vielleicht möchten Sie Ihren Kalender auch ausdrucken. Die Optionen dafür sind vielfältig. Ich gebe Ihnen hier einen Überblick.

Schritt 1

Mit **Start ▸ Anordnen ▸ Tagesansicht** ❶ haben Sie bereits die erste Einstellung für den Ausdruck vorgenommen. Jetzt bekommen Sie als erste Option den Ausdruck als Tagesansicht angeboten. Zum Drucken klicken Sie auf **Datei**.

Schritt 2

Sie landen in der Backstage-Ansicht. Klicken Sie im Menü links auf den Eintrag **Drucken**.

Schritt 3

Im Druckdialog sehen Sie, dass im Bereich **Einstellungen** das **Tagesformat** ❷ bereits markiert ist. Gehen Sie zunächst auf **Druckoptionen**.

Schritt 4

Im **Drucken**-Assistenten sehen Sie im Bereich **Druckformat** die verschiedenen eingestellten Formate. Im Abschnitt **Druckbereich** wählen Sie den Kalenderzeitraum aus ❸ und gehen dann auf **Seitenansicht**.

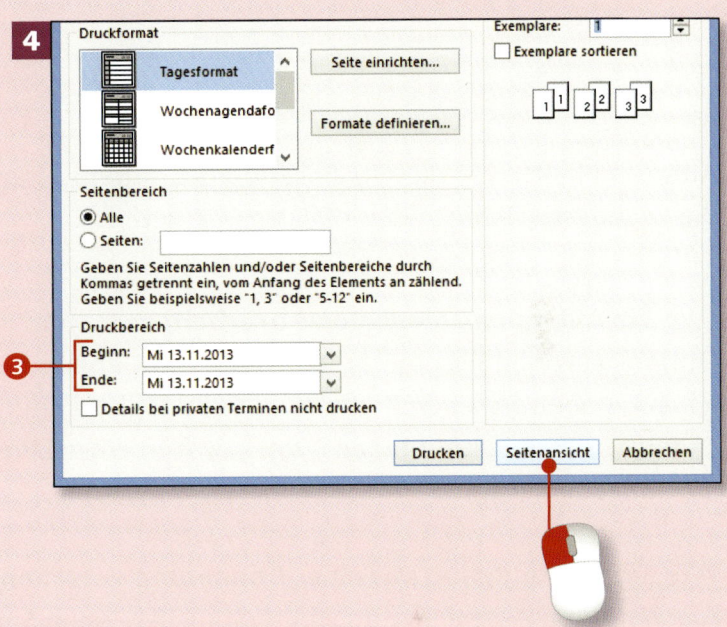

Schritt 5

Wählen Sie unten rechts in der Seitenansicht die **Detailansicht** aus ❹, und überprüfen Sie, ob die Einstellung in Ordnung ist. Wollen Sie eine **Ganzseiten-** oder **Mehrseitenansicht**, klicken Sie unten rechts auf den entsprechenden Button. Haben Sie mehrseitige Kalenderformate eingestellt, klicken Sie sich unten links durch die Seiten ❺.

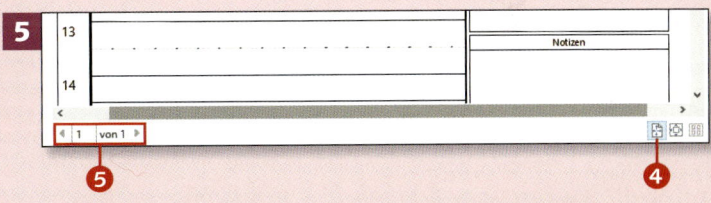

Schritt 6

Entsprechen alle Einstellungen Ihren Vorstellungen, klicken Sie auf **Drucken**.

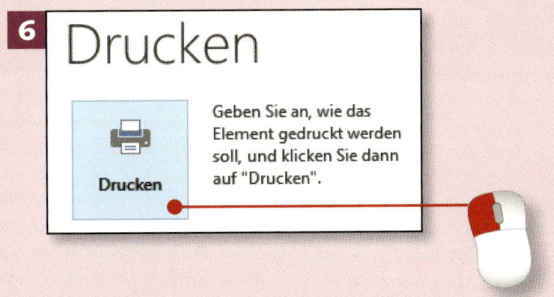

Eigene Druckformate erstellen
Über die **Druckoptionen** in Schritt 3 konfigurieren Sie mit **Formate definieren ▸ Kopieren** im Register **Papier** eigene Kalenderansichten oder passen den Druck für im Handel erhältliche Zeitplansysteme an.

Kapitel 10
Aufgaben organisieren

Aufgaben helfen bei der Organisation des Arbeitsalltags: Outlook unterstützt Sie dabei, die wichtigsten Aufgaben im Blick zu behalten.

Wie Sie Aufgaben anlegen und bearbeiten

Outlook setzt auf Flexibilität. Da Ihnen nicht immer nur an einem Platz etwas zu tun einfällt, haben Sie in Outlook vielfältige Möglichkeiten, um Aufgaben zu notieren oder zu ändern: im Bereich **Aufgaben** – dort auch in einer Eingabezeile ❶ –, im Kalender und in der Aufgabenleiste.

Wie Sie eine Aufgabe mit einer Erinnerung versehen

Alle notierten Aufgaben nutzen Ihnen nichts, wenn Sie diese nicht zur rechten Zeit ausführen. Dazu dient die Funktion **Erinnerung**. Sie werden nicht nur optisch, sondern auch akustisch erinnert. Wichtig dabei ist, den richtigen Erinnerungszeitpunkt zu wählen ❷.

Wie Sie regelmäßig wiederkehrende Aufgaben als Aufgabenserie einrichten

Vielleicht müssen Sie am Ende jedes Monats Gehälter überweisen, einen Bericht schreiben oder die Geburtstagskarten für den kommenden Monat aussuchen – oder alle drei Tage anfallende Korrespondenz erledigen. Dafür lohnt es sich, Aufgabenserien ❸ anzulegen.

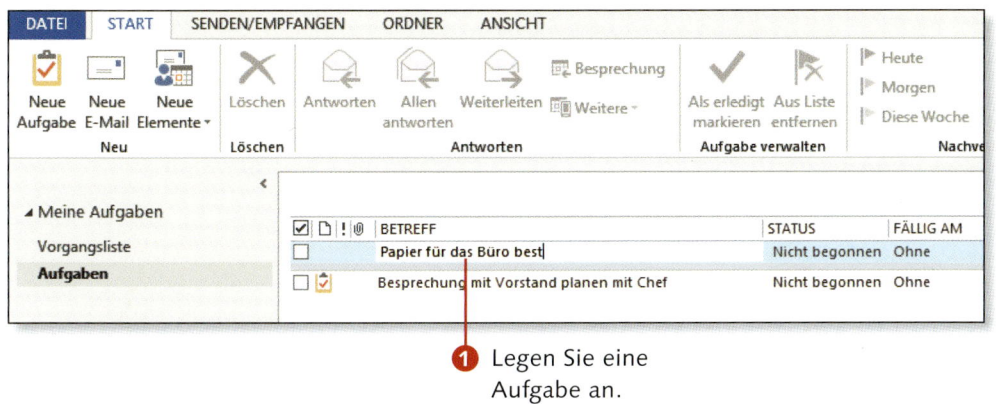

① Legen Sie eine
Aufgabe an.

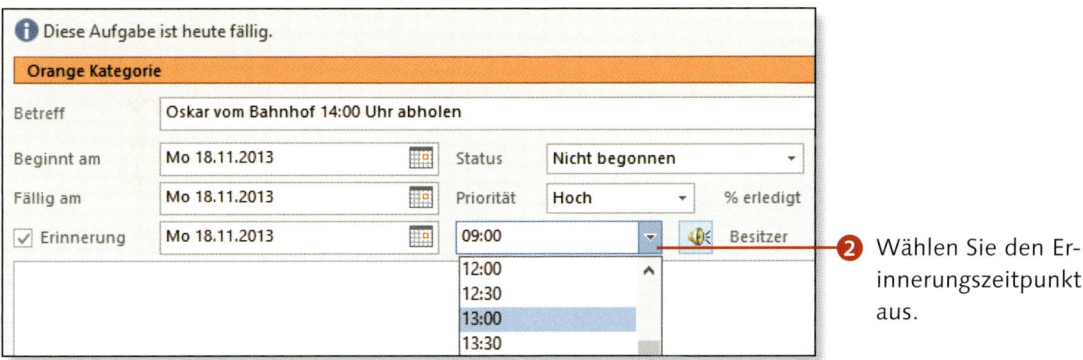

② Wählen Sie den Er-
innerungszeitpunkt
aus.

Richten Sie eine ③
monatliche Auf-
gabenserie ein.

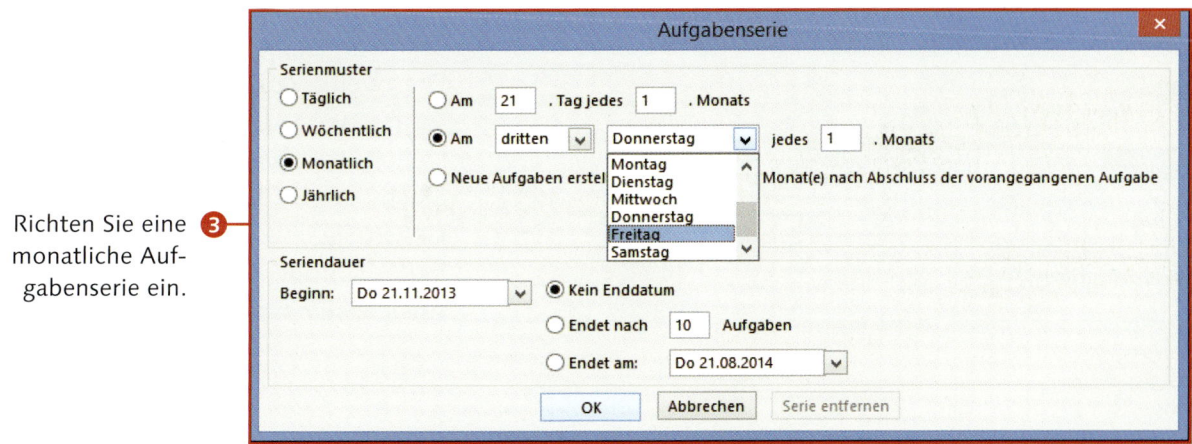

Aufgaben anlegen und bearbeiten

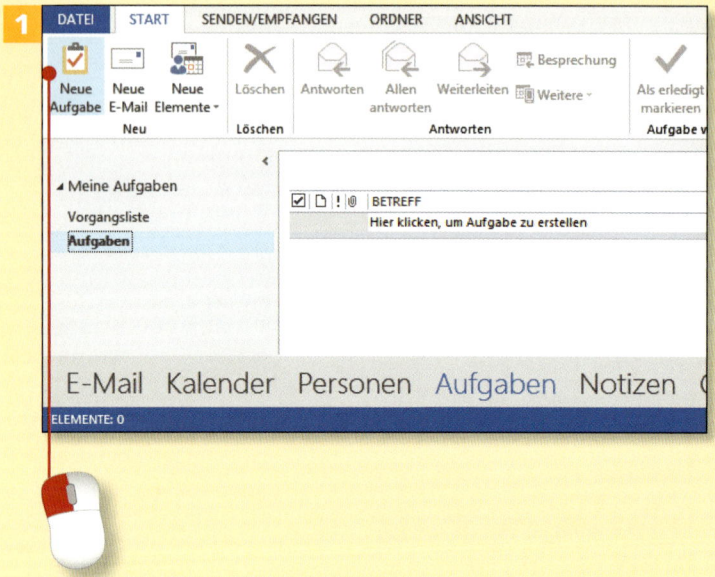

Sie kennen das: An allen Ecken und Enden fällt Ihnen etwas ein, was Sie tun müssten. Outlook sorgt dafür, dass Sie an vielen Stellen Aufgaben eintippen und bearbeiten können.

Schritt 1

Die erste Möglichkeit besteht im Anlegen eines neuen Aufgabenformulars. Dazu klicken Sie im Bereich **Aufgaben** auf **Neue Aufgabe**. Schneller geht es mit der bereichsunabhängigen Tastenkombination `Strg` + `⇧` + `K`.

Schritt 2

Tippen Sie bei **Betreff** Ihre Aufgabe in das Eingabefeld, und beenden Sie die Eingabe mit **Speichern & schließen**.

Schritt 3

Die zweite Variante ist schneller. Sie müssen jedoch zunächst sicherstellen, dass die entsprechenden Einstellungen dazu aktiviert sind. Gehen Sie im Register **Ansicht** und in der Gruppe **Aktuelle Ansicht** auf **Ansichtseinstellungen**.

Schritt 4

Im Fenster **Erweiterte Ansichtseinstellungen: Detailliert** klicken Sie auf **Weitere Einstellungen**.

Schritt 5

Im Abschnitt **Spaltenüberschriften und Zeilen** müssen die beiden Zeilen **Bearbeiten in der Zelle ermöglichen** und **Zeile für neue Elemente anzeigen** ein Häkchen haben ❶. Wenn dies so ist, klicken Sie bei diesem und beim nächsten Fenster jeweils auf **OK**.

Schritt 6

Klicken Sie nun in das Eingabefeld **Hier klicken, um Aufgabe zu erstellen**, und tippen Sie die Aufgabe ein. Gehen Sie mit der ⇆-Taste von Spalte zu Spalte und geben Ihre Eingaben ein, oder wählen Sie einen Eintrag aus dem Dropdown-Menü. Betätigen Sie die ↵-Taste zum Beenden der Eingabe.

E-Mails in Aufgaben umwandeln
Klicken Sie in die E-Mail, und ziehen Sie diese mit Drag & Drop auf die Anzeige des Bereichs **Aufgabe**. Es öffnet sich eine Aufgabe mit dem Betreff der E-Mail und der Nachricht im Aufgabenfeld.

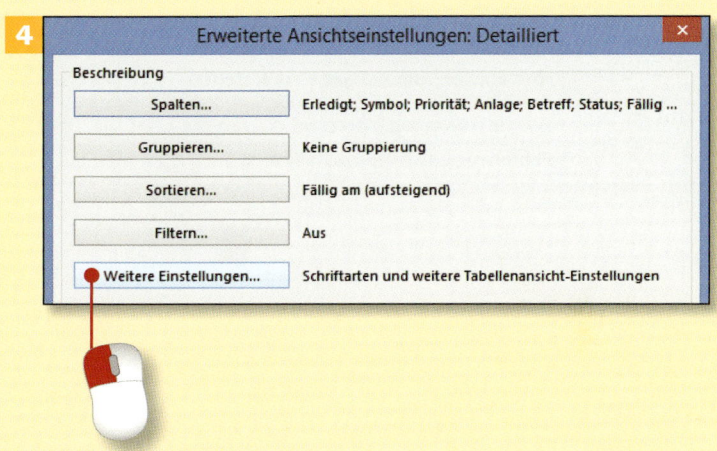

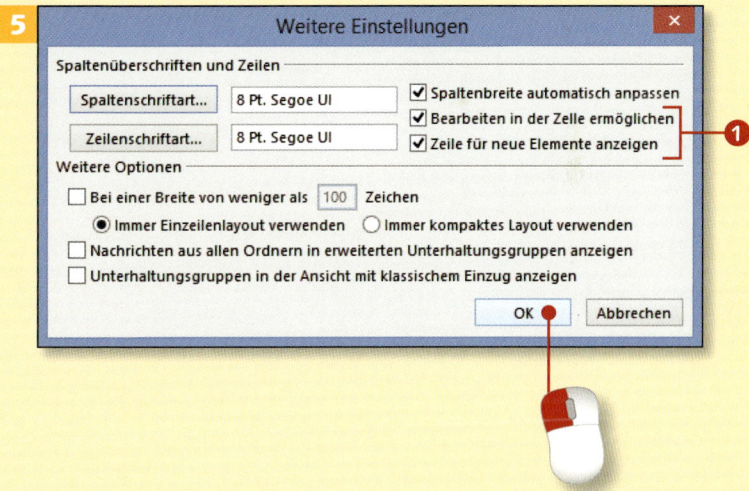

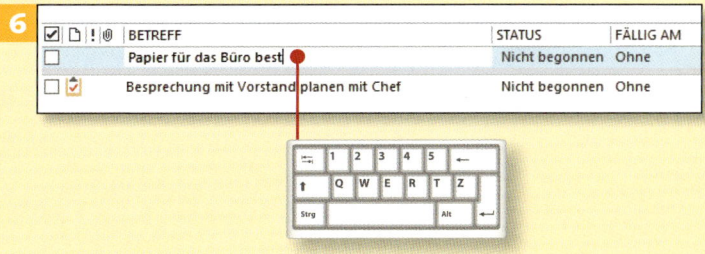

Aufgaben anlegen und bearbeiten (Forts.)

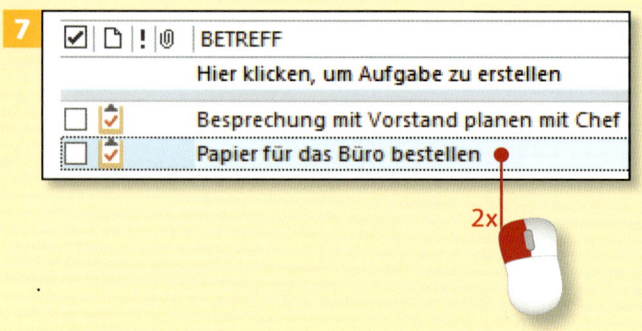

Schritt 7

Sie haben die beiden ersten Aufgaben auf verschiedene Arten angelegt. Da in der Liste nicht alle Eingabefelder angezeigt werden, klicken Sie zum Öffnen des Aufgabenformulars doppelt auf die zu bearbeitende Aufgabe.

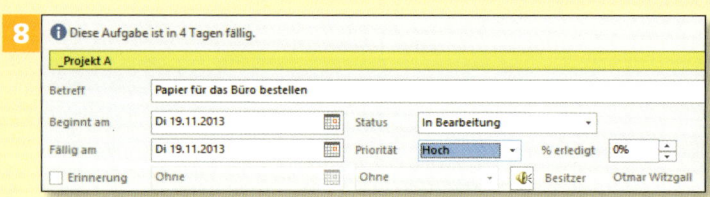

Schritt 8

Im Aufgabenformular können Sie detailliertere Angaben machen, etwa die **Priorität** auf **Hoch** setzen. Über **Beginnt am** und **Fällig am** können Sie außerdem ein Anfangs- und ein Enddatum angeben. Beenden Sie die Eingaben mit **Speichern & schließen**.

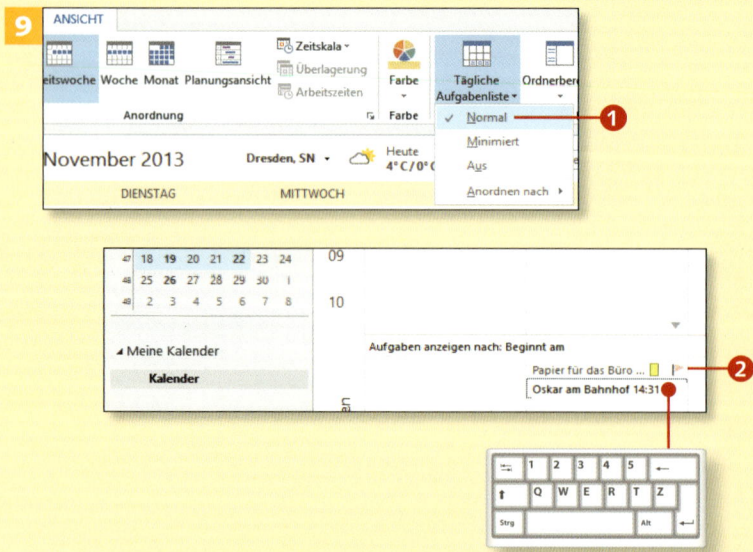

Schritt 9

Sie können auch Aufgaben anlegen, wenn Sie sich im Kalender befinden. Klicken Sie auf dem Register **Ansicht** in der Gruppe **Layout** auf **Tägliche Aufgabenliste** gefolgt von einem Klick auf **Normal** ❶. In der **Aufgabenliste** sehen Sie die »Papier«-Aufgabe ❷. Legen Sie eine weitere Aufgabe an, indem Sie in die nächsten Zeile klicken und einfach lostippen.

Schritt 10

Zu guter Letzt lassen sich Aufgaben auch über die Aufgabenleiste anlegen. Aktivieren Sie über **Ansicht ▸ Layout ▸ Aufgabenleiste** die Option **Aufgaben**.

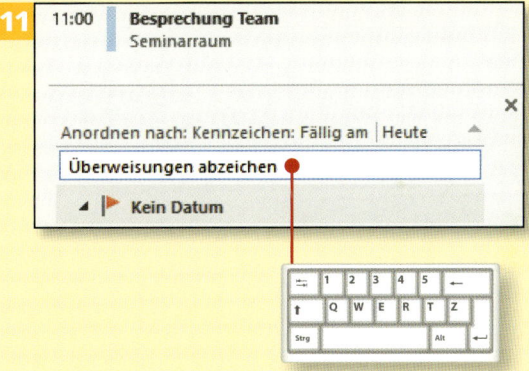

Schritt 11

Im Bereich des Aufgabenmoduls finden Sie die aus Schritt 6 bekannte Zeile zur Eingabe von neuen Aufgaben. Tippen Sie einen neuen Aufgabenbetreff ein, und drücken Sie zum Speichern die ⏎-Taste.

Schritt 12

Im Aufgabenmodul können Sie auch den Betreff einer Aufgabe bearbeiten. Klicken Sie mit der linken Maustaste auf die zu bearbeitende Stelle, und korrigieren Sie diese. Schließen Sie die Bearbeitung mit der ⏎-Taste ab.

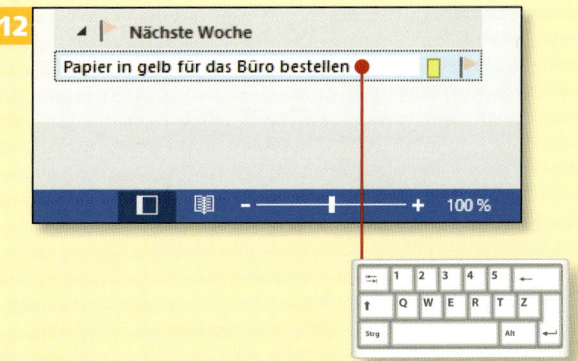

Zeitangaben in Worten eingeben
Überall, wo in Outlook Zeitangaben verwendet werden – so z. B. in Schritt 8 –, können Sie diese auch in Zeichenfolgen angeben: »di« bedeutet nächsten Dienstag; »in 1Jahr« = in einem Jahr; »mi 2w« = Mittwoch in 2 Wochen etc. Probieren Sie es aus!

Die Anzeige von Aufgaben ändern

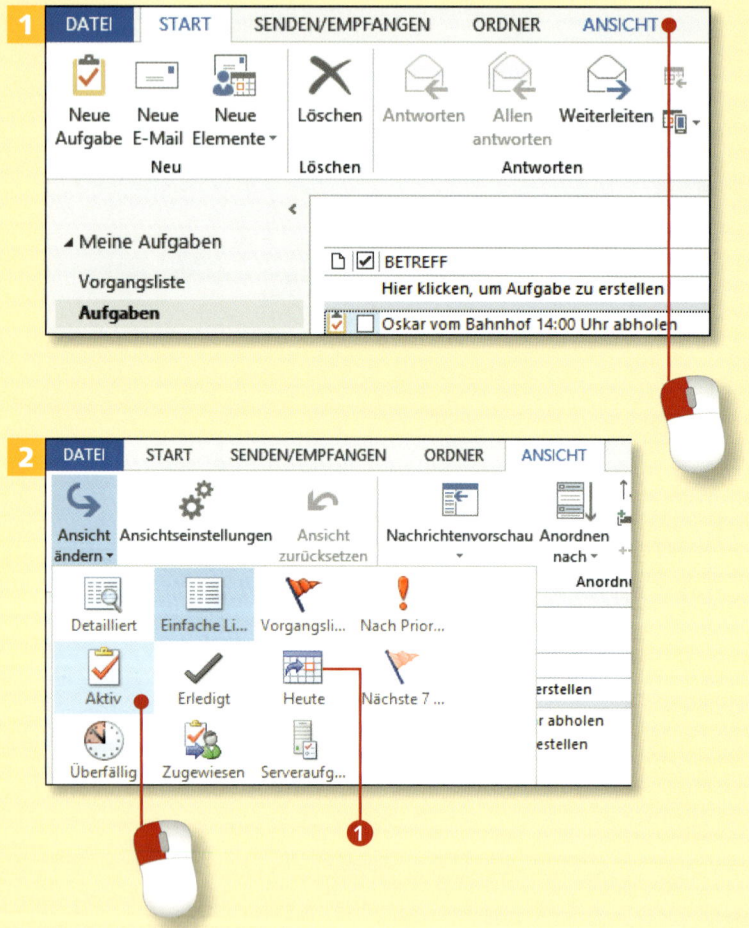

Bei den Aufgaben in Outlook ist es sehr wichtig, zur rechten Zeit die richtige Aufgabe vor Augen zu bekommen. Dazu bietet Ihnen Outlook verschiedene Ansichten und Anordnungen von Tabellen an.

Schritt 1

Gehen Sie im Bereich **Aufgaben** (Strg + 4) zum Register **Ansicht**.

Schritt 2

Ansichten sind fest eingerichtete Einstellungen. Klicken Sie in der Gruppe **Aktuelle Ansicht** auf **Ansicht ändern ▸ Aktiv**. Es werden Ihnen die aktiven Aufgaben angezeigt. Wenn Sie andere Wünsche haben, gehen Sie z. B. auf **Heute** ❶, und Sie sehen nur die heutigen Aufgaben.

Schritt 3

Wenn Sie in der Gruppe **Anordnung** auf eine der Optionen klicken, nehmen Sie lediglich temporäre Änderungen innerhalb einer Ansicht vor. Gehen Sie auf **Kategorien**.

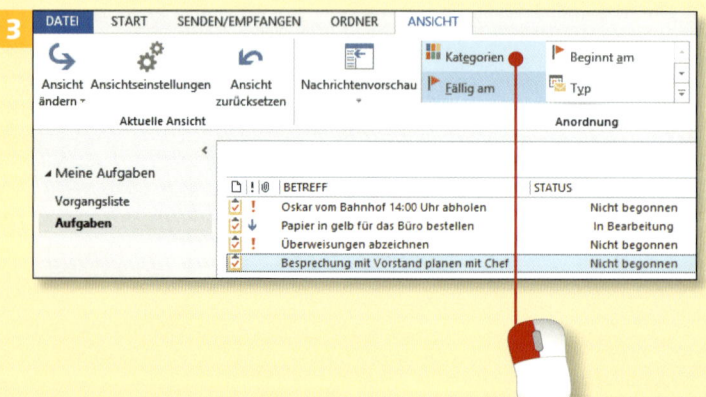

i

Ansichten definieren

Wie Sie neue Ansichten festlegen, zeige ich Ihnen im Abschnitt »Lesebereich und Ansichten einstellen« ab Seite 84.

Schritt 4

Sie sehen, die Aufgaben sind nach **Kategorien** angeordnet. Sie werden in Gruppen angezeigt. Haben Sie sehr viele Aufgaben angelegt, erhalten Sie in dieser Anordnung eine schnelle Übersicht. Klicken Sie in der Gruppe **Anordnung** auf **Anordnen nach** gefolgt von einem Klick auf **Wichtigkeit**.

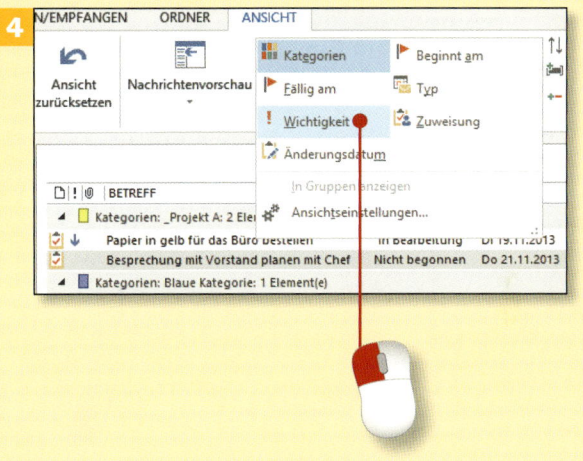

Schritt 5

Die Aufgaben sind nach Wichtigkeit geordnet. Das erkennen Sie am Ausrufezeichen (hoch) und am nach unten weisenden Pfeil (niedrig). Aufgaben ohne Kennzeichnung haben normale Wichtigkeit. Klicken Sie auf **Fällig am**.

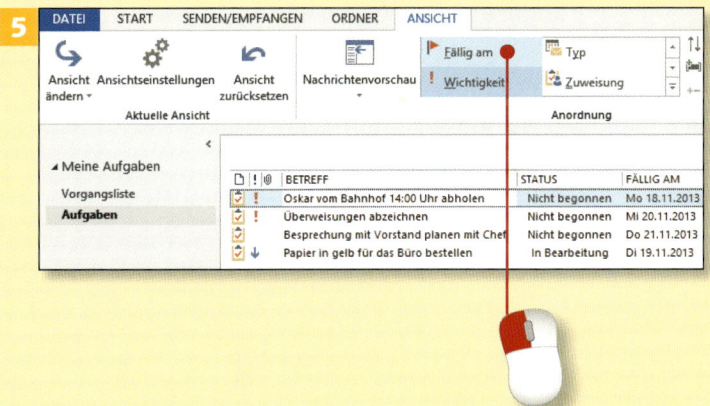

Schritt 6

Die Aufgaben sind nun nach **Fällig am** angeordnet, die aktuellste zuerst. Wenn Sie in der Gruppe **Anordnung** auf **Sortierreihenfolge umkehren** klicken, sehen Sie die zeitlich entfernteste Aufgabe zuerst. Klicken Sie erneut auf **Sortierreihenfolge umkehren**, um die Standardansicht wiederherzustellen.

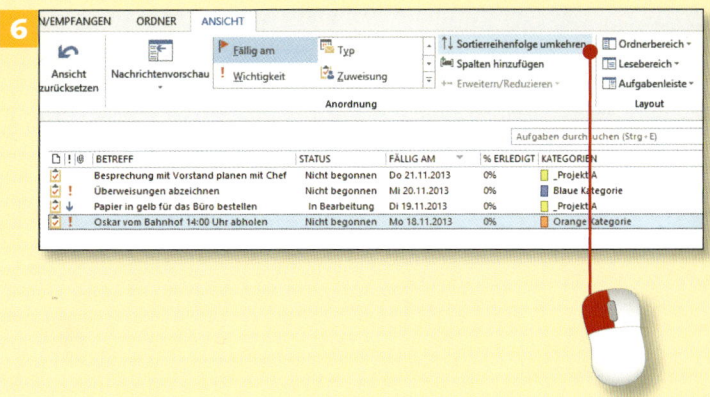

An Aufgaben erinnert werden

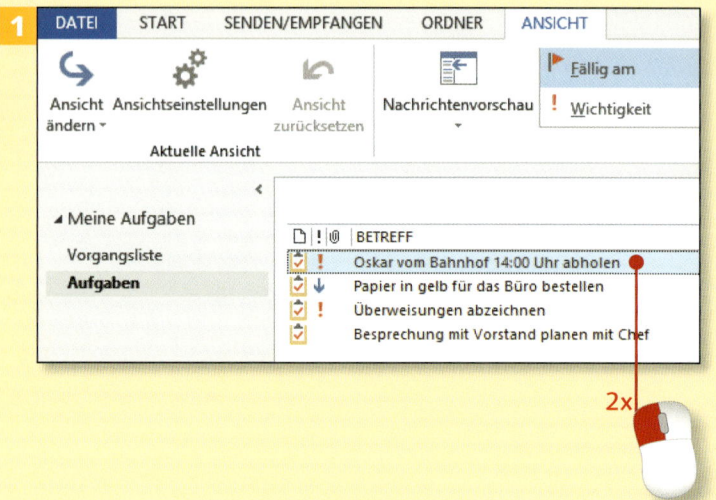

Eine Aufgabe notiert zu haben ist gut. Aber wie gewährleisten Sie, dass Sie die Aufgabe auch rechtzeitig erledigen? Die Antwort: mit einer Erinnerung, am besten noch akustisch mit einem eingängigen Sound.

Schritt 1

Um eine Erinnerung einzurichten, öffnen Sie im Bereich **Aufgaben** die gewünschte Aufgabe mit einem Doppelklick.

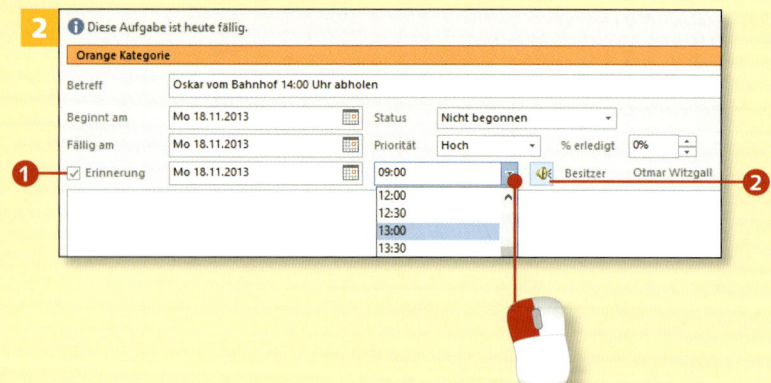

Schritt 2

Setzen Sie bei **Erinnerung** ein Häkchen ❶, und wählen Sie über ein Dropdown-Menü die Erinnerungszeit aus. Um den Sound zu aktivieren, klicken Sie auf das Lautsprecher-Symbol neben der Zeit ❷.

Schritt 3

Im Fenster **Erinnerungssound** setzen Sie bei **Diesen Sound wiedergeben** ein Häkchen ❸. Sagt Ihnen der Sound nicht zu, durchsuchen Sie Ihre Dateien nach Ihrer Lieblingsmusik – es muss aber eine Datei mit der Endung *.wav* sein. Bestätigen Sie Ihre Auswahl mit **OK**.

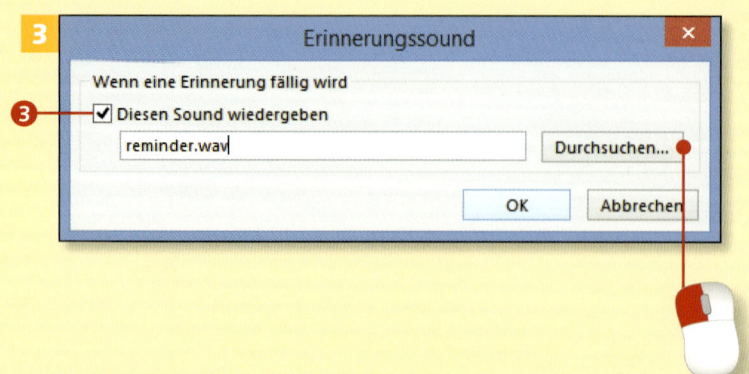

Schritt 4

Fehlt nur noch die Auswahl des **Erinnerungsdatums**. Dazu klicken Sie auf das Kalender-Symbol und wählen das gewünschte Datum. Das aktuelle Datum ist voreingestellt.

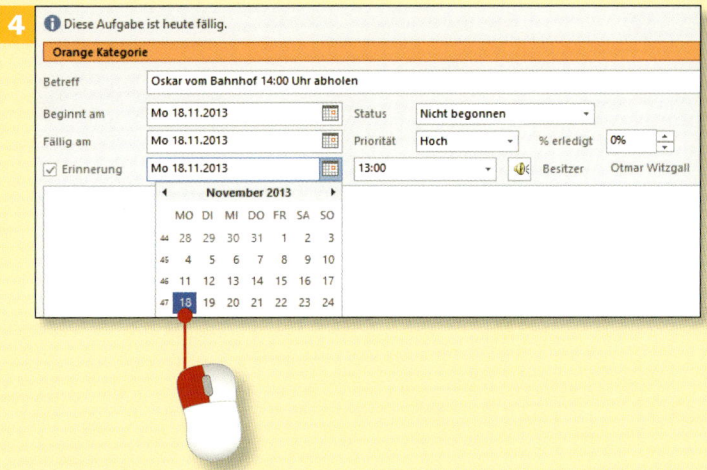

Schritt 5

Jetzt ist die Erinnerung komplett eingerichtet. Kehren Sie mit **Speichern & schließen** zur Aufgaben-ansicht zurück.

Schritt 6

Aktivieren Sie über **Ansicht ▸ Layout ▸ Aufgabenleiste ▸ Aufgaben** die entsprechende Leiste. In der Anzeige erkennen Sie die Aufgaben mit eingerichteter Erinnerung am Glocken-Symbol ❹.

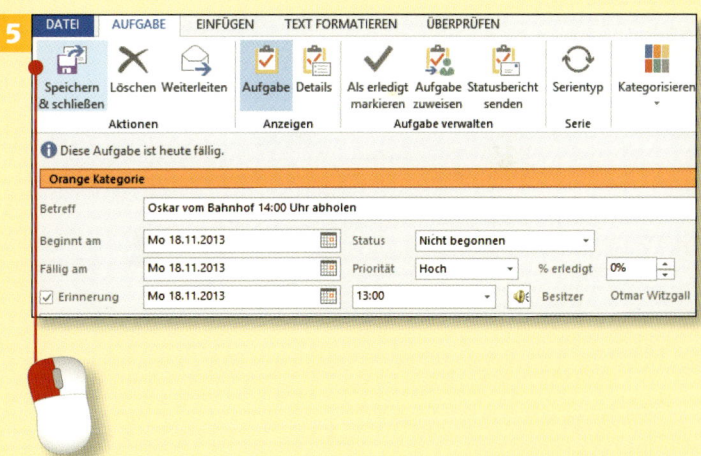

Wie werden Sie erinnert?

Zur eingerichteten Erinnerungs-zeit für Termine und Aufgaben erscheint ein Erinnerungsfenster – auf Wunsch auch mit Sound. Sie schließen einzelne Erinnerungen oder alle auf einmal. Sie kön-nen das Erinnerungsfenster auch manuell aufrufen, und zwar über **Ansicht ▸ Fenster ▸ Erinnerungs-fenster**.

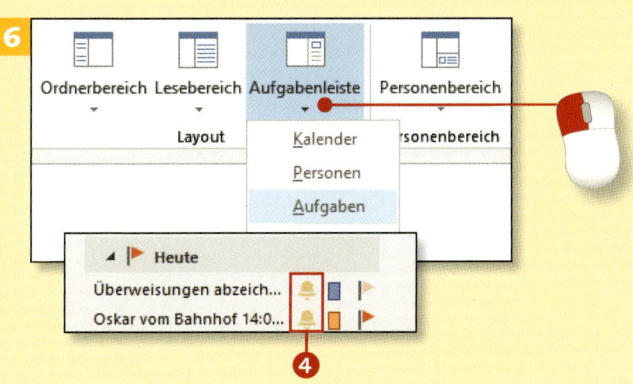

Wiederkehrende Aufgaben festlegen

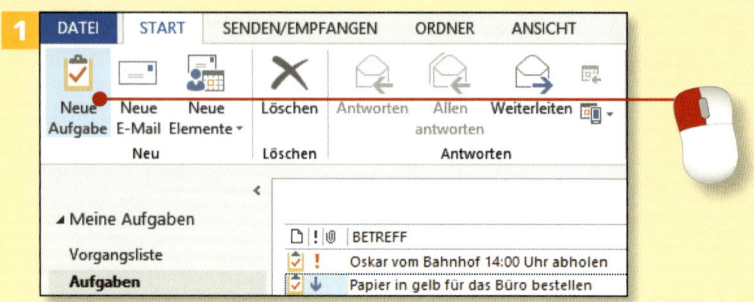

Wenn Sie eine Aufgabe immer wieder zu einer bestimmten Zeit regelmäßig wiederholen müssen, sind das beste Voraussetzungen, um eine Aufgabenserie einzurichten.

Schritt 1

Öffnen Sie ein neues Aufgabenformular im Bereich **Aufgaben**, indem Sie auf **Neue Aufgabe** klicken. Bereichsunabhängig erledigen Sie das mit Strg + ⇧ + K.

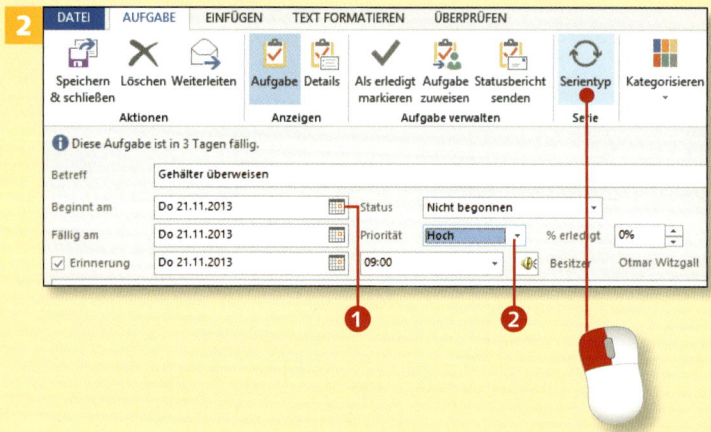

Schritt 2

Tippen Sie einen **Betreff** ein, setzen Sie den ersten Termin ❶ zur Ausführung fest, wählen Sie die Priorität **Hoch** ❷ aus, und klicken Sie dann auf **Serientyp**.

Schritt 3

Im Abschnitt **Serienmuster** haben Sie die Möglichkeit, tägliche bis jährliche Wiederholungen einzurichten. Aktivieren Sie **Monatlich**.

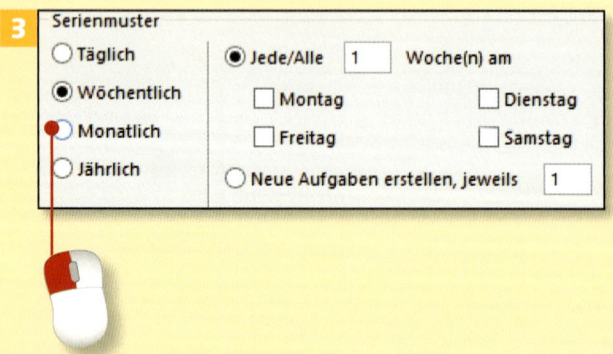

Schritt 4

In den Einstellungen für die Wiederholungen entscheiden Sie sich für einen Rhythmus. Im Abschnitt **Seriendauer** legen Sie den **Beginn** und ein Enddatum fest.

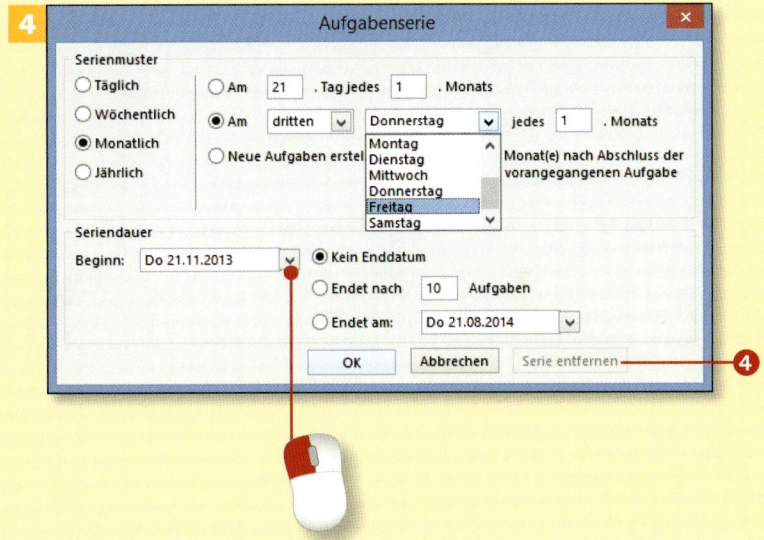

Schritt 5

Es ist alles eingerichtet. Der Serientyp ist aktiviert. Kehren Sie mit **Speichern & schließen** zur Aufgabenansicht zurück.

Schritt 6

In der Aufgabenliste sehen Sie das Symbol für **Serientyp** als Zeichen für eine Aufgabenserie ❸. Wenn der Termin zur Ausführung der Aufgabe kommt, markieren Sie die Aufgabe als erledigt. Zum nächsten Termin erscheint sie wieder.

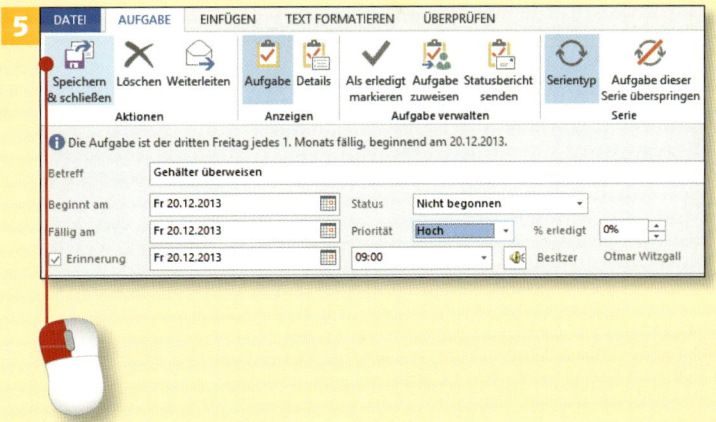

Serie entfernen

Sollten Sie sich zu einem späteren Zeitpunkt entscheiden, keine Aufgabenserie zu benötigen, klicken Sie auf den dann aktivierten Befehl **Serie entfernen** ❹ (in Schritt 4).

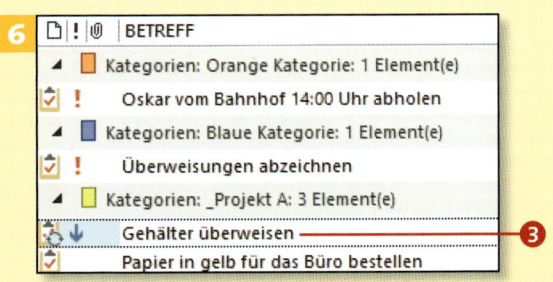

Dateien und Notizen anhängen

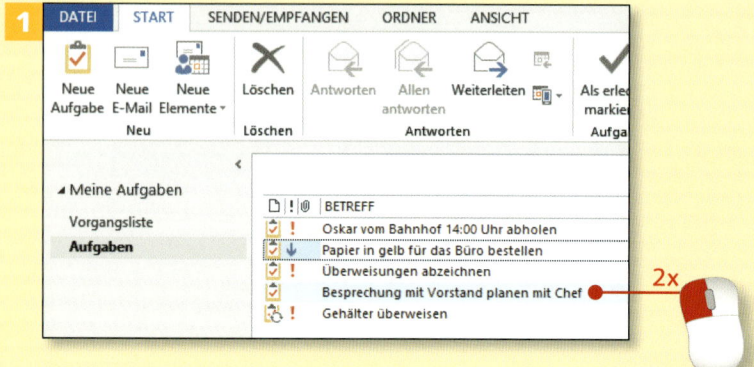

Je mehr Informationen Sie zu einer Aufgabe haben, desto präziser und schneller können Sie handeln. Dateianhänge, Outlook-Elemente, Notizen, Links – alles ist möglich.

Schritt 1

Gehen Sie in den Bereich **Aufgaben** (Strg + 4). Klicken Sie diejenige Aufgabe doppelt an, zu der Sie Elemente hinzufügen wollen.

Schritt 2

Im geöffneten Aufgabenformular setzen Sie den **Cursor** ❶ in das Aufgabenfeld. Gehen Sie im Register **Einfügen** und der Gruppe **Einschließen** auf **Outlook-Element**.

Schritt 3

Es öffnet sich der Assistent **Element einfügen**. Im Bereich **Suchen in** werden alle Outlook-Ordner mit E-Mails, Terminen, Kontakten und Notizen oder andere Aufgaben angezeigt. Markieren Sie den Ordner **Posteingang** ❷. Im Bereich **Elemente** scrollen Sie bis zur gewünschten E-Mail. Markieren Sie diese ❸. Aktivieren Sie **Einfügen als Anlage** ❹, und klicken Sie auf **OK**.

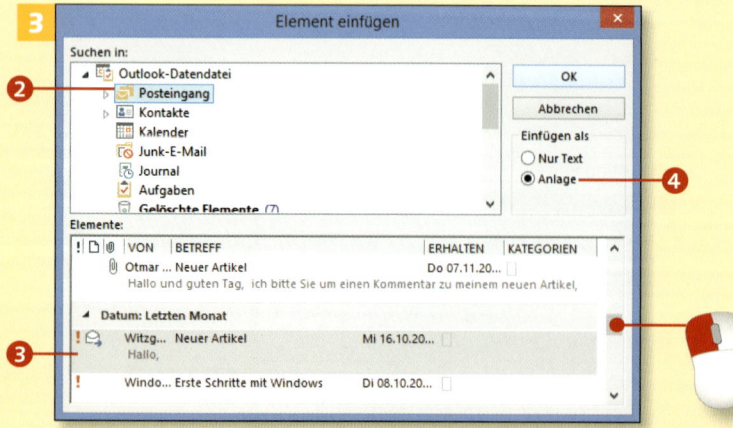

Schritt 4

Sie sehen im Aufgabenfeld das Symbol der eingefügten Nachricht. Es ist eine Kopie der Original-E-Mail. Zum Lesen klicken Sie doppelt darauf. Schreiben Sie eine entsprechende Notiz dazu.

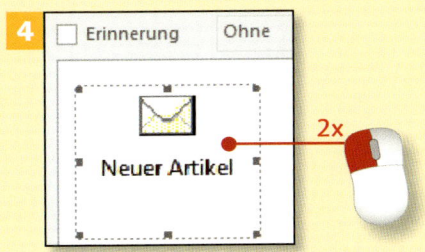

Schritt 5

Klicken Sie nochmals auf **Outlook-Element**. Wieder öffnet sich der Assistent **Element einfügen**. Gehen Sie vor, wie in Schritt 3 beschrieben. Jedoch markieren Sie jetzt oben rechts bei **Einfügen als** die Option **Nur Text** ❺ und schließen den Assistenten mit **OK**.

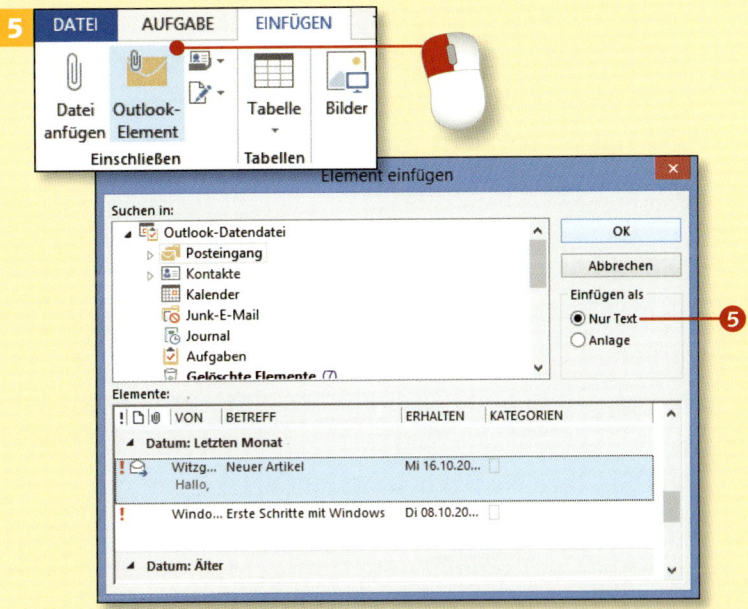

Schritt 6

Im Aufgabenfeld wird die komplette E-Mail, also auch mit den Kopfzeilen der Nachricht, inklusive des Nachrichtenteils, als Text eingefügt. So müssen Sie nicht die E-Mail öffnen, sondern lesen sofort ihren Inhalt. Kehren Sie mit **Speichern & schließen** zur Aufgabenliste zurück.

Dateien über Objekte einfügen

Diese praktische Möglichkeit zeige ich Ihnen im Abschnitt »Einem Termin Dateien hinzufügen« ab Seite 204.

Kapitel 11
Mit Notizen arbeiten

Vielleicht kennen Sie das: Viele kleine Zettel liegen auf dem Schreibtisch mit Telefonnummern, Dingen, die zu erledigen sind, und Projekten, die geplant sein wollen – ach ja, die Wunschliste für den Geburtstag auch nicht zu vergessen. Digitalisieren Sie Ihre Notizen in Outlook als eine sinnvolle Ergänzung zu E-Mails, Terminen, Kontakten und Aufgaben.

Wie Sie eine Notiz in Outlook digitalisieren
Notizen sind schnell angelegt. Sie können entweder den normalen Weg über **Neue Notiz** ❶ im Bereich **Notizen** gehen oder bereichsunabhängig die Tastenkombination Strg + ⇧ + N nutzen.

Bringen Sie mit farbigen Kategorien Struktur in Ihre Notizensammlung
Wenn Sie viele Notizen in einer Farbe angelegt haben, können Sie leicht den Überblick verlieren. Um Ordnung und Struktur in Ihre Notizensammlung zu bringen, gibt es Kategorien ❷. Diese beinhalten immer eine Farbkomponente.

Wie Sie Ihre Notizen sinnvoll sortieren
Neben der Ordnung mit Farben bietet Ihnen Outlook auch verschiedene Sortiermöglichkeiten an, um schnell eine Übersicht zu erhalten. Dafür ist die Listenansicht besonders geeignet. Neben dem Kriterium **Erstelldatum** ist die Sortierung nach Kategorien ❸ sinnvoll.

Erstellen Sie eine neue ❶
Notiz über den gleich-
namigen Befehl.

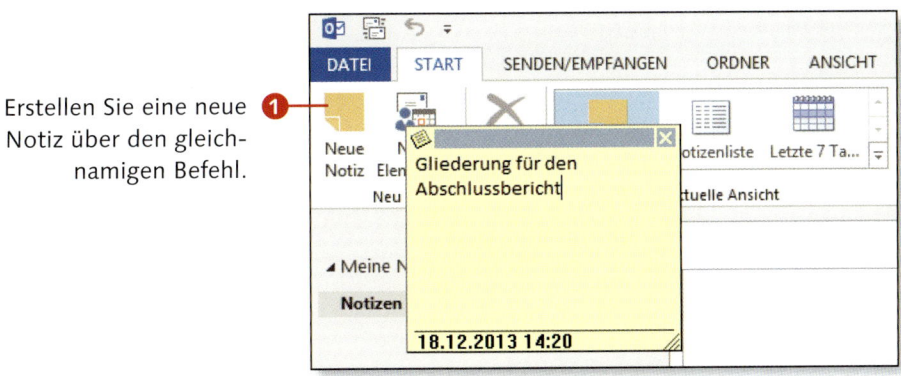

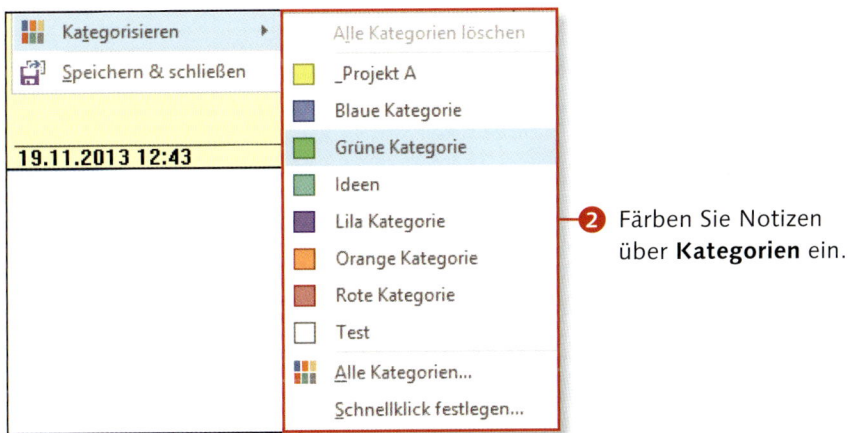

❷ Färben Sie Notizen
über **Kategorien** ein.

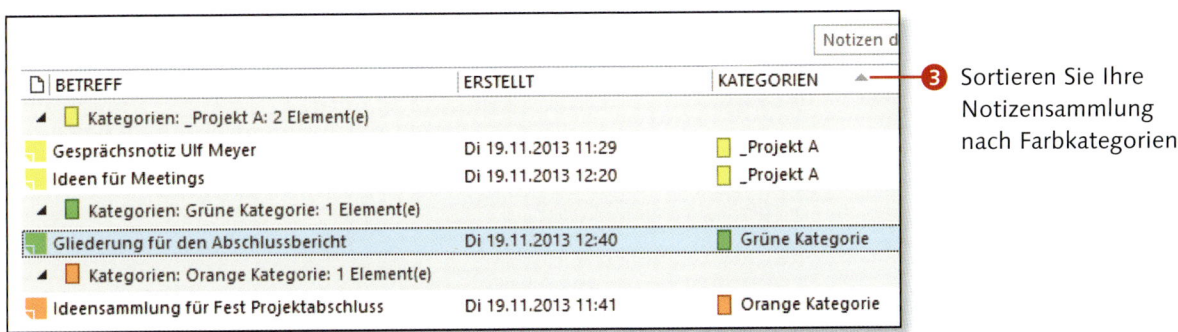

❸ Sortieren Sie Ihre
Notizensammlung
nach Farbkategorien.

Eine Notiz erstellen

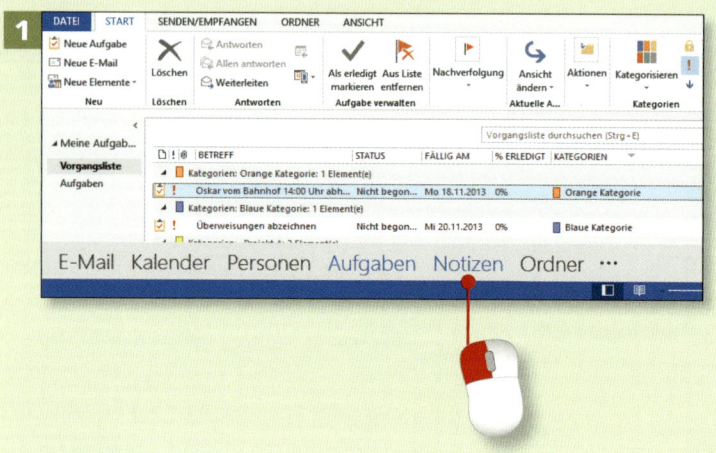

Schnell einmal eine Idee festhalten, ein Thema mit Brainstorming erarbeiten oder eine Gesprächsnotiz schreiben – das sind nur einige Gründe, um in Outlook eine Notiz zu erstellen.

Schritt 1

Wechseln Sie in den Bereich **Notizen**, indem Sie unten auf **Notizen** klicken. Wenn Sie die Hand auf der Tastatur haben, drücken Sie die Tastenkombination `Strg` + `5`.

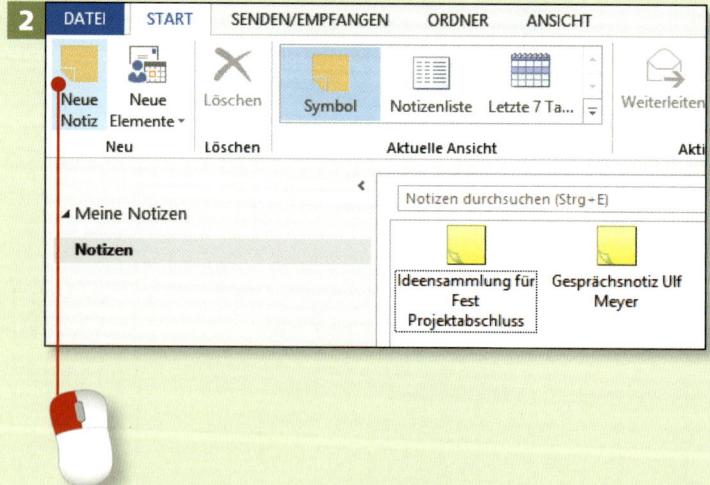

Schritt 2

Im Bereich **Notizen** sehen Sie die Notizen als Symbole angezeigt. Für ein neues Notizformular klicken Sie auf **Neue Notiz**. Bereichsübergreifend drücken Sie `Strg` + `⇧` + `N`, um eine neue Notiz zu erstellen.

Schritt 3

Im geöffneten und noch leeren Notizformular sehen Sie Datum und Uhrzeit unten links eingeblendet. Ziehen Sie mit der linken Maustaste unten rechts mit den Erweiterungslinien das Formular auf die gewünschte Größe.

Schritt 4

Schreiben Sie Ihre Notiz. Der Text lässt sich ausschließlich im Nur-Text-Format eintippen, also ohne Zeichenformatierungen oder Bilder. Klicken Sie oben links auf das gelbe Notizsymbol.

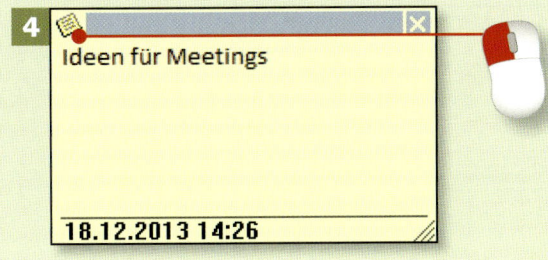

Schritt 5

Es öffnet sich das Auswahlmenü. Gehen Sie auf **Speichern & schließen**.

Schritt 6

Sie sehen die Notiz in der **Symbol**-Ansicht. Die erste Textzeile in der Notiz verwendet Outlook als Überschrift und Notizenname ➊.

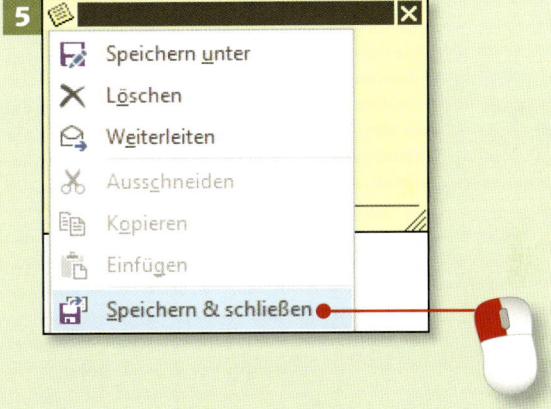

i

Zum Bereich »Notizen« wechseln
Wenn Sie das Symbol oder den Begriff für Notizen im Outlook-Fenster nicht sehen, klicken Sie auf die drei Punkte und dann auf **Navigationsoptionen**. Auf Nummer sicher gehen Sie, wenn Sie das Häkchen bei **Kompaktnavigation** herausnehmen und oben bei der **Anzahl sichtbarer Elemente** mindestens »5« auswählen. Schließen Sie mit **OK**. In der Kompaktnavigation sehen Sie nur Symbole.

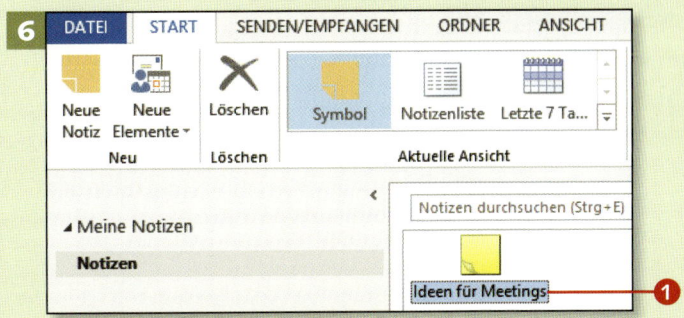

Notizen einfärben

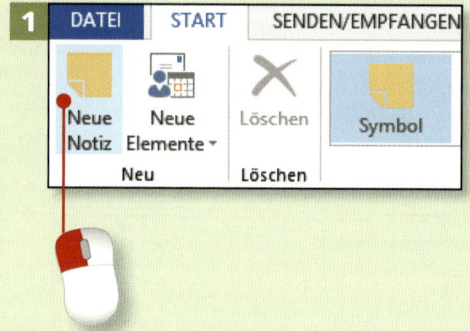

Es gibt viele Möglichkeiten, Struktur und Ordnung in Ihre Notizen zu bringen: die beste ist, Ihre Notizen mithilfe von Kategorien einzufärben. So erkennen Sie jederzeit Ihre wirklich wichtigen Notizen.

Schritt 1

Öffnen Sie ein neues Notizformular im Bereich **Notizen**, indem Sie auf dem Register **Start** und der Gruppe **Neu** auf **Neue Notiz** klicken. Alternativ nutzen Sie bereichsunabhängig die Tastenkombination Strg + ⇧ + N.

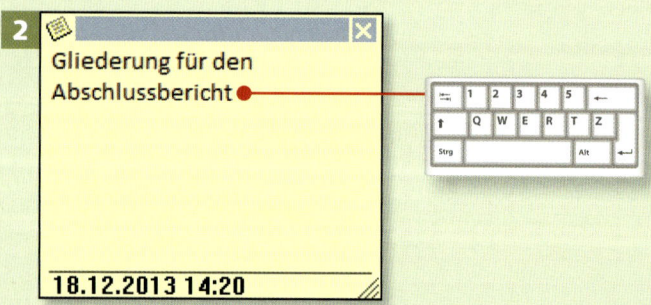

Schritt 2

Schreiben Sie im geöffneten Formular Ihre Notiz, und ziehen Sie – wenn nötig – mit der linken Maustaste unten rechts an der Größeneinstellung für den Notizzettel.

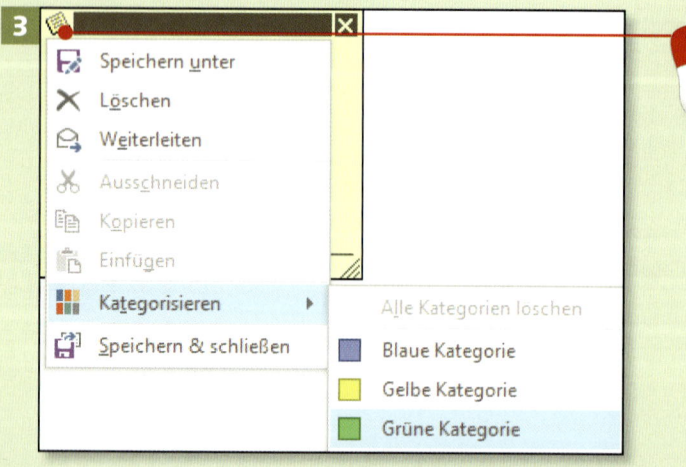

Schritt 3

Zum Einfärben der Notiz klicken Sie oben links auf das Notizsymbol und wählen im Menü **Kategorisieren** die gewünschte Kategorie aus.

Schritt 4

Sofort nimmt das Notizformular die Farbe der Kategorie an. Klicken Sie auf das Notizsymbol oben links.

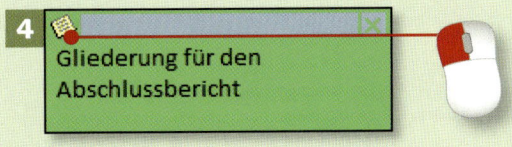

Schritt 5

Schließen Sie die Notiz, indem Sie im Menü auf **Speichern & schließen** gehen.

Schritt 6

In der **Symbol**-Ansicht sehen Sie, wie sich die neue Notiz ❶ mit der ersten Textzeile als Name einfügt. Dazu trägt sie die Farbe Grün der entsprechenden Kategorie.

Kategorien

Hier einige Vorschläge für Kategorien: persönlich, geschäftlich, Aktion oder Anruf. Sie können nach Rollen wie Vater, Ehemann, persönlich, Angestellter oder nach Orten wie zu Hause, Büro, Computer, Internet, Freizeit etc. unterscheiden. Kategorien werden über **Start ▸ Kategorien ▸ Kategorisieren ▸ Alle Kategorien** neu erstellt, umbenannt oder gelöscht.

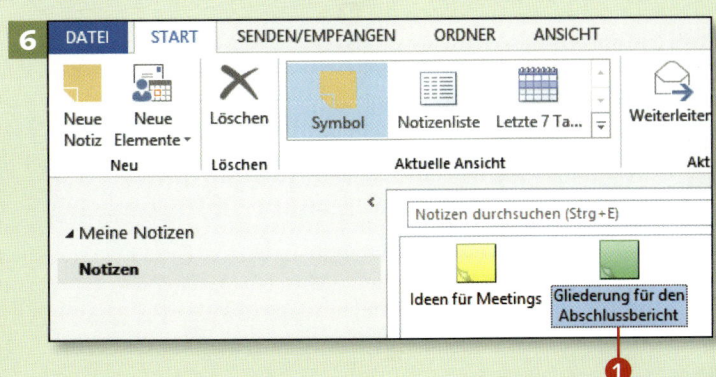

Notizen sortieren

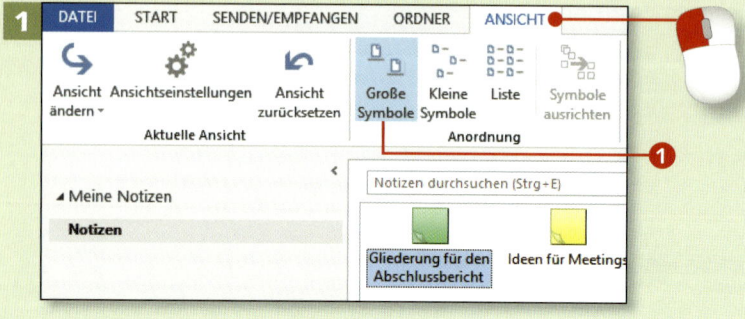

Immer wieder lautet eine der wichtigsten Fragen: Wie schnell finde ich meine Informationen? Neben der Suchfunktion ist die Strategie, wie Sie sortieren, für effektives Arbeiten entscheidend.

Schritt 1

Gehen Sie im Bereich **Notizen** auf den Reiter **Ansicht**. Sie sehen die Darstellung der Notizen in der **Anordnung** als **Große Symbole** ❶.

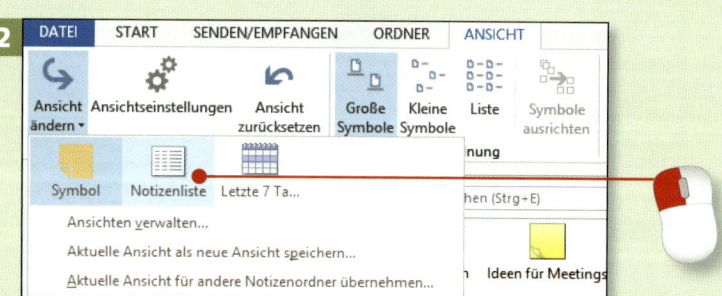

Schritt 2

Klicken Sie auf dem Register **Ansicht** und der Gruppe **Aktuelle Ansicht** auf den Befehl **Ansicht ändern**. Wählen Sie nun **Notizenliste**.

Schritt 3

Sie sehen die Notizenliste, wie sie in **Aktuelle Ansicht ▸ Ansichtseinstellungen** eingerichtet ist. Im Abschnitt »E-Mails filtern und sortieren« ab Seite 140 zeige ich Ihnen, wie Sie Sortiereinstellungen vornehmen. Die Liste ist nach **Erstelldatum** sortiert ❷.

Schritt 4

Klicken Sie für eine weitere temporäre Sortierung auf **Kategorien**.

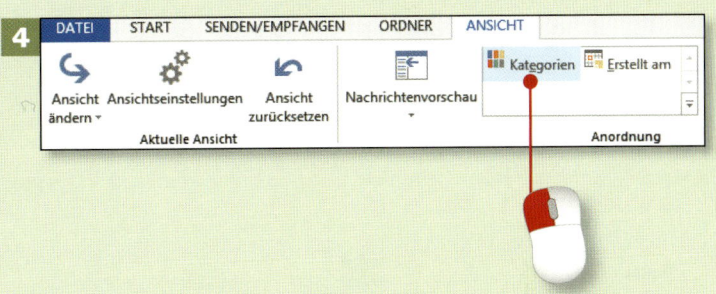

Schritt 5

Die Notizen sind nach **Kategorien**
sortiert und werden zur besseren
Übersicht in Gruppen angezeigt.
Klicken Sie auf **Sortierreihenfolge
umkehren**.

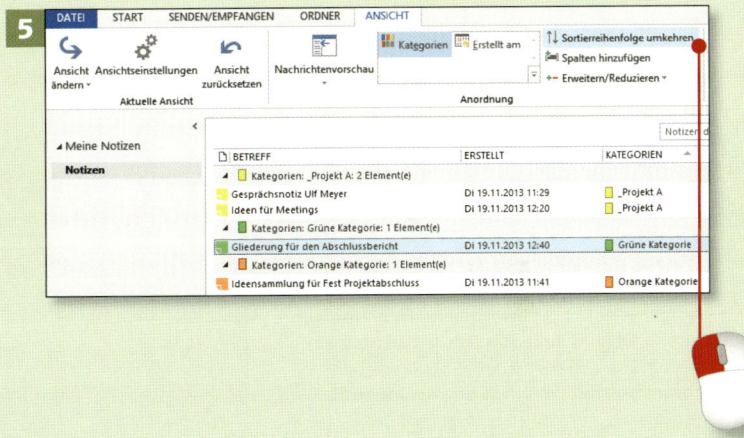

Schritt 6

Die **Kategorien** werden nun in
umgekehrter Reihenfolge angezeigt. Bei jedem Mausklick auf die
Spaltenüberschrift **Kategorien** oder
jede andere Spaltenüberschrift wird
die Sortierreihenfolge entsprechend
dem Spalteninhalt umgekehrt.

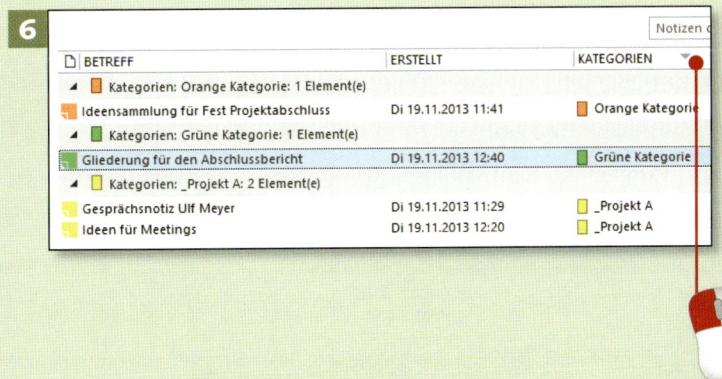

Schnell sortieren

Wenn Sie mit der rechten Maustaste in eine Spaltenüberschrift klicken, öffnet sich das Kontextmenü.
Dort rufen Sie die wichtigsten
Sortierfunktionen auf: **Anordnen
nach**, **Sortierreihenfolge umkehren** und **Ansichtseinstellungen**.
Hier können Sie auch feste Filter-
und Sortierkriterien festlegen.

Notizen per Mail versenden

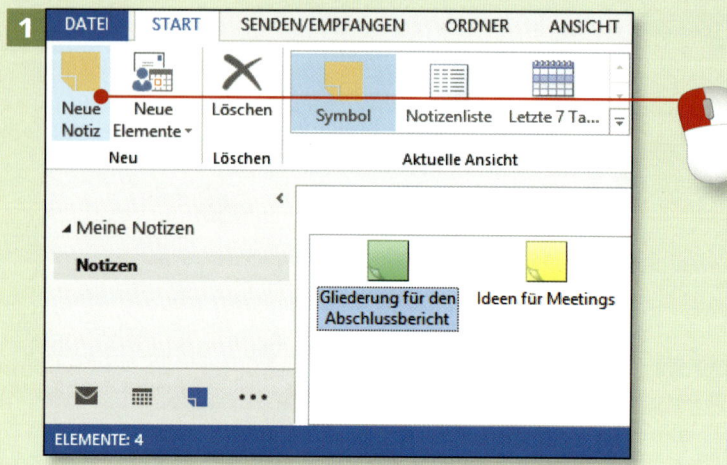

Manchmal möchten Sie jemandem vielleicht eine Notiz mit Gedanken oder Vorschlägen zum Anschauen und Bewerten zukommen lassen. Dies geht ganz einfach mit einer E-Mail.

Schritt 1

Wechseln Sie in den Bereich **Notizen** mit Klick auf das Notizensymbol oder mit ⌴Strg⌴ + ⌴5⌴. Um eine neue Notiz anzulegen, klicken Sie auf **Neue Notiz** oder drücken bereichsunabhängig ⌴Strg⌴ + ⌴⇧⌴ + ⌴N⌴.

Schritt 2

Tippen Sie Ihre Notiz, die Sie per E-Mail versenden möchten. Klicken Sie dazu auf das gelbe Notizensymbol oben links.

Schritt 3

Im Menü gehen Sie auf **Weiterleiten**. Es öffnet sich ein Nachrichtenformular.

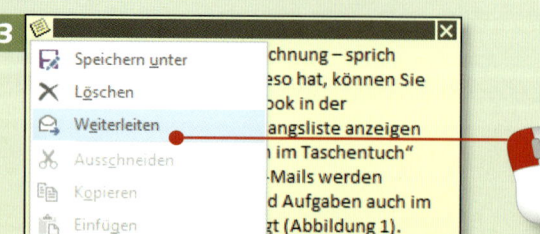

Denken Sie an andere Nutzer!

Viele E-Mail-Programme haben Probleme, die Notiz im Anhang korrekt zu öffnen und zu lesen. Fügen Sie deshalb die Notiz auch als Nur-Text in den Nachrichtenteil ein. So können auch Nicht-Outlook-User den Text lesen.

Schritt 4

Die Notiz mit der ersten Zeile als Titel finden Sie als Outlook-Element im Anhang ❶. Der **Betreff** ist bereits eingefügt und beginnt mit **WG:** für »Weitergeleitet«. Geben Sie die Empfängeradresse in **An** ein ❷. Tippen Sie den Nachrichtentext ein.

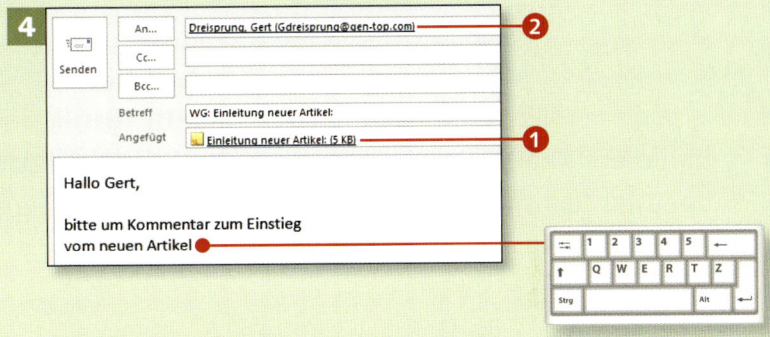

Schritt 5

Um den Inhalt der Notiz als Text einzufügen, setzen Sie im Nachrichtentext den Cursor an die gewünschte Stelle ❸. Gehen Sie auf dem Register **Einfügen** und der Gruppe **Einschließen** auf den Befehl **Outlook-Element**. Gehen Sie vor, wie im Abschnitt »Dateien und Notizen hinzufügen« auf Seite 237 in Schritt 5 beschrieben.

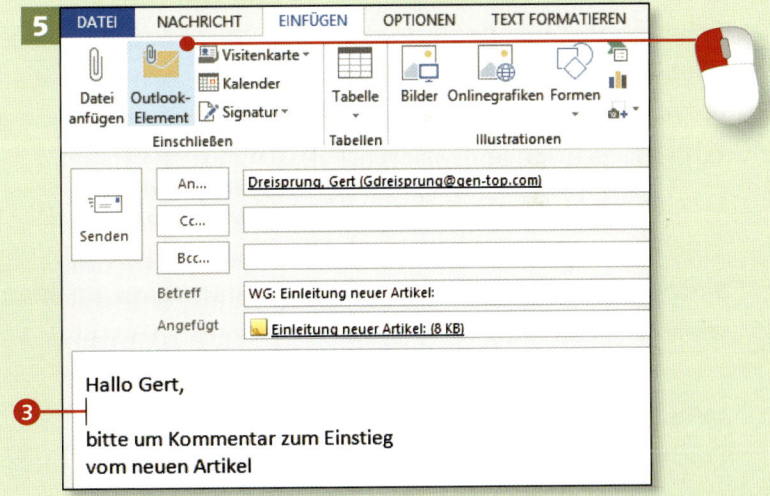

Schritt 6

Notiz als Anhang und Notiz als Text sind nun eingefügt. Klicken Sie auf **Senden**, und die E-Mail mit Notiz ist auf dem Weg zum Empfänger.

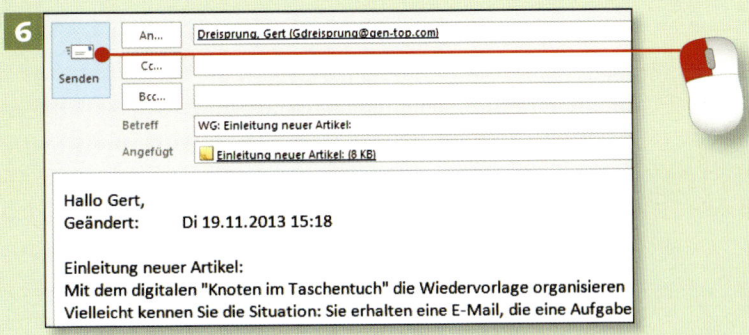

Kapitel 12
Outlook verwalten und anpassen

In diesem Kapitel machen wir einen Ausflug in die Backstage-Ansicht von Outlook, die Sie über das Register »Datei« erreichen. Dort können Sie an den Stellschrauben drehen und viele Detaileinstellungen vornehmen.

Wie Sie sich Ihr eigenes Menüband einrichten

Vielleicht waren Sie schon einmal in der Situation: Mitten im Organisieren mit Outlook stecken Sie fest und fragen sich: »Wie war das noch mal, wo finde ich diesen Befehl?« Schaffen Sie Abhilfe, indem Sie sich Ihre Favoritenbefehle im Menüband selbst zusammenstellen ❶.

Wie Sie Ihren Kalender feintunen

Der Kalender ist nach den E-Mails das meistgenutzte Werkzeug in Outlook. Es gibt viele Einstellungsmöglichkeiten zu Arbeitszeit, Kalenderwochen etc. ❷, die Ihnen das Organisieren vereinfachen – sei es als Einzelner, sei es im Team. In diesem Kapitel zeige ich Ihnen die wichtigsten Stellschrauben.

Wie Sie Ihre Arbeit mit Aufgaben aufpeppen

Das Wichtigste bei den Aufgaben ist, dass Sie zur rechten Zeit daran erinnert werden. Wie wäre es, wenn Sie zu Arbeitsbeginn an die Aufgaben des Tages ❸ erinnert würden? Dies ist nur eine der Einstellungen, die ich Ihnen in diesem Kapitel zeige.

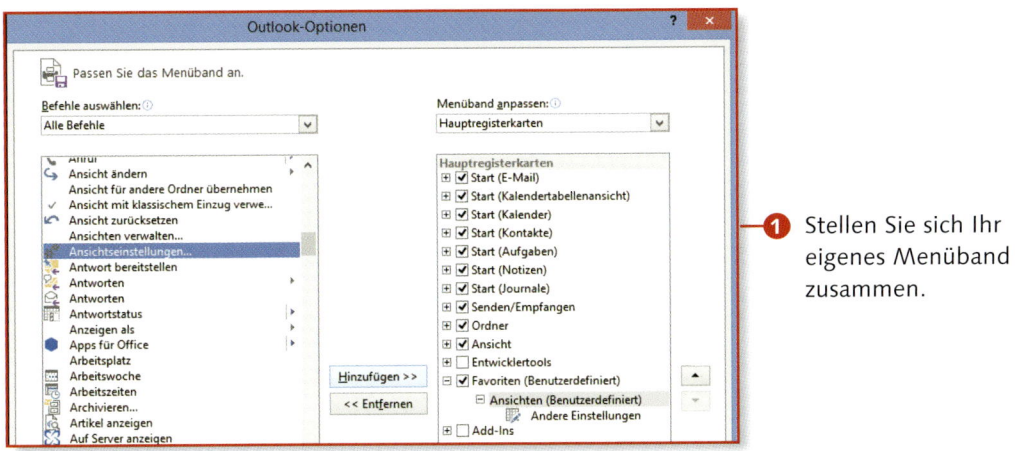

1 Stellen Sie sich Ihr eigenes Menüband zusammen.

Stellen Sie die Arbeits-**2** zeit und die Kalender-wochen ein.

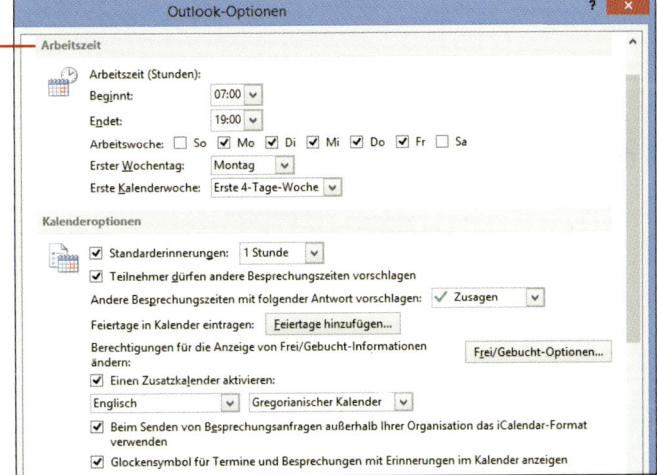

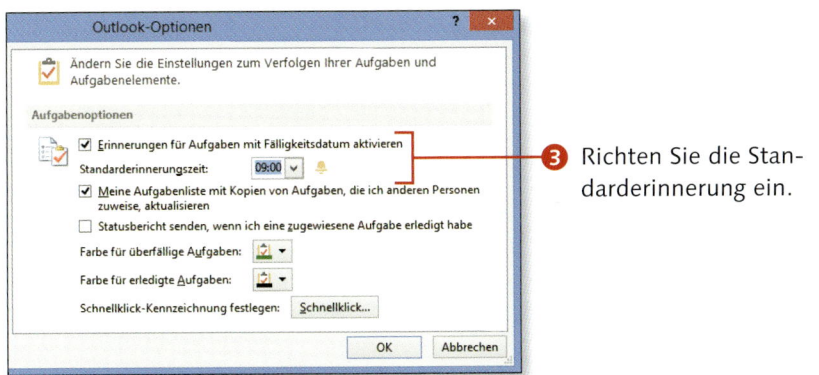

3 Richten Sie die Standarderinnerung ein.

Das Menüband anpassen

Viele Softwareentwickler haben das Prinzip des mit Office 2007 eingeführten Menübands übernommen. Mit etwas Übung kann man sich schnell in Struktur und Aufbau hineindenken. Hier zeige ich Ihnen, wie Sie das Menüband an Ihre Wünsche anpassen.

Schritt 1

Wählen Sie den klassischen Weg, und klicken Sie auf das Register **Datei**.

Schritt 2

Sie landen in der Backstage-Ansicht. Klicken Sie im Menü links auf den Eintrag **Optionen**.

Schritt 3

Sie kommen bei **Allgemein** an. Wechseln Sie zu **Menüband anpassen**.

Menüband

Mehr über das Menüband erfahren Sie im Abschnitt »Die Benutzeroberfläche kennenlernen« ab Seite 22.

Schritt 4

Im rechten Teil des Fensters **Out-look-Optionen** finden Sie den Bereich **Menüband anpassen**. Es sind die **Hauptregisterkarten** ausge-wählt. Deaktivieren Sie zunächst Re-gisterkarten, die Sie nicht benötigen. Das könnten **Entwicklertools** und **Add-Ins** sein ❶. Klicken Sie dann auf **Neue Registerkarte**.

Schritt 5

Stellen Sie Ihre Lieblingsbefehle zusammen. Outlook generiert eine **Neue Registerkarte (Benutzer-definiert)** ❷ mit einer **Neuen Gruppe (Benutzerdefiniert)**. Der Name ist nichtssagend und sollte geändert werden. Klicken Sie daher auf **Umbenennen**.

Schritt 6

Im Fenster **Umbenennen** schreiben Sie in das Eingabefeld »Favoriten«. Schließen Sie das Fenster mit **OK**.

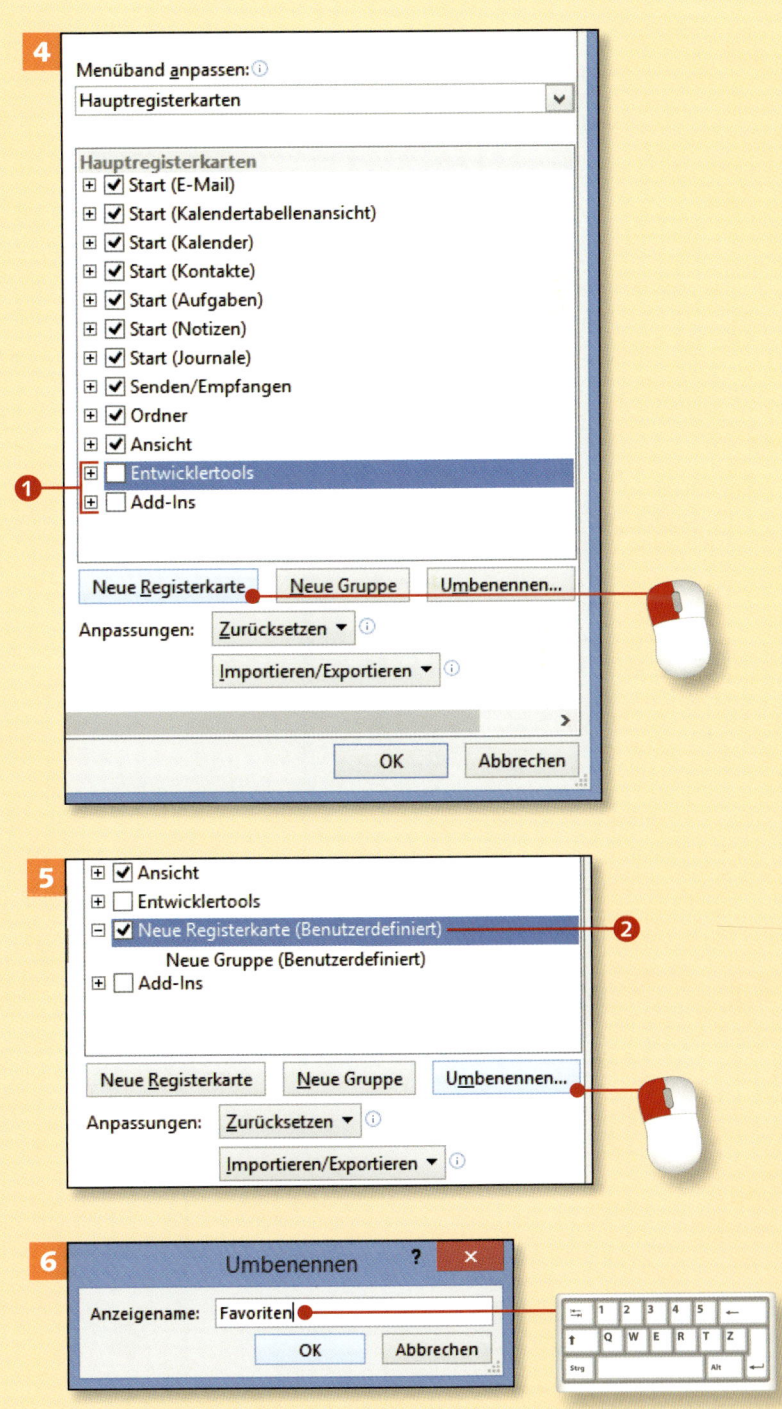

Das Menüband anpassen (Forts.)

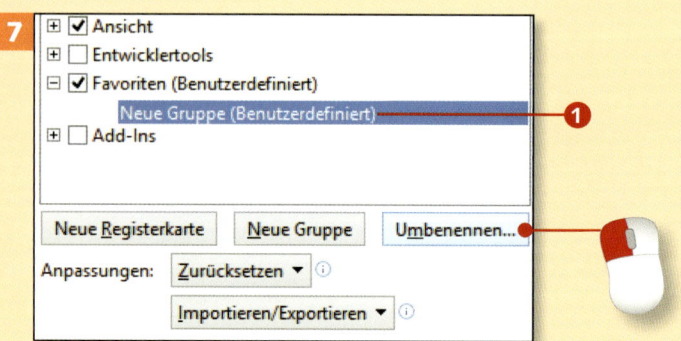

Schritt 7

Fehlt noch ein Name für die **Neue Gruppe**. Markieren Sie diese ❶, und klicken Sie erneut auf **Umbenennen**.

Schritt 8

Es öffnet sich wieder das Fenster **Umbenennen**. Wählen Sie ein **Symbol** aus. Bei **Anzeigename** tippen Sie einen aussagefähigen Namen für die Gruppe ein. Beenden Sie die Auswahl und Eingabe mit einem Klick auf **OK**.

Schritt 9

Im linken Teil des Fensters **Outlook-Optionen** wählen Sie unter **Befehle auswählen** über das Dropdown-Menü die Option **Alle Befehle** ❷ aus. Scrollen Sie nach unten, bis Sie den Befehl **Ansichtseinstellungen** gefunden haben, und markieren Sie ihn mit einem Klick.

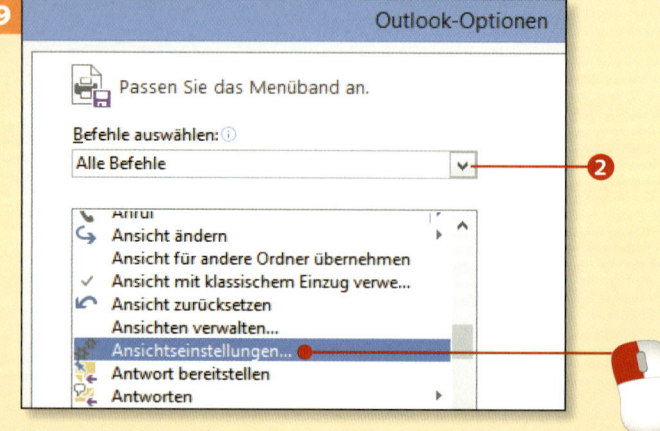

Menüband anpassen

So gelangen Sie noch schneller zum Befehl **Menüband anpassen**: Klicken Sie mit der rechten Maustaste auf irgendein **Register**, eine **Gruppe** oder einen **Befehl**, und wählen Sie im Kontextmenü den Befehl **Menüband anpassen**.

Schritt 10

Klicken Sie nun auf die Schaltfläche **Hinzufügen** rechts neben der Liste der Befehle.

Schritt 11

Der Befehl **Ansichtseinstellungen** mit Symbol hat sich unter der Gruppe **Ansichten** einsortiert ❸. In der Zwischenzeit habe ich noch einen zweiten Befehl, **Andere Einstellungen**, auf die gleiche Weise hinzugefügt. Schließen Sie die Einrichtung der neuen Registerkarte **Favoriten** mit **OK** ab.

Schritt 12

Schon hat sich das Register **Favoriten** hinter dem Reiter **Ansicht** eingeordnet ❹. Klicken Sie im Register **Favoriten** und der Gruppe **Ansichten** auf den Befehl **Ansichtseinstellungen**, und es öffnet sich das vom Filtern und Sortieren bekannte Fenster **Erweiterte Ansichtseinstellungen**.

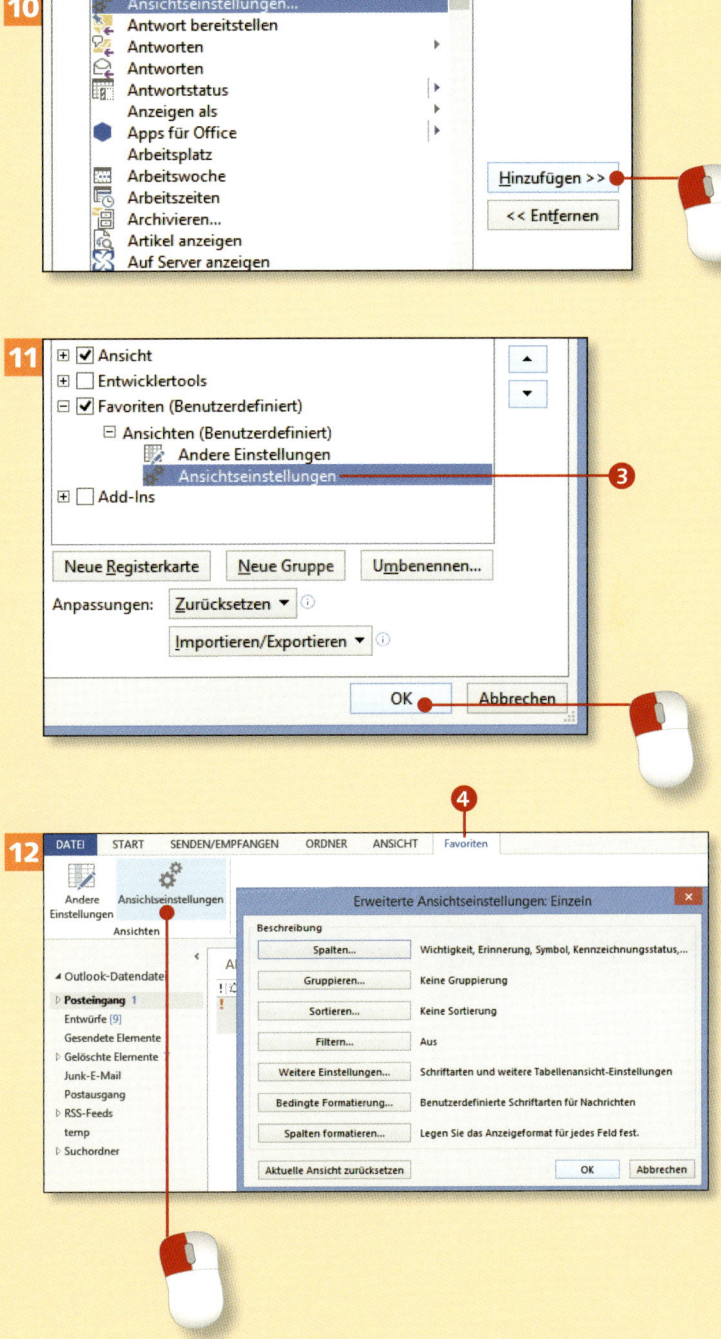

Schnell auf Befehle zugreifen

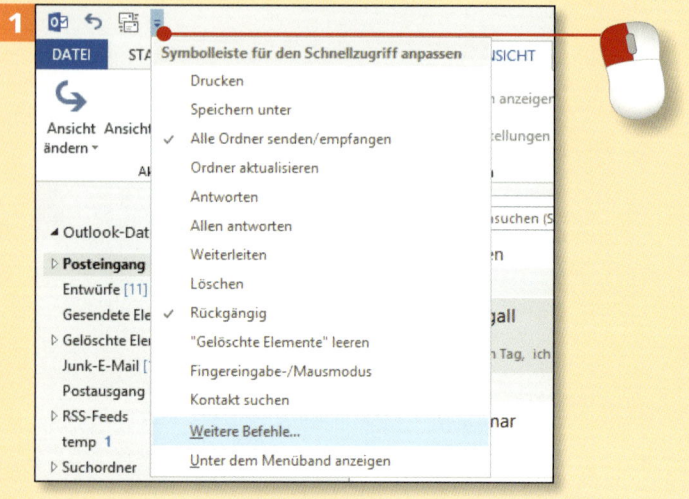

Sie haben über die Symbolleiste für den Schnellzugriff eine wunderbare Möglichkeit, häufig genutzte Befehle nach eigenen Wünschen zusammenzustellen.

Schritt 1

Klicken Sie auf die kleine Pfeilspitze in der **Symbolleiste für den Schnellzugriff**. Im Aufklappmenü aktivieren Sie Befehle mit einem Klick. Ist der gewünschte nicht dabei, klicken Sie auf **Weitere Befehle**.

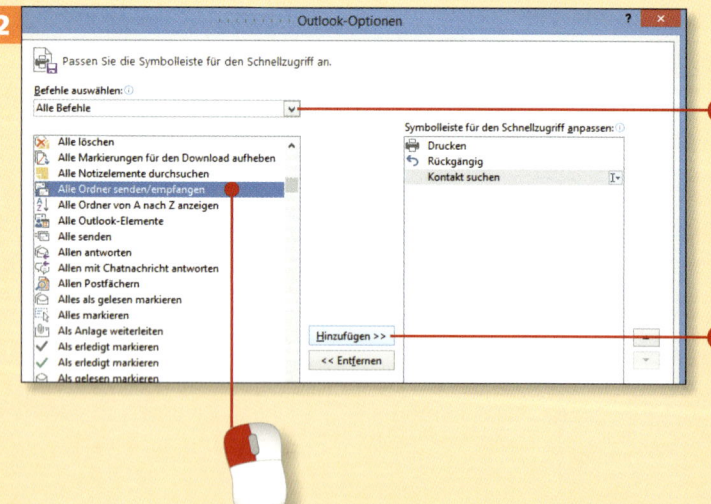

Schritt 2

Im Fenster **Outlook-Optionen** wählen Sie in der linken Spalte über das Dropdown-Menü bei **Befehle auswählen** den Eintrag **Alle Befehle 1**. Scrollen Sie bis zum Befehl **Alle Ordner senden/empfangen**, markieren ihn und klicken dann auf **Hinzufügen 2**.

Schritt 3

Der Befehl landet in der rechten Spalte **Symbolleiste für den Schnellzugriff anpassen**. Beenden Sie den Vorgang mit **OK**.

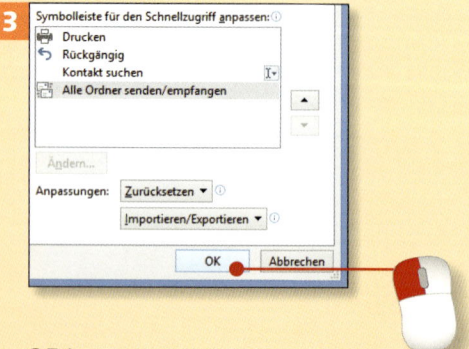

Schritt 4

Sie sehen den hinzugefügten Befehl **Alle Ordner senden/empfangen** als Symbol in der Schnellzugriffsleiste. Klicken Sie darauf, sehen Sie unten in der Statusleiste den Übermittlungs-Fortschrittsbalken ❸.

Schritt 5

Die Schritte 1 bis 3 können Sie sich sparen, wenn Sie den gewünschten Befehl im Menüband mit der rechten Maustaste anklicken und im Menü **Zu Symbolleiste für den Schnellzugriff hinzufügen** wählen. Der Befehl erscheint dann am rechten Rand der Symbolleiste.

Schritt 6

Wenn Sie die Reihenfolge Ihrer Schnellzugriffsbefehle ändern möchten, wiederholen Sie die Schritte 1 bis 3, markieren den entsprechenden Befehl und klicken dann auf die Nach-oben- oder Nach-unten-Pfeilspitze ❹, bis der Befehl an der gewünschten Stelle steht. Schließen Sie den Vorgang mit **OK**.

> **Schnellzugriff**
>
> Mehr über die Symbolleiste für den Schnellzugriff erfahren Sie im Abschnitt »Die Benutzeroberfläche kennenlernen« ab Seite 22.

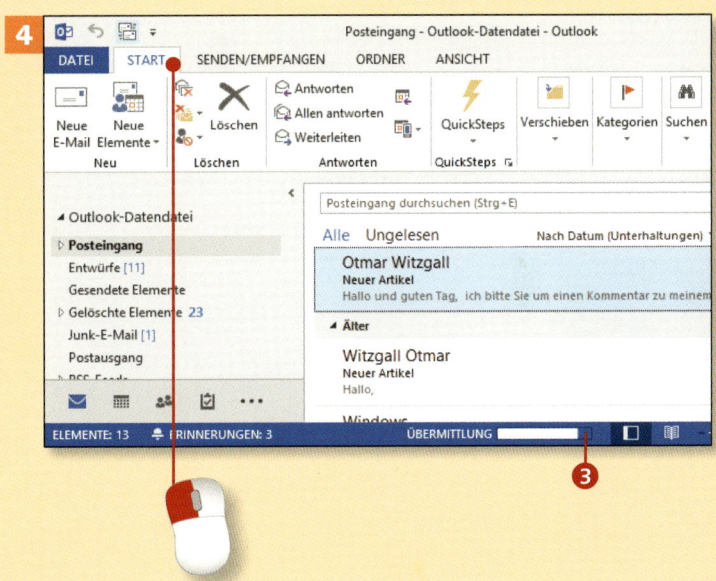

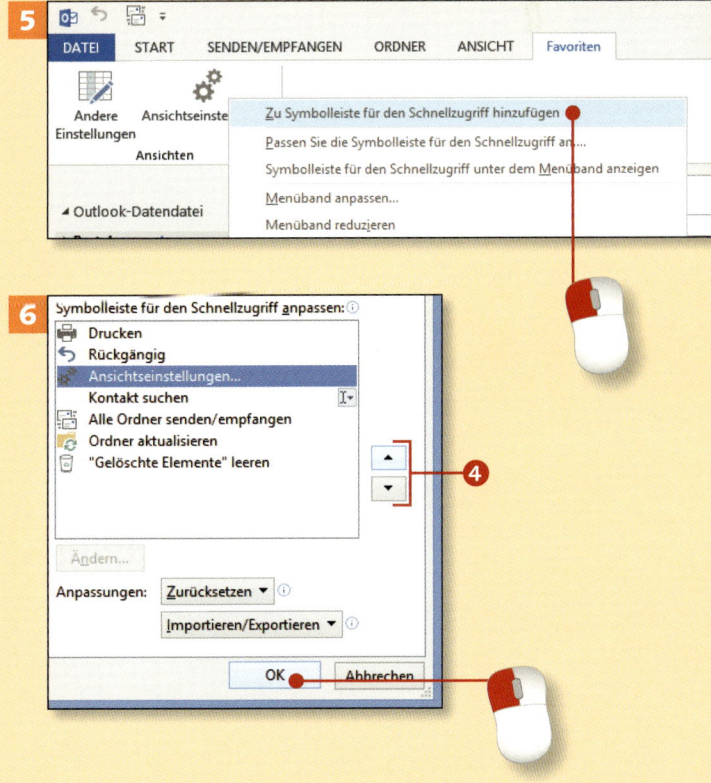

255

Kontoeinstellungen ändern

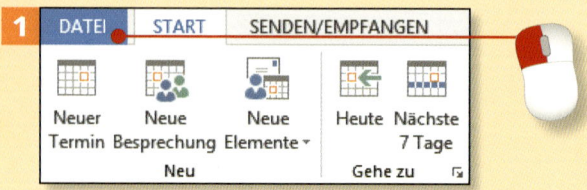

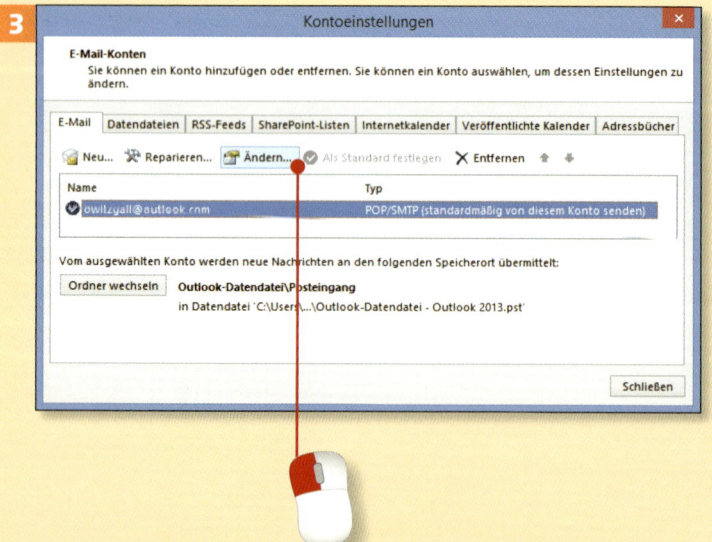

Vielleicht haben Sie für Ihre E-Mail ein neues Passwort eingerichtet, oder es gefällt Ihnen der angezeigte Kontoname nicht mehr. Einige Gründe, über die Kontoeinstellungen Änderungen vorzunehmen.

Schritt 1

Klicken Sie auf den Reiter **Datei**.

Schritt 2

Klicken Sie in **Informationen** auf **Kontoeinstellungen** und im Menü noch einmal auf **Kontoeinstellungen**.

Schritt 3

Im Fenster **Kontoeinstellungen** ist als Erster der Reiter **E-Mail** aufgerufen. Markieren Sie die gewünschte E-Mail-Adresse, und klicken Sie auf **Ändern**.

Kontoeinstellungen

Kontoeinstellungen im Einsatz sehen Sie in den Abschnitten »Outlook automatisch mit einem Konto verknüpfen« ab Seite 14 und »Outlook manuell mit einem Konto verknüpfen« ab Seite 18.

Schritt 4

Im unteren Bereich tippen Sie bei **Kennwort** Ihr neues Passwort ein und achten darauf, dass bei **Kennwort speichern** das Häkchen gesetzt ist **1**. Sonst werden Sie bei jedem E-Mail-Abruf nach dem Passwort gefragt, was schnell lästig wird. Klicken Sie auf **Weitere Einstellungen**.

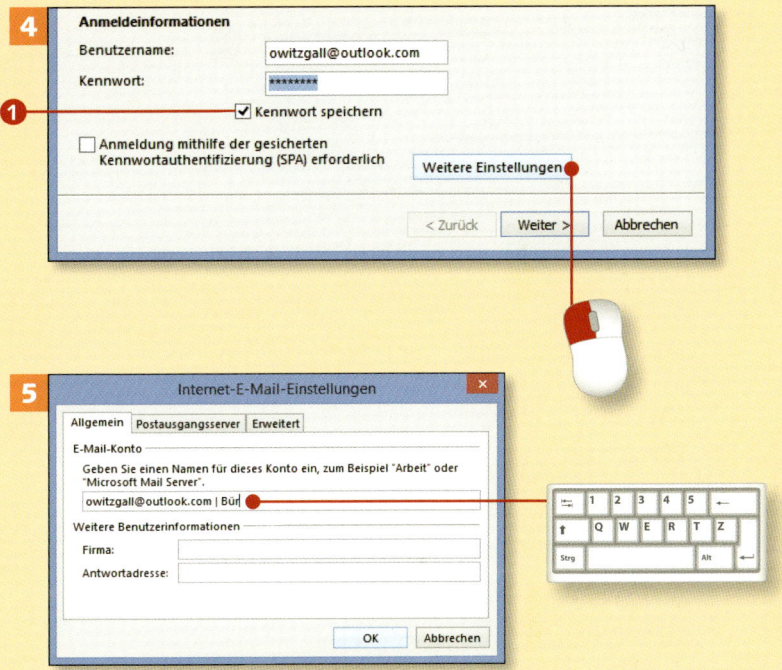

Schritt 5

Im Fenster **Internet-E-Mail-Einstellungen** wählen Sie im Reiter **Allgemein** für Ihr E-Mail-Konto einen aussagekräftigen Namen, den Sie selbst formulieren. Tippen Sie diesen in das Eingabefeld, schließen Sie mit **OK**, und gehen Sie dann auf **Weiter**. Es öffnen sich zwei weitere Fenster, die Sie mit **Schließen** und **Fertig stellen** bestätigen.

Schritt 6

Sie kommen zurück zum Fenster **Kontoeinstellungen**. Sie sehen beim E-Mail-Konto den neuen Namen **2**. Beenden Sie die Kontoeinstellungen mit **Schließen**.

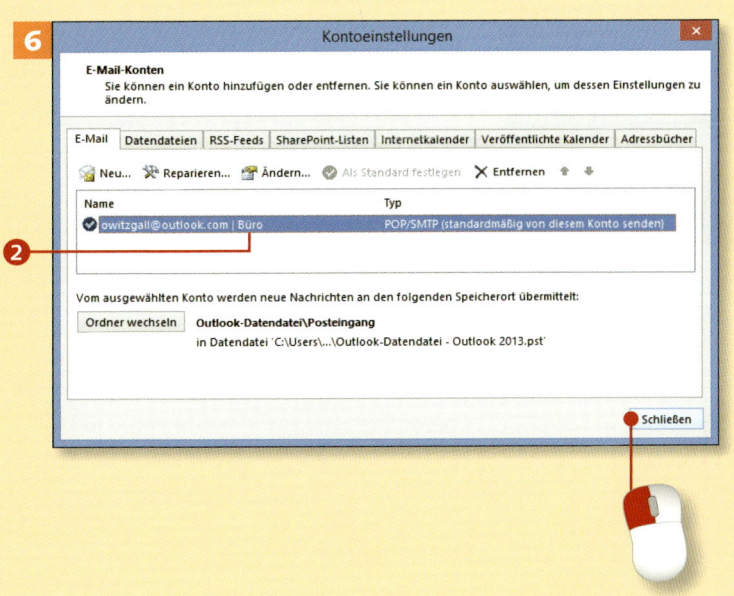

Kalenderoptionen ändern

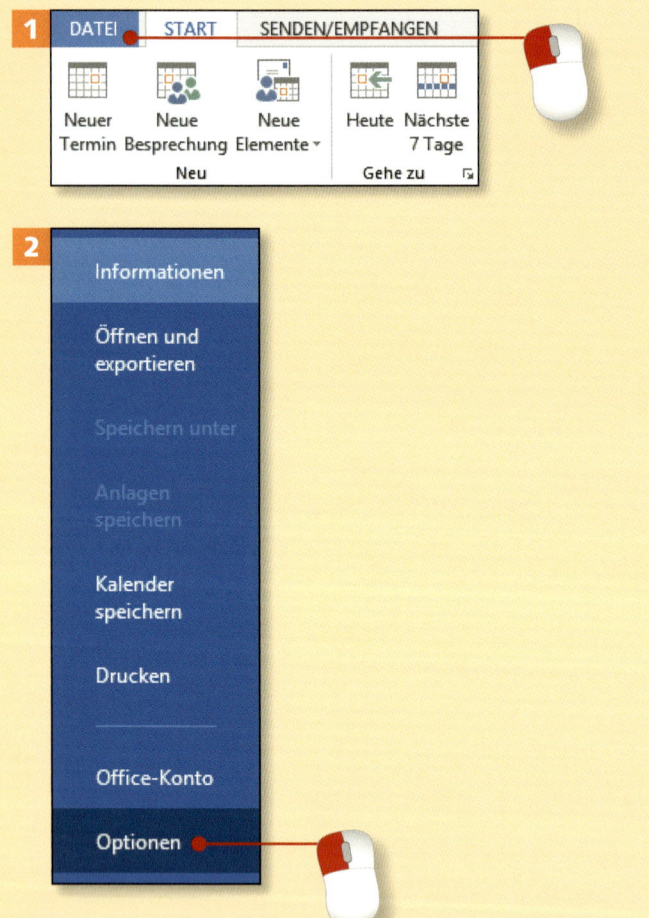

Vielleicht haben Sie sich schon einmal gefragt, wo Sie die Standarderinnerungszeit einstellen oder warum Ihr Kalender keine Kalenderwochen anzeigt. Im Bereich »Kalenderoptionen« justieren Sie die Stellschrauben.

Schritt 1

Gehen Sie auf das Register **Datei**.

Schritt 2

Klicken Sie in der Backstage-Ansicht auf den Eintrag **Optionen**.

Schritt 3

Im Fenster **Outlook-Optionen** wechseln Sie zu **Kalender**. Im Abschnitt **Arbeitszeit** wählen Sie Beginn und Ende ➊. Verändern Sie, wenn nötig, die Arbeitswoche über die Häkchen. Übernehmen Sie die weiteren Einstellungen.

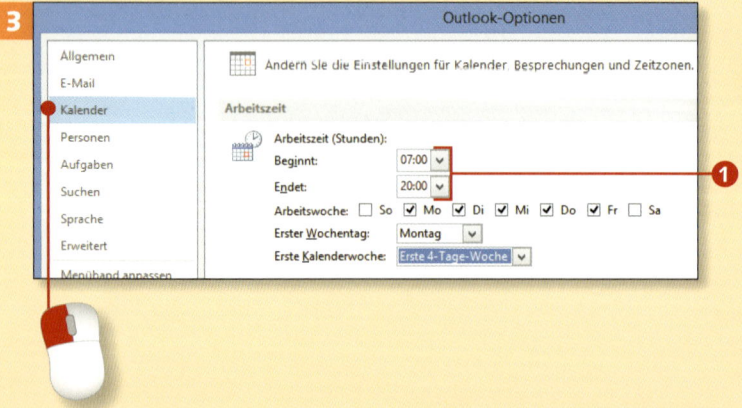

Intervalle im Kalender

Gehen Sie im Register **Ansicht** über **Aktuelle Ansicht** und **Ansicht ändern** auf **Kalender** oder **Vorschau**. In diesen Ansichten betragen die Intervalle der Tageszeit standardmäßig 30 Minuten. Klicken Sie mit der rechten Maustaste in die Tageszeit, und wählen Sie im Kontextmenü das gewünschte Intervall.

Schritt 4

Im Bereich **Kalenderoptionen** setzen Sie ein Häkchen bei **Standard-erinnerungen** ❷ und wählen den Erinnerungszeitraum vor einem Termin aus. Weitere Optionen verändern Sie nach Ihren Wünschen.

Schritt 5

Im Bereich **Anzeigeoptionen** können Sie eine Farbe abweichend von der **Standardkalenderfarbe** wählen. Setzen Sie gegebenenfalls ein Häkchen bei **Diese Farbe für alle Kalender verwenden** ❸.

Schritt 6

Stellen Sie die Anzeige der Kalenderwochen ein: Wählen Sie bei **Erster Wochentag** den **Montag**. **Erste Kalenderwoche** ist: **Erste 4-Tage-Woche** ❹. Aktivieren Sie bei **Anzeigeoptionen** mit Häkchen: **Wochennummern in der Monatsansicht und im Datumsnavigator anzeigen** ❺.

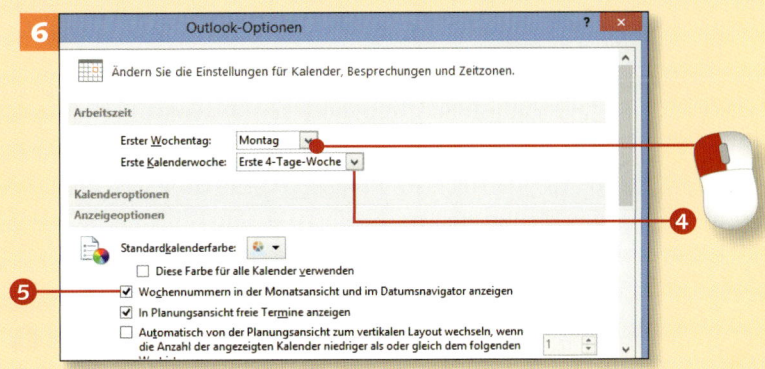

Der Bereich »Kalender«

Wie Sie im Bereich **Kalender** arbeiten, erfahren Sie im Kapitel »Termine planen« ab Seite 194.

Einstellungen für Aufgaben vornehmen

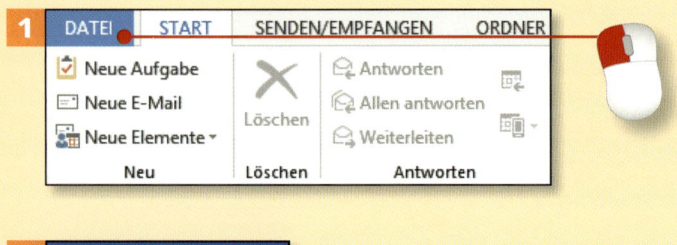

Vielleicht möchten Sie ja zu Beginn Ihres Arbeitstages an die zu erledigenden Aufgaben erinnert werden. Oder Sie möchten in der Aufgabenliste unterscheiden, welche Aufgaben überfällig und welche bereits erledigt sind.

Schritt 1

Klicken Sie auf das Register **Datei**.

Schritt 2

In der Backstage-Ansicht klicken Sie auf **Optionen**.

Schritt 3

Im Fenster **Outlook-Optionen** wechseln Sie zu **Aufgaben**. Passen Sie im Bereich **Aufgabenoptionen** die **Standarderinnerungszeit** an – optimal ist der Beginn Ihres Arbeitstages ❶. Setzen Sie ein Häkchen bei **Erinnerungen für Aufgaben mit Fälligkeitsdatum aktivieren** ❷.

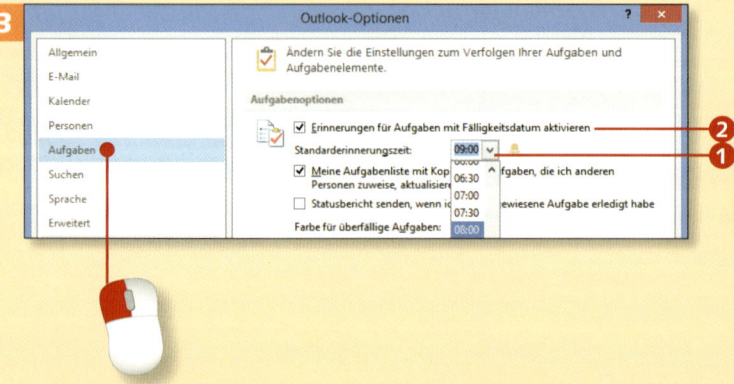

Der Bereich »Aufgaben«

Wie Sie im Bereich **Aufgaben** arbeiten, erfahren Sie im Kapitel »Aufgaben organisieren« ab Seite 224.

Schritt 4

Wenn Sie Ihren Aufgaben in der Listenansicht mit einem Schnellklick auf das Nachverfolgungsfähnchen einen Fälligkeitstag zuordnen möchten, klicken Sie auf **Schnellklick** und wählen im Fenster **Schnellklick festlegen** z. B. **Morgen** ❸ aus und bestätigen die Auswahl mit **OK**.

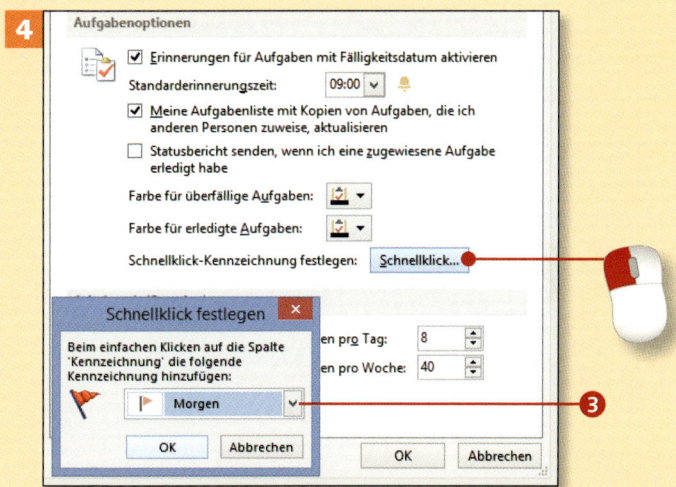

Schritt 5

Wenn Sie Ihre überfälligen Aufgaben besonders hervorheben möchten, gehen Sie im Bereich **Aufgaben-optionen** auf den Farbauswahlpfeil bei **Farbe für überfällige Aufgaben** und wählen die gewünschte Farbe aus. Speichern Sie die Veränderungen mit einem Klick auf **OK**.

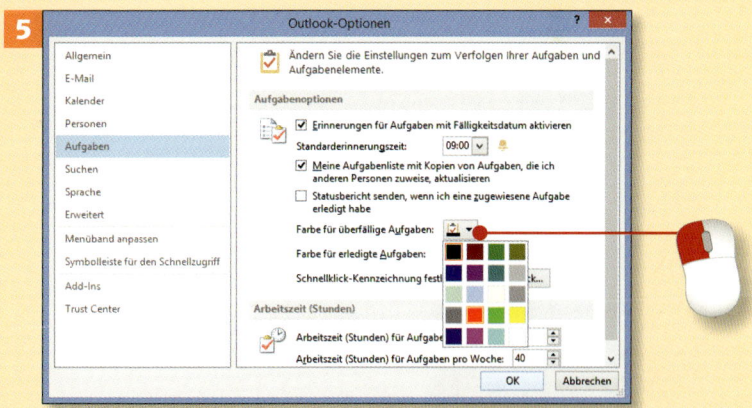

Schritt 6

In der Ansicht **Aktiv** im Bereich **Aufgaben** sehen Sie die überfälligen Aufgaben rot ❹ eingefärbt. Wie Sie mit Ansichten umgehen, zeige ich Ihnen im Abschnitt »Die Anzeige von Aufgaben ändern« ab Seite 230.

Optionen für den Bereich »Personen« anpassen

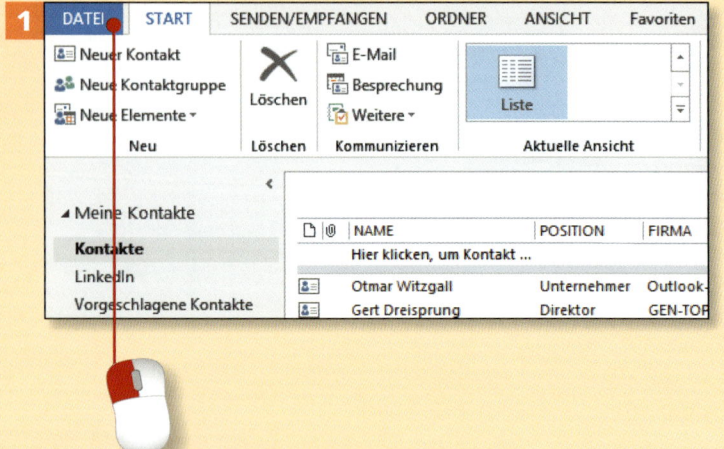

Die Reihenfolge der Eingabe und Abspeicherung Ihrer Personendaten hat große Auswirkungen darauf, wie schnell Sie beim Schreiben von Nachrichten die gewünschten E-Mail-Adressen finden.

Schritt 1

Klicken Sie auf das Register **Datei**.

Schritt 2

Sie befinden sich nun in der Backstage-Ansicht. Klicken Sie links auf den Menüeintrag **Optionen**.

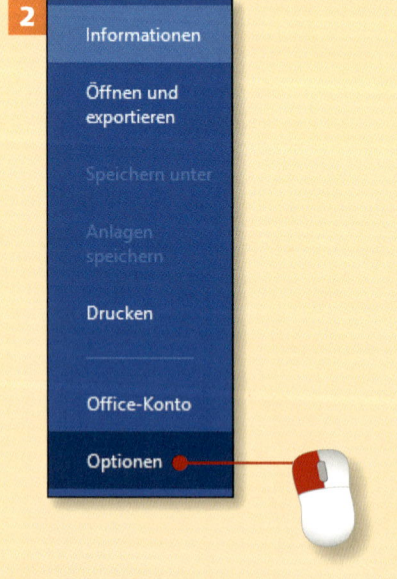

Schritt 3

Im Fenster **Outlook-Optionen** landen Sie im Bereich **Allgemein**. Wechseln Sie von hier aus über das Menü auf der linken Seite in die Einstellungen für den Bereich **Personen**.

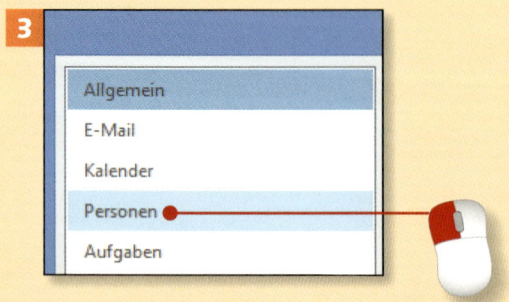

Der Bereich »Personen«

Wie Sie im Bereich **Personen** arbeiten, erfahren Sie im Abschnitt »Einen Kontakt neu anlegen« ab Seite 158 sowie im Kapitel »Das Adressbuch für E-Mails verwenden« ab Seite 184.

Schritt 4

Damit Outlook weiß, in welcher Reihenfolge Sie Name und Vorname eingeben, wählen Sie im Abschnitt **Namen und Ablage** als **Namensreihenfolge (Standard)** die Option **Vorn. (Vorn.2) Nachn**.

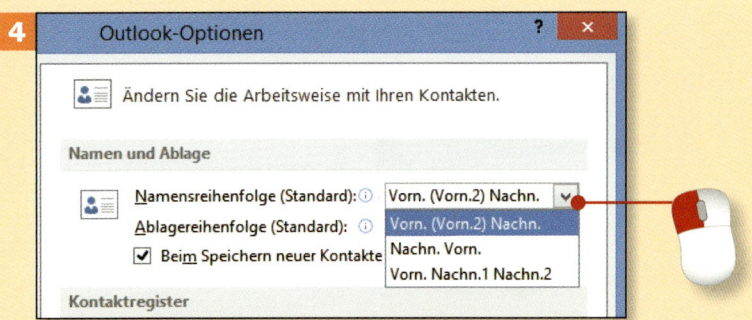

Schritt 5

Noch wichtiger ist die **Ablagereihenfolge (Standard)**. Wählen Sie **Nachn., Vorn. (Firma)**. Bei der Suche nach E-Mail-Adressen ist diese Ablagereihenfolge entscheidend. Würden Sie zuerst nach den Vornamen ablegen, müssten Sie sich alle Vornamen merken – kaum vorstellbar!

Schritt 6

Im Bereich **Personen** sind jetzt unter **Ansicht ▸ Aktuelle Ansicht ▸ Ansicht ändern** alle Auswahlmöglichkeiten nach der Reihenfolge bei **Speichern unter** in alphabetischer Reihenfolge sortiert – auch wenn unter **Name ❶** zuerst der Vorname kommt und alphabetisch woanders einsortiert wäre.

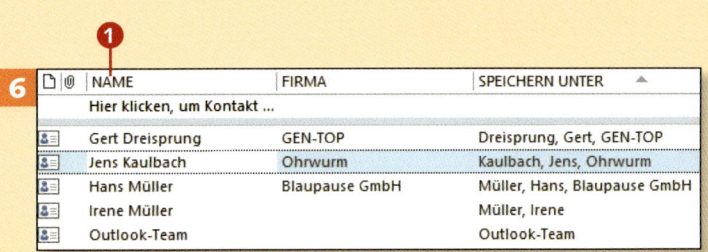

Outlook mit Word und Co. verwenden

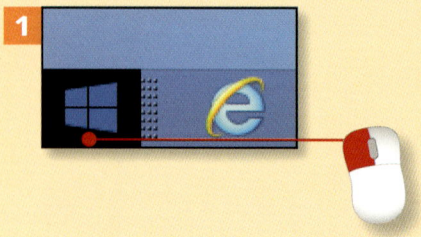

Hier sehen Sie Outlook als »Team-player« in der Zusammenarbeit mit Microsoft OneNote, Word, Excel und PowerPoint. Was Sie einstellen müssen und wie die Zusammenarbeit aussieht, zeige ich Ihnen in diesem Abschnitt.

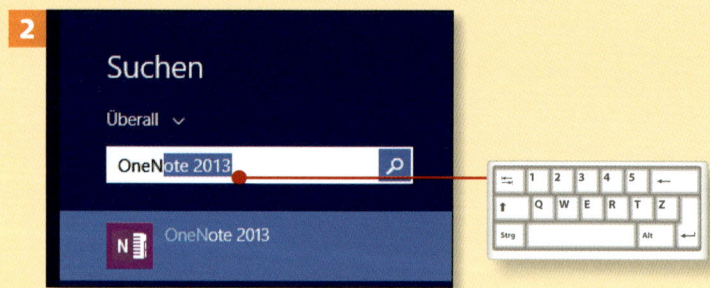

Schritt 1

Klicken Sie auf den Windows-Startbutton, oder drücken Sie die ⊞-Taste.

Schritt 2

Beginnen Sie auf der Tastatur »One-Note« einzutippen. Klicken Sie auf das Suchergebnis, oder drücken Sie die ↵-Taste.

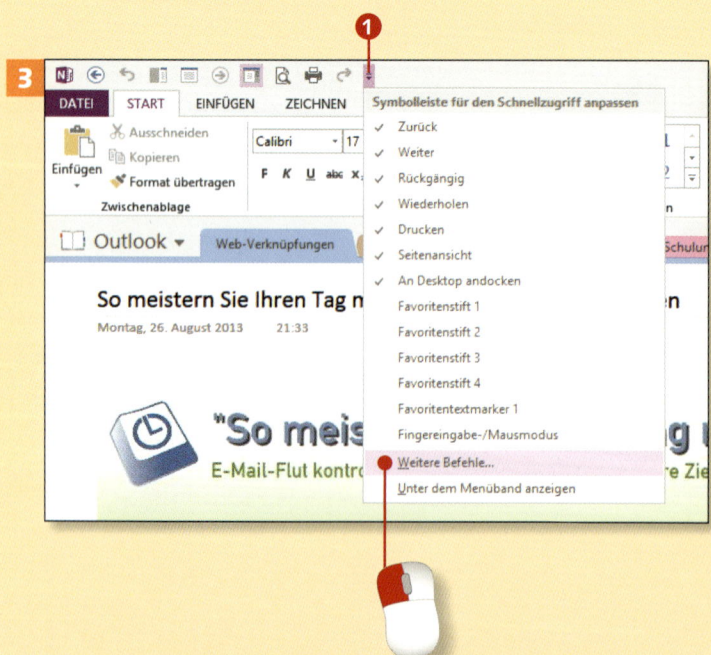

Schritt 3

Nach dem Start von OneNote sehen Sie das zuletzt geöffnete Notizbuch – hier Outlook. OneNote arbeitet mit Outlook über Befehle im Menüband und einem Schnellzugriff-befehl zusammen. Klicken Sie auf die Pfeilspitze ❶, und gehen Sie auf **Weitere Befehle**.

Schritt 4

Im Fenster **OneNote-Optionen** klicken Sie im Auswahlmenü bei **Befehle auswählen** auf **Alle Befehle**.

Schritt 5

Scrollen Sie bis zum Befehl **Aufgabe in Outlook öffnen** ❷. Markieren Sie diesen, und klicken Sie auf **Hinzufügen**.

Schritt 6

In der rechten Spalte wird der Befehl **Aufgabe in Outlook öffnen** an letzter Stelle der Liste eingefügt. Bewegen Sie den Befehl mit der Nach-oben-Pfeilspitze, bis er die gewünschte Position erreicht hat. Beenden Sie die Anpassung mit **OK**.

Was ist mit Word und Co.?

Für Office-Programme gibt es einen Schnellzugriff für **Microsoft Outlook-Aufgabe erstellen**. Outlook kreiert eine Aufgabe mit einer Verknüpfung zur entsprechenden Datei, aus der heraus die Aufgabe erstellt wird. Beim Öffnen der Aufgabe erhalten Sie die Meldung: **Outlook hat den Zugriff auf die folgenden potenziell unsicheren Anlagen blockiert**. Um diese Meldung zu vermeiden, ist ein Eingriff in die Registry notwendig.

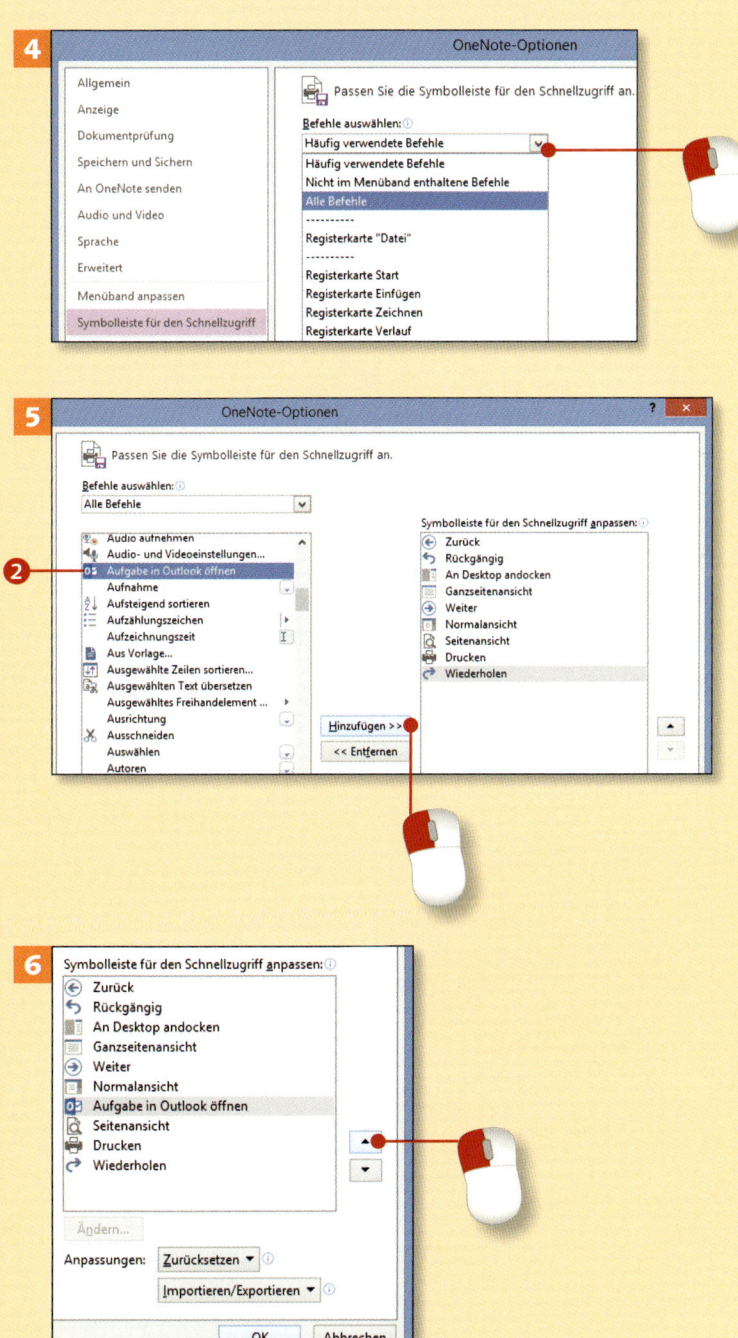

Outlook mit Word und Co. verwenden (Forts.)

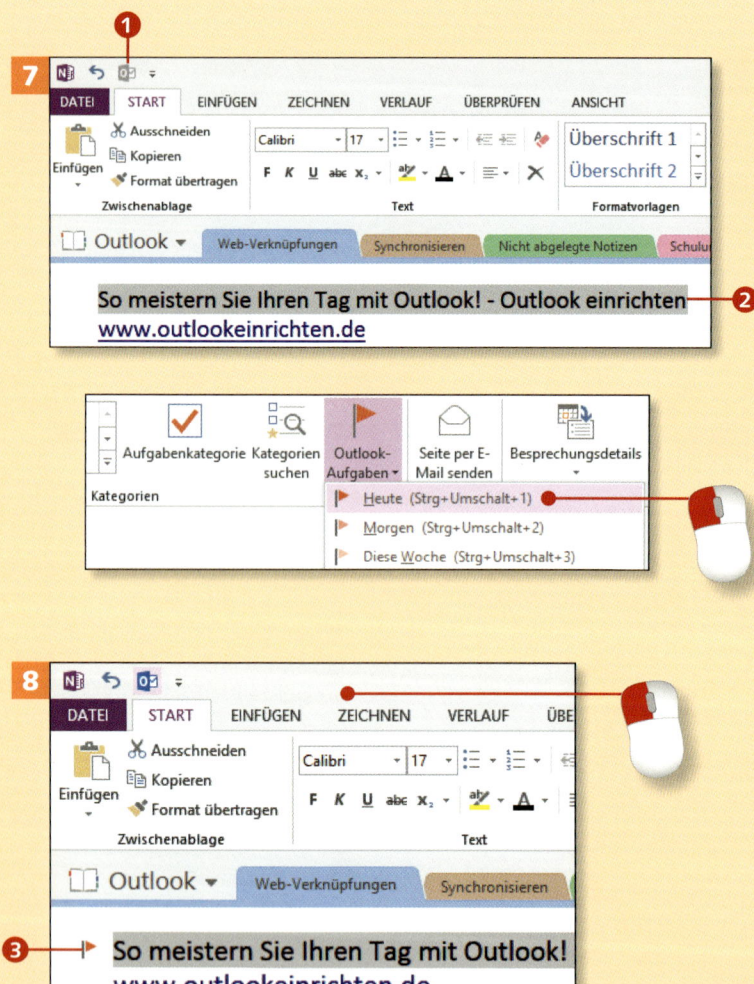

Schritt 7

Der Befehl in der Schnellzugriffs-leiste ist deaktiviert ❶. Um ihn zu aktivieren, müssen Sie eine Notiz als Aufgabe kennzeichnen. Markieren Sie Ihre Notiz ❷, gehen Sie im Reiter **Start** über **Kategorien ▸ Outlook-Aufgaben** auf **Heute**, oder drücken Sie alternativ `Strg` + `⇧` + `1`.

Schritt 8

Sofort erscheint an der markierten Stelle ein Nachverfolgungsfähnchen ❸, das Sie aus dem Abschnitt »Nachrichten zur Nachverfolgung kennzeichnen« ab Seite 112 kennen. Jetzt ist alles vorbereitet. Klicken Sie auf den Schnellzugriffsbefehl **Aufgabe in Outlook öffnen**.

Schritt 9

Alternativ klicken Sie im Register **Start** und der Gruppe **Kategorien** auf den Befehl **Outlook-Aufgaben**, gefolgt von einem Klick auf den Befehl **Aufgabe in Outlook öffnen**.

Schritt 10

Im Aufgabenfeld hat Outlook die Überschrift der Notiz und das Dateisymbol als Verknüpfung eingefügt. Klicken Sie doppelt auf das Dateisymbol, und sofort öffnet sich OneNote an der entsprechenden Stelle.

Schritt 11

Als Datum hat die Aufgabe das in OneNote als Nachverfolgung vergebene Datum. Fügen Sie noch eine Notiz hinzu, vergeben Sie eine Kategorie, und beenden Sie dann die Eingabe mit **Speichern & schließen**.

Schritt 12

Die markierte Aufgabe fügt sich in die Aufgabenliste mit dem aktuellen Datum in die Sortierung **Fällig am** ❹ ein, wobei das aktuellste Datum zuerst angezeigt wird.

i

OneNote und Outlook

In der Strategie von Microsoft ist OneNote der zukünftige Star in der Zusammenarbeit mit Outlook und anderen Office-Programmen. Als Notizbuch für Recherchen und Notizen ist es unschlagbar. Wenn es Ihnen möglich ist, lernen Sie die vielfältigen Möglichkeiten des Programms kennen und anzuwenden.

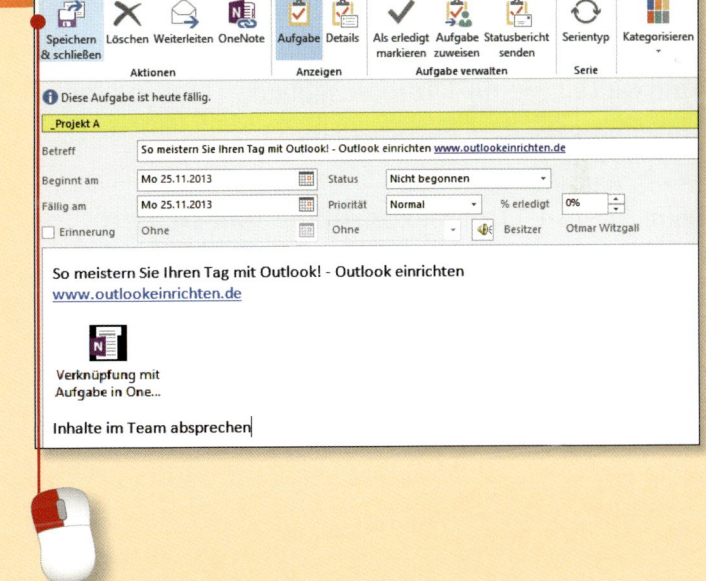

Kapitel 13
Outlook-Daten sichern

Das A und O Ihres verantwortlichen Umgangs mit Ihren Daten ist deren Schutz und Sicherung. In diesem Kapitel geht es um die Sicherung. Dabei können Sie einzelne oder mehrere Ordner bis hin zu den Elementen einer kompletten Datendatei sichern – auf dem PC
und extern.

So läuft Ihre AutoArchivierung perfekt

Alte Daten legen mit der Zeit Ihr Outlook lahm. Dabei können Sie die Archivierung **❶**
ganz leicht automatisieren. Optimieren Sie nach und nach diesen automatisierten Prozess,
und halten Sie Ihr Outlook schlank. Über individuelle Einstellungen für bestimmte Ordner
umgehen Sie den Automatismus.

Wie Sie Ihre Daten exportieren und sichern

Sie arbeiten an großen und wichtigen Projekten. Die interne und externe Kommunikation
– ja die gesamte Organisation – läuft über Outlook. Was passiert, wenn Outlook abstürzt
und Sie es nicht mehr zum Laufen bringen? Ich zeige Ihnen eine Lösung: den Export **❷**
von Datendateien.

Wie Sie Ihre Daten importieren und wiederherstellen

Genauso einfach wie das Sichern durch Exportieren ist der umgekehrte Weg, nämlich das
Wiederherstellen durch Importieren **❸**. Sie können einzelne oder mehrere Ordner, alle
Elemente einer gesicherten Datendatei oder sogar bestimmte Elemente, die einem Filter-
kriterium folgen, wiederherstellen.

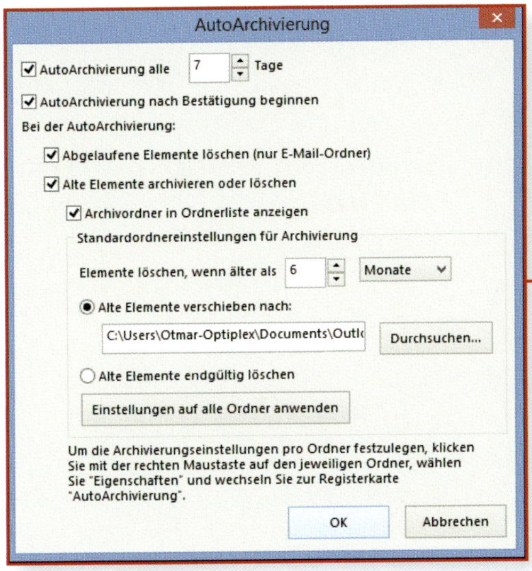

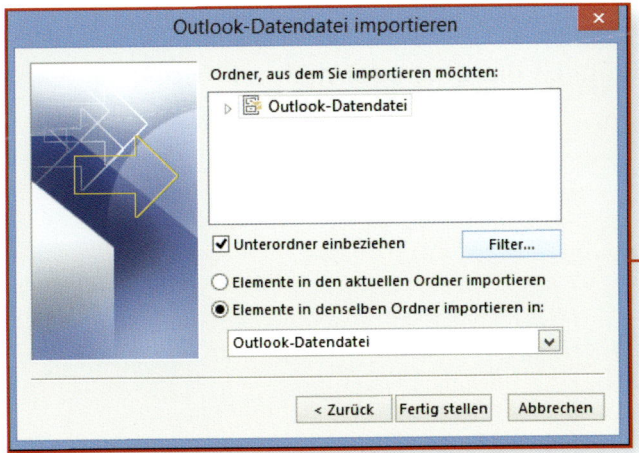

AutoArchivierung

☑ AutoArchivierung alle 7 Tage
☑ AutoArchivierung nach Bestätigung beginnen
Bei der AutoArchivierung:
  ☑ Abgelaufene Elemente löschen (nur E-Mail-Ordner)
  ☑ Alte Elemente archivieren oder löschen
    ☑ Archivordner in Ordnerliste anzeigen
    Standardordnereinstellungen für Archivierung
    Elemente löschen, wenn älter als 6   Monate
    ◉ Alte Elemente verschieben nach:
    C:\Users\Otmar-Optiplex\Documents\Outl   Durchsuchen...
    ○ Alte Elemente endgültig löschen
    [Einstellungen auf alle Ordner anwenden]

Um die Archivierungseinstellungen pro Ordner festzulegen, klicken Sie mit der rechten Maustaste auf den jeweiligen Ordner, wählen Sie "Eigenschaften" und wechseln Sie zur Registerkarte "AutoArchivierung".

[OK] [Abbrechen]

❶ Drehen Sie an den Stellschrauben für Ihre AutoArchivierung.

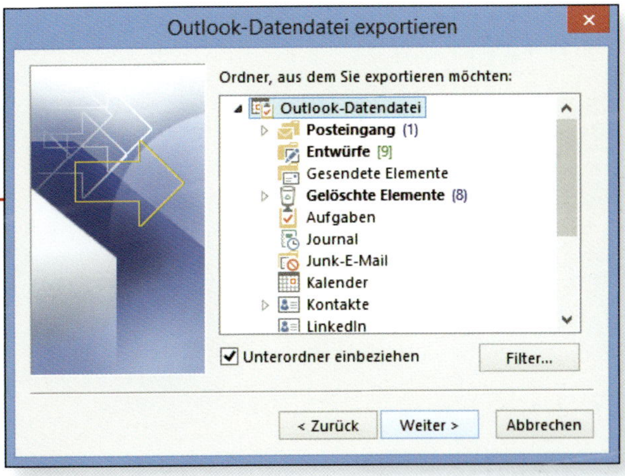

Outlook-Datendatei exportieren

Ordner, aus dem Sie exportieren möchten:
▲ 📇 Outlook-Datendatei
  ▷ 📥 **Posteingang** (1)
    📝 **Entwürfe** [9]
    📧 Gesendete Elemente
  ▷ 🗑 **Gelöschte Elemente** (8)
    ✓ Aufgaben
    🕐 Journal
    📁 Junk-E-Mail
    📅 Kalender
  ▷ 📇 Kontakte
    📇 LinkedIn

☑ Unterordner einbeziehen   [Filter...]

[< Zurück] [Weiter >] [Abbrechen]

❷ Erstellen Sie ein komplettes Backup der Elemente Ihrer Datendatei.

Outlook-Datendatei importieren

Ordner, aus dem Sie importieren möchten:
▷ 📇 Outlook-Datendatei

☑ Unterordner einbeziehen   [Filter...]
○ Elemente in den aktuellen Ordner importieren
◉ Elemente in denselben Ordner importieren in:
Outlook-Datendatei ▼

[< Zurück] [Fertig stellen] [Abbrechen]

❸ Importieren Sie Ihre gesicherten Elemente eines bestimmten Zeitraums.

Alte Daten archivieren

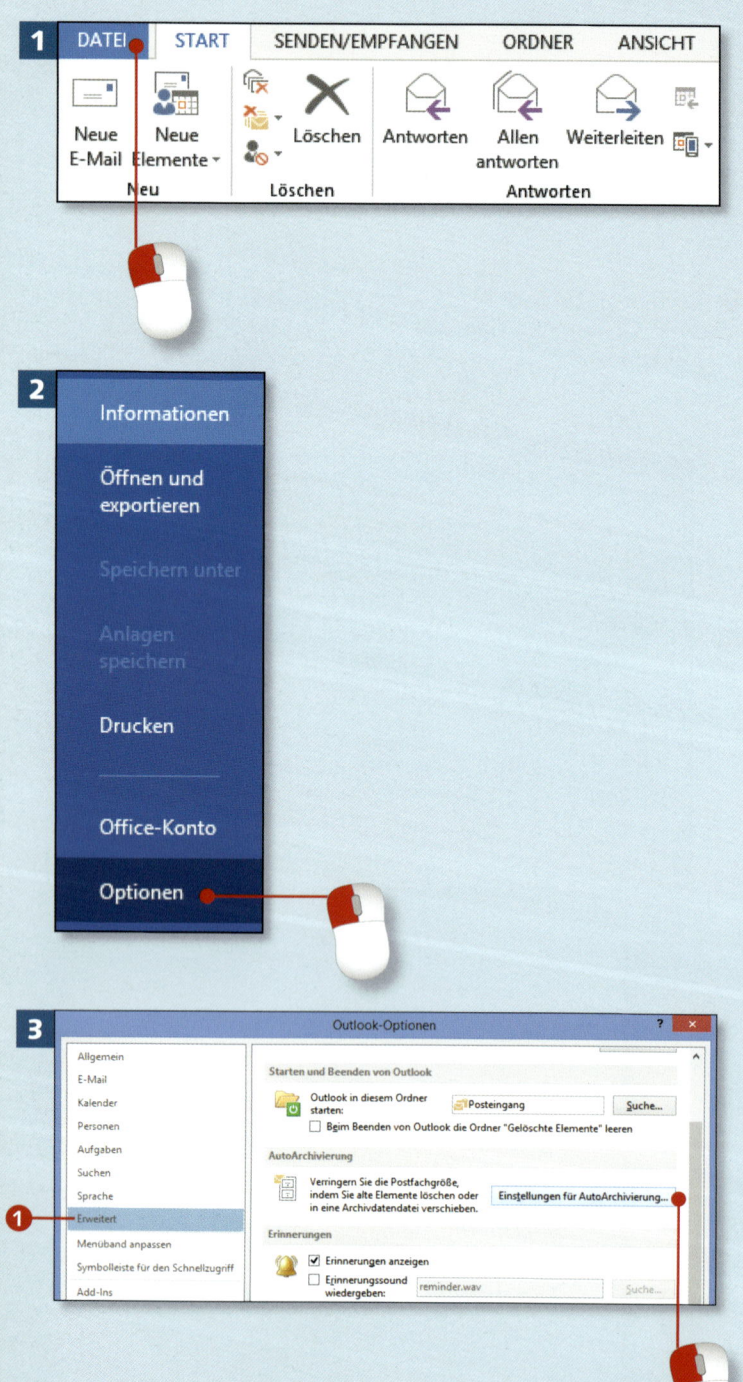

Mit der Zeit wächst die Datenmenge gewaltig. Deshalb ist es sinnvoll, eine Strategie zu entwickeln, wie man von Zeit zu Zeit alte Daten wieder loswird und sie archiviert – das geht automatisch und manuell.

Schritt 1

Ich zeige Ihnen zunächst das automatische Archivieren: Gehen Sie zum Reiter **Datei**.

Schritt 2

Sie befinden sich nun in der Backstage-Ansicht. Um die Outlook-Optionen aufzurufen, klicken Sie im Menü links auf den Eintrag **Optionen**.

Schritt 3

Rufen Sie im Fenster **Outlook-Optionen** den Bereich **Erweitert** ❶ auf. Scrollen Sie zum Abschnitt **AutoArchivierung**, und klicken Sie auf die Schaltfläche **Einstellungen für AutoArchivierung**.

Schritt 4

Zur Aktivierung der **AutoArchivie-rung** setzen Sie bei **AutoArchivie-rung alle […] Tage** ❷ ein Häkchen und wählen ein Zeitintervall in Tagen aus. Damit Sie die AutoArchivierung kontrollieren können, setzen Sie bei **AutoArchivierung nach Bestäti-gung beginnen** ❸ ein Häkchen. Sie bekommen dann vor dem Start eine Abfrage, die Sie bestätigen.

Schritt 5

Im Abschnitt **Bei der AutoArchi-vierung** haben Sie die Möglichkeit, nach Ihren Wünschen Optionen mit Häkchen zu aktivieren oder zu deaktivieren. Wenn Sie **Alte Ele-mente archivieren oder löschen** ❹ aktiviert haben, definieren Sie im Outlook-Dateiordner einen Namen für die Datei, sonst legt Outlook eine *Archive.pst* an. Gehen Sie auf **Durchsuchen**, und vergeben Sie einen Namen.

Schritt 6

Wenn die Einstellungen überall gel-ten sollen, klicken Sie auf **Einstel-lungen auf alle Ordner anwenden** und schließen mit **OK**.

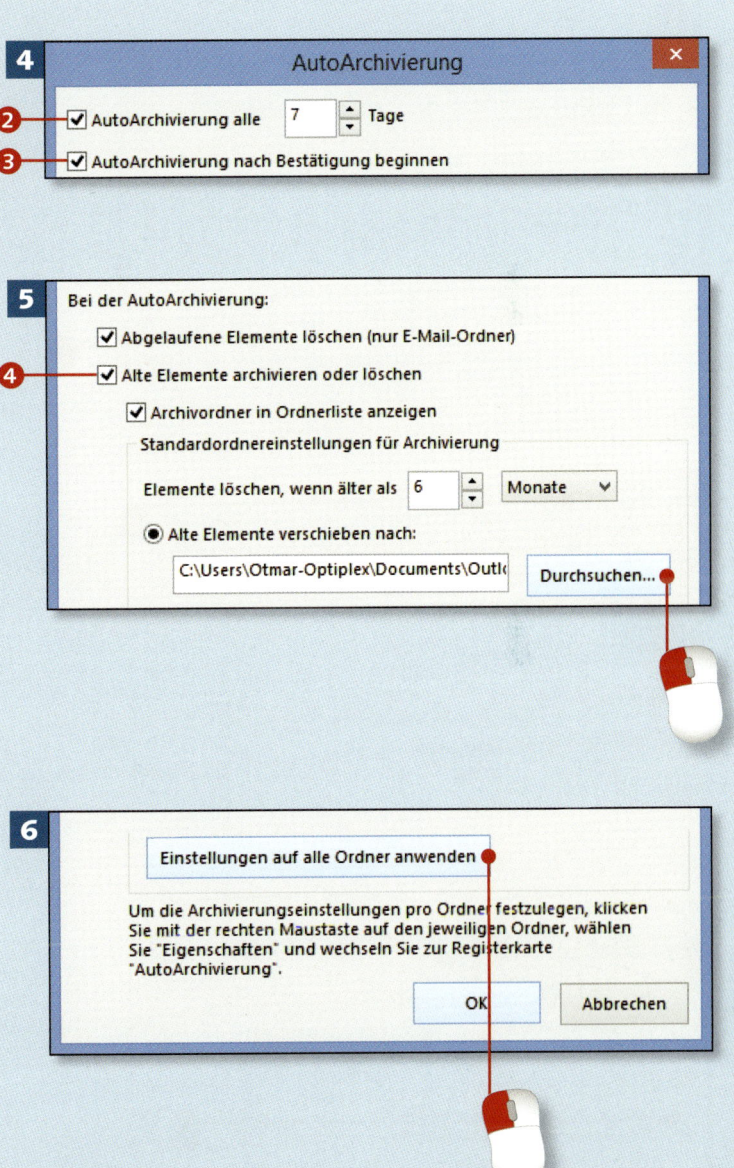

Alte Daten archivieren (Forts.)

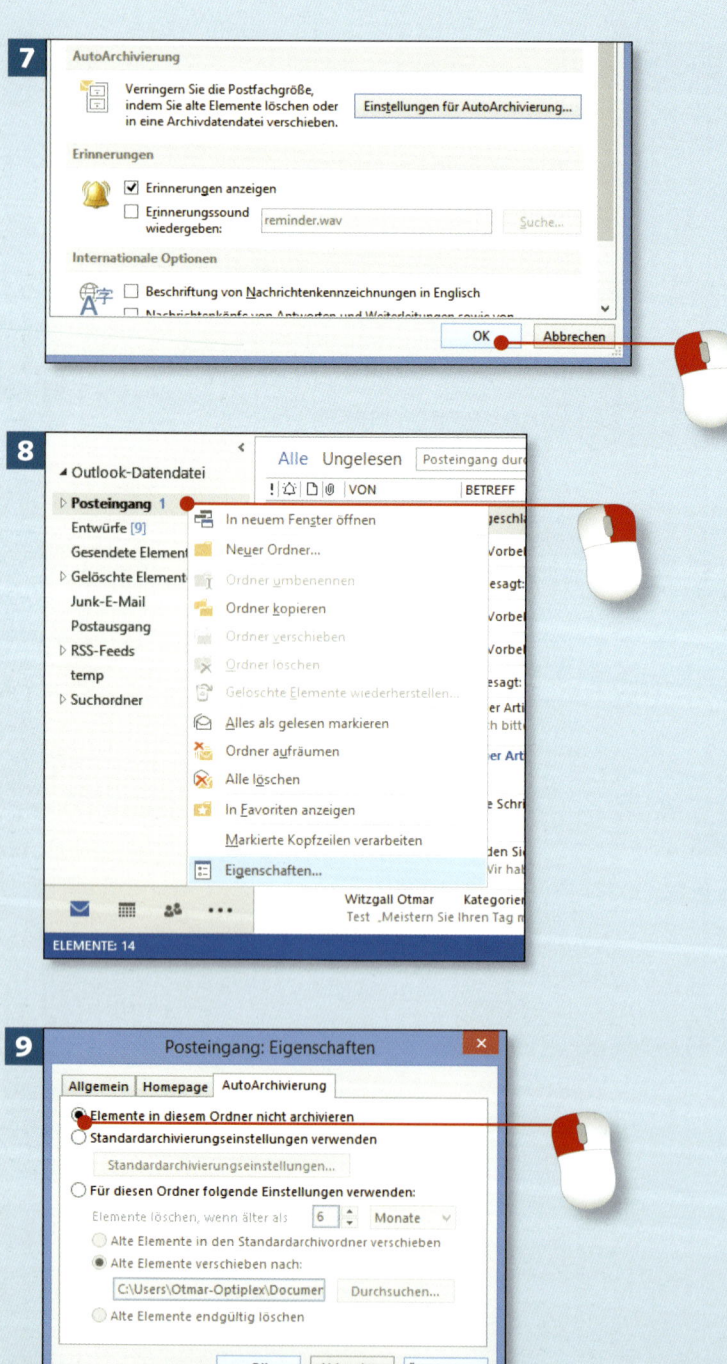

Schritt 7

Sie haben die Einstellungen für die AutoArchivierung abgeschlossen. Schließen Sie die Outlook-Optionen mit **OK**.

Schritt 8

Alternativ zur AutoArchivierung können Sie für jeden Ordner manuell eigene Archivierungseinstellungen vornehmen. Gehen Sie mit der rechten Maustaste z. B. auf **Posteingang** und im Kontextmenü auf **Eigenschaften**.

Schritt 9

Wechseln Sie zum Reiter **AutoArchivierung**, und aktivieren Sie z. B. die Option **Elemente in diesem Ordner nicht archivieren**. Das ist gerade beim Posteingang sinnvoll. Die manuellen Einstellungen haben Vorrang vor den Einstellungen für die AutoArchivierung (siehe Schritte 4 bis 6). Schließen Sie mit einem Klick auf **Übernehmen** gefolgt von einem Klick auf **OK**.

Schritt 10

Um manuell mit gezieltem Zeitfilter einzelne Ordner zu archivieren, gehen Sie in der Backstage-Ansicht unter **Informationen** auf **Tools zum Aufräumen** und anschließend auf **Archivieren**.

Schritt 11

Um beispielsweise den Kalender für 2012 zu archivieren, aktivieren Sie im Assistenten **Archivieren** die Option **Diesen Ordner und alle Unterordner archivieren** ❶. Markieren Sie **Kalender** ❷. Übernehmen Sie die Zeitauswahl **Di 01.01.2013** ❸ in **Elemente archivieren, die älter sind als**. Um eine **Archivdatei** einzurichten, gehen Sie auf **Durchsuchen**.

Schritt 12

Vergeben Sie einen passenden Dateinamen für die Archivdatei, z. B. **12-Kalender.pst**. Schließen Sie mit einem Klick auf **OK**.

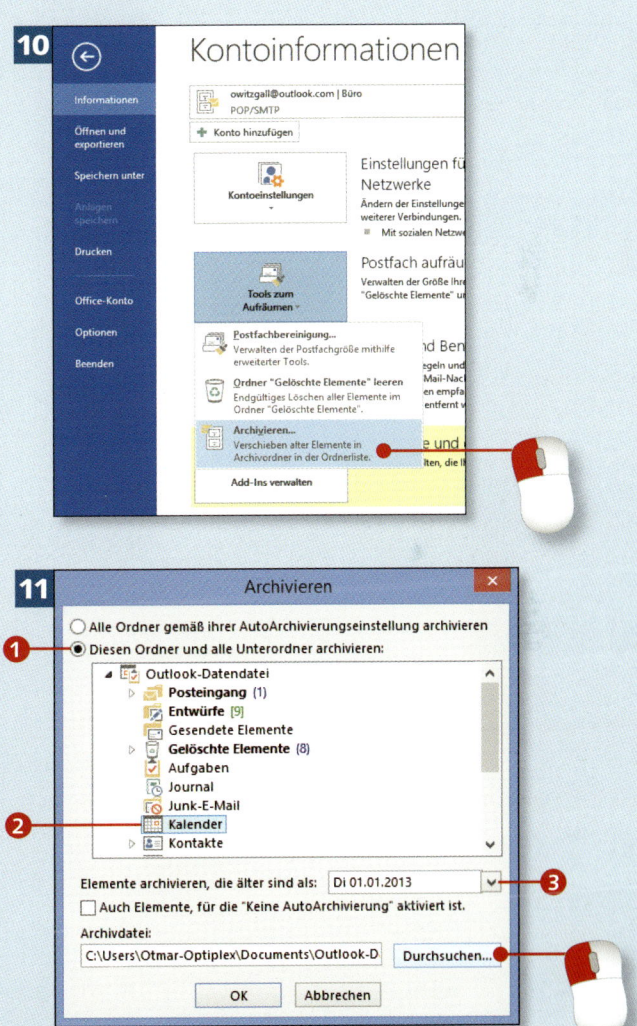

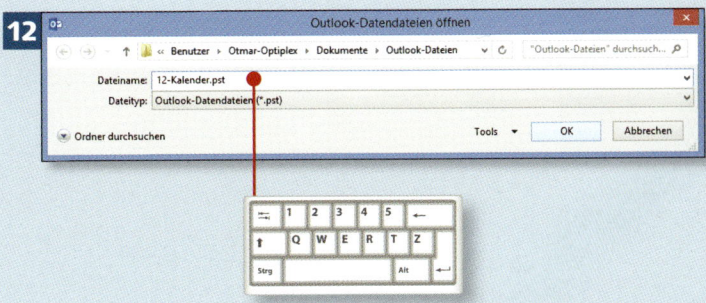

Daten sichern

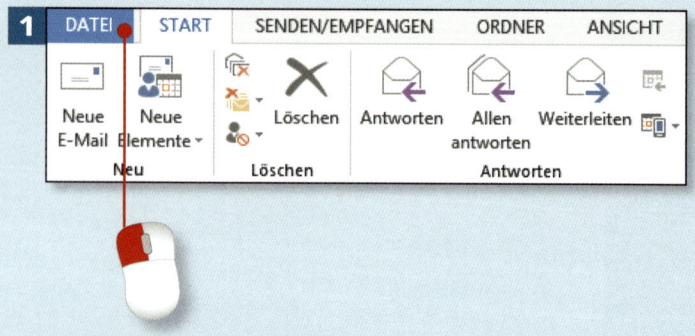

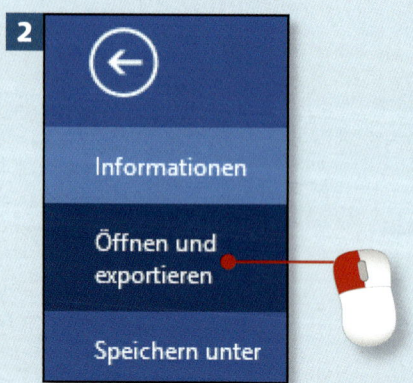

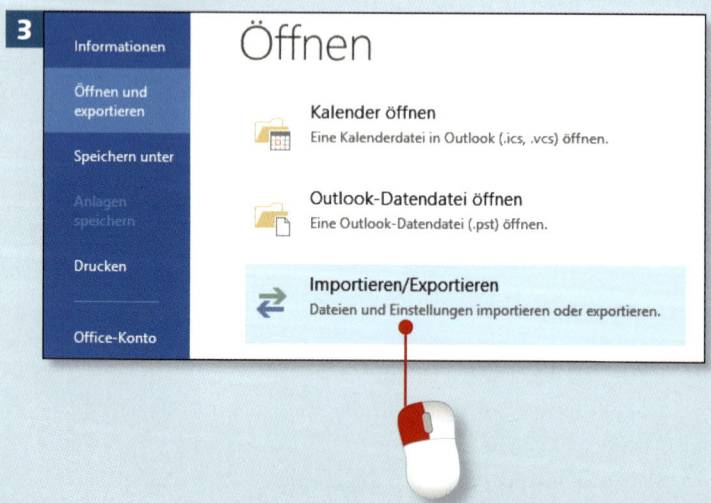

Sichern Sie regelmäßig Ihre Outlook-Elemente, und zwar doppelt: einmal auf Ihrem PC und dann auf einer externen Festplatte oder einem USB-Stick. So kann nichts verloren gehen.

Schritt 1

Begeben Sie sich in die Backstage-Ansicht, indem Sie auf das Register **Datei** klicken.

Schritt 2

Klicken Sie auf **Öffnen und exportieren**. Wo »exportieren« steht, dürfen Sie davon ausgehen, dass Sie auch »importieren« können.

Schritt 3

Klicken Sie auf die Schaltfläche **Importieren/Exportieren**.

> ### Archivieren oder Sichern
> Das Ergebnis der beiden Vorgehensweisen ist eine Datendatei. Archivieren können Sie automatisch, wie es im Abschnitt »Alte Daten archivieren« ab Seite 270 beschrieben ist. Da man beim Sichern alle Ordner exportiert und für die Wiederherstellung anlegt, redet man vom Sichern. Während es für das Archivieren mehrere Möglichkeiten gibt, funktioniert das Sichern nur über den **Import/ Export-Assistenten**.

Schritt 4

Im **Import/Export-Assistenten** markieren Sie die Option **In Datei exportieren** und gehen auf **Weiter**.

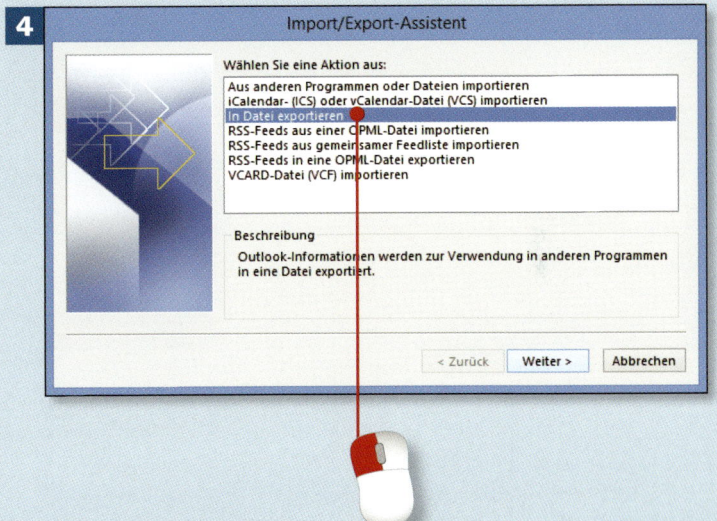

Schritt 5

Wählen Sie im Fenster **In eine Datei exportieren** den Dateityp **Outlook-Datendatei (.pst)**, und klicken Sie auf **Weiter**.

Schritt 6

Im Fenster **Outlook-Datendatei exportieren** markieren Sie **Outlook-Datendatei** und setzen darunter bei **Unterordner einbeziehen** ❶ ein Häkchen. Einen zusätzlichen Filter einzurichten ist an dieser Stelle nicht nötig. Klicken Sie auf **Weiter**.

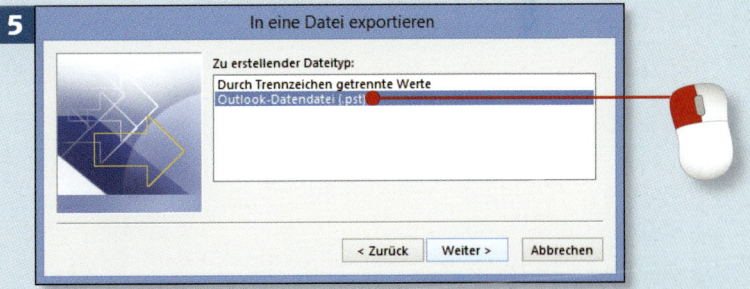

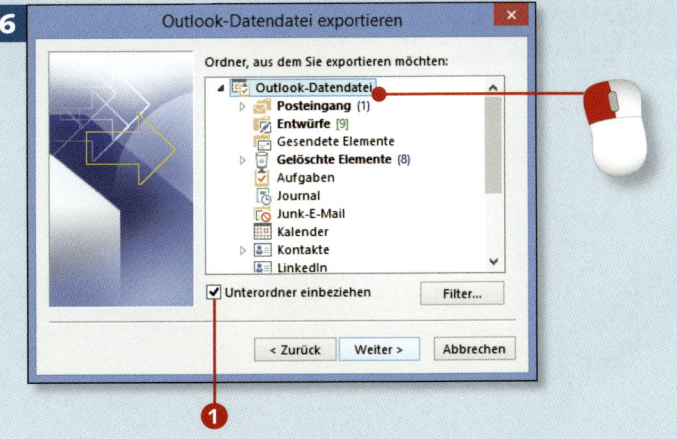

ℹ PST-Datei

Die PST-Datei ist die Outlook-eigene Erweiterung für die Datendatei. PST ist die Abkürzung für »Personal Storage« (englisch für »persönliche Ablage«). Vergleichbar ist die Datendatei mit dem »Aktenschrank« eines Büros, in dem alle Dokumente aufbewahrt werden.

Daten sichern (Forts.)

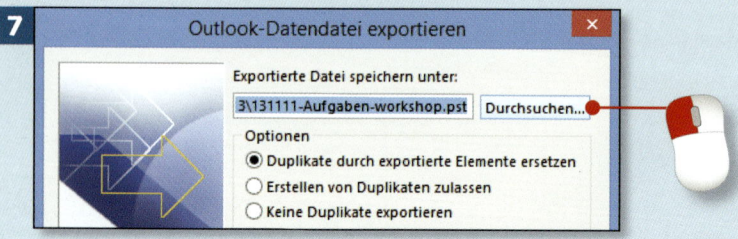

Schritt 7

Um eine PST-Datei zu bestimmen, gehen Sie bei **Exportierte Datei speichern unter** auf **Durchsuchen**.

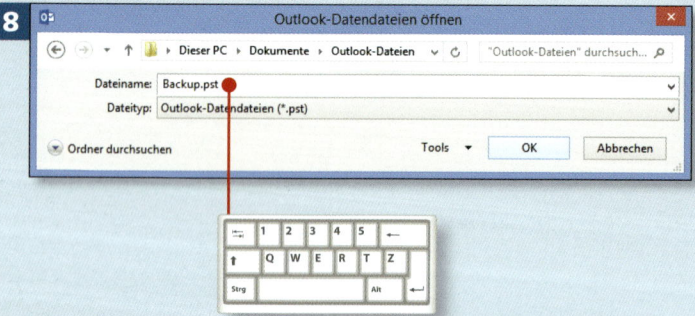

Schritt 8

Navigieren Sie zum gewünschten Ordner, und vergeben Sie einen aussagekräftigen Dateinamen, z. B. »Backup.pst«. Klicken Sie anschließend auf **OK**.

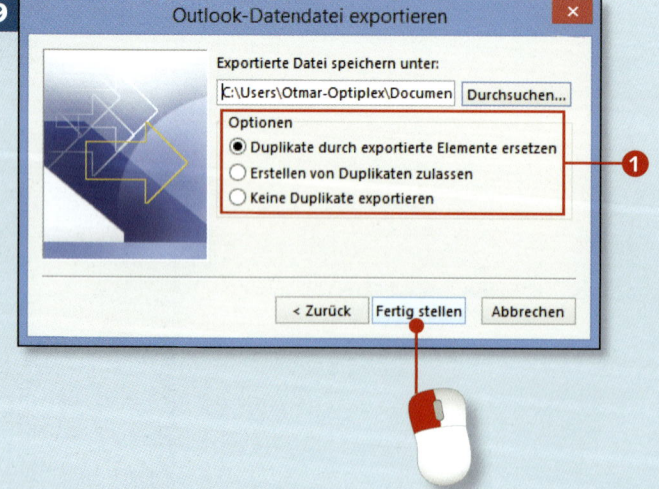

Schritt 9

Wählen Sie noch die gewünschten **Duplikate**-Optionen ❶. Wenn sich in Outlook und in der *Backup.pst* jeweils derselbe Kontakt befindet, haben Sie ein Duplikat. Sie haben folgende Optionen: Der Kontakt im Backup überschreibt den Outlook-Kontakt; der Backup-Kontakt wird zusätzlich eingeführt; der Backup-Kontakt wird nicht importiert. Klicken Sie zum Schluss auf **Fertig-stellen**.

Schritt 10

Vergeben Sie ein optionales Kennwort und bestätigen es. Notieren Sie sich dieses Kennwort, und gehen Sie weiter mit **OK**.

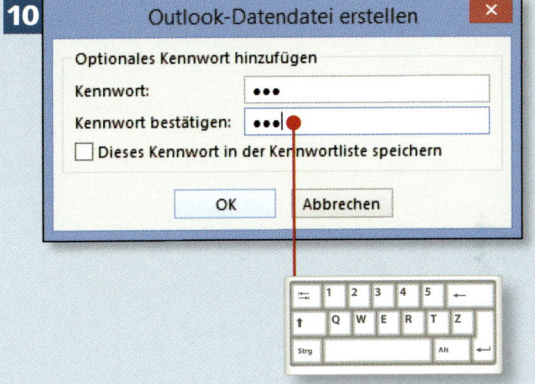

Schritt 11

Sie werden nach dem Kennwort für die von Ihnen angelegte Datendatei gefragt. Geben Sie das in Schritt 10 notierte Kennwort ein, und schließen Sie mit **OK**.

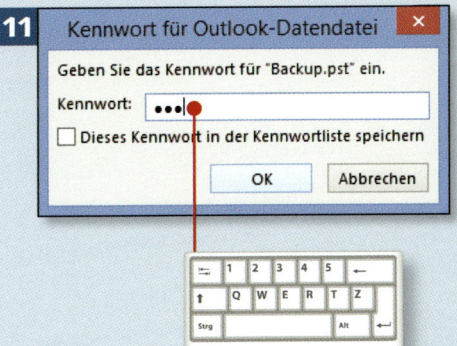

Schritt 12

Der Exportvorgang startet. Über den Fortschrittsbalken ❷ werden Sie über den Verlauf informiert.

Backup mit Einstellungen

Achtung! Bei diesem Backup-Verfahren werden nur die Elemente gesichert, nicht die Outlook-Einstellungen wie Kategorien, E-Mail-Konten, Sicherheitseinstellungen etc. Wollen Sie diese mit sichern, müssen Sie auf Drittanbieter zurückgreifen. Googeln Sie nach »Outlook-Backup«. Empfehlen kann ich das Programm *MObackup*.

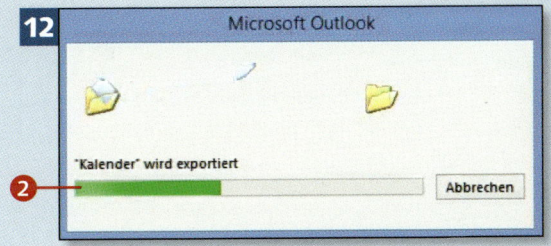

Daten wiederherstellen

Wenn Sie Daten gesichert haben, lassen diese sich auch ganz einfach wiederherstellen. Die einfachste Methode ist der Rückimport, den ich Ihnen in diesem Abschnitt erkläre.

Schritt 1

Starten Sie mit einem Klick auf das Register **Datei**.

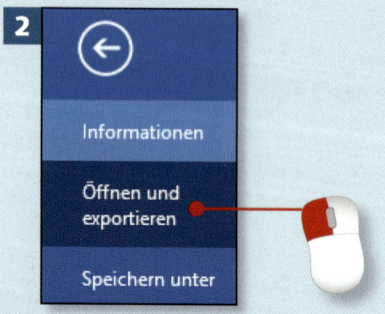

Schritt 2

In der Backstage-Ansicht gehen Sie auf **Öffnen und exportieren**. Keine Sorge, Sie sind hier trotz der missverständlichen Bezeichnung richtig.

Schritt 3

Klicken Sie nun auf die Schaltfläche **Importieren/Exportieren**.

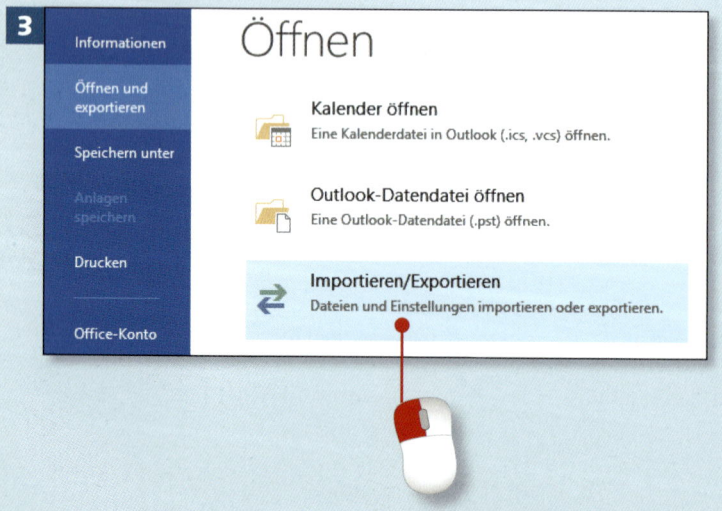

Backup-Datei

Die Backup-Datei ist eine normale Outlook-Datendatei und kann als solche behandelt werden. Was man mit Datendateien machen kann, lesen Sie im Abschnitt »Mit Datendateien arbeiten« ab Seite 282. Mit geöffneter Backup-Datei können Sie Elemente oder Ordner in die Standard-Datendatei verschieben oder kopieren.

Schritt 4

Im **Import/Export-Assistenten** wählen Sie die Option **Aus anderen Programmen oder Dateien importieren**. Klicken Sie auf **Weiter**.

Schritt 5

Markieren Sie im nächsten Fenster **Datei importieren** den Dateityp **Outlook-Datendatei (.pst)**, und gehen Sie dann auf **Weiter**.

Schritt 6

Es öffnet sich ein weiteres Fenster **Outlook-Datendatei importieren**. Gehen Sie auf **Durchsuchen**.

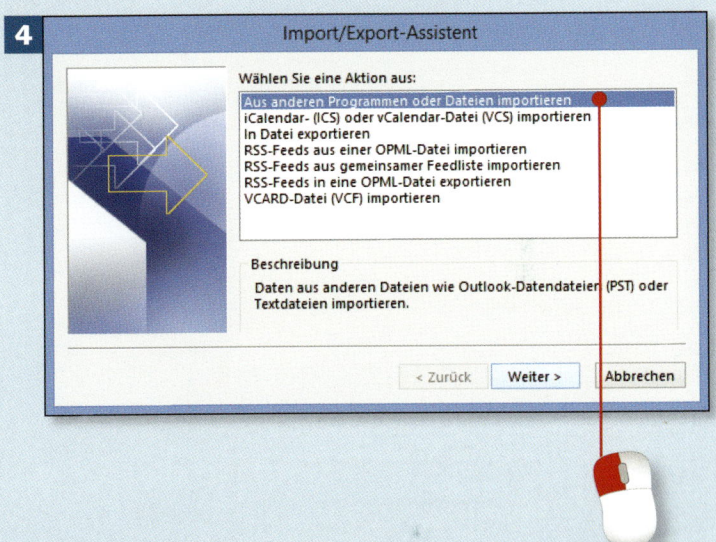

i

Wiederherstellen mit Filtern
Sie müssen die Backup-Datei nicht vollständig importieren, um alte Datenbestände wieder herzustellen. Oft reicht es, wie in den Schritten 10 und 11 beschrieben, die Daten eines bestimmten Zeitraums, hier eines Monats, wiederherzustellen. Weitere Filter können Größe, Anlagen, ein bestimmtes E-Mail-Konto oder ein bestimmter Absender sein.

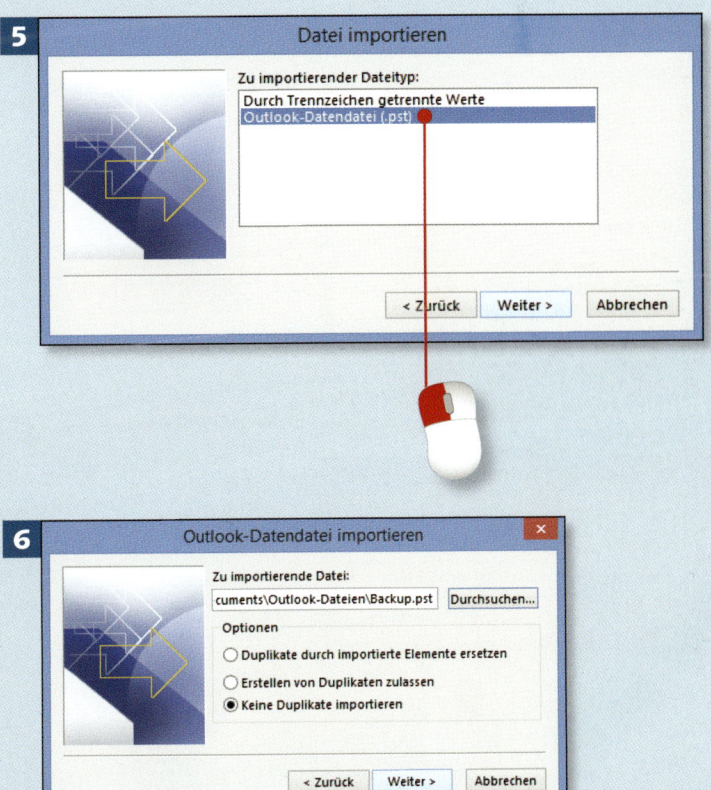

Daten wiederherstellen (Forts.)

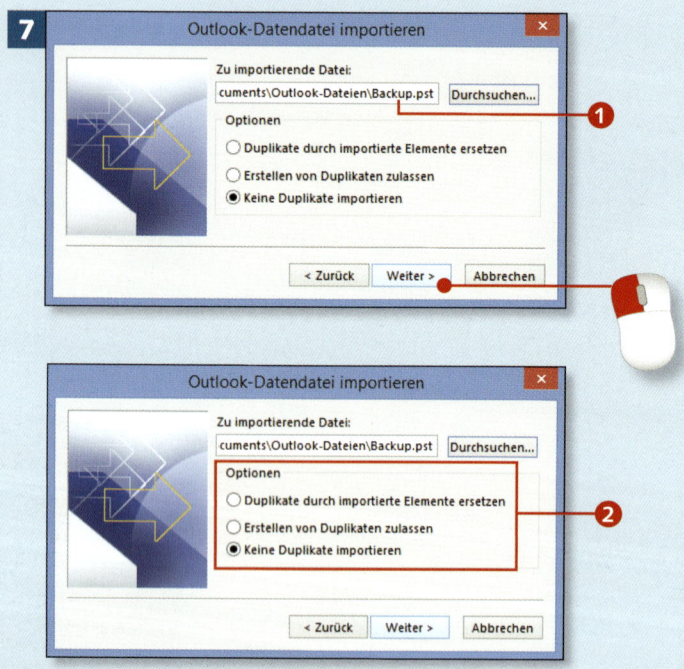

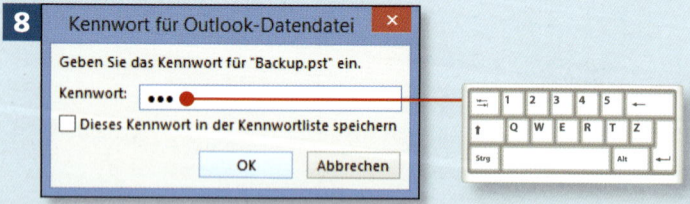

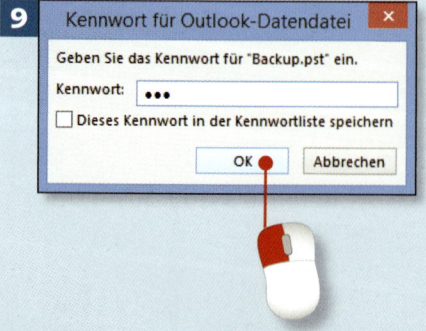

Schritt 7

Es öffnet sich das Fenster **Outlook-Datendateien öffnen**. Markieren Sie die Datei **Backup.pst** ❶ (die Sie im Abschnitt »Daten sichern« auf Seite 276 in Schritt 8 angelegt haben), und klicken Sie auf **Öffnen.** Legen Sie die Option für den Umgang mit **Duplikaten** fest ❷, und gehen Sie auf **Weiter**.

Schritt 8

Tragen Sie im Fenster **Kennwort für Outlook-Datendatei** das Passwort ein, das Sie im Abschnitt »Daten sichern« auf Seite 277 in Schritt 10 notiert haben, und gehen Sie auf **OK**.

Schritt 9

Es öffnet sich nochmals das Fenster **Kennwort für Outlook-Datendatei**. Wiederholen Sie die Eingabe des Kennworts, und gehen Sie mit einem Klick auf **OK** weiter.

Kennwortschutz

Für jede Outlook-Datendatei, die angelegt wird, kann optional ein Kennwort zum Schutz vergeben werden. Wenn Sie das nicht möchten, lassen Sie alle Felder bei der Abfrage nach einem Kennwort leer und gehen mit **OK** weiter.

Schritt 10

Im Fenster **Outlook-Datendatei importieren** wählen Sie als **Ordner, aus dem Sie importieren möchten**, die vorgeschlagene gesamte **Outlook-Datendatei** ❸ und setzen unter dem Fenster bei **Unterordner einbeziehen** ein Häkchen ❹. Sie könnten jetzt die komplette Datei zurückimportieren, Sie möchten die Daten aber eingrenzen. Klicken Sie daher auf **Filter**.

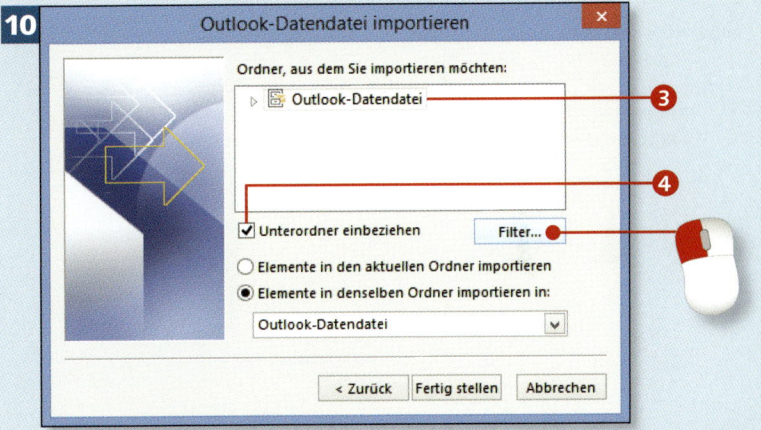

Schritt 11

Das Fenster **Filtern** kennen Sie z. B. aus dem Abschnitt »E-Mails filtern und sortieren« ab Seite 140. Bleiben Sie beim Reiter **Nachrichten** und wählen Sie bei **Zeit** ❺ das Feld **Erhalten** aus. Beim Wert gehen Sie auf **Letzten Monat** und schließen den Filter mit **OK**.

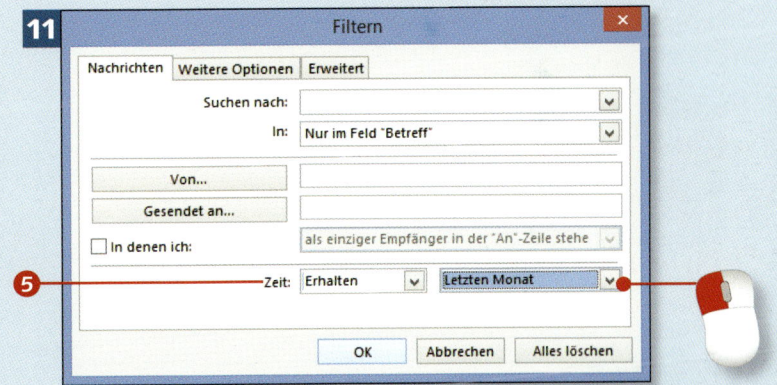

Schritt 12

Laut Filter werden jetzt alle erhaltenen Nachrichten des letzten Monats wiederhergestellt. Aktivieren Sie **Elemente in denselben Ordner importieren in** ❻, und übernehmen Sie die bereits ausgewählte Outlook-Datendatei. Starten Sie die Wiederherstellung mit **Fertig stellen**.

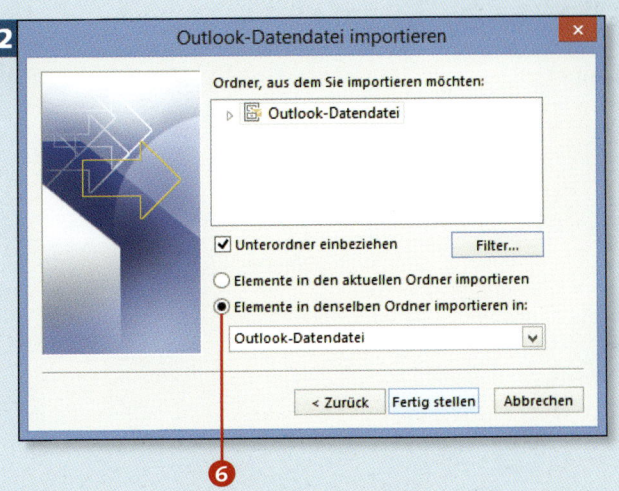

Mit Datendateien arbeiten

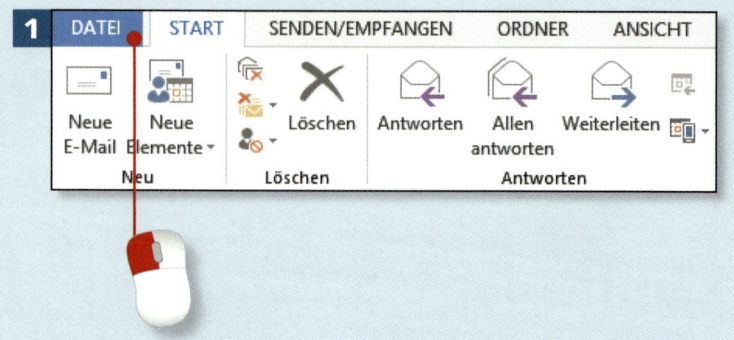

Wenn Sie Ihre Daten regelmäßig sichern und archivieren, kann es vorkommen, dass Sie einen Blick in Ihre Archive oder Backups werfen wollen, um bestimmte Daten zu finden. Ich zeige Ihnen, wie Sie schnell an Ihre Daten kommen.

Schritt 1

Starten Sie mit einem Klick auf das Register **Datei**, um in die Backstage-Ansicht zu gelangen.

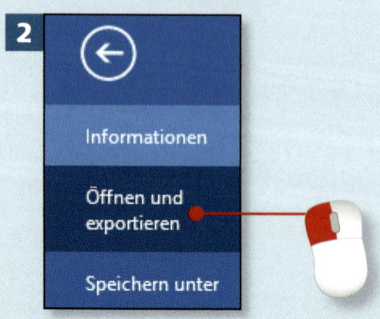

Schritt 2

Klicken Sie auf **Öffnen und exportieren**.

Schritt 3

Klicken Sie auf **Outlook-Datendatei öffnen**.

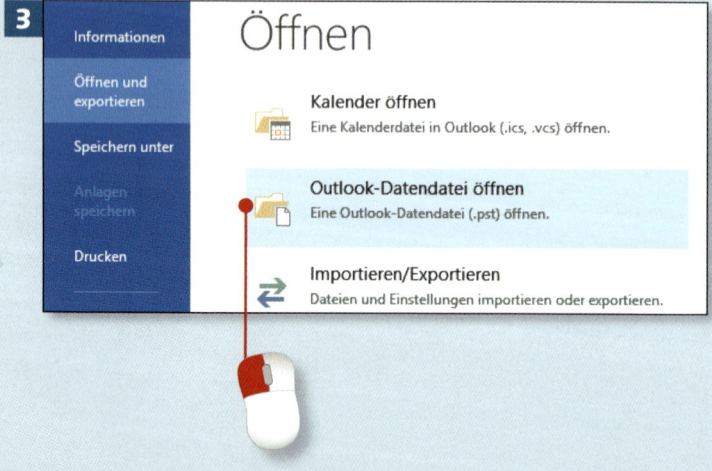

Weg über Kontoeinstellungen
Gehen Sie über **Datei ▸ Informationen ▸ Kontoeinstellungen ▸ Kontoeinstellungen** in die **Kontoeinstellungen**. Wählen Sie im Reiter **Datendateien** die Option **Hinzufügen**. Lassen Sie sich durch den Prozess führen. Wenn Sie z. B. Elemente eines Projekts vor dem Zugriff Fremder schützen möchten, vergeben Sie einfach ein Kennwort für die Datendatei.

Schritt 4

Navigieren Sie zum Speicherort der Datendatei, und markieren Sie sie. Öffnen Sie die Datei mit einem Klick auf **OK**.

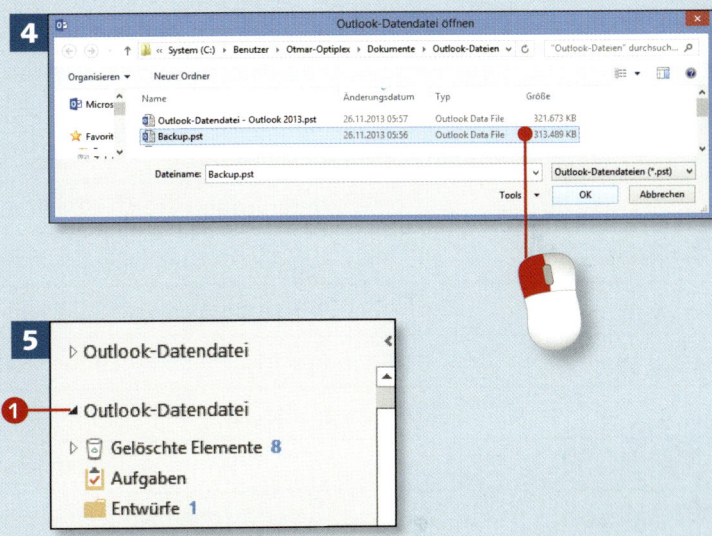

Schritt 5

Im Ordnerbereich öffnet sich zusätzlich zur Standard-**Outlook-Datendatei** eine zweite mit dem Inhalt der Datei *Backup.pst* ❶. In den Datendateien befinden sich Elemente aller Outlook-Bereiche, die Sie sich über den Bereich **Ordner** ansehen können.

Schritt 6

Sie suchen im Bereich **E-Mail** im **Posteingang** ❷ der zweiten Datendatei eine bestimmte E-Mail. Die einfachste Methode, die Nachricht in den Standard-Posteingang zu verschieben, ist mit Drag & Drop – wie im Abschnitt »E-Mails ordnen, verschieben und löschen« ab Seite 92 beschrieben.

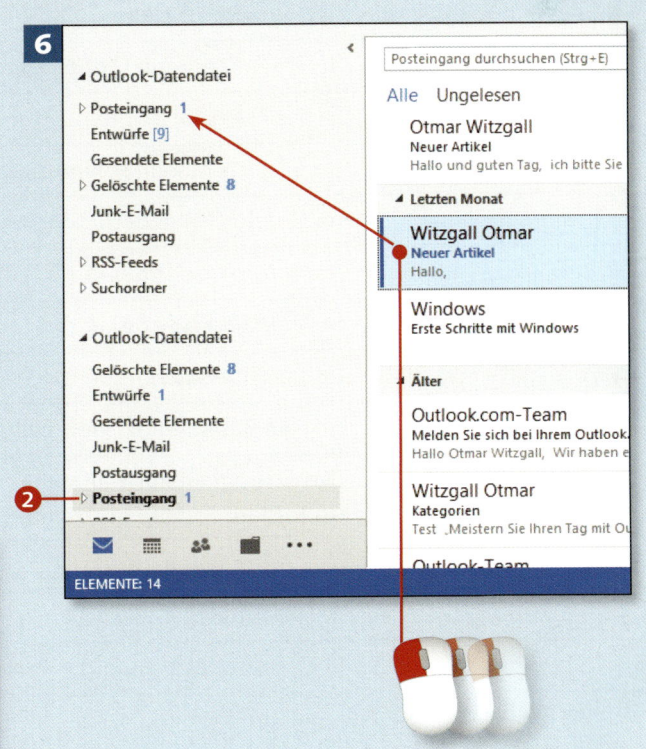

ℹ️ **Outlook-Datendatei schließen**
Klicken Sie mit der rechten Maustaste auf die Datendatei, die Sie schließen möchten, und dann im Kontextmenü auf **[Name der Datendatei] schließen**.

Wichtige Tasten und Tastenkombinationen

Tastenkombinationen, häufig auch Tastenkürzel oder Shortcuts genannt, sind für die Arbeit mit Outlook besonders nützlich und zeitsparend. Auf dieser und der nächsten Seite finden Sie eine Übersicht der wichtigsten und am häufigsten benötigten »Abkürzungen«.

Taste/Tastenkombination	Beschreibung
Alt + F1	Den Ordnerbereich öffnen und schließen.
Strg + F1	Die Menüleiste reduzieren und erweitern.
Strg + 1	In den Bereich E-Mail wechseln.
Strg + 2	In den Bereich Kalender wechseln.
Strg + 3	In den Bereich Personen wechseln.
Strg + 4	In den Bereich Aufgaben wechseln.
Strg + 5	In den Bereich Notizen wechseln.
Strg + 6	In den Bereich Ordner wechseln.
Strg + 7	In den Bereich Verknüpfungen wechseln.
Strg + Y	Zu einem anderen Ordner wechseln.
Alt + 2, 3, 4 etc.	In der Tagesansicht den aktuellen plus weitere Tage (2–10) anzeigen.
Strg + Alt + 1	Im Bereich Kalender in die Tagesansicht wechseln.
Strg + Alt + 2	Im Bereich Kalender in die Arbeitswochenansicht wechseln.
Strg + Alt + 3	Im Bereich Kalender in die Wochenansicht wechseln.
Strg + Alt + 4	Im Bereich Kalender in die Monatsansicht wechseln.
Strg + Alt + 5	Im Bereich Kalender in die Planungsansicht wechseln.
Strg + G	Im Bereich Kalender den Datumswechsler aufrufen.
Strg + ⇧ + G	Das Dialogfeld zur Nachverfolgung aufrufen (in E-Mail, Aufgaben, Kontakte).
Strg + ⇧ + B	Das Adressbuch öffnen.
Strg + .	Bei geöffneter E-Mail die nächste E-Mail öffnen.
Strg + ,	Bei geöffneter E-Mail die vorhergehende E-Mail öffnen.

Taste/Tastenkombination	Beschreibung
Strg + Q	Eine markierte E-Mail als gelesen kennzeichnen.
Strg + U	Eine markierte E-Mail als ungelesen kennzeichnen.
Alt + F4	Programme, Dateien, Elemente etc. schließen.
Strg + D	Geöffnete oder markierte Elemente in den Ordner Gelöschte Elemente verschieben.
⇧ + Entf	Ungeöffnete Elemente vollständig löschen.
Strg + R	Auf eine markierte oder geöffnete E-Mail antworten.
Strg + ⇧ + R	An alle antworten.
Strg + F	Eine E-Mail weiterleiten.
Strg + ↵	Eine E-Mail senden.
F3	Die globale Suche (in allen Outlook-Ansichten) aufrufen.
Strg + ⇧ + F	Die erweiterte Suche öffnen.
F4	Im Text der geöffneten E-Mail suchen.
F11	Das Suchfeld Personen suchen aktvieren.
Strg + N	Ein neues Element in der entsprechenden Ansicht öffnen.
Strg + ⇧ + M	Eine neue E-Mail-Nachricht öffnen.
Strg + ⇧ + A	Ein neues Terminformular öffnen.
Strg + ⇧ + C	Ein neues Kontaktformular öffnen.
Strg + ⇧ + K	Ein neues Aufgabenformular öffnen.
Strg + ⇧ + N	Ein neues Notizenformular öffnen.
Strg + ⇧ + L	Ein neues Kontaktgruppenformular öffnen.
Strg + ⇧ + E	Den Assistenten zur Erstellung eines neuen Ordners öffnen.

Glossar

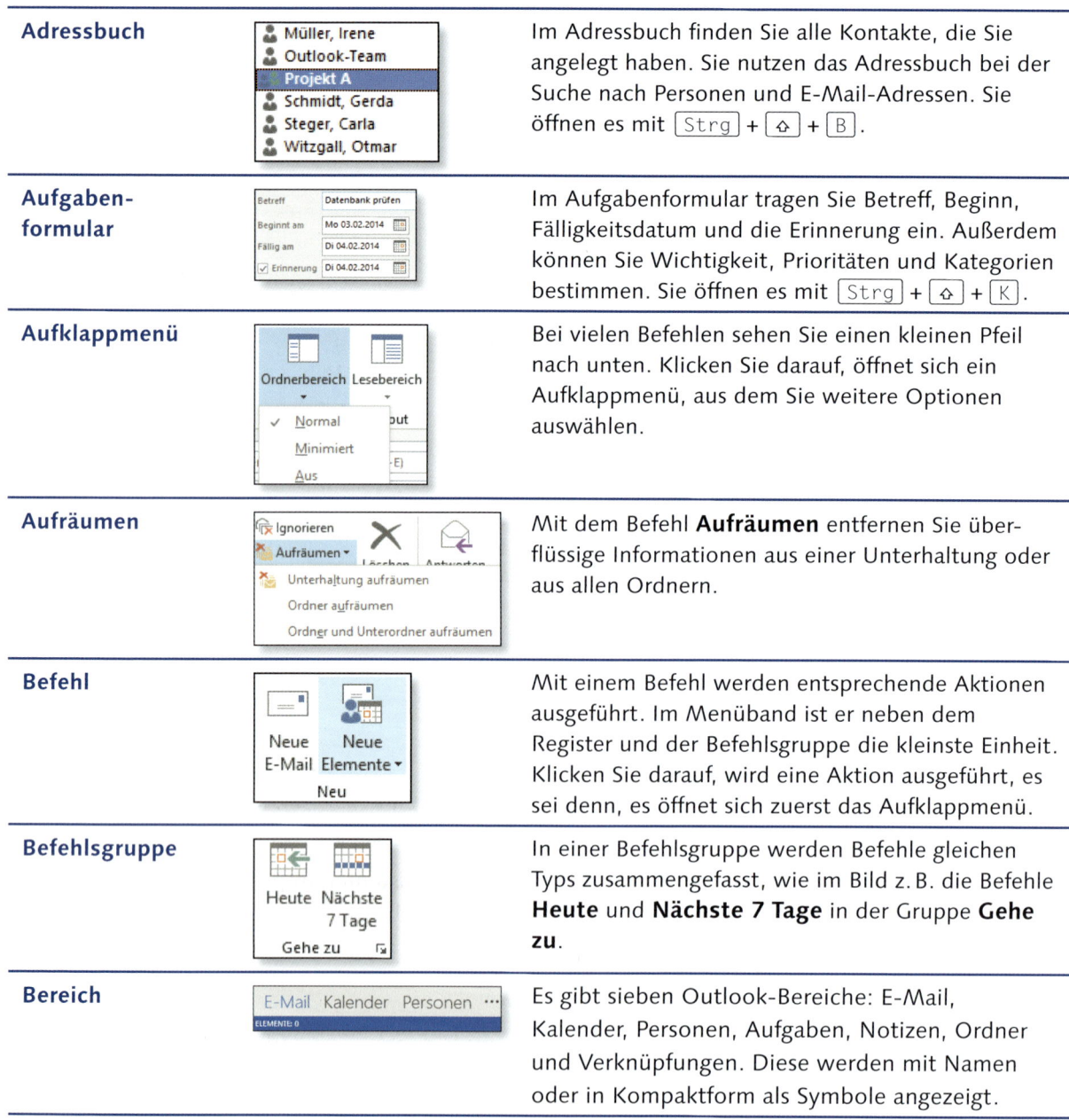

Adressbuch

Im Adressbuch finden Sie alle Kontakte, die Sie angelegt haben. Sie nutzen das Adressbuch bei der Suche nach Personen und E-Mail-Adressen. Sie öffnen es mit Strg + ⇧ + B.

Aufgaben-formular

Im Aufgabenformular tragen Sie Betreff, Beginn, Fälligkeitsdatum und die Erinnerung ein. Außerdem können Sie Wichtigkeit, Prioritäten und Kategorien bestimmen. Sie öffnen es mit Strg + ⇧ + K.

Aufklappmenü

Bei vielen Befehlen sehen Sie einen kleinen Pfeil nach unten. Klicken Sie darauf, öffnet sich ein Aufklappmenü, aus dem Sie weitere Optionen auswählen.

Aufräumen

Mit dem Befehl **Aufräumen** entfernen Sie überflüssige Informationen aus einer Unterhaltung oder aus allen Ordnern.

Befehl

Mit einem Befehl werden entsprechende Aktionen ausgeführt. Im Menüband ist er neben dem Register und der Befehlsgruppe die kleinste Einheit. Klicken Sie darauf, wird eine Aktion ausgeführt, es sei denn, es öffnet sich zuerst das Aufklappmenü.

Befehlsgruppe

In einer Befehlsgruppe werden Befehle gleichen Typs zusammengefasst, wie im Bild z. B. die Befehle **Heute** und **Nächste 7 Tage** in der Gruppe **Gehe zu**.

Bereich

Es gibt sieben Outlook-Bereiche: E-Mail, Kalender, Personen, Aufgaben, Notizen, Ordner und Verknüpfungen. Diese werden mit Namen oder in Kompaktform als Symbole angezeigt.

Datendatei		In der Outlook-Datendatei sind Ihre E-Mails, Termine, Kontakte, Aufgaben und Notizen – dazu noch manche Einstellungen – gespeichert. Auch eine Archiv- oder eine Backup-Datei ist eine Datendatei.
Design	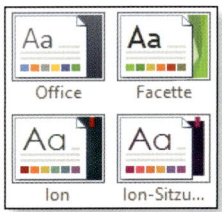	Beim Schreiben einer Nachricht können Sie über das Register **Optionen** und die Gruppe **Design** Ihrer E-Mail eine farblich aufeinander abgestimmte Note geben. Ein Design bezieht sich im Gegensatz zur Funktion **Briefpapier** immer nur auf die aktuelle E-Mail.
E-Mail-Adresse		Im Outlook-Bereich **E-Mail** ist die E-Mail-Adresse das »Postfach« eines Kontakts. Die E-Mail-Adresse kommt weltweit nur einmal vor. Sie besteht aus einem Namensteil, dem @-Zeichen und einem Domain-Teil.
E-Mail-Kopf		Der E-Mail-Kopf besteht aus der E-Mail-Adresse des Absenders (wird normalerweise nicht angezeigt), der E-Mail-Adresse des Empfängers und dem Betreff.
Ereignis		Ein Ereignis unterscheidet sich von einem Termin insofern, als dass es keine bestimmte Tageszeit für Beginn und Ende hat, sondern 24 Stunden lang gilt, also einen ganzen Tag dauert.
Exportieren	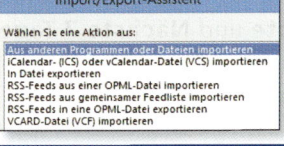	Über den Assistenten **Import/Export** lassen sich E-Mails, Termine und Co. mit der Option **In Datei exportieren** sichern oder für andere Programme wie Excel aufbereiten.
Feiertage	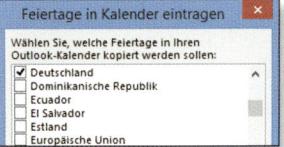	Microsoft bietet den Service, für mehrere Jahre die Feiertage eines bestimmten Landes in den Outlook-Kalender einzutragen.

Glossar

Filtern

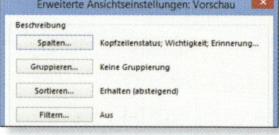

Über **Ansicht ▸ Aktuelle Ansicht ▸ Ansichts-einstellungen** lassen sich E-Mails und Co. nach bestimmten Kriterien filtern. So erhalten Sie mehr Übersicht.

Formatvorlage

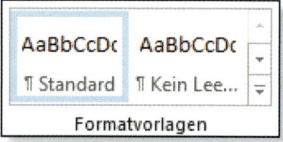

Im geöffneten Nachrichtenformular helfen Ihnen die Formatvorlagen beim Schreiben Ihrer Nachrichten. Sie wählen vorgegebene aus oder erstellen eigene.

Importieren

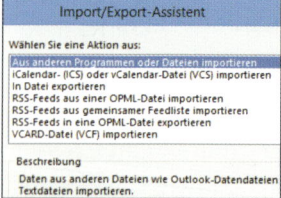

Über den Assistenten **Import/Export** stellen Sie Elemente aus Backups wieder her oder importieren Daten aus Excel.

Junk-E-Mail

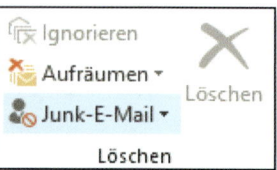

Im Junk-E-Mail-Ordner landen Spam-Mails, die vom Junk-E-Mail-Filter aussortiert werden. Bei E-Mails in diesem Ordner sind die Links deaktiviert, und der Absender ist zur Liste blockierter Absender hinzugefügt. Sie können mit der Option **Keine Junk-E-Mail** die Blockierung wieder aufheben.

Kategorie

Mit Kategorien bringen Sie eine zusätzliche Ordnungsstruktur quer durch alle Outlook-Bereiche in Outlook ein. Kategorien legen Sie selbst über **Alle Kategorien** an.

Kontaktformular

Im Kontaktformular geben Sie Adressdaten ein. Die wesentlichen sind: Vorname, Name, Post- und E-Mail-Adresse sowie Telefonnummer. Einige dieser Daten werden im Adressbuch verwendet. Sie öffnen das Kontaktformular mit ⌗Strg⌗ + ⌗⇧⌗ + ⌗C⌗.

Kontaktgruppe		Haben Sie mehrere Kontakte, die ein gemeinsames Merkmal haben, fassen Sie diese in einer Kontaktgruppe zusammen. So versenden Sie eine E-Mail gleichzeitig an alle Mitglieder der Kontaktgruppe. Sie öffnen eine neue Gruppe mit ⌨Strg⌨ + ⌨⇧⌨ + ⌨L⌨.
Menüband	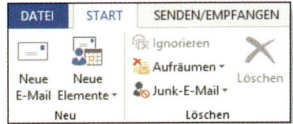	Das Menüband ist das zentrale Element der Benutzeroberfläche von Outlook. Sie finden dort alle Befehle, die Outlook zur Verfügung stellt. Sie gliedert sich in Registerkarten wie **Datei** und **Start**, Befehlsgruppen wie **Neu** und **Löschen** und in die einzelnen Befehle. Sie können das Menüband individuell anpassen.
Nachrichten-formular		Mit dem ausgefüllten Nachrichtenformular versenden Sie Ihre E-Mails. Darin werden alle Informationen abgefragt, die Sie benötigen, und alle Funktionen zur Verfügung gestellt, um Ihren Text zu formatieren.
Nachverfolgung	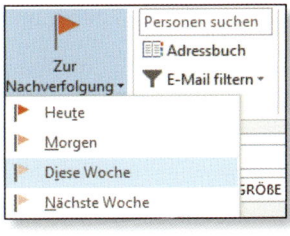	Die Nachverfolgung funktioniert wie der »Knoten im Taschentuch«. Sie kennzeichnen einen Kontakt, eine E-Mail, oder eine Aufgabe mit einem Fähnchen, das für eine bestimmte Zeit als Symbol zur Wiedervorlage steht. Zur fälligen Zeit werden Sie an die Aufgabe erinnert. Sie sehen die gekennzeichneten Elemente in der Vorgangsliste.
Notizformular		Im Notizformular notieren Sie wichtige Informationen wie z. B. Einkaufslisten, Checklisten und Gesprächsnotizen. Diese Notizzettel finden Sie im Bereich **Notizen**. Sie leiten sie per E-Mail weiter und vergeben eine Kategorie. Mit ⌨Strg⌨ + ⌨⇧⌨ + ⌨N⌨ rufen Sie das Notizformular auf.

Glossar

Posteingang	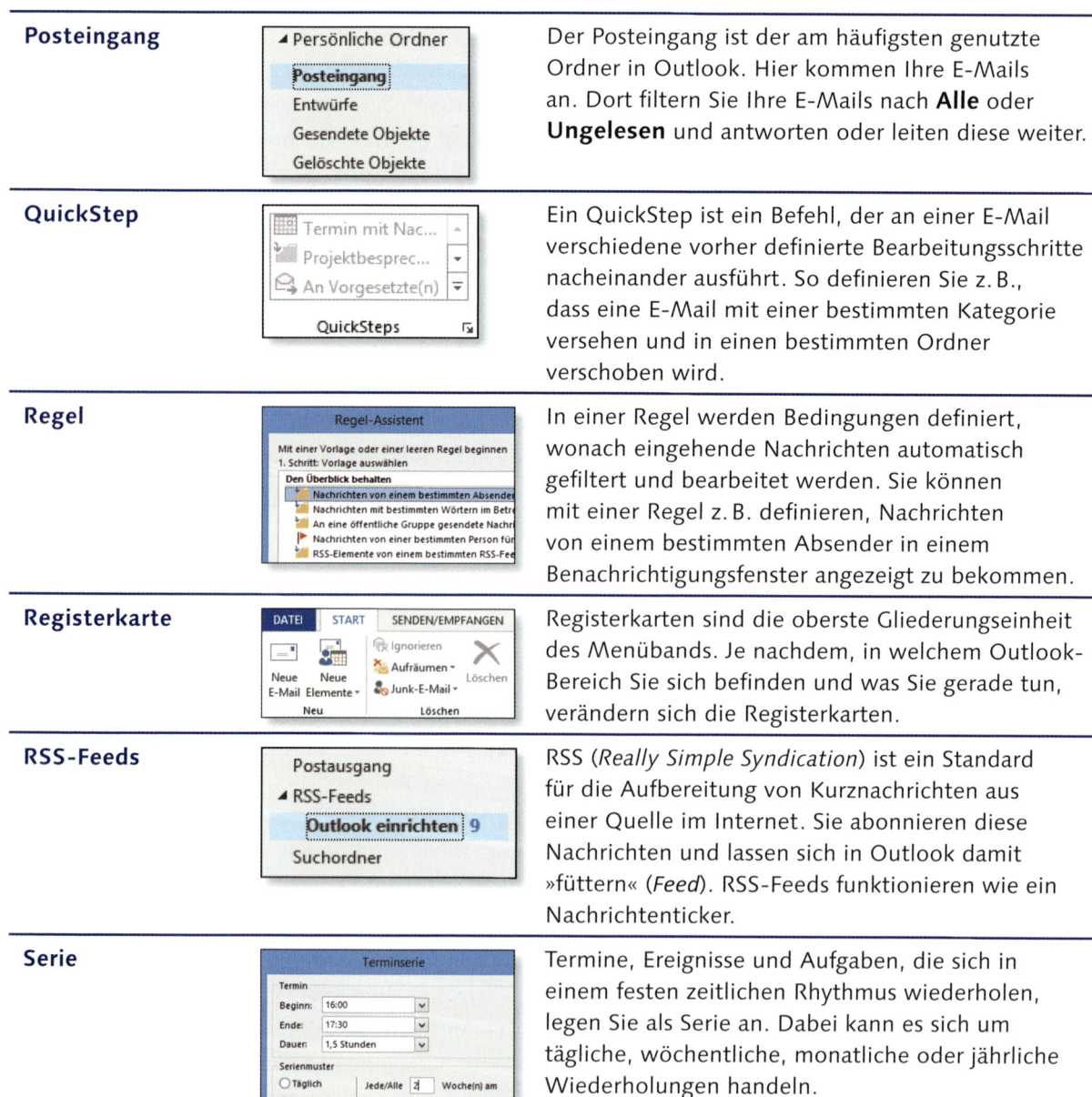	Der Posteingang ist der am häufigsten genutzte Ordner in Outlook. Hier kommen Ihre E-Mails an. Dort filtern Sie Ihre E-Mails nach **Alle** oder **Ungelesen** und antworten oder leiten diese weiter.
QuickStep		Ein QuickStep ist ein Befehl, der an einer E-Mail verschiedene vorher definierte Bearbeitungsschritte nacheinander ausführt. So definieren Sie z. B., dass eine E-Mail mit einer bestimmten Kategorie versehen und in einen bestimmten Ordner verschoben wird.
Regel		In einer Regel werden Bedingungen definiert, wonach eingehende Nachrichten automatisch gefiltert und bearbeitet werden. Sie können mit einer Regel z. B. definieren, Nachrichten von einem bestimmten Absender in einem Benachrichtigungsfenster angezeigt zu bekommen.
Registerkarte		Registerkarten sind die oberste Gliederungseinheit des Menübands. Je nachdem, in welchem Outlook-Bereich Sie sich befinden und was Sie gerade tun, verändern sich die Registerkarten.
RSS-Feeds		RSS (*Really Simple Syndication*) ist ein Standard für die Aufbereitung von Kurznachrichten aus einer Quelle im Internet. Sie abonnieren diese Nachrichten und lassen sich in Outlook damit »füttern« (*Feed*). RSS-Feeds funktionieren wie ein Nachrichtenticker.
Serie		Termine, Ereignisse und Aufgaben, die sich in einem festen zeitlichen Rhythmus wiederholen, legen Sie als Serie an. Dabei kann es sich um tägliche, wöchentliche, monatliche oder jährliche Wiederholungen handeln.

Sortieren	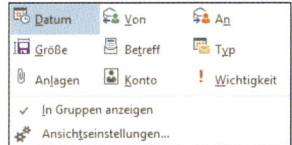	Die Funktion **Sortieren** erleichtert Ihnen die Orientierung und das Finden bestimmter Informationen. Diese Funktion finden Sie in allen Bereichen. In der Gruppe **Anordnen nach** finden Sie die Sortierkriterien. Die Sortierreihenfolge kehren Sie mit einem Klick auf die Spaltenüberschrift um.
Signatur		Für jede Ihrer E-Mail-Adressen können Sie eine Signatur anlegen und bestimmen, dass die zugehörige Signatur angehängt wird. Signaturen beinhalten Ihre wesentlichen Kontaktdaten. Im geschäftlichen Umfeld gelten bestimmte Vorschriften für den Inhalt der Signatur.
Statusleiste		In der Statusleiste sehen Sie den Stand der aktuellen Übermittlung von Nachrichten. Sie bestimmten mit einem Schieberegler den Grad für den Zoom der Schriftgröße und schalten zwischen **Leselayout** und **Normal** um.
Suchen	SUCHTOOLS SUCHEN Betreff Hat Kategorisiert Anlagen	Wie effektiv Sie arbeiten, hängt davon ab, wie schnell Sie Gesuchtes finden. In Outlook können Sie sehr gezielt suchen und die Suchzeit kurz halten. Mit der Funktionstaste F3 beginnt jede Suche.
Suchordner		Der Suchordner ist ein Standardordner in Outlook und kann nicht gelöscht werden. Suchordner legen Sie nach bestimmten Suchkriterien selbst an. Die jeweils aktuell gefundenen E-Mails sind nicht physisch im Ordner, sondern per Verknüpfungen. Löschen Sie jedoch eine Verknüpfung im Suchordner, ist die Nachricht wirklich gelöscht.

Glossar

Symbolleiste für den Schnellzugriff	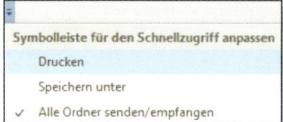	Die Symbolleiste für den Schnellzugriff beinhaltet Symbole für Befehle, mit denen Sie schnell Aktionen ausführen. Jeden Befehl können Sie in diese Symbolleiste holen. Einige Befehle wählen Sie im Aufklappmenü an oder ab. Weitere fügen Sie über einen Assistenten hinzu.
Tägliche Aufgabenliste		Die tägliche Aufgabenliste fügt sich im Kalender unten an die einzelnen Wochentage an. Sie zeigt die jeweiligen Aufgaben des Tages und wird über das Register **Ansicht** und **Layout ▸ Tägliche Aufgabenliste** eingerichtet.
Terminformular	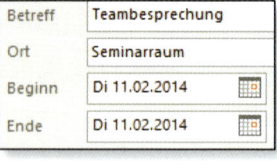	Mit dem Terminformular legen Sie Ihre Termine oder Ereignisse an. Betreff, Ort und Zeit sind die wesentlichen Informationen, die Sie über das Formular eingeben. Sie rufen es mit ⌨Strg + ⌨⇧ + ⌨A auf.
Textformatierung	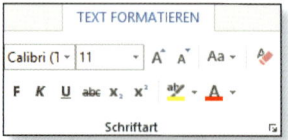	Die Texte im Eingabefeld für Informationen lassen sich u. a. mit Schrifttyp, Schriftgrad und Farbe formatieren. Ausnahmen sind das Notizformular und solche E-Mails, die im Nur-Text-Format verfasst werden.
Tools zum Aufräumen		Mit den **Tools zum Aufräumen** verwalten Sie mit erweiterten Instrumenten die Größe Ihres Postfachs, leeren den Ordner **Gelöschte Elemente** und archivieren ältere Elemente.
Unterhaltung	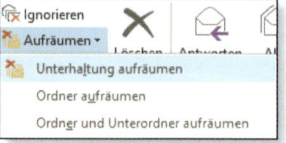	Zu einer Unterhaltung werden alle Elemente zusammengefasst, die sich auf denselben Betreff beziehen. Dies können Nachrichten, Termine oder Aufgaben sein. Da sich durch Antwort und Rückantwort Informationen wiederholen, entfernen Sie diese mit dem Befehl **Unterhaltung aufräumen** in den Ordner **Gelöschte Elemente**.

Virenschutz	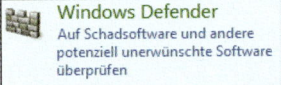	Wichtig ist ein funktionierender Virenschutz. Dafür können Sie das in Windows integrierte Programm Windows Defender oder eine Antivirussoftware eines Drittanbieters nutzen. Wichtig sind dabei der Echtzeitschutz und die aktuellen Virendefinitionen.
Visitenkarte		Die Visitenkarte wird beim Anlegen eines Kontakts im Bereich **Personen** automatisch eingerichtet. Sie kann besonders gestaltet und in einem standardisierten Format versendet werden. Alle E-Mail-Programme können die Visitenkarte öffnen und weiterverarbeiten.
Vorgangsliste		In der Vorgangsliste im Bereich **Aufgaben** werden alle mit der Nachverfolgung oder Wiedervorlage gekennzeichneten E-Mails, Kontakte und Aufgaben aufgelistet.
Wartungscenter	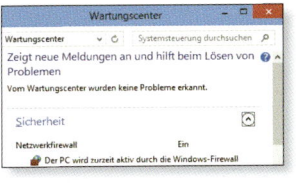	Im Windows-Wartungscenter, der Teil der System- steuerung ist, finden Sie einen Überblick über alle für die Sicherheit Ihres Computers relevanten Programme und deren Status: Netzwerkfirewall, Virenschutz sowie Schutz vor Spyware und unerwünschter Software. Wenn der Status jeweils auf **Ein** gesetzt ist, ist Ihr PC sicher.
Wichtigkeit	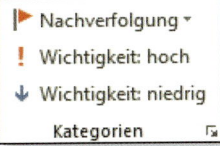	Mit der Funktion **Wichtigkeit** vergeben Sie die Prioritäten hoch, normal und niedrig. Damit klassifizieren Sie mit Symbolen Nachrichten, Termine und Aufgaben nach Wichtigkeit.
Zeile für neue Elemente	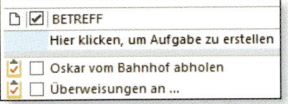	Standardmäßig ist im Bereich **Aufgaben** bei der tabellarischen Auflistung der Aufgaben die oberste Zeile für das Erstellen neuer Aufgaben aktiviert. Sie setzen den Cursor in das Eingabefeld **Hier klicken, um eine Aufgabe zu erstellen** und tippen den Betreff ein.

Stichwortverzeichnis

Stichwortverzeichnis

Stichwortverzeichnis

Stichwortverzeichnis

Stichwortverzeichnis

Stichwortverzeichnis

Stichwortverzeichnis